神聖ローマ皇帝
ルドルフ２世との対話

伊藤哲夫

井上書院

神聖ローマ皇帝ルドルフ2世との対話

目次

1　スペイン宮廷にて少年時代を送る

ウィーンを出発し、ジェノヴァより海路スペインへ向かう

建築家　陛下は一五六四年、十二歳のときにスペイン王フェリペ二世のスペイン宮廷に行かれ、そこで十九歳におなりになるまで七年間、過ごされました。

ルドルフ二世　伯父であるフェリペ二世王、そしてなによりも、その妹である私の母マリアの強い勧めもあり、父帝マクシミリアン二世――この年の夏に祖父皇帝フェルディナント一世が崩御し、父は神聖ローマ皇帝となった――は、私がスペインの宮廷で勉学するのがよいと思ったのであろう。

私と一歳年下の弟エルンストは、家庭教師のアダム・フォン・ディートリヒシュタイン（一五二七～九〇）に伴われて、ウィーンを出発して馬車でインスブルックを経由し、ブレンナー峠を越え、海港都市ジェノヴァに向かった。そこから海路をとり、地中海を航行してバルセロナの港に着いた。バルセロナでは、フェリペ二世王自ら重臣たちを伴って私たちを出迎えてくれた。そして私たち一行は陸路、マドリッドへ向かった。

建築家　そのスペイン王フェリペ二世の勧めですが、陛下の父マクシミリアン二世帝は、陛下と同じようにカトリックの王国スペイン宮廷にて教育を受けたにもかかわらず、プロテスタントに寛容であられる――なにしろカトリックでもなく、プロテスタントでもない、一キリスト教徒であると言われ、死の床で息をひきとられる際、カトリックの臨終塗油の秘跡を拒否されたのですから。

近い将来、神聖ローマ皇帝位を継承するであろう陛下への、こうした父上の影響をおそれたスペイン王室は、同じ王室のお母上を介して、まだ幼い陛下のスペイン宮廷での教育を強く勧めたといわれております――またローマ教皇の後押しもあったといわれております。

またスペインへ同行した家庭教師アダム・フォン・ディートリヒシュタインは、後年、陛下が皇帝に

即位されました年（一五七六）には宮内庁長官でありまして、長い間、陛下が最も信頼された側近の一人であったのですね。美しい小都市ミクロフの領主でもありました。

古代ローマ時代では、元老院階級や騎士階級といった上流階級あるいは裕福な家庭の子息の多くは、ローマにおいて、主としてギリシア人の家庭教師について勉強し、ある年齢に達するとアテネやロドス、あるいはアレクサンドリア、あるいは古くからのギリシア植民都市でギリシア風の都市マッシリア（今日のマルセイユ）などの都市で、数年間、遊学しました。陛下の時代においては、王家の王子たちの多くは、縁戚関係のある有力な宮廷に勉学のために送られたのですね。

ルドルフ二世　それが慣習となっているとは言い切れまい。だがそうした例は多くある。

私の父である皇帝マクシミリアン二世にしても、スペイン宮廷にて勉学の時期を過ごした。父はウィーンに生まれ、幼少期をインスブルックで過ごしたのだが、十七歳のとき、伯父のスペイン王で神聖ローマ皇帝でもあったカール五世が、自らのスペイン宮廷に呼び寄せ、教育を施こさせたのだ。

また古くはボヘミア王であり神聖ローマ皇帝カレル四世（一三一六〜七八）――プラハ城、聖ヴィート大聖堂はじめカレル橋、新市街地の建設など首都プラハの都市整備に力を注いだ偉大な王カレル四世――は、七歳のときに、伯父であるフランス王シャルル四世の宮廷に送られ、そこで一〇年近く勉学の時を過している。このカレル四世はもともと「ヴァーツラフ」の名で洗礼を受けたのであるが、パリの宮廷時代に受けた堅振礼の際の代父である伯父のシャルルの名をとって「カレル」と名のるようになったといわれている。

十一歳にしてラテン語でテレンティウスの喜劇を読む

建築家　ところでスペイン宮廷では、どのような教育を受けられたでしょうか。

学問におきましては、歴史と哲学、それにラテン語に重きをおいた教育を受けられたと聞いております。

もっともラテン語に関しましては、スペイン宮廷に行かれた十二歳のときには、すでにテレンティウスをお読みになっていたと聞いております。

テレンティウスとは紀元前一九〇年頃にアフリカのカルタゴに生まれ、元老院議員テレンティウス・ルカヌスの奴隷となり、ローマに連れてこられました。そこで才能を認められ、教育を受け、奴隷身分から解放されて、ローマの喜劇詩人として活躍したプブリウス・テレンティウス・アフェルですね。ローマの喜劇詩人としてほかに、やや前の時代ですが、プラウトゥス（紀元前二五四頃～一八四）がおりますが、この二人の喜劇作品は今日まで伝わっております。

ルドルフ二世　カエサルがテレンティウスを「純粋な言葉の愛好者だ」と評している如く、テレンティウスは洗練された美しい文章を書いた。また、たとえば「今言われていることで、今までに言われなかったことなどは何一つないのです（『宦官』）」、あるいは「人間の数だけ意見がある（『ボルミオ』）」、「友はすべてを分かちもつ（『兄弟』）」といった後世にたびたび引用された諺のようになった言葉が劇中で発せられている。晩年にスイス、バーゼルに住み、そこで亡くなったあのルネサンスの人文主義者エラスムス（一四六五～一五三六）は、青少年が読むべきラテン語作家の第一はテレンティウスである（木村達治訳）と述べている。それだからかもしれない、私たちの家庭教師はラテン語学習において、テレンティウスの作品を教材として、私と弟のエルンストに読ませることに意義を見いだしたに相違ない。

建築家　テレンティウスは『アンドロス島の女』『義母』『自虐者』『宦官』『ボルミオ』『兄弟』といった長編の喜劇を書いていますが、陛下はそのとき、どの作品をお読みになったのでしょうか。
ルドルフ二世　『兄弟』だと記憶している。
建築家　二人の父親（兄弟同士）がそれぞれ自分の息子のしつけ、教育について意見を異にします――若い息子の恋愛関係において、父親は厳格な態度で接すべきか、それとも子供の自主性をできるだけ重んじるべきか、という点をテーマにした喜劇ですね。
やはり『兄弟』ですか――。父と息子の遊女のとり合いなど、主として遊女たちが絡んだ他の喜劇を十一歳の陛下のラテン語学習の教材として、家庭教師が選択するとは思いませんでしたが――。
ルドルフ二世　もっとも、他のテレンティウスの喜劇作品は、スペイン宮廷で過ごした時代、家庭教師の目を盗んですべて読んでしまったが――。
建築家　それにしましても驚くべき早熟ぶりですね。十一、二歳にしてテレンティウスの喜劇作品をお読みになるとは。
ルドルフ二世　父マクシミリアン帝は人文主義者でもあった。古代ローマの政治家や作家の書物は無論、イタリア、ルネサンス人文主義者たちの書物を熱心に読んでいた。宮廷に多くの学者を招き、人文主義の再興に力を注いだ人だから、自分の子供たちには幼いときからラテン語を学ばせた。
建築家　スペインの宮廷では、ラテン語でほかにどのような作家のものをお読みになったのでしょうか。
ルドルフ二世　キケロのもの――これは主として『義務について』だが――、それにカエサル、ホラティウス、サルティウスなどを読んだ。もっとも、ラテン語の学習に関しては、弟のエルンストのほうが優れていたが。

私としてはその頃、天体観察と占星術におおいに興味を抱き、それに集中して勉強したかったのだが――。

そしてラテン語の文章力向上のために、二人はウィーンにいる父マクシミリアン帝に毎日ラテン語で手紙を書くようにと、スペイン王フェリペ二世から課せられた。

建築家　その陛下の手になりますラテン語による父君宛の手紙が、今日でも残されております。陛下はラテン語を含めましてドイツ語、スペイン語、イタリア語それにフランス語と、五か国語を完璧に話すことができたのですね。それにチェコ語もおできになられた――。

宮廷では、ほかにどのような教育を受けられたのでしょうか。

ルドルフ二世　スペインへ行く前、ウィーン宮廷にて乗馬、フェンシングをはじめルネサンスのフマニタスの教養、すなわち文法、論理、修辞学、算術、幾何、天文、音楽といった基礎教科目をすでに学んでいたが、スペイン宮廷ではそれらを深く学んだ。とりわけ歴史、哲学の勉強に力を注いだ。またそうした君主たるに欠かせない学問のほかに、ブルゴーニュの宮廷儀礼に由来するスペイン宮廷の儀礼、厳格な礼儀作法なども徹底的にしこまれた。

フェリペ王は、毎日午前中、私と弟を召し出し、勉学の進み具合を聞き、私たちの言葉使いと立ち振る舞いを観察し、細かく注意するのを日課とした。このことが示すように、たいへん厳格な王で、終日執務室に閉じこもり、政務に励む日が多かった。

建築家　陛下は後になりまして、マドリッドへ送ったオーストリア大使ヨハネス・ケフェンフュラーにスペインの風土やマドリッド、トレド、グラナダをはじめとする街々を描いた銅版画を陛下のもとに送るようたびたび命じられていますが、このことは、この遊学の時代のスペインの思い出が、決して陛下の脳裏から消え去らなかったことを示しております。

十二歳から十九歳までの七年間、多感な少年時代を過ごしましたスペイン、スペイン宮廷での体験は、陛下にそれは大きな影響を及ぼしたことが察せられます。

スペインの諸都市をめぐる

ルドルフ二世　私が時折、思い起こすことは、家庭教師らと連れだって馬に乗って郊外に出掛けたり、馬車をスペインの荒涼たる地を走らせ、トレドやグラナダ、コルドバやサラマンカ、それにサラゴーサなどの街々を訪ねまわったことだ。

暑い夏のさなかに訪れたグラナダでは、山の高地に立つアルハンブラ宮殿の、各部屋の壁、床、天井の細部に至るまで緻密に構成された幾何学模様の美しさに目をみはった。宮殿全体を支配する静寂のなか、かすかに水が流れる音が聞こえ、どこからともなく心地よい涼風が運ばれてくる。アラブ人の知恵と芸術的センスには驚いたものだが、私たちは、この宮殿にて新婚生活を送った私たちの祖父である皇帝カール五世と皇妃イサベルを追憶した。

カール五世帝はこの宮殿生活によほど魅せられたとみえ、宮殿を拡張し――というより併設というほうがより適切であろう――、新宮殿カルロス宮を造営させている（一五二七～）。

異端審問に立ち会わされる

そしてまた、私が会[illegible]も暗い気持ちになるのは、私と弟エルンストが、フェリペ王の命のもと、その重臣たちに伴われてマドリッドのマヨル広場で行われた異端審問に立ち合わされたことだ。私の父マクシミリアン帝と相違して、近い将来、厳格にカトリック信仰を守る国の君主たるべき私が、異端審問の場に一度は立ち会うべきだと、フェリペ王は考えたのであろう。

ローマ教皇によって「カトリック王」と称されたフェルナンド王とイサベル女王を祖父母にもち、カトリック国王の堅持を宗としたカトリック王をスペイン王フェリペ二世は自負していた。フェリペ王は、私にそうした君主像を求めた。

建築家　近世スペインにおけます異端審問制度は、フェルナンド王とイサベル女王によって一四八〇年代に設けられたといわれます。ユダヤ教を信仰する異教徒であるユダヤ人は、キリスト教への改宗を余儀なくされましたが、その改宗ユダヤ人であるコンベルソのなかには、実は陰でユダヤ教を信仰し実践しているものが数多いことから、真に改宗したのかどうかを問う制度として、異端審問制度が考えられ、セビリアをはじめ各地に異端審問所が設置されたということですね。

そして、異端審問の対象は、キリスト教に改宗――イスラム人は改宗か国外退去を迫られました――させられたイスラム教徒でありますモリスコともなり、そして後にその対象は、異教徒ではない同じキリスト教徒でありますプロテスタントともなりました。ネーデルラントに起きましたスペインからの解放運動の発端は、プロテスタントへの異端審問制度の導入が要因のひとつといわれています。

ルドルフ二世　異端審問が行われるマヨル広場には、たくさんの市民が見物に集まってきた。中央に高位の聖職者、枢密院議員たちが居並ぶなか、異端審問官たちが、次々に引き出されてくる異端と疑われる者たちを詰問する。答えない者、答えに窮する者には、拷問が加えられる。拷問を加えられた者たちは、悲痛な叫び声をあげ、多くは苦痛に耐えられなくなり、悔罪の声をあげる。見物する市民ははやしたてる者、うつむく者、いろいろいた。そして――これは私が体験した異端審問では行われなかったが

――それでも悔罪しない者は火炙りの刑に処せられるという。

凄惨極まりない実におぞましい異端審問の光景に、いまだ少年であった私たち兄弟は目をそむけた。

フェリペ王の命によって立ち会わされたこの異端審問の光景は、私の脳裏から去ることはなかった。同じキリスト教徒であっても宗派が違うというだけで、人間をこのように扱うことが許されるのだろうか、私は後々まで自問した。

神聖ローマ皇帝としての立場上、カトリックを信奉すると公言するものの、ウィーンの宮廷や大学に多くのプロテスタントの優れた学者や芸術家を招くなどし、カトリック、プロテスタントなどと宗派にこだわることなく、ひとりのキリスト教徒として生きる父マクシミリアン帝にいっそう共感の念を覚え、誇りに思うようになった。

建築家　カトリックとプロテスタントの融和には、陛下の祖父であられる皇帝カール五世がたいへん心を砕き、帝国議会を開催し双方の代表を招集して協議させるなど、柔和と統一に努力されましたが、うまくゆきませんでしたね。宗派間の争いは、十七世紀前半にヨーロッパ中の国々を巻き込んだ「三〇年戦争」（一六一八～四八）といわれます宗教戦争にまで発展してしまいました。

あるネーデルラントの画家による絵画：カトリックとプロテスタントの争い

十七世紀初めにネーデルラントの画家によって描かれました一枚の興味深い絵画が知られております。

中央に大きな川が流れ、右岸に大勢のカトリック教徒たちが、そして左岸にはこれも大勢のプロテスタントたちが、対岸の人たちを牽制し合うように集まっています。そして川には、多くの人が、川に落ちたか、泳げなくて助けを求めていまして、その人たちを、カトリック教徒たちが乗るボート、そしてプロテスタントたちが乗るボートが、それぞれ自分のボートに「釣上げ」ようとしています。社会全体で、自分の信ずる宗派に他人を引き込もうと皆必死になっていることを表現する絵画ですが、一方、川の上空には両岸を結ぶように、大きな虹が懸かっています。カトリックとプロテスタントの融和・統一と平和を祈願する象徴として虹が描かれておりますのは、ひとり描いた画家だけではなく、多くの人々の願いなのでしょうか。

それにしましても、キリスト教、イスラム教等々と宗教間、宗派間の争いには根深いものがありますね。二一世紀になりましても、この点に関しまして何も変わってないようです。

ルドルフ二世　そのネーデルラントの画家による絵画には、川の上空に、対岸の人々を結ぶように虹が懸かっているとそなたは話したが、虹が示唆するように、他人を認める、他人の信じるものを許容する寛容の精神こそ、宗教間、宗派間の争いを解決するひとつの鍵であろう。私の祖父カール五世帝も、私の父マクシミリアン帝も心が広く、寛容の精神があった。

スペイン王フェリペ二世、マドリッドを首都と定める

建築家　一五五六年に皇帝でスペイン王カール五世の後を継ぎましたフェリペ二世の治世、スペイン王国が最も隆盛した時代でしたが、陛下は弟君エルンスト大公とスペイン宮廷にて過ごされました七年間（一五六四〜七一）は、ちょうどその時代に属していました。

陛下がマドリッドに到着される四年前の一五六一年に、スペイン王フェリペ二世はマドリッドに宮廷を定着させました。首都と定めたわけですね。それまではカール五世をはじめ歴代の王たちは、廷臣たちをはじめ宮廷を構成する多数の人たちを従えて、馬車を連ねて、各居城を転々とする「旅する王」で

あったわけですが、そうした旅には莫大な費用がかかります。

父カール五世帝が遺したたいへんな借金——戦費捻出のため、各地の銀行家からの借金——を相続したフェリペ王は、即位の翌年一五五七年に、国庫の支払い停止宣言を余儀なくされました——戦費確保のためといわれています——が、財政面を考えるためだけでも、宮廷の定着を英断したのでしょう。

広いスペインの地理を考え、スペイン中央部に位置するマドリッドの古い城を改築して（仮の）王宮としたといわれますが、陛下はその王宮に住まわれたのですね。

その後、フランス、サン・カンタンにおける戦いで、フランスに勝利した戦勝記念の意味もありまして、フェリペ王はマドリッド郊外にエル・エスコリアル宮殿建設の構想をはじめました。フェリペ王自身、宮廷建築家と具体的な建築計画案を練り、そして着工したのが、陛下がマドリッドへ到着されました前年の一五六三年のことです。

なにごとにおいても用意周到なフェリペ王は、建築計画案を練っている段階で、ヴェネツィアの画家ティツィアーノに、修道院中央祭壇画『聖ラウレンティウスの殉教』を描くよう委託し、ティツィアーノはこれを一五六〇～六七年の間に描いております。

ルドルフ二世　私たちがマドリッドでの宮廷生活をはじめた数年後に、エル・エスコリアル宮殿が建設中であることを耳にした。だが私たちがさほど興味を示さなかったためか、フェリペ王は私たちを、工事現場に案内させるようなことはしなかった。大規模な宮殿建設なので、全容が見て取れるまで建設工事は長くかかる。完成したのは二〇年以上後のことだと聞いている。

フェリペ二世王治世中に、フィリピン諸島を征服、植民地化

建築家　陛下が弟君エルンスト大公とマドリッドの宮廷に到着されました翌年の一五六五年には、ア

ジアのフィリピン諸島に（初代フィリピン総督となります）レガスピが到着、早速、先住民の征服を開始しております。

　このフィリピン諸島が今日ではフィリピン共和国となっておりますが、「フィリピン」の名は、この諸島を征服し植民地化したスペインの王フェリペ二世に由来（ラス・フィリピス）するのですね。

ルドルフ二世がスペイン遊学中に、ネーデルラントの反乱が起こる

　それにまた、スペインにとりまして大きな出来事となりましたネーデルラントにおける解放運動が起きましたのも、陛下たちがマドリッド滞在中のことですね（一五六八）。

　暴動に加わった多くの者とともに、見せしめのためか、直接加わらなかったとされます、かつてのカール五世帝の、そしてフェリペ王の重臣でもありました二人の貴族のエグモント伯、ホルン伯の処刑が決まり、その報を聞いたお父上のマクシミリアン二世帝が、フェリペ王に対し、二人の助命嘆願の口添えをせよと、まだ少年の陛下に伝えられたことが知られております。またネーデルラントの情勢を自分の眼で確かめ、対処すべく、ドン・カルロス王子を伴ってフェリペ王がネーデルラントへ向かって旅立つ前、一緒に行くから二人も急ぎ旅の準備するように、というフェリペ王の命があったということも、知られております。

　そしてドン・カルロス王子の悲運な死（一五六八）がありました。

　またキプロス島をはじめ地中海の覇権をめぐって、ヴェネツィアをはじめとするキリスト教国と、オスマン・トルコとの海上での戦いが避けられない情勢になりつつありました。陛下が弟君エルンスト大公とウィーンにご帰国されました年に、それがギリシア、レパント（ナウパクトス）沖の海戦となり、陛下がマドリッドの宮殿にて、時折見かけられましたフェリペ王の異母弟のドン・フアン・デ・アウス

トリアが総司令官をつとめます神聖同盟連合艦隊が、オスマン・トルコの艦隊を打ち破りましたね。

ルドルフ二世 そうだ、いろいろな出来事があった七年間であった。

フェリペ王にとってとりわけ多事多難な時期であったろう。

当初、私は十二歳の少年であり、わからないことが多かった。だが三、四年もすると、家庭教師や大使の話などからだんだんと事情がわかってきた。もっとも、ドン・カルロス王子の件については、皆、口を閉ざし、わからないことが多かったが——。

フェリペ二世王、娘の王女イサベル・クララ・エウヘニアをルドルフ二世と婚約させる

一五七一年、スペイン宮廷で弟エルンストと七年間の勉学の期間を過ごし、ウィーンの宮廷に帰ったが、それに先立ってスペイン王フェリペ二世は、三番目の妻、王妃エリザベトとの間に生まれた娘の一人王女イサベル・クララ・エウヘニア（一五六六〜一六三三）と私と婚約させた。イサベルはいまだ五歳の幼子であり、私も十九歳。結婚は遠い将来のことと思われ、私はこの婚約には気が進まなかった。

建築家 陛下はこの王女と婚約させられましたものの、結婚にあたっては一向に気が進まず、長い年月延ばしに延ばしたわけですね。

それで業を煮やしたフェリペ王は、自分の娘イサベルがアンリ二世の孫であることをたてに、フランス王アンリ三世が暗殺されたのを機に、フランス女王にさせるべく画策したりもしました（一五八九）。

ですがそれもうまくいかず、結局、この王女は陛下の弟君で後にネーデルラント総督となられましたアルブレヒト大公（一五五九〜一六二一）と結婚されました。

ルドルフ二世の姉アンナ大公女、フェリペ二世王と結婚

ところで陛下とエルンスト大公がウィーンへ帰国するにあたりまして、入れ替わりますように、アルブレヒト大公がもう一人の陛下の弟君ヴェンツェル大公とともに、フェリペ王と結婚するため輿入れする姉君アンナ大公女に付き添ってスペインに来ました。アルブレヒト大公は十一歳、ヴェンツェル大公は九歳のときでして、お二人とも陛下とエルンスト大公と同様、スペイン宮廷において勉学するためですね。

また陛下の姉君アンナ大公女のことですが、陛下より五歳年上で、マクシミリアン二世帝とマリア皇妃の間にお生まれになりましたご長女ですね。宮廷画家ジュゼッペ・アルチンボルドによるご家族の肖像画（一五六三）――ある画家が一〇年ほど前に描いたものの模写であることがわかっております――が知られておりますが、そこにはご両親と三人のお子様――まだあどけなく可愛らしいアンナ大公女（五歳）と、椅子に座られている陛下（二歳）、それにお生まれになったばかりで、揺りかごに寝ておられる弟君のエルンスト大公――が描かれております。

アンナ大公女はスペインのドン・カルロス王子との婚約、結婚が間近かで、お二人ともそれを待ち望んでおりました。ところが、ドン・カルロス王子の不幸な逝去によりまして実現しませんでした。アンナ大公女がどんなにか嘆き悲しんだことかと、想像されます。

しかし、ドン・カルロス王子の逝去のたった二年後に、王子の父親でありますフェリペ王のもとへ嫁ぐこととなりました。

フェリペ王は、お母上マリア皇妃の兄であり、従いましてアンナ大公女にとりまして伯父であり、しかも年齢の差が二二（フェリペ王四三歳、アンナ大公女二一歳）と大きいようですが、このご婚姻はどのように成立したのでしょうか。

ルドルフ二世　それには私の二歳年下の妹エリザベト（一五五四～九二）とフランス王シャルル九世（一五五〇～七四）との結婚が背景にある。

オスマン・トルコのシュレイマン大帝がハンガリーの戦場にて病を得て崩御した後も、さらにハンガリーの中西部を領有し続け、ウィーンにまでふたたび攻め上がりかねないオスマン帝国の脅威を目の前にして、父マクシミリアン帝は、西方のフランスと結ぶことが、得策であると考えた。あろうことかイスラム教国であるオスマン帝国と同盟関係を結んだ（一五二六）キリスト教国フランスであるが、東方から攻めてくるオスマン・トルコの存在がある以上、西方での安全の確保が何より重要だ。

それで父マクシミリアン帝は、私の妹エリザベト（当時十六歳）をフランス王シャルル九世（当時二〇歳）に嫁がせることとしたのだ。

建築家　政略結婚ですね。

ルドルフ二世　無論そうだ。

建築家　シャルル九世は、父アンリ二世、母カトリーヌ・ド・メディシスの次男として生まれ、父の崩御後、後を継ぎました兄のフランソワ二世も早く崩御されましたので、一五六一年十一歳で、ヴァロア朝フランス王となりました。少年王ですから、実権は母カトリーヌ・ド・メディシスが握っていたといわれます。

そしてこのシャルル王がフランスを支配していたとき、およそ二万人ものユグノー（フランスのプロテスタント）が虐殺されたとされます「聖バルテルミの虐殺」事件が起きました（一五七二）。

この大事件の二年後、シャルル九世は崩御されました。「聖バルテルミの虐殺」事件といい、シャルル九世王の崩御といい、いずれも不可解なところがあるといわれております。

陛下のお妹君エリザベト大公女は、シャルル王の崩御後、オーストリア、ウィーンにお帰りになりました。

そうしますと、陛下の姉君アンナ大公女とスペインのフェリペ王とのご結婚も政略結婚でしょうか。ルドルフ二世　無論そうだ。

父マクシミリアン帝がすすめるエリザベトとフランス王シャルルとの婚姻には、フェリペ王が反対した。オーストリア、ハプスブルク家とスペインの宿敵フランスが結ぶことに、到底承服できなかったのであろう。

それでフェリペ王の妹である私の母マリアが父マクシミリアン帝に勧めて、いわば妥協の産物として、自分の娘アンナを兄フェリペ王に嫁がせた――いやがる父マクシミリアン帝と姉アンナとを母は説得して、二人は渋々承服したのだ。

娘を政争の具とした父の悲しみははかり知れなく、また姉アンナは泣きやまなかったと聞いている。

1

2

1アロンソ・サンチェス・コエリョ：『スペイン宮廷時代のルドルフ』（ウィーン美術史美術館蔵）
2フランシスコ・リッチ：『スペイン，マドリッド，マヨル広場における宗教裁判』公開の場で異端審問が行われた。

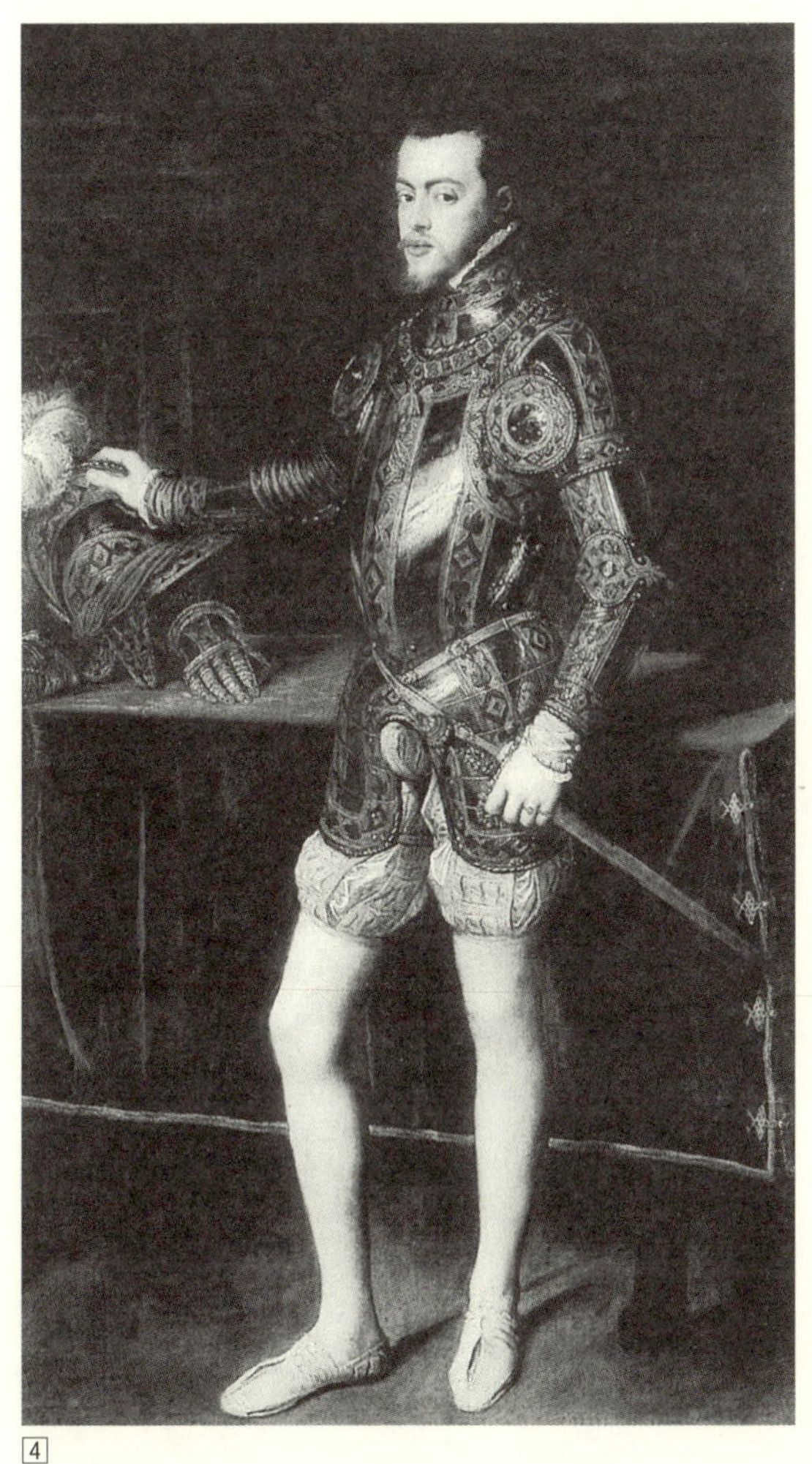

4

3

5

3アロンソ・サンチェス・コエリョ：『ドン・カルロスの肖像』ウィーンの皇帝マクシミリアン２世の宮廷に送られた。1564。（ウィーン美術史美術館蔵）

4ティツィアーノ：『スペイン王フェリペ２世の肖像』1550年。（プラド美術館蔵）

5アロンソ・サンチェス・コエリョ：『スペイン王妃イサベラ・フォン・バロワ』1560年頃。フェリペ王の３番目の妻で，イサベラ・クララ・エウヘニア王女の母。（ウィーン美術史美術館蔵）

2 従兄のスペイン王子ドン・カルロス

建築家　陛下が一五六四年、十二歳のときにスペイン宮廷に行かれたときには、スペイン王フェリペ二世の嫡男、皇太子ドン・カルロス（一五四五～六八）は十九歳の青年であられました。陛下は宮廷にてこのドン・カルロス王子にお会いになられましたか。

ルドルフ二世　むろん会っている。

私がマドリッドの王宮に着いたとき、フェリペ王は私たちに王子を引き合わせた。

ドン・カルロス王子は、フェリペ王がまだ皇太子の時代に、最初の妻ポルトガル王女マリア（一五二七～四五）との間に生まれた王子で、スペイン王フェリペ二世は私の母マリアの兄、つまり伯父であるから、ドン・カルロス王子は私の従兄にあたる。

ドン・カルロス王子の母ポルトガル王女マリアは、一五四三年、十六歳のとき、フェリペ王と結婚、その二年後、ドン・カルロス王子を出産して、数日後に薨去（こうきょ）された。

建築家　それにしましても結婚生活はたった二年で、初めてのお子、王子を出産し十八歳にして薨去されたとは、たいへん不幸な王女様ですね。

ウィーンのアンナ大公女との結婚を意図してドン・カルロス王子の肖像画を送る

そのドン・カルロス王子の肖像画がよく知られております（今日、ウィーン美術史美術館蔵）。ポルトガル出身のスペインの宮廷画家アロンソ・サンチェス・コエリョ（一五三一～八八）によって、一五六四年に描かれたものでして、ちょうど陛下がスペイン宮廷に行かれた年、ドン・カルロス王子が十九歳のときの肖像画（等身大よりもやや大きい肖像画）ですね。

ドン・カルロス王子と陛下の姉君アンナ大公女（一五四九～八〇）との婚約を意図して描かれ、ウィーンの宮廷に送られたものです。

宮廷画家が描いた肖像画を見て、まだ見ぬ未来の結婚相手を判断したのでしょうね。羽飾りのついた黒い帽子をかぶり、黒い外套を肩にかけ、斜め右に顔と体を向けるポーズのドン・カルロス王子のほぼ等身大の肖像画を見ますと、目がうつろで、どこか陰のある顔の表情、それに右足はやや湾曲し、左足はその湾曲した右足に添えるように不自然に前に出ているように見えます。

ドン・カルロス王子の肖像画をウィーンの宮廷に持ち込んだスペイン大使は、王子は精神的に不安定なところがあることなどを内容とした手紙を画に添付したといわれています。

ドン・カルロス王子の肖像画をウィーンの宮廷に送って、王子と陛下の姉君アンナ大公女とを婚約させるというスペイン、オーストリア両宮廷の画策は如何になりましたのでしょう。

ルドルフ二世　どういう事情があったのか、私はよく知らないが、いずれにせよ意図された婚約は成立しなかった。

そのドン・カルロス王子の肖像画が宮廷画家コエリョによって描かれたのは、私と弟エルンストがスペイン宮廷に着いた年、一五六四年のことだが、私たちが宮廷に到着後、フェリペ王によって王子に引き合わされたときに抱いた私の印象は、王子の体の具合が悪そうであったことだ。

もともとドン・カルロス王子は、幼い頃からすぐ高熱を発するような病弱な身体だった。一五六一年、十六歳のとき、転地療養のためアルカラに移り、そこの大学に通った。

ドン・フアン・デ・アウストリア（一五四七～七八）とアレッサンドロ・ファルネーゼ（一五四五～九二）も一緒にアルカラに行き、勉学した。――この大学では、反宗教改革運動で独自の活動を展開した修道会を創設しましたイグナティウス・デ・ロヨラ（一四九一〜一五五六）も学んだことが知られております。
建築家　皇帝カール五世の庶子で、後にレパント沖の海戦（一五七一）でオスマン帝国の艦隊を破った神聖同盟艦隊の総司令官あのドン・ファン・デ・アウストリアですか。
そしてアレッサンドロ・ファルネーゼとは、これまた皇帝カール五世の庶子であるパルマ公オッタヴィオ・ファルネーゼの妃マルゲリータの息子で、後にフェリペ王の命でネーデルラントの叛乱を鎮圧すべく、総司令官として派遣され、ネーデルラントの南部諸州を取り戻した（一五七九）パルマ公ファルネーゼですか。
ルドルフ二世　そうだ。ドン・ファンはドン・カルロス王子より二歳年下、アレッサンドロ・ファルネーゼはドン・カルロス王子と同年、三人ともスペイン宮廷に一緒に住まい、時折、私はドン・カルロス王子とその二人の姿を見かけ、挨拶を交わした。

こうしてアルカラの地で、学校に通いながら療養を続けていたドン・カルロス王子は、あるとき、不運にも地下室の階段で足を滑らせて落ち、後頭部を打った。それがもとで高熱を発し、王子は生命も危ぶまれる重態に陥った。このとき、スペイン全土の教会がドン・カルロス王子の回復を願って祈りを捧げた。

それは一五六二年、ドン・カルロス王子が十七歳のときのことで、危篤状態を克服したが、翌年にも発熱を繰り返した、と聞いている。

ドン・カルロス王子の肖像画が描かれたのは、その後、間もない時期といってよい一五六四年のことだから、体の具合がどうやら回復をしたにせよ、いまだ完全に直っていないころで、王子の等身大の肖像画にもそれが表われているのではあるまいか。

建築家　ドン・カルロス王子の肖像画が描かれ、ウィーンの宮廷に送られたということは、スペイン王フェリペ二世がマクシミリアン二世帝の長女――陛下の姉上――と婚約を進める意図があったということですね。

ルドルフ二世　むろん、そうだ。

実は、フランス王シャルル九世が姉上のアンナに求婚していたのだが、父マクシミリアン帝は、娘アンナの結婚相手はスペイン王子ドン・カルロスのほうがよいと判断した。オーストリアとスペイン、ハプスブルク両家の絆をより強めたかったのであろう。

それで父と母もドン・カルロス王子との結婚をすすめようとしたが、なによりもドン・カルロス王子と姉上のアンナの両人がたいへん乗り気のようであった。

私と弟エルンストはスペイン宮廷にてドン・カルロス王子の姿をたびたび見かけ、互いに挨拶を交わしたが、そんなとき、王子は上機嫌で私たちにたいへん親切に接してくれた。いま思えば、それは私たちが、すすめられている結婚相手の弟たちであるということとも無関係ではあるまい。

建築家　ですが、その婚約は成立しなかったのですね。

父フェリペ王が王子の健康が回復していないため、婚約の日取り決定を遅らせた、とする説があります。

しかし、これには疑念の余地があります。といいますのは、陛下と弟君エルンスト大公にスペインへ同行しました家庭教師ディートリヒシュタインによるウィーン宮廷への書簡が知られています。

ドン・カルロス王子に関しまして、それ以前の書簡ではやや否定的であったのに対しまして、その書簡で、王子は健康を回復され、精神状態も安定し、快活であるというように肯定的見解を述べております。そしてドン・カルロス王子からアンナ大公女の結婚相手に選んでいただいたことを感謝している、そのことをよろしく伝えてほしいと述べた、ということです。
ドン・カルロス王子はアンナ大公女との婚約・結婚を待ち望んだことがうかがわれます。
ルドルフ二世　そうか。私たちの家庭教師ディートリヒシュタインは、そうした書簡をウィーン宮廷へ送っていたのか。

父フェリペ二世王と子ドン・カルロス王子との不和

冬のある日——それは私たちが宮廷に来て、四年後のある日と記憶している——、フェリペ王は、王妃エリザベトや私たちに、ドン・カルロス王子と話を交えてはならぬ、と大変厳しい顔をして命じた。この突然の命に私たち皆は訝ったが、フェリペ王はその理由を何一つ述べなかった。

ここには深い問題が潜んでいるに違いない——スペイン宮廷に来て四年がたち、当時十六歳であった私だが、考えてみると思い当たる節があった。

父フェリペ王と子ドン・カルロス王子の親子の仲が、長い間しっくりしていないことが感じられた。父フェリペ王は王子の成長ぶりに満足せず、またドン・カルロス王子も父に不満を抱いているようであった。

建築家　ドン・カルロス王子と陛下の姉君アンナ大公女との婚約のことですが、お二人が待ち望んでおられるにもかかわらず、フェリペ王が婚約の日取りを遅らせたのには、ドン・カルロス王子の健康上のこと以外にも、他の理由があったのでしょうか。

ルドルフ二世　そうだ。

フェリペ王は、その婚約をすすめるべきか決心がつかなかった。ドン・カルロス王子の健康上のこともその一因に違いないが、実はもうひとつ決断すべきことがあった。それは婚約、結婚ともなれば王子が一人立ちし、一家を構えることを意味し、ドン・カルロス王子がフェリペ王の後を継ぎ王となるであろう。それにはドン・カルロス王子に将来、王として国を統治し得る資質、能力があるのかどうか見極めることが必要であった。

フェリペ王が異母兄妹パルマ公妃マルゲリータに総督としてネーデルラントの地の統治を委任し、スペインに帰国して、久しぶりに見たわが子ドン・カルロス王子の、自分とはあまりにも違う、正反対ともいえる性格に驚き、そして失望した、という。

父フェリペ王は、当時、人々からエル・プルデント（賢明な人）といわれ、冷静沈着、考え深く、判断力に富むが、他方、たいへん厳格で——この厳格さは宮廷において、毎朝、私たち兄弟に勉学の進み具合を報告させたことからも察しがつこう——、また倹約家で物惜しみをする。

ドン・カルロス王子は幼い頃から病弱で高熱を発しやすく、ひ弱であった。また理知より情で動き、感情的で激高しやすく、従者を殴打したり、粗暴な振る舞いに及ぶこともある。そして子供の頃、自分に危害を加えようとした蛇の頭を噛み切り、生きたまま火にくべたといった残忍な面もある一方、自分の物をよろこんで他人に与えるように心根がやさしい——。

建築家　幼少の頃の粗暴な振る舞いと残忍な面を見せるなどは、気質において、祖父の皇帝カール五世の幼少時とよく似ている、などという人がいたようですね。

皇帝カール五世のような立派な王、皇帝になるであろうといった期待を込めて語ったのでしょう。

ところで、ドン・カルロス王子は十一歳のとき、一度、皇帝カール五世と会ったようですね。カール五世が皇帝位と王位を辞してネーデルラントから帰国し、サン・ユスト修道院に向かう途中、孫のドン・カルロス王子と初めて会ったカール五世はとても喜び、王子に自分の武勇伝などいろいろ話を聞かせ、可愛がりました。ドン・カルロス王子は祖父カール五世帝をたいへん尊敬したようですね。

ルドルフ二世　フェリペ王は自分の息子ドン・カルロス王子の振る舞い、その行動に我慢がならず、いちいち口を出し、指図しようとした。王子の声に耳を傾けようとはせず、王子のすべてを自分の思いどおりにしようとした。

ドン・カルロス王子は次第に不満を募らせ、父に対し反抗的な態度をしばしばとるようになった。王子の身になって考えれば、それも無理からぬことかもしれぬ。

父フェリペ王はいつまでもドン・カルロス王子を子供扱いにしたのではあるまいか。国王の後継者たる王子に相応しい処遇を考えなかった。

建築家　フェリペ王がネーデルラントを去りスペインに帰国するにあたって、異母妹のパルマ公妃マルゲリータをネーデルラント総督として統治を委任しましたが、そのとき、パルマ公妃マルゲリータは、将来の王たるドン・カルロス王子が総督となるほうがよいのではないか、と自分が総督となることを固辞したことが伝わっております。ドン・カルロス王子はそのときに十四歳ととても若年ですが、その昔、十五歳で成人年齢に達したカール五世がブルゴーニュ公国の君主となったことですし、摂政をおけば王子が総督となるとしましても決しておかしくはありません。

フェリペ王がそのように王子を子供扱いし、将来、王を継ぐ者に相応しい処遇をしなければ、フェリペ王の側近たちもそれを見て、王子を軽んずるようになるのでしょうね。

ルドルフ二世　それは当然だ。ドン・カルロス王子の心には不満が鬱積し、王子としての自尊心が傷つけられ、心は屈折していったに違いない。

ある日、ドン・カルロス王子がマドリッドの街を歩いているとき、道路に水をまいて掃除をしていた街の者がうっかり王子の足に水を掛けてしまった。王子は驚き、逆上して、その家の取り壊しを命じたという。

ドン・カルロス王子は市民にまで自分が侮られていると感じ取ったのであろう。後日、その街の者が菓子折りをもって謝罪に王子を訪れたとき、王子はもうすんだことだと、笑って赦したという。

ドン・カルロス王子は、いまだ時折、高熱に悩むなど身体の状態は快復したとはいえず、また厳格な父の言いつけを守らず、反抗的態度を示していたが、十五歳の成人に達した王子を父フェリペ王はこのままにしてはいけないと考え始めた。

ドン・カルロス王子の結婚の問題を考え始めたのもそのひとつであるし、また王子に枢密院での議席を与え、国政に関与させて、王子の思考と行動をよくよく観察した。王子のこれまでの振る舞いにおいに疑問を抱きつつも、それは単なる若さ、情熱のせいなのか、そして王としての自分の後継者たり得る資質と能力をもつのか、判断しようとした。

建築家　フェリペ王はなかなかその判断がつかなくて、ドン・カルロス王子とウィーンのアンナ大公女との婚約の日取りを先延ばしにしたのですね。王子の健康問題も絡んでおりますでしょうが。

ルドルフ二世　そういってよいだろう。

そしてドン・カルロス王子は待ち望む私の姉のアンナとの婚約をすすめない父フェリペ王に不満を募らせた。

きっとドン・カルロス王子はアンナ大公女と結婚することによって、自分の思いどおりにし、自由を与えぬ父フェリペ王から遠く離れて、アンナ大公女と一家を構え、暮らしたく思っていたようだ。
建築家　父フェリペ王から遠く離れたところとは、いったい何処なのでしょうか。
ルドルフ二世　それは私は知らぬ。スペイン領イタリアのナポリかもしれぬという者もおるし、ジェノヴァかもしれぬという者もおる。またネーデルラントかもしれぬと憶測する者もいる。

ネーデルラントで反スペインの不穏な動き

ちょうどその頃ですね。ネーデルラントにおいて、スペインへの反乱の兆しが見えはじめましたのは。

当初は、プロテスタントが深く浸透しつつあったネーデルラント（とりわけ北ネーデルラント）は、スペインによる宗教裁判の廃止と、権力を振るうアラス司教グランヴェルの解任、そしてより多くの自治――ネーデルラントの枢密院において議決された事項が、スペイン政府の意向によってごく簡単に否定、変更されていました――を求めたにすぎなかったのですが、スペイン側がそれらの要求をことごとく断固として拒み、これらのことがきっかけとなって、ネーデルラントのスペインへの反乱、独立戦争の様相へと展開していきました。

一五六六年、プロテスタントのカルヴァン派民衆による聖像破壊運動によって、スペインへの反乱のかたちで暴動が勃発しました。ネーデルラント総督パルマ公妃マルゲリータは、これを収拾することができず、辞任して，イタリア、パルマに帰国してしまいます。

ドン・カルロス王子、オランイェ公ウィレムと穏便に事態の収拾を望む

ルドルフ二世　その収拾のため、初めはドン・カルロス王子がネーデルラントへ行きたいといった意向を示したようだ。ネーデルラントの反乱軍の将軍のひとりオランイェ公ウィレムは、かつて尊敬する祖父皇帝カール五世の侍従として仕えていたが、ドン・カルロス王子はこのオランイェ公ウィレムなどと協議して、事態を穏便に収めようと思ったのかもしれない。

建築家　そのオランイェ公ウィレムのオランイェとは、南フランス、プロヴァンス地方のオランジュのことですね。初代ローマ皇帝アウグストゥスとなる以前のオクタウィアヌスが、紀元前三五年に創建しました退役軍人都市アウラシオがそのオランジュでして、記念門や壮大な円形劇場が、古代ローマ時代の遺構としてはたいへんよく遺された形で現存していることで知られております。

ウィレムはドイツ、ナッサウのヴィルヘルム伯の長男として生まれましたが、従兄ルネド・シャロンが皇帝カール五世率いますイタリア戦線にて戦死し、この従兄のネーデルラントの所領と南フランスのオランジュ公国を相続したことから、オランジュ（オランイェ）公ウィレムとなったのですね。

その後、少年ウィレムはネーデルラントの宮廷に赴き、カール五世帝やその妹マリアによって育てられた、といわれています。

一五五五年十月、ブリュッセルの王宮大広間において、皇帝カール五世の退位の式典が挙行されましたが、二〇代の頃から病んできました痛風が発症したのでしょうか、皇帝カール五世は杖をつきながら、侍従に腕を支えられつつ式場に姿を現しましたが、その皇帝の侍従こそ、若きオランイェ公ウィレムであるといわれております。

この侍従ウィレムが二五年後、皇帝の子息フェリペ二世王のスペインに抗して反乱を起こし、独立を

めざすネーデルラント軍を率いる中心人物となるとは、誰にも想像がつかなかったことでしょうね。

ルドルフ二世　ところで、ネーデルラントにて起きた反スペイン暴動の事態の収拾のため、スペイン王フェリペ二世が派遣したのはドン・カルロス王子ではなく、アルバ公（フェルナンド・アルヴァレス・デ・トレド、一五〇七〜八二）であった。

建築家　アルバ公とは皇帝カール五世の信任が厚かった将軍ですね。皇帝カール五世率いるイタリア戦線やドイツ、プロテスタント（シュマルカンデン同盟）軍を打ち破った、ドイツ、ミュールベルクの戦いなどにおきまして戦功をあげた将軍ですね。

皇帝カール五世は、皇帝位と王位を辞するとき、後継者たるフェリペ王にアルバ公を最高顧問にするように、言い含めたといわれます。

アルバ公はネーデルラントに向けて出発するにあたって、ドン・カルロス王子のもとに挨拶に訪れたところ、アルバ公からネーデルラントの貴族と民衆の弾圧の意向を聞いた王子は、激しい口論の末、激高し、剣を抜いてアルバ公に迫ったという話が伝わっております。日頃から、この二人は反目し合っていたようです。

心根のやさしいドン・カルロス王子は正義心から、ネーデルラントにおける事態をなんとか穏便に収めたいと思っていたようですね。ネーデルラントの貴族や民衆も王子になにか期待するものがあったようですし。

ところが傭兵を主とする九、〇〇〇人の歩兵と一、二〇〇人の騎兵を率いて暴動を鎮圧したアルバ公は、国王に反旗を翻したあらゆる人たちを特別法廷（血の裁判ともいわれました）で裁き、冷酷にも

一、二〇〇人以上もの人々を処刑してしまいます。オランイェ公ウィレムはドイツに逃亡し得ましたが、その前年、宗教裁判の廃止などをスペイン王フェリペ二世に直接嘆願に来ましたエグモント伯、ホルン伯などの貴族は捕えられてしまいました。

ルドルフ二世　事態を憂慮した私の父マクシミリアン帝は、スペインの宮廷にいる私のもとに急ぎ書簡を送ってきた。書面には、私にエグモント伯とホルン伯の皇帝による重ねての助命嘆願をスペイン王フェリペ二世に伝えよ、そして私からも助命を嘆願せよ、そしてまたネーデルラントへのさらなる武力行使は控えるよう伝えよ、と書かれていた。当時十五歳の少年の私に、そのような大事なことをフェリペ王に伝えよ、と命じたのは、父マクシミリアン帝もよほどせっぱ詰まった状況であったに違いない。

ネーデルラントにおけるフェリペ王によるプロテスタント弾圧に、とりわけ武力行使による鎮圧に父マクシミリアン帝はたいへん深い憂慮を示していた。フェリペ王にも何度となく書簡を送り、切言していたのだが――。ところがフェリペ王は、そうした助命嘆願にもかかわらず、断固とした態度でアルバ公にエグモント伯とホルン伯、二人のネーデルラント貴族の処刑を命じた。

建築家　十九世紀ドイツの歴史学者レオポルド・ランケ（一七九五～一八八六）は、ネーデルラントで起きました暴動の事態を収拾するために、狂信的なカトリック信奉者で、つねにプロテスタント弾圧の強硬論者であったアルバ公をフェリペ王が派遣したこと、そして武力で鎮圧し、多数の人々を処刑したことは、スペイン王国が戦費拠出による巨額の借金にあえぐ自国を経済的に潤す、繁栄したネーデルラントを失わせることとなった、そして栄光に輝く王国の没落への一歩を踏み出すものであった、と暗示的に述べておりますが、私も本当にそう思います。

それにしましても、いずれの宗教であれ、宗教的・宗派的対立というものは根深いものです――二一世紀までも続いておりますし、解決の糸口さえ見いだされておりません。

そしてこのランケという歴史学者は、豊富な資料を――発見的に探索した資料を――駆使して『ドン・カルロス伝』（一八二九）を書いております。多数書かれました『ドン・カルロス伝』のなかで、最も充実し、信頼がおけるものでして、私はドン・カルロス王子について、多くを学びました。

ドン・カルロス王子、途中ウィーンのアンナ大公女と会うことを期待しつつ、ネーデルラントへ向けて、旅の準備をする

ルドルフ二世　ところで、フェリペ王がドン・カルロス王子を帯同して一五六七年夏にネーデルラントに向かうこととなった。

アルバ公の軍による暴動鎮圧後のネーデルラント情勢を直接視察し、統治の方針を決めるためである。

ネーデルラント情勢を憂慮するウィーンの皇帝マクシミリアン二世もまたネーデルラントに向かう。フェリペ王とマクシミリアン帝の二人が、ネーデルラント問題解決に向けて、協議をするためでもある。

父マクシミリアン帝は、私の姉のアンナ大公女とドン・カルロス王子を何処か――フェリペ王一行がバルセロナからジェノヴァへと海路をとり、そこからブレンナー峠を越える陸路をとればインスブルックであろうが――で会わせ、二人の婚約・結婚をすすめようとする心づもりがあった。

春からフェリペ王とドン・カルロス王子一行のネーデルラント行きの出立の準備が進められていた。夏には、私と私の弟エルンストもネーデルラントへ同行させるから、旅の準備をせよとフェリペ王の命があった。

ところが私たちが急ぎ出立の準備が終わりつつあった頃、突然、フェリペ王はネーデルラントへの出発を翌年に延期すると発表、告知した。ネーデルラントにおいてフェリペ王一行を迎える情勢か整っていないというのがその理由らしい。

建築家　馬の準備をはじめ、ネーデルラントへの旅の準備が万端整えられ、いざ出立と気がはやっていたドン・カルロス王子ですが、出立の延期を聞いた王子の落胆ぶりは如何ほどだったでしょう。そしてドン・カルロス王子と会うことを心待ちにしていたウィーンのアンナ大公女もたいへん気落ちしたことが察せられます。

ドン・カルロス王子の逃亡計画が露見し、王宮内の一室に幽閉される

ルドルフ二世　この後、父フェリペ王と子ドン・カルロス王子の仲がいっきに悪くなった。険悪といってもよいだろう。

もともと父フェリペ王は子ドン・カルロス王子に不満をもち、そして子ドン・カルロス王子もいつまでも自分を子供扱いにし、自由を与えない厳格このうえない父フェリペ王に不満を抱いていたのだが、父子である以上に国の王と王子である二人は、重臣たちや国民の前で口論などできぬ。夏の避暑の別荘へフェリペ王は王子を帯同するなど、お互いに理解しようと努め、表面的には信頼関係を保ってぃたが、ここでドン・カルロス王子の積年の不満が爆発したのであろう。一五五七年の年末にかけてのことだ。

王子に関して結婚問題も含めて何もかも決める父フェリペ王に、不満をもちながらも従ってきたドン・カルロス王子は、父のもとから離れ、何処かほかのところで――できればウィーンのアンナ大公女と一緒に――自由に暮らしたいと思ったに違いない。

建築家　その何処かほかのところ、とは以前に陛下がお話しされましたスペイン領のナポリかジェノヴァか、あるいは祖母のポルトガル女王カタリナがおりますポルトガルか、あるいはネーデルラントでしょうか。

ルドルフ二世　そういってよかろうな。

そしてそのことは、ドン・カルロス王子のスペインからの逃亡計画といってよいでしょうか。

なぜならドン・カルロス王子は自分の腹心を、ジェノヴァ王家をはじめ、各地に金策に走らせた、という記録が見つかっている。

建築家　それでどうしてドン・カルロス王子は、王宮にて幽閉されることとなったのでしょう。

ルドルフ二世　ドン・カルロス王子が、王宮に住まうドン・フアン・デ・アウストリアに逃亡計画を打ち明け、これをドン・フアンがフェリペ王に注進した。

建築家　ドン・フアン・デ・アウストリアとは、以前陛下がお話しくださいましたように、皇帝カール五世がミュールベルクの戦いの前年、一五四六年のレーゲンスブルクでの帝国議会出席の折、市井の娘に産ませた庶子ですね。長い間、皇帝カール五世の身辺の人のもとで育てられましたが、皇帝カール五世の後を継ぎ、スペイン王として即位した（一五五六）フェリペ王は、スペイン帰国後、父の遺言にもとづきドン・フアンを正式に自分の異母弟と認め、アウストリア公の称号を与え、宮廷に住まわせました。ドン・フアンが十二〜十四歳の頃だといわれております。

そして同じ頃、ネーデルラント総督に任じられたパルマ公妃マルゲリータの息子アレッサンドロ・ファルネーゼも同じ宮廷に住むこととなり、ちょうど年齢がほぼ同じのドン・カルロス王子とドン・フアン、それとアレッサンドロの三人が宮廷に住んでいたのですね。その後に陛下と弟君エルンスト大公が加われました（一五六四）。

ルドルフ二世　ドン・カルロス王子はドン・ファアンと仲がよかったようだ。それで王子は、ドン・ファアンに逃亡計画を打ち明けた。きっとなんらかのドン・ファアンの協力を得んがためであったろう。

それを聞いたドン・ファアンは肝をつぶさんばかりに驚愕した。一国の王子が、将来、王を継いで国を統治するべき皇太子が国外へ逃亡しようとは――それほど尋常ならざることはないからだ。

ドン・ファアンがドン・カルロス王子に何故に、と問い質しても、王子はただ父フェリペ王のもとから離れ、自由に暮らしたいと答えるだけで、要領を得ない。では何処へ行くのかと問うとも、王子は答えない。ドン・ファアンは聞いた事の重大さにわれを忘れて、フェリペ王に急ぎ注進した。

これをドン・ファアンから聞いたフェリペ王は驚愕した。つねなる冷静さを失ったほどであったが、次第に冷静さを取り戻し、王として、そして父親として、いかなる行動を取るべきか、熟慮に熟慮を重ねた。

建築家　陛下たちにドン・カルロス王子と、話を交えてはならぬ、とたいへん厳しい顔でフェリペ王が命じられましたのは、この頃ですね。一五六八年の一月のことです。

ルドルフ二世　その数日後、父フェリペ王に会ったとき、自分に対する態度が違うのにドン・カルロス王子は気がついた。王子はすぐさまドン・ファアンを部屋に呼び出し、打ち明けた逃亡計画の件をフェリペ王に漏らしたであろうと糾弾した。王子は激昂し、剣を抜いてドン・ファアンに挑みかかった。だが剣術に秀でたドン・ファアンは王子の剣先をかわし、部屋の外に逃れた。

ドン・カルロス王子を幽閉

フェリペ王は、熟慮の末、子のドン・カルロス王子の幽閉を決断した。重臣たちを集め、事の次第を明らかにし、重臣たちを伴ってドン・カルロス王子の部屋の前まで行き、そして、剣を取り上げ、王子が部屋の外に出られないようにすべての窓や、扉に板を打ちつけるなどして厳重に閉じさせた。

フェリペ王によるドン・カルロス王子幽閉の決断には、フェリペ王のある種の誤解が作用したのではあるまいか。つまりドン・カルロス王子がネーデルラントの反乱軍と通じ、ネーデルラントへと逃亡し、これに加担しようと思ったのではあるまいか。

そうなると暴動が起き、派遣されたアルバ公率いるスペイン軍が制圧し、暴動の首謀者をはじめ多くの民衆を断罪して、今後の対処を考えつつあるスペインに対する反逆である——とフェリペ王は考えた。こうなると、これはフェリペ王とドン・カルロス王子の父と子の不和・諍いという私的なことではなく、国事にかかわることである。だからフェリペ王は重臣たちを伴って、ドン・カルロス王子の部屋の前に行き、王子の幽閉を命じたのであろう。

だが私が思うに、ドン・カルロス王子の逃亡計画先はネーデルラントではなかったに違いない。なるほどネーデルラントでは、フェリペ王は人々に嫌われ、ドン・カルロス王子が総督として統治者となることを期待する声があることは、王子も少しは知っていたであろう。そして若者特有の正義心から、宗教的弾圧と経済的搾取に苦しむネーデルラント民衆になんらかの手を差し伸べたいといった心情も抱いていたに違いない。

だが多くの貴族と民衆を処刑し、スペイン軍を率いるアルバ公が現に駐屯するネーデルラントへ行く心づもりは、ドン・カルロス王子にはなかったのではあるまいか。

建築家　ネーデルラントにおいて暴動が勃発する前年、エグモント伯が宗教裁判の廃止と政治の改革を求めて、直接フェリペ王に嘆願すべくスペイン宮廷に赴いた折、ドン・カルロス王子とエグモント伯とが内密に会ったのでは、といった噂も聞かれますが――。

ルドルフ二世　それは私にはわからない。いったいドン・カルロス王子がそういった危険なことを冒すであろうか。

ドン・カルロス王子の幽閉の理由について、父フェリペ王は、自分は国家の安寧のための正当な諸理由にもとづき王子を幽閉したとするだけで、それ以外のことは生涯黙して語らなかった。ただひとつ、これと関連した記録が残っている。それはポルトガル女王カタリナが自分の孫であるドン・カルロス王子が幽閉されたことに驚き、悲しみ、フェリペ王の上述のような幽閉の理由などには満足せず、使者を送ってフェリペ王に本当の理由を率直に打ち明けるよう問い質させた。

建築家　ポルトガル女王カタリナとは皇帝カール五世の妹君（一五〇七～七八）ですね。ポルトガル王ジョアン三世（一五〇二～五七）と結婚され、王が崩御された後は女王としてポルトガルを統治しました。このお二人の間の娘マリア（一五二七～四五）が王子時代のフェリペ王と結婚され（一五四三）、二年後にドン・カルロス王子が誕生されたのですね、

王子にとって祖母にあたりますポルトガル女王は、亡き娘の子供で幼小のときから病弱なドン・カルロス王子ついていろいろ心配し、親身になって手をさしのべたことでも知られております。

ルドルフ二世　そのポルトガル女王の使者に、王子の幽閉について、フェリペ王は、王子がスペイン

王を継ぐ資質がないことを示したからだと、胸の内を明かして述べたという。

ドン・カルロス王子が計画したとされる逃亡先をネーデルラントであるとフェリペ王が決めつけ――これはフェリペ王のおそらく誤った判断だが、王子のネーデルラントへの逃亡・加担はスペインにとって国益を害する行為であり、そうした行為をしようとする王子には国王を継ぐ資格はないと、フェリペ王は判断した。

ドン・カルロス王子に枢密院の議席を与えるなど、国政への関与をさせ、王子が国王を継ぐ能力、資質があるのかどうかフェリペ王は観察してきた。だがフェリペ王は、王子がネーデルラントへ逃亡し、またこれに加担するのではないかという誤った判断をもとに、ドン・カルロス王子の国王を継ぐ資質があるかどうかの判断を――逃亡計画の露見の故に――性急に判断してしまったのではあるまいか。

エル・プルデント（賢明な人）と人々からよばれ、的確な判断をする賢い王フェリペ二世がそうした判断をしたのだ

私が思うに、父フェリペ王がたとえ一時でも子ドン・カルロス王子の声に耳を傾けたとしたら、父による子の監禁、幽閉という事態にならなかったのではあるまいか。

建築家　ドン・カルロス王子が父親のもとを離れて暮らしたいというのであれば、ウィーンのアンナ大公女との結婚を機に、王子をひとまずナポリ王とし、その後自分の後を継がせる、といった方策もあった、ということでしょうか。

ルドルフ二世　そういうことも、考えられたであろう。

建築家　そして、フェリペ王の父皇帝カール五世は偉大な王でして、書簡、メモ、遺言などによって、

子のフェリペ王に諸国の統治をどうすべきか、こと細かに指示し、フェリペ王は父のそうした言いつけを忠実に守ったといえましょう。

父フェリペ王と子ドン・カルロス王子関係におきましても、フェリペ王の父親としての権威主義は、そうしたカール五世帝とフェリペ王の父と子の関係が、そこに反映しているといえるのではないでしょうか。

ドン・カルロス王子の死

ルドルフ二世　こうして王宮内の一室に幽閉されたドン・カルロス王子は、初めは激昂してわめきちらしながら、室内を歩き回ったようだが、そのうち食事も摂らなくなり、意気消沈し、もともと病弱な身体も衰弱しはじめ――。

建築家　お痛ましいことです。

夏が近づく五月には、王子は熱病に悩まされ始めたといわれます。そして夏になりますと、マドリッドは耐え難い暑さとなります。通常、その酷暑のマドリッドから逃げるように郊外のアランフェスの別荘やセコヴィアの森に避暑に出かけるのですが、ドン・カルロス王子が幽閉された部屋は締め切られたままでして、そこで過ごす王子にとってあまりに過酷であったと申せましょう。

ドン・カルロス王子は床一面に大量の水を撒かせ、裸足で、そして半裸の姿で蒸し風呂のような室内を歩き回った。そして着物ひとつ身に付けず、裸のままで眠り、食物をうけつけず、いく日も冷たい水だけを飲んでいた、といわれます。

嘔吐が続き、衰弱しきったドン・カルロス王子の身体を診た侍医は、王子が危険な状態にあることを認め、それを宮廷の重臣たちに伝えます。

マドリッド中のあらゆる教会は、ドン・カルロス王子の回復を念じて一心に祈りを捧げました。

ルドルフ二世　そして私たちがドン・カルロス王子と話を交えてはならぬ、とフェリペ王が厳命されてほぼ六か月後の一五六八年七月二八日、幽閉されていた王宮内の一室において、ドン・カルロス王子の薨去（こうきょ）が知らされた。

建築家　宮廷画家コエリョによってその肖像画が描かれました四年後——陛下がスペインに行かれまして四年たちました年、陛下の従兄ドン・カルロス王子が二三歳のときです。なんともお痛ましいことです。

ルドルフ二世　この年は悲しいできごとが多かった——。秋に王妃エリザベトが第三子の出産が因で崩じてしまった。

ドン・カルロス王子が何故、どのように薨去されたか、理由は私にもいっさい明らかにされなかった。私たちの家庭教師ディートリヒシュタインに聞こうとしても、「詳しいことは私にもわかりません」と答えるだけであったし、当時十六歳の私が、フェリペ王の重臣たちにドン・カルロス王子の薨去について、問いただす立場になかった。

私はウィーンに帰国（一五七一）後、折にふれ父マクシミリアン帝や宮廷の重臣たちに問いただし、事の次第がおぼろげながらもわかってきた。いままでドン・カルロス王子の件について話してきたことは、そのおぼろげながらもわかったことだ。

何故「おぼろげながら」というと、この件に関して真相が覆い隠されているからだ。それはフェリペ王がドン・カルロス王子の件に関して、多くのことに、生涯沈黙を押しとおしたためだといえよう。

さまざまに語られた王子ドン・カルロスの生涯

建築家　陛下は、ドン・カルロス王子の王宮での幽閉とその死の真相はベールに包まれたままだ、それはフェリペ王がその件に関して、生涯沈黙を押しとおしたためだとお話しされました。スペイン王宮内で起こった出来事でして、政治・外交的関点からしても、他の国に知られたくない、表沙汰にしたくない、秘密にしておきたいという判断が働いたのでしょうね。

ルドルフ二世　無論そうだ。真相が隠されているからこそ、人は想像をたくましくしてあれこれと勝手に推し測る。やがてそれは世間の噂となり、風評となって広く流布される。

私が驚いたのは、オランイェ公ウィレムによるこの件に関する言明を聞いたときだ。

「令名高きウィレム公の弁明ないし擁護」（一五八〇）なる文書のなかで、何とスペイン王フェリペ二世は姪（すなわち私の姉アンナ大公女だが）と結婚するために、自分の妻である王妃エリザベトを殺害した、また、そのうえドン・カルロス王子をも殺害した、とオランイェ公ウィレムは述べているのだ。私は何故に、こんな根も葉もないことを、かつての皇帝カール五世の侍従であり、人々の間で声望が高いオランイェ公ウィレムとあろう者が言い立て、糾弾したのか、私は自分の耳を疑った。

この文がネーデルラントの全州議会において発表されたのは、ネーデルラントが独立を求めて、スペインへの反乱が高まりつつあったときだ（一五八〇）。この年にオランイェ公率いるネーデルラント反乱軍は、スペイン王フェリペ二世による統治を否認する布告を発している。そしてその前年には、フェリペ王がオランイェ公を反逆者として逮捕すべく布告を発している。

そういう状況のなかでの、スペイン王フェリペ二世を糾弾する——その文中には、プロテスタントの過激な弾圧への非難と、新大陸における二、〇〇〇万人にのぼるとするインディオ大量虐殺への非難も含まれている

――ものであり、これは政治的プロパガンダであろうが、それにしても、あのオランイェ公ウィレムとあろう将軍が、何の根拠もないことを言い立ててフェリペ王を告発したのか。フランスからの不確実な情報をもとにしたといった声も聞かれるが、そうではなく、ネーデルラント全貴族・民衆を反スペイン、反フェリペ王として結集し、決起させるため、ああしたでっちあげとも思える文書を作成したのであろう。

建築家　スペイン王フェリペ二世は王妃エリザベトを殺し、そのうえ息子のドン・カルロス王子をも殺害した、といった事実とは異なるオランイェ公ウィレムの主張は、当時ヨーロッパ中に流布されたと思いますが、その後、十六世紀末から十七世紀にかけて『王子ドン・カルロス伝』あるいは『フェリペ二世王伝』あるいはフェリペ王の時代を扱う歴史書におきまして、ドン・カルロス王子の幽閉と死に関しましして実にさまざまに語られました。それらは「……と人々は言っている」とか、「……と聞いた」といったように、噂や風評あるいは憶測をもとに書かれたものでして、真相とはほど遠い虚構、作り話しが多いようです。

そして興味深いことは、ドン・カルロス王子とフェリペ王を語るにあたって、当時の政治情勢に大きく左右されていたということです。

どちらかといいますと、反スペインの国々（ユグノー戦争に介入し、カトリック側を支援したスペインを嫌うフランスや、プロテスタントの国々）の著者たちは、「ドン・カルロス王子はフランスの王女エリザベトと婚約していたが、フェリペ王がそれを横取りして結婚した」とか、あるいは「王子がフェリペ王に謀反を起こしたため、フェリペ王は王子を幽閉し、宗教裁判に委ね、王子は異端者とされ、死刑の判決を受けて執行された」（マテオ、一六〇六）といったようにフェリペ王を一面的に否定的に描くのです。

それに対しまして、当事者国のスペインあるいはイタリアといったカトリックの国々の著者たちは、「父フェリペ王への謀反の心を抱いたため」（アドリアニ、フィレンツェ。一五八二）とか、「王子は如何にしばしば激昂し、他人の意見に従うような人ではなかったし、また王子がある意図をもってフランドルに逃亡しようとした」（カブレラ、マドリド。一六一九）といったように、フェリペ王についての否定的資料と王子についての肯定的な資料は伏せ、すべての非をドン・カルロス王子ひとりに負わせようとすることが顕著です。

そうしたなかで十七世紀後半にフランスの歴史家サン・レアルが著わしました『ドン・カルロス王子伝』が広く社会にドン・カルロス王子の生涯を伝えるうえで大きな影響力をもちました。

内容的には従来のフランス人による記述とあまり異ならず、風評、噂あるいは憶測をもとに著作をしたものなのですが、物語る巧みさ、明快な文体、それに当時の政治情勢によるものでしょうか、フランスを中心に多くの読者を得ました。虚像ともいえますドン・カルロス王子像が、こうして広くヨーロッパ社会（スペインでさえも）に定着したと申せましょう。

その後「ドン・カルロス伝」がふたたび著わされるには、十九世紀まで待たねばなりません。それはドイツの歴史家ランケによる『ドン・カルロス伝』（一八二九）と、ガシャールによる『ドン・カルロスとフェリペ二世』（一八六三）ですが、やはり歳月を経て多くの新しい資料が見つかったのでしょう、豊富な資料を駆使して、両著ともフェリペ王あるいはドン・カルロス王子に肩をもつことなく、なるべく客観的に描いているようです。

十九世紀の優れた歴史家レオポルド・フォン・ランケ（一七九五〜一八八六）による『ドン・カルロス伝』におきましては、まずはじめに「批判的論述」において、従来のドン・カルロス王子と、フェリペ王に関する叙述を概観し、これを批判的に検討して、それらが偏った見方によるものだ、とりわけフェリペ王に不利な資料は伏せられたとし、自分のドン・カルロス伝を著わしはじめます。多数のドン・カルロス伝のなかでも最も充実し、信頼がおけるものだと思います——私はこのランケの著書に多くを学びました。

それでもなおフェリペ王とドン・カルロス王子に関してスペイン王宮に秘蔵されてきました文書には手がつけられず、またフェリペ王が王子の幽閉について、黙して語らぬまま崩御されました（一五九八）ことから、いまだ多くのことが解明されておりません。

ドン・カルロス王子を題材とした戯曲とオペラ

なお、ドン・カルロス王子を題材としました戯曲が書かれ、劇場の舞台で上演されておりますし、同じように王子を題材としましたオペラ（歌劇）も上演されております。

戯曲はドイツの詩人、劇作家でありますフリードリヒ・シラー（一七五九〜一八〇五）によるものでして、戯曲の完成は十八世紀末の一七八七年、劇場における初演は同年八月にドイツ、ハンブルク国民劇場におけるものです——ちなみに日本におきましては、シラー生誕二〇〇年祭を記念して、一九五九年に初演されました。

またオペラは、イタリアのオペラ作曲家ジュゼッペ・ヴェルディ（一八一三〜一九〇一）によってシラーの戯曲を翻案したものでして、十九世紀半ばの一八六七年、パリのオペラ座にて初演されました。

陛下の従兄であられるドン・カルロス王子は、このようなかたちでも後世に伝えられております。

それにしましてもスペイン王フェリペ二世の嫡男、皇太子ドン・カルロスの幽閉と死――この一連の事件に関しましては、今日まで多くのことが解明されておりません。

なんともお痛ましい、多くの謎を含んだ出来事です。

シラーの戯曲『ドン・カルロス』

十八世紀後半、ドイツの詩人、劇作家であるフリードリヒ・シラーは、王子ドン・カルロスを題材とする戯曲『ドン・カルロス、スペインの王子』を書きましたが、そこに描かれたドン・カルロス王子は、実像とは相当かけ離れたものと言わざるを得ないようです。

ルドルフ二世　そのシラーの戯曲『ドン・カルロス、スペインの王子』は如何なるものか？

建築家　全五幕でして、書かれた戯曲としてはたいへん長いものです。

そのおおよその内容を陛下にお聞かせしたく思います。

第一幕（九場）

舞台はスペイン宮廷。子供の頃、一緒に育った親友のポーサ侯爵が突然ブリュッセルより帰国し、ドン・カルロス王子を宮廷に訪ね、二人は再会を喜びます。ポーサ侯は、スペインの圧政に苦しむネーデルラントの住民がカルロス王子の援助を求めていると訴えます。一方、カルロス王子は、かつては自分の許嫁（いいなずけ）であったが、今は父帝フェリペ二世の妃となったエリザベトを愛していると打ち明けます。そして息子の許嫁を横取りして自分の妻とした父をなじり、王妃エリザベトと会いたいというカルロス王子に希望をかなえようとポーサ侯は請け合います。そうして二人は会います。王妃は、愛も大事だが、ネーデルラントの住民のために尽力することをカルロス王子に訴えます。

フェリペ二世は、自分に反抗的なカルロス王子に猜疑の目を向け、アルバ公爵はじめ側近たちに、王子とネーデルラントの住民の蜂起に用心せよと命じます。

一方、カルロス王子は、王の命でアルバ公がネーデルラントの蜂起の鎮圧に向かうことを知り、ネーデルラントを救う決心をし、王フェリペ二世にネーデルラントを治める全権を自分に委ねるよう謁見を求めます。

第二幕（十五場）

カルロス王子、王宮内の執務室に王フェリペ二世を訪れます。そして父と子の間にあった心のわだかまりを解こうとします。

王子はそれまで除け者にされてきた国政において、王子としての使命を果たしたい。ついては、反乱の兆しがあるネーデルラントに赴いて、スペインへの忠誠を誓わせる役目を果たしたいと願い出ますが、王子を疑う王は拒否し、腹心のアルバ公をネーデルラント鎮圧のためブリュッセルへと向かわせるようにします。単に鎮圧にのみにでかけるアルバ公と、ネーデルラントの住民側に立つカルロス王子は口論の末、剣を抜いて闘います。

一方、手違いで手にした手紙を手中に、カルロス王子はある王妃の女官を部屋に訪ねます。女官は王子が自分に思いを寄せていると思うが、それは思い違いで、王フェリペ二世がその女官に迫ろうとしたことがわかります。また司祭は王子と王妃は結託しているとアルバ公に吹き込み、二人は悪だくみをめぐらします。

他方、王子はポーサ候と会い、女官と不義をはたらく王と王妃との愛よりも、自分と王妃との愛が真実の愛であり、王妃と会いたいといいますが、その王子をポーサ候は諫めます。二人は高い理想に向かって行動しよう、とふたたび心が一致します。

第三幕（十場）

王は、王妃と王子が不義をはたらく夢を見ます。そしてアルバ公や司祭に本当のことかどうか問いただします。

そして真実を見抜く人物が宮廷にいないのかと備忘録を取り出し、探します。そして偶然にポーサ侯爵の名を見いだし、ポーサ候を召し出します。

二人は国政について論じ合い、ポーサ候は「（ネーデルラントの）同胞に信仰と思想の自由が許されませんうちは、私は同胞を幸福と思うわけにはまいりません」、「（汝はプロテスタントかとの問いに対し、陛下にとって）私が危険にみえますのは、私が自我に目覚めているためでございます」、「人間が本来の姿に立ち返って、自らの価値にめざめ――自由の気高く誇らかな徳がさかえるにいたりましたとき――、そして陛下が、ご自分の王国を世界で最も幸福な王国となさいましたとき――そのときこそ、世界を従えることが、陛下の義務となりましょう」と王に述べます。

追従するばかりの側近たちと違った人物をポーサ候に認めつつも、王は自分の考えを変えるつもりはないと言います。

そして王はポーサ候を側近の一人とし、世間で取りざたされている王妃と王子の本当の関係を探れとポーサ候に命じます。

第四幕（二四場）

王妃の館の広間に、ポーサ候が王妃を訪ねます。そして王子が王の反対にもかかわらずブリュッセルへ発つ意志が固いこと。そしてネーデルラント全土が、王子の一声で立ち上がるであろうことを、ポーサ候は王妃に伝え、王妃はこれに賛意を表わし，そして言います「（宮廷にて果たす役割をもっていない）王子様は何かなさらなければなりません。――私もできるだけのことはいたしましょう。」

一方、王は王妃と王子の関係を疑い続け、王妃を詰問します。王妃は、そんな関係は一切ないと答えます。また王子が王妃と会わせてほしいと女官に頼んでいる折、ポーサ候がその場に現われ、一計を案じて王より預かっておいた逮捕状を執行し、王子を逮捕させます。

またその女官は王妃に、王妃と王子の関係を疑われたのは私のせいだと告白します。王妃はその女官を宮廷から追放します。

他方、ポーサ候は王妃と会い、王子を逮捕したのは王子を安全にブリュッセルに発たせるためであり、自分は犠牲になる覚悟だと告げます。王妃は、ポーサ候が助かる工夫はないものかと問うが、ポーサ候はないと答えます。

王子が逮捕された事件は、王にも側近たちにもポーサ候が仕掛けたものであると、明るみに出ます。

第五幕（十一場）

逮捕されて鉄格子がめぐらされた王宮内の一室に監禁された王子を、ポーサ候は訪ね、王子はポーサ候が自分を逮捕、監禁した理由を知ります。

そして王子と王妃の関係についての王の嫌疑を晴らすには、ポーサ候は自分が犠牲になって、王子をネーデルラントに逃がすしかほかに道はないこと、「ネーデルラントのために助かってくれ。君の使命は王国のことにある。おれの使命は君のために死ぬことだ」と告げます。

そのとき、突然銃声が響き、ポーサ候は倒れます。

そこに王と側近たちが現われます。王子は王に向かって、気高い精神をもち、自分のために死んだポーサ侯を殺したことをなじり、自分も「どんな処罰であってもおそれはいたしません」といいます。

周囲から群集のどよめきが聞こえ、それはカルロス王子を救おうとするマドリッド市民の暴動だ、と王の側近の一人は告げます。王は失神してしまいます。

死んだポーサ侯のそばにいる王子のもとに、王妃の侍医があらわれ、王妃が夜半十二時に自分を訪ねるよう言づてを伝えます。

王子は先帝カール五世の僧の姿で（近頃、先帝の亡霊がさまようという噂を聞いた王妃の思い付き）、王妃を真夜中に訪ねます。

王は宗教裁判長を呼びます。ポーサ侯を反逆の徒として以前から知っており、王は何故にポーサ侯に胸襟を開いたかと宗教裁判長はなじります。王は反逆を企てている王子の裁決を裁判長に託します。

真夜中、王妃の部屋を、僧衣をまとい仮面をつけて訪れた王子は、王子との愛をもはや隠し立てしないという王妃に、「私は長い苦しい夢を見ておりました。長い間お慕いしていましたけれど、いまはもう目が覚めました。――やっといま、あなたをわがものとするよりも、もっと尊い、もっと望ましい仕事のあることがわかりました――これからスペインを後にし、虐げられた民を暴君の手から救いにまいります。マドリッドには王として戻るか、さもなければ永久に戻りません。ではこれが最後のお別れです」と述べ、辞しようとするとき、いつの間に背後にあった王は、二人の間に割って入り王妃を刺してしまいます。王妃はその場に倒れます。

王は「私は私の義務を果たした。あなたはあなたの義務を果たすがよかろう」と宗教裁判長に冷然

と告げます。（終幕。北通文訳をもとに）

ルドルフ二世 ……（やや長い沈黙）……

そなたが話したように、私が王宮にて会い、接したドン・カルロス王子の本当の姿、いわば実像と、その戯曲に登場する王子とは相当かけ離れているな。

戯曲に描かれている王妃エリザベト――この王妃はフェリペ王の三番目の妻だ。

最初の妻は、ポルトガルの王女マリア（一五二七〜四五）で、二人は一五四三年に結婚、フェリペ王がいまだ皇太子の時代だ。その二年後マリアは王子ドン・カルロスを出産し、その数日後、薨去した。

二番目の妻はメアリー一世、イングランドの女王（一五一六〜五八）だ。ヘンリー八世とアラゴンの王女キャサリンとの間の娘で、異母弟エドワード六世の崩御に伴って、女王となった。母と同様カトリックを信仰し、イングランドをふたたびカトリックの国とすべくプロテスタントを厳しく弾圧したことで知られる。フェリペ二世が皇太子の時代、一五五四年に結婚、メアリー三八歳、フェリペ二七歳のときだ。フェリペ二世は約一年間イングランドにおいて二人で暮らしたが、その後、単身ネーデルラントに移った。二人の間に子供はなく、結婚の四年後にメアリーは崩御した。

そして三番目の妻が戯曲に出てくるエリザベト（一五四五〜六八）であり、フランス王アンリ二世の娘で、一三二八年から一五八九年まで続いたフランスのヴァロア王家の王女だ。

ヴァロア家とは、カペー王朝の兄フィリップ三世からヴァロアの領土を譲られたシャルルがヴァロア家を興したが、その後、ヴァロア家のフィリップがフランス王フィリップ六世となり（一三二八）、フランス王家としてフランソア一世などを輩出したが、その後、子供のないアンリ三世の死（一五八九）で、ヴァロア家は途絶え、フランス王家はブルボン家へと移った。

さてフェリペ王はこのエリザベトが十九歳のとき、一五六四年に結婚し（この年は私が弟エルンストとスペイン宮廷に行った年でもあるが）、二人の娘――長女のイサベル・クララ・エウヘニア（一五六六～一六三三、私が七年間滞在したスペインを辞するとき、フェリペ王が私と婚約させた王女だ）、そして次女のカタリナ・ミカエラ（一五六七～九七）をもうけたが、王妃は三番目の子供の出産のとき薨去した。

この王妃エリザベトは、まったく偶然にも王子ドン・カルロスと生年（一五四五）と没年（一五六八）が同じであるが、戯曲にあるような王子の許嫁であった事実はないし、また王子との恋愛関係はなかった、と言い切れよう。

建築家　王妃と夫のフェリペ王との年齢差が十八歳と親子ほど大きく違うということと、フェリペ王の息子ドン・カルロス王子と義母となった王妃の年齢が同じということは、シラーは戯曲として二人の婚約と恋愛関係が容易に想像し得、フィクションとして設定しやすかったのではないでしょうか。

また王妃エリザベトと王子ドン・カルロスの没年がたまたま同年であったものですから、戯曲として、不義をはたらいたとして王妃は王子と会っている場で王によって誅される、そして王子は宗教裁判において断罪される――という事態が構想され得たのだと思います。実際は、王妃エリザベトは三女の出産の際、薨去されたのですね。

一五六四年という年に、スペイン王フェリペ二世はエリザベトと再婚し、他方ドン・カルロス王子の肖像画を宮廷画家コエリョに描かせてウィーンのハプスブルク宮廷に送り、陛下の姉君アンナ大公女との婚約を画策したのですね。

ですがその婚約は成立せず、ドン・カルロス王子はその四年後、二三歳のときに何らかの理由で薨去されました。一方、王妃エリザベトの薨去後、フェリペ王は陛下の姉君アンナ大公女と再婚（一五七〇）されました。

当初、息子ドン・カルロス王子との婚約をすすめようとした相手のアンナ大公女を、父親のフェリペ王が後に自分の妻としたことも、シラーの戯曲にみられるような王子の許嫁を自分の妻としたといったようなフィクションあるいは誤解につながったのかもしれません。

フェリペ王としては四度目の結婚であり、アンナ大公女にとりましては、アンナ大公女は従兄弟の皇帝マクシミリアン二世（陛下の父上）の娘ですから、アンナ大公女にとりましては、母の兄、すなわち伯父との結婚（フェリペ四四歳、アンナ二一歳）で、ローマ教皇の結婚許可を得なければなりませんでした。そしてこの二人の間には、フェリペ三世（一五七八〜一六二一）が誕生しております。

ルドルフ二世　ドン・カルロス王子と王妃エリザベトとの関係もそうだが、王子と（そして王妃エリザベトと）ネーデルラント解放運動とは何ら関係はない。

建築家　いろいろな出来事が起きた年が、いくつも偶然にも一致したわけですね。稀なことですね。

ルドルフ二世　シラーの戯曲『ドン・カルロス』は、父と子の諍いをからめて、圧政に苦しむネーデルラント人民の自由、解放運動に加担しようとするドン・カルロス王子、ポーサ侯爵それにエリザベト王妃が挫折するといういわば政治悲劇といってよかろう。劇としてはかなり長大にもかかわらず緊張感に富んでいてよくできていると思うが、それにしても登場人物たちの歴史的事実をふまえていないからだと思うが、その構想は奇想天外とまで言わないまでも、突飛としか私には思えない。

建築家　この戯曲が長大であることは確かですね――シラーの戯曲の多くはそうであるのですが。この戯曲の場合、全部で五幕、六九場もある構成ですから。

むろんこの戯曲を上演するために、シラー自身によってあるいは演出家によって、戯曲をもとに台本が書かれ、その際、多くの場面が削除されたといわれます。そして多くを削除した台本による劇の公演におきましても、四～五時間は優にかかり、したがって、終演は夜遅くになってしまい、それが大きな問題であったとされます。

陛下は、この戯曲は登場人物の多くが実在の人物であるにもかかわらず、歴史的事実からかけ離れていて、だから劇の構成は突飛な印象を受けると話されました。ドイツの歴史家ランケは、歴史小説や史劇とはそういうものなのだ、などと述べておりますが――。

ですが、それはシラーのこの戯曲の創作の動機と過程とおおいに関連すると思われます。

シラーは十七世紀のサン・レアル著『ドン・カルロス伝』をもとに戯曲を書く

軍医となったシラーは二二歳のとき、戯曲『群盗』を書き（一七八二）、それが翌年の冬ドイツ、マンハイムの国民劇場にて上演され、たいへんな好評を得ます。

そしてシラーにとりまして第二作の戯曲『フィエスコの叛乱』の完成に向けて作業をしている頃、マンハイム国民劇場の総監督ヴォルフガング・ヘリベルト・フォン・ダルベルク（一七五〇～一八〇六）が、シラーに一冊の本を貸して、いちど読むように薦めております。その本とは例のフランスの歴史家サン・レアル（一六三九～九二）著の『ヒストワール・ド・ドン・カルロス（ドン・カルロス伝）』でして、読んで興味をおぼえたなら、それをもとに戯曲を書いてはどうか、というものです。サン・レアル著の『ドン・カルロス伝』が如何に多くの読者を得たかを物語っています。

シラーはその本を早速読みまして、興味をいだいたらしく、その後、サン・レアルの全集のほか、フェリペ二世に関する著作を数冊図書館から取り寄せ、読んでおります。

サン・レアルは当時のフランスの反スペイン、反フェリペ王の国民感情にこたえるように、王妃エリザベトはもともとドン・カルロス王子と婚約していたが、父フェリペ王が横取りし自分の妻としたとか、また反逆者ドン・カルロス王子を幽閉し、宗教裁判に委ねた、といった何の根拠もない風聞をもとに書きました――これはフラン詩人の著者に共通しているといってよいと思います。そしてドン・カルロス王子の人となりと行動を理想化し、フェリペ王の性格を一面的に、否定的に書いております。

シラーはほかにもいろいろな文献、資料を参照したようですが、いずれにせよドン・カルロス王子を題材とする戯曲を書くにあたって、サン・レアルの著書は主たる参考文献であったのです（クルーゲ）。

シラーがマンハイム国民劇場の総監督ダルベルクよりすすめられて、戯曲『ドン・カルロス』に取り組み始めたのが一七八二年（シラー、二三歳）ですが、その五年後の一七八七年（シラー、二八歳）には一応完成し、本のかたちで出版され、またその年の八月にはドイツ、ハンブルク国民劇場にて初演されました。これを皮切りに九月にはライプツィヒにて、十一月にはラトヴィアのリガにて、翌一七八八年にフランクフルト、マンハイム、ベルリンとつぎつぎと各都市の劇場にて上演されました。

シラーは、一七八七年、一応、戯曲を完成しますが、「全体として統一性に欠ける」といった詩人クリストフ・ヴィーラント（一七三三〜一八一三）をはじめとする多くの人々の批判もありまして、またシラー自身もその出来に不満で、その後、死去（一八〇五年、四五歳の若さで病のため死去）するまで、何回となく手を加え続けました。これに関しまして、シラーが一八〇二年三月二〇日付けのゲーテに宛てた書簡が知られております。「（戯曲）ドン・カルロスに手を加える仕事はとても上手くいっており、八日から一〇日のうちにやり終えることができると思います。この作品は劇としていろいろ長所をそなえています、ですから工夫すればもっと良くなると思います。もちろん全体の統一性において満足がいくようにすることはできませんでした。それはあちこち手をひろげ過ぎたためでもあります。しかしながら部分を必要最小限に整理しなおし、全体をそうした部分からなる構成とすることで、私は充分納得がいくものとなると思います。」

また戯曲自体が長大で、詩文形式で書かれましたので、劇場での上演用の台本がシラー自身によって、また（後の）演出家によってさまざまに書かれました。たとえば、一七八七年八月のハンブルク国民劇場における初演にあたりまして、シラー自身改訂短縮による台本を書いております。

ルドルフ二世　この『ドン・カルロス、スペインの王子』もそうだが、シラーの戯曲の特徴、そして評価はどうなのか。

建築家　申し上げましたように『ドン・カルロス』は戯曲が一応の完成をみました年（一七八七）の夏に、ドイツのハンブルク国民劇場におけます初演を皮切りに各都市の劇場にて上演されました。その後も十九世紀、二〇世紀におきましても、ドイツを中心にして世界の各都市において上演され続けられております――日本でも一九五九年、シラー生誕二〇〇年記念祭におきまして、初演されました。

その上演はおおむね好評を博したといえましょう。「おおむね」といいますのは、なにしろ長大な戯曲ですので、そのまま演じるには時間的制約からみまして、なかなか難しい点があるようです。したがいまして父と子の争い、母と子の報われぬ恋愛といった家庭悲劇に重きをおくか、それともスペインの圧政に苦しむネーデルラント人民の解放と自由獲得の挫折といった政治悲劇に重きをおく演出、台本による劇かによって評価がわかれることもあったようです。むろんそれは演じられました時代、社会情勢によって左右されるものですが――。

ルドルフ二世　そうか。私の時代の四〇〇年後においても上演されているのか――。

建築家　シラーは四五年という短い生涯にあいだに九篇の戯曲を書きましたが、そのうち喜劇はたったの一篇、それも即興的なもので、ほかはすべて悲劇でして、多くは『ドン・カルロス』のように歴史上の事件、人物に題材を求めた史劇です。

そして信仰上の抑圧、圧政に苦しむ民衆の解放と自由の獲得、人間の尊厳の回復が、そのほとんどの戯曲のテーマとなっております。シラーにとって初めての作品であります『群盗』におきましては、腹黒い弟の奸計に会って強盗殺人の汚名をきせられ、地方領主で伯爵の父親から勘当された兄カールは、ボヘミアの森に住む盗賊団の首領となります。手下の盗賊たちは悪の限りをつくすのですが、首領カールだけは違い、盗みのために人を殺したりしないし、圧政をしき領民を苦しめる領主たちを懲らしめ、貧しい若者たちに勉学のために奨学金を与えたりする義勇の精神をもつ人物です。ですがそれまで盗賊たちとともに――甘い汁を吸う領主や貴族たちを懲らしめるのが目的とせよ――悪事を働いたことを自覚する首領カールは、社会的秩序を維持するのが社会のためだとして、手下の盗賊たちと袂を分かち、自首するのです。このようにしてカールは内面的自由――領主から領民を解放するといった外面的自由もさることながら――を得るのです。

このようにシラーの戯曲に共通するテーマであります抑圧からの解放、人間の尊厳と自由の獲得――それらはすべて挫折し、悲劇として終わるのですが――を、シラーは劇的効果を十分計算しつつ、熱い言葉で謳いあげます。

『群盗』はじつに二二歳のとき、『ドン・カルロス』は二八歳のとき、それに『ヴァレンシュタイン』『マリア・スチュアルト』は四一歳のときに書かれました。まだまだ若いときの作品といってよいかと思います。だからでしょうか、そのほとんどが長大で、そのまま上演するには時間的に問題が多いこと、やや複雑な構成であること、またシラー自身が『ドン・カルロス』についてゲーテに語っている如く統一性に欠ける――等々多くの未熟な点、欠点が指摘されますが、にもかかわらず一貫したテーマでありまする自由の希求、気高い精神、理想の追求には、人は心を打たれます。人は誰であれたとえどんな状況にあっても、自分が完全に自由であるとは思いませんが、だからこそ『自由とは何か』とつねに問う存在であるからです。

またそうしたシラーの戯曲のなかでも『ドン・カルロス』は、「圧政に対する反抗と人間的高貴さが結んでいるシラーの面目を、この戯曲ほどよく示しているものはない（手塚富雄）」という声も聞かれます。

シラーがそうした戯曲を書いた背景には、時代がフランス革命（一七八九）前後でして、市民階級の台頭が著しいフランスやイギリスとくらべまして、諸領邦が独立割拠して統一したドイツ国民はなく、政治的にも社会的にも遅れが目立つシラーのドイツがあります。この同胞に自由を勝ち取るべく鼓舞することが、作品にこめられたシラーの意図であったかもしれません。

シラーは詩人でもありまた歴史家でもありましたが、何よりも劇作家でありました。一貫して自由を希求する高貴な精神という点において、ドイツを代表する劇作家といえましょう。

なおドン・カルロス王子を題材としたオペラも作られ、舞台で上演されております。

それは十九世紀、イタリアの代表的オペラ作曲家ジュゼッペ・ヴェルディ（一八一三～一九〇一）による――おそらくシラーの『ドン・カルロス』を翻案した――オペラ『ドン・カルロ』でして、一八六七年パリのオペラ座にて初演され、今日まで上演されております。

陛下の従兄であられるドン・カルロス王子は、このようなかたちで後世におきましても気高い英雄的人物として伝わっております。

3 父帝マクシミリアン二世と離宮ノイゲボイデ

ノイゲボイデを見下ろす丘の森を散策する皇帝ルドルフ二世たち

建築家　陛下はルーカス・ヴァン・ヴァルケンボルヒという画家が描きました絵画、すなわち陛下と二人の弟君エルンスト大公とマティアス大公が側近や従者たちと連れだって、父帝マクシミリアン二世が建造されました夏の離宮ノイゲボイデを見下ろす丘の森のなかを散策されている絵画をご覧になられましたか。

ルドルフ二世　もちろん見ているし、その絵画を今、私が所蔵している。

それは弟のエルンストの絵画コレクションのなかにあり、エルンストの死後（一五九五）、その絵画コレクションは遺品として、長男であり皇帝である私が相続し、私の手に渡ったのだ。

弟エルンストは芸術好きで、総督としてネーデルラントを統治（一五九三〜九五）していたとき、精力的に絵画を収集した。その数は、決して多くはないものの、ブリューゲル（父ピーテル、一五二五〜六九）の絵画で『雪中の狩人』『牛群の帰り』『パウロの改宗』（ウィーン美術史美術館蔵）等々やボッシュなどの優れた絵画が含まれていた。

建築家　陛下が二人の弟君と連れだって、離宮ノイゲボイデを見下ろす丘の森を散策した折、ルーカス・ヴァン・ヴァルケンボルヒという画家が陛下たちを描いた、あるいはスケッチをした（その後に油彩画とした）というご記憶はありますか。その絵には、左下隅に帽子をかぶった画家とおぼしき老年の男が座って、スケッチしている姿が描かれております。

そしてそれは何年頃のことでしょうか。

ルドルフ二世　それが私にはまったく記憶にないのだ。兄弟三人が仲良く森を散策するというのは、たぶん、画家が自由に構成して描いたというより、絵画の依頼者による発想というべきものであろう。

そなたは私たち兄弟三人が連れだって、これも丘の森の飲泉湯治場を訪れている絵画を見たことがあるか。同じ画家が描いたものだ。

建築家　はい、見たことがあります。はるか遠くに町を望む小高い丘に森が広がり、手前の大木の下のほうに飲泉が湧き、一人の従者が陛下たちに飲泉を注ぎこんだグラスをお飲みになるようささげ持っている絵画ですね。傍らに陛下の側近とおぼしき貴人たちが、グラスから飲んでいる様子、そして土地の人々が陛下たちの訪問を珍しげに眺めている様子も描かれています。

その絵のことですね。描きましたのはヴァン・ヴァルケンボルヒ、同じ画家ですね。

ルドルフ二世　そうだ、その絵だ。それもエルンストの絵画コレクションに入っていた。ところで、その二つの絵画をよく見くらべるがよい。そこに描かれた、連れだって散策する私たち三兄弟の姿、かたちはまったく同じだ。

私が中央で正面を見、そして私の右に右の方角に目を向けている弟エルンスト、私の左に弟マティアス、左手で傍らの犬の頭をなでている。着ている服装の色や柄が少々異なるだけで、犬にいたるまでそっくり同じではないか。

建築家　そう、そっくり同じです。陛下のご指摘のとおりですね。

ルドルフ二世　私が思うには、たぶん、弟エルンストが兄弟三人仲良く連れだって散策する絵画を描くようにと注文をつけて、絵画を依頼したのであろう。

ルーカス・ヴァン・ヴァルケンボルヒという画家は、私はよく知らないが、弟がネーデルラントに赴いたときのネーデルラント出身の宮廷画家で、弟エルンストはマティアスを通じて、一五九〇年頃からその画家と親交があったようだ。

ところで、私たち兄弟三人が仲良く連れだって散策する絵画を描くよう、弟エルンストが画家に注文をつけたその絵画を見ると、エルンストのやさしい心根が伝わる。私と長年仲が悪かった弟マティアスとの間にあって、エルンストは私たち二人の仲が戻るよういろいろ心を砕いてきた。そしてようやく仲直りの兆しがあるのを見たエルンストは、よほどうれしかったのであろう。

近い将来、ネーデルラントへ総督として赴任するであろうことを知っていたエルンストは、それで兄弟仲直りの思い出としてあのような絵画を描かせ、ブリュッセルの宮廷にもって行きたかったのであろう。

建築家　弟君エルンスト大公は、たいへん優しい性格の持ち主であったようですね。その画家ヴァン・ヴァルケンボルヒ（一五三五〜九七）は一五九三年オーストリアを去り、マイン河畔のフランクフルトへ移り住みましたが、その際、フランクフルトの市民権が得られるように、エルンスト大公がいろいろと骨を折ったことが知られております。

ルドルフ二世　そうか……。

弟マティアス大公、ネーデルラント総督になろうとする

私たち兄弟のなかでも、気性が激しく、思慮が浅いが行動的な弟マティアスが、当時十九歳のときに、あろうことか皇帝となる私に何の相談もせずに、自分はネーデルラントの総督になる用意があると、レーゲンスブルクで開催された帝国議会の折、ネーデルラントの使節団に告げるという愚挙に出た。私たちの父マクシミリアン帝が崩御した直後のことだ（一五七六）。

ネーデルラント情勢は当時切迫していた。私と弟エルンストがスペイン宮廷に遊学していたとき、反スペインの暴動が生じたが、スペイン王フェリペ二世の命を受けてネーデルラントに赴いたアルバ公は

強力な軍をもって鎮圧した（一五六七）。だがアルバ公が膨大な戦費を賄うため、大増税をネーデルラント人民に強いようとしたところ、大反乱に発展した。

アルバ公は解任され（一五七三）、後任のレケセンスにも有効な策はなく、フェリペ王による第二回国庫支払い停止宣言（一五七五）の後、給料未払にいらだったスペイン兵がアントウェルペンの都市を略奪した。これに怒ったネーデルラント人は皆、すなわち反乱軍と比較的穏便なカトリック教徒の南部諸州とが結んで、スペイン軍の撤退と信教の自由とを要求する。そこでフェリペ王はレパントの海戦においてオスマン・トルコ軍を破った神聖同盟連合艦隊の総司令官ドン・ファン・デ・アウストリアをネーデルラントの新しい総督として派遣することを考える。一五七六年とはこうした状況にあったのだ。

フェリペ王のプロテスタント弾圧に怒るネーデルラントの者たちは、プロテスタントに寛容であり、またプロテスタントの優れた学者や医者たちを宮廷に召し抱えていた父マクシミリアン帝の息子マティアスもまた、きっと寛容な精神の持ち主であろうとの思いで、弟マティアスを総督として迎えようとしたのではあるまいか。信教の自由獲得という自分たちの目的を達成する便利な道具と見たのであろう。

翌年、マティアスは極秘のうちにウィーンの王宮を出てネーデルラントへ赴き、総督の座におさまろうとしたという（一五七七）。むろん、支配者であるフェリペ王の同意などはなかったが――。

ネーデルラントの支配者スペイン王フェリペ二世はその報を聞き、耳を疑い、信じようとはしなかった。そして怒った。怒りの書簡を私に送りつけてきた。

私もその軽挙妄動の報せに、わが耳を疑い、気が動転するばかりであった。なかなか怒りはおさまらなかった。そのためか以来、たびたび胃の潰瘍を患うようにもなった。

ネーデルラントでは若い「総督（?）マティアス」の意思通りに事はうまく運ぶはずはなく、結局、総督職を諦め、オーストリアへ帰国した。

私は弟マティアスにリンツの居城に蟄居するよう命じた。以来、私と弟マティアスとの不和は長い間続いたが、優しい弟エルンストは心を痛め、二人の間の仲を取り持とうとした。

ネーデルラント総督を務めた弟エルンストの死後（一五九五）、私は長い間わだかまりが解けなかったが、その後、弟マティアスをニーダーエステルライヒの総督に任じた。

金羊毛皮勲章を胸にさげる皇帝

建築家　ところで、皇帝の離宮ノイゲボイデを見下ろす丘の森のなか、あるいは飲泉湯治場がある丘の森のなかを、陛下が二人の弟君と連れだって散策される様子が描かれた絵画におきまして、中央を歩かれる陛下の胸には、首からかけられた金羊毛皮勲章が見られます。

美しい細工がほどこされた聖アンドレアスの十字架状の金の鎖に、金の羊皮が（くびれた胴体を中心に、頭と前足、それに後ろ足が）だらりとした状態でさがっている金羊毛皮勲章を、陛下はとてもお好きなようですね。

陛下のいろいろな胸像――たとえば、彫刻家アドリアン・デ・フリース（一五四五～一六二六）作の陛下のブロンズ胸像（一六〇七）、それにこれは胸像ではなく騎馬像ですが、彫刻家ジョヴァンニ・ボローニア（ジャンボローニア）作の陛下の騎馬像、それにメダルなどにも金羊毛皮勲章を胸にかけられたお姿が見られます。彫刻家レオーネ・レオーニ作の陛下の祖父であられる皇帝カール五世のブロンズの胸像（一五五五）にも、そして画家ジュゼッペ・アルチンボルドが描きました陛下のご父母、皇帝マクシミリアン二世と皇后マリアご一家の家族の肖像画（一五六三）――五歳の可愛らしい姉上のアンナ大公妃、お生まれになったばかりでゆりかごに寝ておられる弟君のエルンスト大公、それに椅子に座られている二歳の幼い陛下がおられます——にも、マクシミリアン二世帝の胸にさげられた金羊毛皮勲章が見られます。

金羊毛皮勲章とはいったいどういうものなのでしょうか。ブルゴーニュの宮廷文化について、陛下から以前にお話をお伺いしましたが、その宮廷にて創設された金羊毛皮勲爵士騎士団の団章であると聞いたことがありますが。

ルドルフ二世　そうだ。騎士団団章といってもよかろうが、勲爵士章といったほうがより適切であろう。

ブルゴーニュ公国（ドイツ語でブルグント公国）のフィリップ善良公（一三九六〜一四六七）は、一四二九年にポルトガル王女イサベルと結婚された。そしてブリュージュで催されたその婚礼を祝う盛大な祝宴の折に、金羊毛皮騎士団の創設の宣言をされた。フィリップ公はその際、「聖母マリアとブルゴーニュ公国の守護神である十二聖人の一人、聖アンドレの栄誉を称えて」と述べているごとく、騎士道と神への奉仕を誓う騎士団であるが、公国領がディジョン（今日のフランス東部）からブリュッセル、ブリュージュ、アントウェルペン（今日のベルギー、オランダ）まで分断しつつ伸びる地理的、そして文化的情況にあって、ブルゴーニュ公に仕える家臣、貴族たちの結束を強め、ブルゴーニュ公国のよりいっそうの一体化を意図するものであった。大団長はむろんブルゴーニュ公であり、厳しい規律がしかれ、また本部はディジョンにおかれた。

建築家　なにかの書物で、ブルゴーニュ公国での金羊毛皮騎士団の入会式が描かれた図を見た記憶があります。ブルゴーニュ公が中央上段に腰かけられ、左右に高位の騎士たちが居並ぶなか、高位の祭司が入会者とおぼしき者になにやら説教を垂れています。たいへん厳かな入会の儀式であったのですね。

ルドルフ二世　ブルゴーニュ公国では宮廷儀礼と同様、その金羊毛皮騎士団の入会式でもこまごまと入会儀礼が定められていた。

建築家　金羊毛皮騎士団を創設したフィリップ公は、何故に「金羊毛皮」騎士団と命名し、「金羊毛皮」と関連づけたのでしょうか。

ルドルフ二世　その昔、ギリシア中から勇士が集まって船に乗り込み、はるか遠く黒海の東端の地に向かい、団結して幾多の困難を克服して、黄金の毛皮をもつ羊を奪還し、ギリシアの故郷に持ち帰った、という冒険物語が伝えられている。

その勇士たちの強い結束、団結を範とし、固く団結した騎士団としての「金羊毛皮」騎士団と命名したのではあるまいか――前に話したように、ブルゴーニュ公国の家臣や貴族たちに、なによりも求められたのが強い結束、固い団結だからだ。

そなたは金羊毛皮騎士団、金羊毛皮勲章の金羊毛皮の名の由来であるギリシア神話・伝説アルゴナウティカ――アルゴ船物語をむろん知っているだろうな。

建築家　はい。ほんの僅かですが存じております。

アルゴナウティカ――アルゴ船物語

ロドスの詩人アポロニオスによる『アルゴナウティカ――アルゴ船物語』（紀元前二五〇頃）を、以前に読んだことがあります。ギリシア北部テッサリアの海沿いの地方のイオルコス（今日のボロス）の王子イアソンが、ギリシア中より勇士を集め、アルゴ船（女神アテナの命と協力によって勇士の一人アルゴスが造った船）に乗って、遠く黒海の東端の地コルキス（今日のグルジア）に赴き、多くの困難を克服して、その地の聖なるアレスの森の大蛇が見張る樫の木の梢に張られていた金羊毛皮を奪還し、故郷に持ち帰る、という勇士たちの冒険の話ですね。

ルドルフ二世　ただ、アポロニオスによる『アルゴナウティカ』では、イアソンをはじめとするギリシアの勇士たちが、黄金の羊毛皮を探し求めて、黒海東端の国コルキスへ向けて、アルゴ船でイアソンの国イオルコスから出航するところから物語が始まる。だから、金羊毛皮が何故にコルキスの地にあるのか、金の毛皮の羊がどういうもので、それがいったいどうしたのか、といったことは『アルゴナウティカ――アルゴ船物語』からはわからない。

建築家　アポロニオスが『アルゴ船物語』においてそこから始めていないことは、物語の前提となりますその部分が、当時の人々によく知られていた伝説であったということですね。

ルドルフ二世　金羊毛皮にかかわる全体の話が、伝説あるいは神話であるということだ。アポロニオスがふれていない初めの部分は、たとえば、アポロドロスがその書『ビブリオテケ（ギリシア神話）』（紀元前一世紀）において著している。

いま『ビブリオテケ（ギリシア神話）』の著者アポロドロスといったが、実のところそもそも著者は誰か、いったいどのアポロドロスなのか、そして著者とされるアポロドロスの人物についても、いまだよくわかっていないことが多いといわれるが、その著書『ビブリオテケ（ギリシア神話）』はギリシア古典期以前の伝承、伝説を、編・集大成したもののようだ。金羊毛皮にかかわる話については、アルゴ船出航後の多くの部分は「アポロニオスによれば」という箇所が見られるごとく、アポロニオスの『アルゴナウティカ――アルゴ船物語』を参照しつつ書いたようにもみうけられる。

私が子供のときに読んだそのアポロドロスの『ビブリオテケ』によれば、水と土から人間をつくり、火を与えたプロメテウスの子はデウカリオンだが、このデウカリオンの子であるヘレンとニュムフのオルセイスとの間に生まれた子のひとりがアイオロスだ。アイオロスは父ヘレンよりギリシアの北部テッサリアの地を与えられた。

アイオロスの息子のひとり、アタマスは最初の妻ネペレとの間に息子プリクソスと娘ヘレをもうけた。そして二度目の妻のイノとの間に、レアルコスとメリケルテスが生まれたが、このイノはネペレの子供たちに悪だくみを図り、国の女たちに小麦を焙るように説いた。女たちは男に隠れて、そのようにした。大地に播かれたのは焙った小麦なので、例年の作物を実らせなかった。

そこで、アタマスはデルポイに使者を送って、この不作からまぬがれる方法を神に伺おうとした。するとイノは出かけようとする使者に、もしもプリクソスをゼウスに犠牲に供すれば、不作は止むであろうと神託があったと言うようにと説き伏せた。その神託を聞いてアタマスは、土地の住民にも強制されて、息子プリクソスを祭壇に連れて行った。


すると、最初の妻ネペレは娘ヘレとともに息子プリクソスを奪い返し、ゼウスの子で神々の使者ヘルメスから授かった金毛の羊を子供たちに与えた。二人の子供はその羊の背に乗り空中を飛んで、大地を横切り、海を渡った。シーゲイオンとケロネソスの間にある海の上に来たときに、娘ヘレは深海に滑り落ちて、溺れ死んだ。それで、その海は娘ヘレの名をとってヘレスポントス（ヘレの海。ダーダネルス海峡）とよばれた。

しかし、プリクソスは黒海東端のコルキスの地に来た。

太陽神ヘリオスとペルセイスの子アイエテスがその地の王であった。王アイエテスはプリクソスを客としてもてなし、娘のなかの一人、王女カルキオペと娶せた。そして、プリクソスは金毛の羊をゼウスに生贄として捧げ、その皮を王アイエテスに贈った。アイエテスはそれを広げてアレスの杜のある樫の

木の梢に張りつけ、一匹の大蛇が昼も夜も寝ずの見張り番をする。（高津春繁訳）
一方、アタマスの兄弟でイオルコス王クレテウスの息子（実際はポセイドンが父）ペリアスは、父クレテウスの死後イオルコス王となった。このペリアスの兄弟がアイソンであり、王ペリアスの命を受けて、金羊毛皮を求めて黒海東端の地コルキスへ向かうアルゴ船の船長イアソンはアイソンの息子である。つまり王ペリアスはアイソンの叔父ということとなる。

建築家　このあたりからアポロニオスの叙事詩『アルゴナウティカ――アルゴ船物語』が始まるのですね。

ルドルフ二世　そうだ。

ペリアスはつぎのような神託を聞いた――将来、いとわしい定めがかれを待ち受ける。サンダルの片方だけを履いて、民のあいだから来る者を見た時、かれはこの者の、企みによって滅ぶであろう、と。その後、予言に従いイアソンは、冬アナウロスの流れを徒歩で渡った時、サンダルの片方は泥から引き抜いたが、片方は川底に、溢れた水にとられてそのまま残した。それからまっすぐに、宴に加わるためペリアス王のもとへ来た。王は父ポセイドンとほかの神々を敬ってこの宴をもうけたが、ペライゴスのヘラは崇めなかった。かれはイアソンを見ると、すぐさま気づいた。そしてこの男が大海で、または異国で命を落として戻って来ないように、危険に満ちた航海の冒険を彼に用意した。
（第一歌）（岡道男訳）

王ペリアスはイアソンをなきものとするため、とても生きて無事には帰っては来られないような、黒海の東の涯コルキスの地に赴き、金の羊毛皮を手に入れ、持ち帰ることをイアソンに命じた。イアソンはその命に応じる。

金羊毛皮を手に入れ、持ち帰えれという命の背景については、アポロニオスはふれていないが、詩人ピンダロスは

プリクソスがわれわれに、アイエテスの館に来て自分の魂を連れ戻すよう命じているのだ。また海から、そして継母の不敬虔な攻撃から、自分を救った雄羊のふさふさした毛皮を持ち帰れというのだ。（ピュティア祝勝歌。第四歌。キュレネのアルケシラオスのために――戦車競走優勝者）（内田次信訳）

とペリアスに歌わせている。黄金の毛をもつ羊の背に乗ってコルキスの地に着き、そこで暮らしたプリクソスは、死んだとき、埋葬の礼を受けなかった、という。それでアイオロス一族の多いイオルコスの人間に、プリクソスの霊と羊毛皮を連れ戻すようにと、デルポイの神託はペリアスに夢のなかで告げるのだ。そしてイアソンがその命に従った背景については、

唯一人の君主として治める権利は君に譲ると誓う。固い誓いのしるしとして、われら双方の祖神たるゼウスを証人としよう。この取り決めを二人はよしとして別れた。（同第四歌）

クレテウスの息子アイソン（イアソンの父）がイオルコスの王となるべきところ、兄弟のペリアスが

王位を奪っており、イアソンが王位の返還を要求していたのだ。

建築家　ピンダロスは紀元前六世紀から五世紀にかけて、合唱隊（コロス）の歌が盛んになった時代の祝勝歌で名高い詩人ですね。

紀元前七七六年に始まったとされますゼウス神に捧げるオリュンピアの競技以来、ギリシア各地の神域で神に奉納する競技が開催されるようになりましたが、なかでも四大競技――オリュンピア（ゼウス神）、ピュティア（デルポイ、アポロン神）、イストミア（ポセイドン神）、ネメア（ゼウス神）といわれます大競技祭には、ギリシア各地からはもとより、遠く外国からも競技者が参加しました。競技祭では徒競走、五種競技、レスリング、円盤投げ、競馬、戦車競争などが競われました。

そして、これらの競技の優勝者は故郷の誉れであったのですが、この優勝者を称える歌が祝勝歌なのですね。合唱隊が歌い、舞踏も伴った壮大な歌でした。

陛下が示されましたピンダロスの祝勝歌は、アフリカ、リビアのキュレネの王アルケシラオス四世が、紀元前四六二年に開催されましたピュティアの大競技祭の戦車競走において優勝しましたが、このときの祝勝歌なのですね。

戦車競走では、戦車と馬を自前で用意せねばならず、したがいまして、財力からして王侯、貴族しか競技に参加できませんでした。キュレネの王アルケシラオス四世は、わざわざ遠いアフリカから戦車と馬を船に積んで、勇んでその戦車競走に参加し、見事優勝の栄誉に輝いたのですね。そしてピンダロスに祝勝歌を作ることを依頼したのですね。

ところで、キュレネのアルケシラオス王家の祖先は、金羊毛皮をめざしてコルキスに向かうイアソンを船長としたアルゴ船の乗組員エウペモスなのですね。勇士エウペモスは、アポロニオスの『アルゴ船物語』では、誰よりも足が速く、海の波の上でさえ走ることができた。速い足を水に浸すことなく、つま先だけを濡らして、水上の道を進んでいくと詠われています。

ですから、ピンダロスの祝勝歌において、戦車競走の優勝者アルケシラオス四世とその一族を称えるに、祖先にさかのぼりつつ、誉れ高い祖先が加わった『アルゴナウティカ――アルゴ船物語』が詠われているのですね。

ルドルフ二世　そうだ。

さて、ペリアス王の命に従うイアソンは、ギリシア中から勇士を募る。女神アテナの指示のもとに、アルゴスが造ったアルゴ船の乗組員となるべくはせ参じた勇士は、竪琴の調べで魅惑するオルペウスをはじめ、ボレアス（北風）の子ゼテスとカライス、ゼウスの子ヘラクレス、アンカイオス、ヘルメスの子アウトリュコス、ポセイドンの子エウペモス（この勇士が、あのピュティアの大競技会の戦車競走で優勝したリビア、キュレネの王アルケシオラス四世一族の先祖だ）、太陽神ヘリオスの子アウゲイアス、プリクソスの子アルゴスたちで、アルゴ船は船長イアソンの指揮のもと五〇人の乗組員が櫂を漕いで進む船だから、五〇人の勇士たちだ。

そして、大勢の人々の見送るなか、いよいよイオルコスの港から出航だが、それに先立ち、乗船を司る神アポロンのため祭壇をしつらえ、二頭の牛を犠牲に捧げた。

建築家　そのアポロンに生贄を捧げる儀式がたいへん詳細に描かれておりまして、興味深いですね。といいますのは、古代ギリシア人もまた（近代人のごとく）牛や羊などの動物を屠って犠牲に捧げることを、開明したギリシア人としては野蛮な行為とみたようでして、動物を屠る犠牲の儀式そのものについては目をそむけ、ギリシア人は詳細に描こうとはしなかった、と聞いたことがあるからです――。

ルドルフ二世　そうとは言い切れぬように思うが――。

といって、ギリシア人の生贄を捧げる儀式ついての詳細な記述は、今すぐには思い起こせない。ということは、あるとしても稀なことかもしれない。だが、人間の残忍さ、残虐性についていえば、ギリシア人の犠牲式で動物を屠ることなど些細なことだと言ってよいほど、人間は残忍、残虐になれる——それがどれほど開明した時代でもだ。おそろしいことだが。

建築家　そうですね、陛下のいわれるとおりです。二一世紀の世になりましても、人間が何故あれほどに残忍、残虐になれるのか、と思うことがよくあります——。

ところで、アポロニオスのアルゴ船出航にあたりまして、乗船を司る神アポロンへ生贄を捧げる儀式についてですが、

海の近くの石を引き起こして積み上げ、アポロンのためその浜に祭壇をしつらえた。それから、速やかに乾いたオリーブの枝をその上に敷き並べた。

そのあいだにアイソンの子の牛飼いたちが二頭の牛を群れから追い立てて連れてくると、仲間のうち若年の者は牛を祭壇のそばへ引いて行き、ほかの者はつぎに清めの水と挽き割り麦をもってきた。

イアソンは父祖の神アポロンの名を呼んで祈った。

お聞きください。パガサイに、そして私の父の名にちなむアイソニスの町に住まう神よ。あなたはこのわたしに、ピュトでお告げをもとめたとき、旅の成就とその果てを示すことを約束された。あなたこそ冒険の原因になられた方だから。

いま自らこの船を、仲間を失うことなく、かなたへ、それからこなたへ、ヘラスへと導いてください。そのときわれわれは、帰国した者と同じ数の雄牛を屠り、みごとな贄をあなたの祭壇にふたたび供えるでしょう。さらに、ピュトへまたオルテギュアへ、わた

しは数かぎりない供物を運ぶでしょう。
いまここへお出でになってこの贄をお受け取り取りください、遠矢の神よ。これはこの船のためわれわれがはじめて供える乗船の贄です。御心に従って、神よ、幸先良き運命のために、わたしがもやい綱を解くことができますように。そして晴天のもと海原の上を運んでくれる順風が吹きますように。

こう言って、祈りながら、挽き割り麦を投げた。大力のアンカイオスと、ヘラクレスは牛のそばで支度をした。一人が頭の真ん中の、額のあたりを棍棒で打つと、牛はその場にどうと倒れ、地上に横たわった。ついでアンカイオスがもう一頭の広い首を青銅の斧で打ち、たくましい筋肉を切り裂くと、牛はまっさかさまに両の角から地面に落ちた。仲間はすみやかに二頭の喉を切り、皮をはぎ、四肢を切り分け、肉を刻み、聖なる腿を切り、これをそっくり分厚い脂身で包んでから薪の上で焼いた。アイソンの子は生のぶどう酒の、注ぎものをその上に注いだ。イドモンは炎を眺めてよろこんだ。炎が贄からくまなく光を放ち、幸先良い兆しの煙が勢いよくのぼるのを見たからだ。かれはすぐにためらいなくレトの御子の考えを明かした。

諸君が羊皮を持ってここへ戻ることを神々は定められ、お告げになった。かなたへ、そしてこなたへと行き来するあいだ、数かぎりない危難が諸君を待ちうけている。だが、このわたしは神霊のいとわしい定めのもとに、はるかアシアの地のいずこかで生を果てる運命だ。こうして忌まわしい鳥占いによりわたくしの宿命をすでに前から知っていた

が、この船に乗り込むため、また乗り込んでから、誉れが故郷に残るよう、祖国をあとにしたのだ。（岡道男訳）

アポロンに生贄を捧げる儀式はこのように描かれております。牛を屠る場面はおぞましく、眼をおおいたくなりますが、儀式全体は厳粛ですね。

そして屠った牛を切り分けて、脂身で包んで焼き、その上に生のブドウ酒を注ぐ、そして予言の力を持つ者が炎を眺めて、幸先よい兆しかどうか見る場面など興味深いものです。

ルドルフ二世　この後、アルゴ船はイアソンを船長として、いよいよ黒海東端の地コルキスに向けて、パガサイ湾のイオルコスの港を出航する。

そしてレムノス島に寄港する。女たちばかりが住む島だ。それは、この島の女たちが女神アフロディテを崇拝することなく、供物を長い間、怠ったため、女神の恐ろしい怒りにあい、女神は女たちに臭気を発するようにした。そのため男たちは自分の女と寝ることなく、周辺のトラキアから女たちを連れてきて寝た。それを怒った女たちは、父や夫をはじめ、島の男たちすべてを殺してしまった、という。

島に上陸したアルゴ船の乗組員たちは、男の姿が見えないのを訝（いぶか）るが、島の女たちの言い逃れに簡単にだまされる。そして女たちに大歓迎され、丁重にもてなされ、そして女たちと交わり、乗組員の子供たちが生まれる。前に話に出たピュトの大競技祭における戦車競走優勝者リビア、キュレネの王アルケシラオス四世の先祖は、このとき、乗組員エウペモスと島の女との間にもうけた子供の子孫だという。

さて、アルゴ船の乗組員一行はレムノスの島をあとにし、ドリオニア、そしてミュシアに立ち寄る。ここでヘラクレスとポリュペモスが置き去りにされる。ヘラクレスが愛していたヒュラスが水汲みに行って、その美貌ゆえにニュンフたちにさらわれ、ヘラクレスとポリュペモスが探しまわっている間に、それと気づかず乗組員たちが船を出航させてしまったからだ。

そして、その後ベブリュクス人の土地に向かい、船出してトラキアのサルミュデソスに着く。このように各地を経由し、黒海へ向かって船を進めるのだが、各寄港地での冒険譚が面白い——ただ、そなたはアポロニオスの『アルゴナウティカ』を読んだということだから、ところどころ端折って話を進めよう。

建築家　ピンダロスの祝勝歌に詠われておりますアルゴ船物語のようですね。祝勝歌においては、長くなりますから、むろんアルゴ船物語すべてを詠うことはできませんから——。

ルドルフ二世　そうだろうな。

さて、アルゴ船はヘレスポントス海峡（今日のダルダネス海峡）を抜け、マルマラ海を横切り、後にギリシア人が植民都市を創建することとなるビザンティオンの集落（今日のイスタンブル）を左手に見つつ、ボスポラス海峡を奥深く進む。

そして、黒海への出口、おそろしく危険なシュムプレガデス岩にさしかかると、イアソン船長はじめ乗組員たちは、サルミュデソスで出会った盲目の予言者ピネウスの忠告を想い起こす。

黒い二つの岩を、海の狭まるところにみるだろう。はっきり言うが、それを無事にとおり抜けた者はひとりもいない。じっさい、二つの岩は根元でしっかり留められていない。それは絶えず真向からぶつかり合って一つになる。沸き立つ海水の大波がその上に高く噴き上がり、切り立つ岸が周りにあらあらしくとどろく。
だから今はわたくしの勧めに従うがよい。もしほんとうにあなた方が聡明な心をもち、
至福の神々を崇めて旅する者であるなら。若者の血気にまかせて無鉄砲にまっすぐ進み、
自らすすんで破滅を招いてはならない。
はじめに、鳩を船の前方に放ち、鳥で試して行く手を占うようわたくしは勧める。もし、
鳥が翼の力でまさにその岩のあいだを無事に黒海へ逃れるなら、あなた方もまた一刻も
前進をためらうことなく、手にしっかり櫂をにぎって漕ぎ、海のはざまを分け進むがよ
い。救いの光明は、祈りよりもあなたがたの腕の力に現れるからだ。
だから、ほかのことにかまわず、勇気をふるって最善の努力をするのだ。だが、その前
に神に祈ることをとめるわけではない。しかし、鳩がまっすぐに飛んで岩の真ん中で滅
ぶときは、船を引き返すがよい。不死なる神々に屈することははるかによいことだから。
岩のあいだから忌まわしい運命を逃れることはできないだろう。たとえアルゴ船が鉄の
船であっても。（第二歌）

そしてようやくのこと、漕ぎ進み、抜け出すことができる。

建築家　船乗りにとって危険きわまりない、黒海の出口での切り立った岩礁を無事に漕ぎ抜け出した
アルゴ船につきましては、ホメロスの叙事詩『オデュッセイア』におきましても詠われております。ト
ロイア戦争が終わりまして、英雄オデュッセイが故郷のイタケに帰る途中、大嵐に遭い、漂流し、一〇
年の漂流・冒険の後、妻ペネロペイアと息子テレマコスが待つ故郷に帰国する一大英雄叙事詩ですね。
冥府から生還したオデュッセイに再会した魔法を使う女神キルケは、旅立つオデュッセイに歌う魔女

セイレンたちの誘惑から逃れる方法を教え、それが成功した後、とるべき二つの進路がある、どちらの路をとるかは、自分で思案して決めなさい、と言うのです。

第十二歌の話です。

一方の路では、険しく切り立った岩があり、海の女神、青黒い眼のアンピトリテの大波が、凄まじい音を立てて撃ち当たっている。これは至福の神々の間では、「さまよう岩」の名で呼ばれていた岩礁で、ここは空飛ぶ鳥も通り抜けることができぬ、いやそれどころか、父神ゼウスの召し上がるアンブロシアを運ぶ気弱な鳩さえ、無事にここを越えることができず、すべすべした岩は、必ずその一羽を捕えるので、父神はその数を補うべく、さらに一羽を送られるほどなのです。人の乗る船も、ここへ来て無事に逃れ得たものは、かつて一艘だになく、船の板も人の死骸も波に揉まれ、また業火の渦巻く疾風に煽られて、こなたかなたへ漂うあり様、海原渡る船でここを越えたのは一艘のみ、アイエテスの許から帰るさいの、その名天下に轟くアルゴ船がそれで、この船とてもこの時、たちまち波が巨岩に撃ちつけていたのであろうに、イアソンは、ヘレ寵愛の勇士であったので、女神が無事に通しておやりになったのです。

空を飛ぶ鳥も通り抜けることができない「さまよう岩」と呼ばれた岩礁をこれまで越えたのは、一艘のみ、その名天下に轟くアルゴ船がそれだ、と、詠われておりますが、これから考えますと、アルゴ船物語の伝承・伝説は詩人ホメロス以前に——その英雄叙事詩の成立は、紀元前九世紀前後と推定されておりますーーすでに、あまねく人々に知れわたっていたということですね。(松平千秋訳)

ルドルフ二世　そうだ

そして、そのホメロスの歌からわかることは、「……海原渡る船でここを越えたのは一艘のみ、王アイエテスのもとから帰る際の、その名天下に轟くアルゴ船がそれで……」とあるように、ホメロスの歌では、アルゴ船がこの黒海とボスポラス海峡の接点にある危険な岩礁を越えるのは、王アイエテスが治めるコルキスの地で、アルゴ船船長イアソンと乗組員たちが、金羊毛皮を首尾よく手に入れ、故国イオルコスへの帰途である。

アポロニオスの『アルゴナウティカ』ではコルキスへ向かう途中であり、多少の異同がみられる。同じことが、アルゴ船のレムノス島への寄港においてもみられる。アポロニオスの歌ではコルキスへの往路だが、ピンダロスの歌では帰路である。

こうした異同をどう解釈すべきか難しい問題だが、『アルゴナウティカ――アルゴ船物語』は、ホメロスの叙事詩と同じように口承文学であるから、つまり口伝えで語り伝えられたものであるから、時が経るとともに、多少の異同が生じるのも当然であろう。

建築家　写本の場合も同じことが言えるようですね。たとえば二世紀頃のローマ、アルゲントゥム街でたくさん軒を並べていた書店の奥の部屋では、書写のために雇われた人が――なかには書写を強要された無学な奴隷などもおりました――書写の仕事に精を出しており、人によっては、何行かを飛ばして書写しても平気ですし、また、適当に自分がよいと思う文を加えた、といったずさんな写本もあったようですね。むろん書写を生業としたいわば書写のプロも多かったわけですが――。

ルドルフ二世　そして多少の異同がある本来、口伝えで語り伝えられてきた神話『アルゴナウティカ――アルゴ船物語』を、アポロニオスは学者らしく綿密に考証し、物語を再構成し、「アポロニオスのアルゴナウティカ」として、詠ったのであろう。

アポロニオスという人物については、いまだよくわからない部分が多くあるものの、紀元前三世紀アレクサンドリアの学者であり、詩人だ。アポロニオスが学んだというカリマコスは、プトレマイオス王たちによって創設されたムセイオン附属の大図書館の館長で、王命により一二〇巻に及ぶ蔵書目録を作成した学者であり、そして、作品に叙事詩『ヘカレ』などもある詩人だ。アポロニオスもこのカリマコスと同じように大図書館の司書であり、プトレマイオス王の王子の教育係を務めたという。

さて、船乗りにとって危険きわまりないシュプレガデス岩を漕ぎ抜けて黒海に入ったアルゴ船は、小アジア（今日のトルコ）北岸に沿って航行し、黒海の東端の地、コルキスのパシス川に着いた。そして帆と帆桁をおろし、川の上流へ漕ぎ進むと、左手にはカウカソスの山々とアイアの都城が、右手にはアレスの平野と、アレス神の聖森が望まれた。その森で見張りの大蛇が樫の梢に広げられた金羊毛皮を守っていた。

イアソンとアルゴスは船を降り、この地を治める王アイエテスの館におもむき、ペリアス王の命でこの地に来たこと、そして金羊毛皮を渡してくれるよう頼んだ。

だが、ギリシアから来たのは金羊毛皮ではなく、王笏と王権をもとめてのことだと疑う王アイエテスは、イアソンに無理難題をふっかけ、勇気と力とを試したうえ、望みどおり金羊毛皮をもち帰らせよう、と言う。

わたくしはアレスの野に、口から炎を吐き、青銅の足をもつ二頭の雄牛を飼っている。
わたくしはこれを軛につけ、アレスに捧げたかたい四町歩の畑で追う。すぐさま畑を端まで犂で切り進みながら、すきあとに、デメテルの穀物ではなく、恐ろしい大蛇の歯を種にまく。歯は見る見る成長し武装した兵士の姿になるが、わたくしは槍をとり、まわりから向かってくるところをその場になぎ倒す。こうして、朝早く雄牛を軛につけ、夕刻には刈り入れを終えるのだ。もしお前がこの冒険をそのように成し遂げるなら、その日のうちに、お前の王の館に金羊毛皮を持ち帰ることが許されるだろう。そのときまで手わたすつもりはないし、期待もしないでもらいたい。優れた者が、劣る者に譲るのは見苦しいからだ。（第三歌）

イアソンは、王アイエテスが出したこの難題にたじろぐ。

王アイエテスには二人の娘がいる。姉は、黄金の毛をもつ雄羊の背に乗ってこの地に飛んできたプリクソスと結婚した王女カルキオペだ。妹は、女神ヘカテの杜に巫女とし仕える王女メデイアで、女神ヘカテより魔術を教わった魔法使いだ。

このメデイアはイアソンたちが王アイエテスの館を訪れたとき、イアソンを一眼見て恋をした。建築家 イアソンを助ける女神ヘラと女神アテナ、そして女神アフロディテ、この三柱の神々が、女神アフロディテの息子エロス（恋の神、キューピド）をとおして、王女メデイアに恋を吹き込む場面がおもしろいですね。

エロスは、灰色の大気を通り抜け、誰にも気づかれずにあら荒しく降りてきた。そのありさまは、牛飼いがうしばえと呼ぶ虻が草をはむ若い雄牛に襲いかかるときもかくやと思われた。

かれは戸口のまぐさの下で素早く弓を張り、一度も使っていない苦痛に満ちた矢を箙から抜き取ると、四方に鋭い目をくばりながらひそかに急ぎ足で敷居を跨いだ。それからイアソンのすぐ足もとに低くうずくまり、矢はずを弦の中ほどに当て、両手で弓を引き絞り、メデイアにまっすぐ狙いを定め、矢を放った。
乙女は心を奪われて口がきけなくなった。エロスは、高い屋根の広間から高笑いしながら外へ飛び出した。矢は深く乙女の胸の中で炎のように燃えた。彼女は、きらきら光る目をまっすぐにイアソンに向かってたえず投げ、理性は苦痛にゆれて胸の外に追われた。彼女はほかに何も考えることができず、魂は甘い苦悩にあふれた。ちょうど、糸をつむぐ手間賃稼ぎの女が早々と起き、まだ夜のうちに屋根の下に明かりをともすため、くすぶる燃えさしのまわりに枯れた小枝を積み上げると、小さな燃えさしからすざまじい炎が起こり、小枝をことごとく灰にするよそのよう——そのように胸もとに恐ろしい恋がうずまき、ひそかに燃えた。心は千千に乱れ、やさしい頬は、青ざめるかと思えば、紅に染まった。

恋を吹き込むには、恋の対象となる人（この場合、イアソン）のすぐ足もとに恋の神キューピドが低くうずくまり、恋を吹き込む人（メデイア）にまっすぐ狙いを定めて矢を放つ、とあります。これを散文で語るとすれば、やや滑稽になりますが、このように詩歌で詠いますと、微笑ましくさえ思えますね。清澄に神話が詠われているからでしょうね。そして、メデイアの胸に恋の炎が燃え上がる描写は、とても生き生きとしています（もちろん、わたしは日本語訳で読みましたが、岡道男の訳詩もまたすぐれたものです）。アポロニオスは学者でしたが、優れた詩人でもあったことがわかります。

ルドルフ二世　恋の虜となったメデイアは、父が課した試練にイアソンが命を落とすのではとおそれ、父に隠れて、女神ヘカテより教わった魔法の薬によってイアソンを助けようとする。

牛に軛をつける前に、自分の身体にこの薬を塗りなさい。さらに槍にも盾や剣にも薬を撒きなさい。そうすれば、青銅の刃に打たれても傷つかず、雄牛からほとばしる炎にも屈せず、大地に生える勇士らにも負けず、その日一日のあいだ、武勇と力にいっそう優れた者となるだろう。メデイアはこのように言いながら、イアソンに魔法の薬を与える。

父に背き、自分を慕い必死で自分を助けてくれる王女メデイアをいとおしく思うイアソンは、ギリシアの故国イオルコスへ一緒に連れて帰ることを約束する。

一方、牛に軛をつけ、大地をすき、大蛇の歯を撒き、大地に生える勇士らをなぎ倒しても、イアソンに金羊毛皮を与えるとした約束を王アイエテスは守ろうとせず、イアソンらアルゴ船乗組員を闇討ちにしようとする。

そこでメデイアは一計を案じ、イアソンとともに、樫の梢に広げられた金羊毛皮のある聖森に行く。

イアソンは、恐る恐るあとからついて行った。すでに大蛇は呪文に魅惑され、巨大なとぐろを巻いた長い背骨をゆるめ、無数の輪を解いてのばした。そのさまはさながらよどんだ海に黒い波が音もなくのろのろとうねるときに似ていた。しかしそれでも恐ろしい頭を高くもたげ、二人ともまがまがしい顎に巻き込もうとはやった。乙女は切りとったばかりの杜松（ねず）の小枝を汁に浸し、呪文を唱えながら混じりけのない薬を目にふりかけた。するとまわりに広がる薬の強力な香りが蛇を眠りの中に投げ入れた。

大蛇はその場で顎を下に落とし、無数のとぐろをはるかうしろに、木の茂る森を貫いて長々と伸ばした。

そこでイアソンはメデイアに促され、樫の木から金羊毛皮をとった。彼女はそこにじっと立って、大蛇の頭に薬を塗りつけた。

こうして二人はアレスの陰暗い森をあとにした。さながら高い屋根の部屋の上に高く登る満月の光を乙女がきめ細かい衣で受け、その美しい輝きを見て胸の中の心はよろこぶ――そのようにイアソンはその時よろこんで大きな羊皮を手でもち上げた。金髪におおわれた彼の頬と額は房毛の輝きに映え、炎のように赤身がさした。表一面黄金の羊皮は、一歳牛か、それとも狩人に赤鹿とよばれる鹿の皮ほどの大きさがあり、ずしりと重く房毛におおわれていた。かれの歩く足もとから、地面がたえず強いきらめきを放った。


建築家　イアソンは、そのようにして、ようやく黄金の羊毛皮を手に入れたのですね――ギリシアからアルゴ船に乗ってはるばる黒海の東端、コルキスの地に来まして。

おもしろい冒険譚です。

ルドルフ二世　『アルゴナウティカ――アルゴ船物語』はそこで終わるわけではない――そなたも知っているように。

恋をした王女メデイアがそれに手を貸し、イアソンたちアルゴ船乗組員が金羊毛皮を手に入れ、大急ぎで逃げようとする。それをいちはやく知った王アイエテスとコルキス人たちはすぐ追討にかかる。王女メデイアがイアソンたちとアルゴ船に乗って逃げるにあたって、弟のアプシュルトスも一緒だった。

そして、追跡してくる王たちを見るや、メデイアは弟を殺し、八つ裂きにして水底深く沈める。これを見た王たちが、バラバラになった王子の死体を集めている間、アルゴ船乗組員たちは追跡を逃れ、黒海を西に横切ってドナウ川口に至り、このドナウ川を遡りアドリア海に出、そしてポー川を遡ってライン川，ガリアの（今日のフランス）ローヌ川を経て、大海に出る。そしてイタリア西岸に沿ってテュレニア海を航行し、メッシナ海峡を抜ける。

アルゴ船がイタリア西岸に沿ってテュレニア海を航行するとき、アイタリア島（今日のエルバ島）の港に寄った、という記述がストラボンの『ゲオグラフィア（地誌）』にあることを思い出した。

その港というのが、アルゴ港（今日のポルト・フェッライオ）という名で、アルゴ船に因むという。メデイアが叔母である魔女キルケに会いたがるので、この女神の住居を訪ねるべくこの地へ船を寄せた、というのだ。

もっとも、ホメロスの『オデュッセイア』において、訪れた人々に薬をもり、魔法によって豚や狼などの動物に変えて、自分の召し使いにしてしまうという魔女、髪麗しい女神キルケが棲んでいたという伝説があるキルケイ岬（今日のチルチェオ岬）は、もっと南へ下がったアンティウムの近くだが。

そのあたりの海岸線は風光明媚で、カリグラ帝、ネロ帝それにドミティアヌス帝などの海浜の別荘が多くあった。

こうしてアルゴ船乗組員一行は、メッシナ海峡を抜けてアフリカのリビア、クレタ島を経て、故国イオルコスに帰還する。怒り狂った王アイエテスは、部下たちにどこまでも追跡せよと命ずる。

アポロニオスの『アルゴナウティカ——アルゴ船物語』は、あらましこのような詩だ。

建築家　イアソンたちが、金羊毛皮を手に入れて、ギリシアの故国イオルコスへと帰る経路につきましても、いろいろなルートが伝えられております。アポロドロスの『ビブリオテケ（ギリシア神話）』では、ロドスのアポロニオスが詠った『アルゴナウティカ』の帰路をほぼ踏襲しているようですが、ピンダロスでは、金羊毛皮を手にしたアルゴ船の乗組員たち、

彼らは、オケアノスの太洋に、そして赤い海に、さらに男殺しのレムノス女の一族と交わった。（ピュティア第四歌。キュレネのアルケシラオスのために――戦車競走優勝。内田次信訳）

と詠われております。この歌からしますと、コルキスのパシス川を遡って太洋オケアノスに出て、赤い海（今日の紅海、ペルシア湾、アラビア海、インド洋の一部を指すといわれます）、そしてふたたびオケアノスを経てアフリカ、リビアから地中海に出て、レムノス島に一時滞在した後、故国イオルコスへと帰港したことがうかがわれます。

金羊毛皮伝説と砂金を産出するコルキスの地

建築家　金羊毛皮を求めてのアルゴ船乗組員たちの冒険譚はたいへんおもしろいですね。ロドスのアポロニオスの『アルゴナウティカ――アルゴ船物語』が、詠われました紀元前三世紀頃から、ホメロスの英雄叙事詩とともに広く読まれたということは、おおいに理解できます。そして、後の作家がこれに刺激を受け、それぞれ自分なりの『アルゴナウティカ』を書きましたし、後の文学に大きな影響を及ぼしました。

ところで、金羊毛皮伝説はどのように成立したのでしょうか。黄金の毛皮の羊がプリクソスとヘレを背に乗せて、何故にコルキスという黒海の東端の地に飛行したのでしょうか。

ルドルフ二世　神話・伝説の世界のことだから、確かなことはわからない、としか言いようがあるまい。ただ、ストラボン（紀元前六四～紀元後二五以降）が、『ギリシア・ローマ世界地誌』のなかで、それを示唆するようなことを述べている。

建築家　ストラボンとは、紀元前六四年に小アジア、ポントスの内陸の小都市アマセイア（今日のトルコ北部、アマスア）に先祖が王家とも関係ある名家に生まれた、ローマ時代のギリシア人地理学者、歴史学者ですね。小アジア、カリアのアイアンドロス川を遡った内陸の都市トラレス近くの小都市ニュサで弁論術、文法などの教育を受け、二〇歳の頃ローマに行って、さらに一〇年ほど弁論術、哲学を中心に勉強を続けました。

その後エジプトに八年ほど滞在し、エティオピア、アラビア、黒海地方まで各地を旅行して、地理的、歴史的資料を収集し、紀元前七年以降は故郷のポントス、アマセイアにて過ごしたといわれております。

ストラボンは『地誌』を著わす前に、大部な歴史書を書いたといわれますが、これにつきましては、残存するものがなく、よくわかっていないようです。そして故郷のアマセイアにおいて『地誌』を著わしました。紀元一世紀初めのことです。それまで各地に旅行した折、直接見たこと、その折、土地の人たちに聞いたこと（……なにしろ黒海沿岸地方ポントスの生まれで、遠方の小アジアやローマで勉強した人でありますから、故郷に帰るにもたいへんな長旅でして、「地誌を書いた人のなかでも、私ほど各地を旅行した人はいるまい」とストラボンは述べております……）、そこで収集した地理的、歴史的資料、そして主としてエラトステネス（紀元前二七五～一九四）の『ゲオグラピカ（地理学）』（紀元前三世紀）、ポセイドニオス（紀元前一三五～五〇）の『ヒストリア（歴史）』、ポリュビオス（紀元前二〇〇～一一八）の『歴史』（紀元前二世紀）

などの信頼がおける書物、これらをもとに著わしたといわれます。

それにしましても、ストラボンの『地誌』は、読み物としましてもたいへん興味深い書物ですね。その各地方、都市、村落ごとに、場と地形、環境、歴史、民族、人物、産物などを、逸話などをまじえながら、詳述――濃淡はありますが――していますが、驚嘆に値する書ですね。その探究心、勤勉さは、これも驚嘆すべき書『博物誌』（紀元一世紀）を著わしました（大）プリニウス（紀元二三～七九）――あるいは『ギリシア案内記』（紀元二世紀）を著わしましたパウサニアス（紀元一一五頃～一八〇頃）――にも劣らぬ人ですね。

興味深い事項を数えあげましたら、それこそきりがないのですが、小アジア、キリキア地方（今日のトルコ南東岸地方）のタルソスという地方都市がありまして、アウグストゥスやクラウディウスらのローマ皇帝の少年時代の教師であったアテノドロス（紀元前七四頃～後七）をはじめ多くの哲学者を輩出し、哲学をはじめ、一般教養の教育にたいへん熱心で、当時の学問の都市であったアテネやアレクサンドリアにも劣らない、ということを、ストラボンの記述によって私ははじめて知りました。アンティオキアに近い地方とはいえ、ごくごく周縁の地方小都市が、そうした文化都市として存在したとは感嘆させられます。

ルドルフ二世　そうだな。

前にも話したとおり、私は十五世紀にグアリーノによるラテン語訳の『ゲオグラフィア（地誌）』を、今でも時折、読むことがあるが、興味深い事象として記憶に残っているものがある。

それは――これも小アジアのカリア地方（今日のトルコ南西部、地中海沿岸地方）に関してのことだが――、カリア族と関連して「バルバロス」なる語の語源についてだ。当時、ギリシア人は、非ギリシア人すなわち異邦人をバルバロイとよび、その語には野蛮人、蛮族といった異民族を蔑視する意味合いがある。

これまで見てきたエウリピデスの悲劇『メデイア』においても、イアソンがメデイアに向かって「(黒海東端の地コルキスにおいて、金羊毛皮を手に入れるにあたって) わたしを助けたお返しに与えた以上のものを受け取っているのだぞ。つまりこういうことだ。まず第一に、お前はあんな草深い田舎ではなく、このギリシアの地に住んでいる。そして正義の何たるかを知り、また物事を処理するのに力ずくではなく、法を用いることを覚えた (丹下和彦訳)」と言わせているし、メデイアも「(あなたは) 蛮人の娘と結婚したことが、年齢をとるにつれて、世間態の悪いものに思えてきたのです」とイアソンに言わせている。あきらかに異民族への蔑視だ。

イオニア人やドリス人がカリアの地へ移住してきて、原住のカリア民族と敵対し、当然カリア人をののしるようになる。非ギリシア人という言葉は当初は一般的な意味であったが、カリア人をその範疇に入れると、ののしる意味合いがもたされる。ストラボンはこれを指摘し、またカリア人が話す言葉はとりわけ耳ざわりであり、「バルバロス」という言葉ははじめのうち、発音が滑らかではなく耳ざわりな話し方をする人々に向けた擬音語として話し出されたのであろう、と述べる。つまり、重苦しい、耳ざわりな話し方をする人々のことを「バルバロス (非ギリシア人)」とよぶようになり、それが (カリア人を) ののしる意味合いをもたされ、誤って非ギリシア人、異民族を指す一般的な言葉であるかのように使って、ギリシア人と区別しようとしたというのだ。

ギリシア人と非ギリシア人というように区別するのは適切ではない、と主張したのは、エラトストネスだが、ストラボンはその「非ギリシア人」を表現する「バルバロス」は、実は擬音語から派生したのではないか、と言う。たいへん綿密な考察というほかない。

建築家「バルバロス」という語は、ラテン語を経まして、こんにち英語、フランス語、ドイツ語をはじめヨーロッパ各国語で使われておりますが、それらはすべて「野蛮な」といった意味合いをもった言葉ですね。
ストラボンは、異民族に対して偏見をもたない、公平な人だったのですね。ギリシア人ですが、黒海沿岸地方のポントスに生まれ育った、ということもその背景としてあるのでしょうね。

ルドルフ二世　ところで、そのストラボンは『ゲオグラフィア』の第十一巻「北方アジア」の項において、コルキス地方について述べている。この地方は実り豊かで、造船用のあらゆる資材にこと欠かない。たくさんの用材樹が生え、河を利用してこれらの用材を運び下ろすし、亜麻を大量に産し、麻、みつろう、瀝青をも産出するなど、この地方の産物の豊かさを述べているが、これに続いて、たいへん興味あることを述べている。

地元での話だと、冬場の河の急流が黄金をも流下させ、それを非ギリシア人たちが穴をあけた桶や羊毛のついたままの毛皮を使ってすくい取る、という。そして、まさしくこの道具がもとで、金羊毛皮の説話も伝わったという。

たしかにカウカソス山脈西麓のこの地は、昔から砂金の産地として知られている。水が増し急流となった川の上流からもたらされる砂金を、地元の人が穴をあけた桶や羊毛のついたままの毛皮を用いてすくい取る、というのだ。時にはたくさんの砂金がその羊毛皮を満たし、羊毛皮全体が黄金に輝くがごとく見えたのであろう。これはまるで金羊毛皮だ――、と。川で砂金取りに精を出す地元の人たちが、大喜びで歓声をあげるのが目に浮かぶようだ。
これがやや誇張された表現で広く人々に伝わった、といえるかもしれない。

建築家　たいへん興味深い話ですね。羊の皮に穴をあけて、それでもって川で砂金を採っていたのですか。

金羊毛皮伝説、それを求めての勇士たちの冒険物語でありますアルゴナウティカ――アルゴ船物語伝説、そして陛下もプラハの王宮にて授与されました金羊毛皮勲章――みんなこれが源としますと、直接的にせよ間接的にせよ、地元民の話を聞き集めてこれを探りあてましたストラボンの功績（？）というものはたいへん大きいですね。

イアソンとメデイアのその後。そしてエウリピデス作の悲劇『メデイア』

ルドルフ二世　ところで、エウリピデス作の悲劇『メデイア』の中心人物である王女メデイアは、黒海東端のコルキスの地において、金羊毛皮を手に入れようとするイアソンを手助けした王女メデイアであることは、知っておるだろうな。

建築家　はい。存じております。

ギリシア悲劇はたいへん好きでして、アイスキュロスとソポクレス、それにエウリピデスという三大悲劇詩人の作は、たいてい読んでおります。エウリピデスの悲劇『メデイア』は日本におきましても、ギリシア国立劇場劇団によりまして、一九九九年に公演されました。なにしろ「母親による子供殺し」というセンセーショナルなテーマでもありますし、たいへんな話題になりました。

ただ、『メデイア』におきますイアソンは、結婚して妻とし、二人の間に二人の子供までもうけたメデイアを裏切り、コリントの王女と婚礼をあげようとし、メデイアによって不誠実な極悪人とまでなじられますが、これに対して言い訳ばかりするようなイアソンと、これがアルゴ船物語の英雄イアソンと同一人物であろうか疑うばかりに、私の頭のなかでは一致しませんでした。ですから、アルゴ船物語のイアソン、メデイアと、エウリピデス作の悲劇『メデイア』のそれ（イアソンとメディア）とは同一人物であると、自分に言い聞かせるように思ってきた節がありまして、いまだもってピンときません、というのが本当のところです。

ただメデイアに関しましては、エウリピデスの『メデイア』におきましても、これが同一人物であることになんの違和感をもちません。

ルドルフ二世　それがアイスキュロスやソポクレス作の悲劇と異なるところだ。エウリピデスの悲劇では、神話・伝説の神々も英雄も同時代の人間として振る舞う。無残な殺し方をした魔女メデイアも悩み、苦しむ。

建築家　コルキスの地で金羊毛皮を手に入れ、イアソンの故郷ギリシア、イオルコスに連れだって帰ったイアソンとメデイアのその後につきましては、エウリピデスもロドスのアポロニオスもふれてはおりません。ですが伝承によりますと、イオルコスの王ペリアスはアルゴ船に乗った勇士たちの帰りを待つも、いつになっても帰還しないのに業を煮やし、船長イアソンの父親アイソンを殺害しようとしました。そこで父も母も自害してしまいます。

一方、アルゴ船に乗って帰還したイアソンは、金羊毛皮を王ペリアスに手渡しますが、王は王位を返すという約束を守ろうとはしません。そして両親の死を知ったイアソンは復讐を誓います。

そこでイアソンとともにイオルコスに来たメデイアは、ペリアスの王宮に行き、王の娘たちに、薬によって父親の王を若返らせてやろうと約束し、父の王ペリアスを細かく切り刻んで釜の湯で煮るように説きました——このあたりコルキスにて金羊毛皮を手に入れ、アルゴ船に大急ぎで乗って逃れるとき、コルキスの王をはじめ部下の者たち追手の追跡を遅らせるために、王女メデイアは残酷にも自分についてきた弟アプシュルトスを殺し、細かく切り刻んで水底に沈めたという件が、伏線として思い起こされます――。

そして信用させるために、魔術によって、あらかじめ雄羊を切り刻み、薬を入れた釜の湯で煮て、仔羊にして見せました。そこで娘たちは信用して父王を細かく切り刻み釜の湯で煮て殺してしまいました。（高津春繁訳）

イオルコスの王となったイアソンは、しばらく国を治めますものの、王の妻メデイアが前王ペリアスをあまりにも残忍な方法で殺したことを糾弾する民の声がますます強まり、とうとう二人は国を追われ、流浪の身となってしまいます。

そして流浪の末、王クレオンが治めるコリントにたどり着き、ここでしばらく貧乏暮らしを始めるのですが、ここからの出来事をギリシア悲劇三大詩人の一人とされますエウリピデスが、悲劇『メデイア』におきまして詠っているのですね。

悲劇『メデイア』は、紀元前四三一年春――光に輝くアテネの没落のもととなりましたペロポネソス戦争が、始まった年でもあります――、アテネの大ディオニュシア祭奉納演劇コンテストに上演されましたギリシア悲劇です。エウリピデスが五〇歳頃の作とされています。

劇では、まずメデイアの乳母が登場し、メデイアのこの頃のただならぬ怒りの形相に不安を抱き、それも無理からぬこと、イアソンが妻メデイアを離縁して王の娘と婚礼をあげようとしているのだからと、これからの劇の展開を暗示します。メデイアは父を裏切り、故郷コルキスを捨てて、アルゴ船に乗ってイアソンとともに、ギリシアなどに来なければよかったに――と嘆きます。このプロロゴス（プロローグ）はエウリピデスの発案・工夫といわれますが、その後の劇の展開を暗示しつつ、アルゴ船物語とイアソン、メデイアとのいきさつを簡潔に、しかも抒情豊かに詠いあげていますね。

そして自分と二人の子供をコリントから追放するという王の噂を耳にしたメデイアは「ああ惨めな哀れなこのわたし、ひどい目にあわされた。（子供の姿を見て）おう呪われた身のこの母のうとましい子供らよ、滅んで果てよ、父もろともに」と怒り、嘆きます。そして即刻の追放処分を告げに訪れた王クレオンに、せめてもう一日この土地に留まれるよう願い出、王はしぶしぶ同意します。

メデイアはホメロスの『オデュッセイア』に登場する魔女キルケの姪にあたる魔女です。かつて巫女として仕えた魔法使いの守護神ヘカテより教わりし毒薬を使って、国王とその娘そして夫イアソンの殺害をもくろみます。

そうするうちにイアソンが、メデイアのところに来ます。メデイアは「極悪人！これが卑怯なあなたに言って差し上げられる精一杯の悪口です」となじりますが、イアソンは、メデイアを離縁して王クレオンの王女と婚礼をあげるのは、メデイアと子供たちのためによかれと思ってすることだ、つまり貧しい生活から脱したい、そして子供たちをイアソン家に相応しいかたちで育ててあげたいなどと、言い訳がましい理由を並べたてるのです。

メデイアは、イアソンのそうした言葉の端々から父親にとっての子供の大切さをあらためて認識し、ついには自分たち夫婦の間に生まれた子供たちを殺すことこそ、夫への最大の復讐であると思うようになるのです。

メデイアは、婚礼の祝いにと毒薬を塗りつけた長衣と黄金の冠とを子供たちに王女のもとに持って行かせます。王女は喜んで長衣を身にまとい、黄金の冠を頭に戴せてはしゃぎまわるも一瞬、その身体に毒が浸みわたり、黄金の冠からは炎が燃え上がり、絶命してしまいます。急を聞いて駆けつけた王クレオンは、娘を抱き起こそうとしますが、その王にも毒がまわり、その場で命を落としてしまいます。

王女と王の死の報せを聞いたメデイアは、「ああ、どうしよう。この子らの生き生きした眼を見ていると、決心も鈍ってしまう。とてもできない。さっき考えたことはもうやめよう。この子らをひどい目に合わせて、父親を苦しめる、でもその結果、わたし自身がさらにその二倍の苦しみを味合わねばならぬという、そんな法がどこにあろう。とんでもない、あの計画はやめにしよう。いや、どうしたというのだ、このわたしが敵どもに嘲笑われるままでいいのか、何の仕返しもせずに放っておいて」と逡巡するのですが、ついには二人の子供を殺してしまいます。

それを知ったイアソンは驚愕し、「わたしは破滅」だと言い、そして胸がつぶれる思いで、せめて「その子らの葬式をさせてくれ、泣かせてくれ」と頼むのですが、メデイアは「だめです、コリントのアクロポリスにあるヘラの神殿に連れてゆき、わたしがこの手で葬ってやります」と言うのです。

そしてメデイアはアテネの王アイゲウスを頼って、竜車に乗りアテネへ向けて飛び去るのです。（丹下和彦訳をもととする）

ルドルフ二世　そうであったな、エウリピデスのギリシア悲劇『メデイア』で詠われていたイアソンとメデイアのアルゴ船帰還後の人生は。

悲劇『メデイア』は、アテネの大ディオニュシア祭奉納演劇コンテストでは、三等賞と好評とは言いがたいものだったが、その後、評価は高まり、ローマ時代になって学生の教科書に採り入れられたと聞く。私も子供時代にラテン語の学習にと、家庭教師から読まされた記憶がある。母親による子供殺しとは何故かと、子供心に日々考えた記憶もある。

建築家　アルゴ船の英雄イアソンと、エウリピデスの悲劇『メデイア』におけるこのイアソンとが同一人物であると——少なくとも私にとって——なかなか重なりにくいのは、陛下が以前にお話しされましたように、エウリピデスにおいては神話・伝説の神々・英雄たちも、エウリピデスと同時代（紀元前五世紀）の人間として振る舞う、というところからきているのですね。それがギリシア悲劇三大詩人といわれます二人、アイスキュロスやソポクレスのギリシア悲劇と異なるところなのですね。

となりますと、エウリピデスは従来の英雄イアソン像から離れて、自由に自分なりのイアソン像をつくりあげた、ということですね。

ルドルフ二世　そうだ。そしてメデイアにしてもそうだ。おそらくメデイア（母親）による子供殺しは、エウリピデスによる創作であろう。

建築家　え？（訝るように）、本当にそうなのですか。——といいますのは、アポロドロスの『ギリシア神話（ビブリオテケ）』におきまして、メデイアは二人の子供を殺した、と述べられておりますから。

ルドルフ二世　エウリピデスの創作だ。

だいたいメデイアの子供の死に関して実にさまざまな伝承が知られている。アポロドロスの『ギリシア神話（ビブリオテケ）』に関していえば、アポロドロスは、メデイアが自分の子供を殺したことは、エウリピデスの創作かもしれないと思っていた。だがアポロドロスはそれを採り入れた。エウリピデスを含めてギリシア古典期あるいはそれ以前の作家などを典拠に、アポロドロスは『ビブリオテケ』を編んだのだ。

コリントの地は、もともとメデイアの父でコルキスの王アイエテスの所領であったという関係で、メデイアと夫イアソンはこのコリントを治めていた。そして二人の間に生まれた子供を、不死ならしめんとしてアクロポリスのヘラ神殿へ隠したが、誤って死なせてしまった、という話を紀元前八世紀のコリント生まれの叙事詩人エウメロスが伝えている。

またこれとは相違して、魔女メデイアの統治を嫌ったコリントの女たちが、メデイアとイアソンの子供たちを殺害した、そのためにコリントの町に疫病が蔓延し、それを鎮めるために、市民の子女、男女七人ずつ合計十四人の生贄を神殿に捧げるはめになった、という伝承もある。

それとまた、王クレオンを殺害したメデイアに対し、怒った縁者たちがメデイアの子供たちを殺した後、殺害したのはメデイア自身だと嘘の噂を流した、とサモスの詩人クレオピュロスが伝えている。

（丹下和彦訳）

建築家　メデイアにはイアソンとの間に子供があり、その子供は何らかの理由でいずれにせよ死んでしまった、というさまざまな伝承がありまして、エウリピデスは、悲劇の構想にあたって、そうした伝承を考慮に入れつつ考え、母メデイアによる実の子供殺しというテーマが浮かび上がってきたと陛下は言われるのですね。そしてアポロドロスは『ギリシア神話』におきまして、これを採ったというのですね。

ルドルフ二世　エウリピデスらしい劇的効果を狙ったものだ。

母親が自分の腹を痛めた子供を殺すというたいへん驚愕的、悲劇的な出来事は、観衆の耳目を驚かせ、観衆は「何故、母親が子供を？」と問い、劇に引き込まれていく。

イアソンとメデイアの心の葛藤、夫から裏切られたメデイアは、復讐として初めは王と王の娘そして夫の殺害をもくろむが、夫のそしてアテネの王アイゲウスの言動から、父親にとっていかに子供は重要な存在なのかをあらためて認識していき、ついには夫が最も苦しむ最大の復讐は、夫の子供を殺すことであると考えるに至り、これを決意する――そうしたメデイアとイアソンの心理を探っていくエウリピデスの悲劇に観衆はかたずをのんで引き込まれていくのだ。

そしてこの悲劇『メデイア』の最大の山場は、怒りの焔に燃えたメデイアが子供を殺すにあたって、そなたが先に引用したように「とてもできない。さっき考えたことはもうやめよう。この子らをひどい目に合わせて、父親を苦しめる、でもその結果、わたし自身がさらに二倍の苦しみを味合わねばならぬという、そんな法がどこにあろう。とんでもないこと、あの計画はやめにしよう。いや、どうしたというのだ――」と自問する魔女ではない人間メデイアが逡巡する場面であろう。

そして「わたしだって、自分がどれほどひどいことをしようとしているかぐらいわかっている。だけど、それをわたしにやらせようとしているのは、この胸のうちに燃える怒りの焔。そしてこれこそ人間にとってこの上なく災いのもととなるもの」とメデイアは独白する。理に合わない不当な行為であることはわかっているが、それでも、なお抑えられない怒りの焔は、メデイアだけではない人間だれにも、たとえ一瞬だとしても、燃えるものだ。そして、破滅に導き、悲劇が生ずる。すなわち、生に内在する悲劇性――このことをエウリピデスは言いたいのであろう。

エウリピデスによる人間の洞察は深く、鋭い。

建築家　ところでイアソンのその後は、どうなったのでしょうか。

詩人エウリピデスの悲劇『メデイア』におきましては、エクソドス（最終歌）の終わり部分に、「わたしはエレクテウスの国へと参り、パンディオンのお子アイゲウス殿のもとに身を寄せることといたします。だがあなたのほうは卑劣漢にふさわしく、アルゴ船の残骸に頭を割られて無残な最期を遂げましょう」とありますが。

ルドルフ二世　イオルコスを追われて流浪の身となったイアソンとメデイアは、アルゴ船に乗ってコリントの港に流れ着いた。ギリシア中から集まった英雄たちが漕いだ五〇の漕座を有する巨大な船だが、イアソンはこのアルゴ船をコリントのアクロポリスの神殿に祀られている女神ヘラに奉納した。そしてある日、その船尾の一部がイアソンの頭上に落下した、そのために死んだ、と伝承されている。エウリピデスにおいては、そうした死をメデイアが予言したということであろう。

建築家　そうですか。コリントのヘラ神殿にて死んだのですか。

エウリピデスのギリシア悲劇によりますと、メデイアは王アイゲウスを頼ってアテネへと翼のついた竜の車に乗って向かいました。そしてイアソンは遠ざかる竜車を見送りながら「……お前の手で殺されるのを見るくらいなら、子供などつくるのではなかった」と言う場面で終わっています。

その後につきましては、メデイアはアテネに来て、王アイゲウスと結婚し、息子メドスを生みます。しかし、後に義父のテセウスに対して陰謀を企て、息子メドスとともにアテネから追放されます。しかしこの息子メドスは蛮族を征服し、自分の領土とし、その領土をメデイアとよびました。そしてインド征服の途上で死んでしまいます。一方、メデイアは故郷の黒海東端コルキスの地に行き、そこで父アイエテスが、兄弟のペルセースによって王国が奪われているのを見、ペルセースを殺して、王国を父に取り戻してやります、とアポロドロスの『ビブリオテケ（ギリシア神話）』において詠われています。（高津春繁訳）

金羊毛皮騎士団をハプスブルク家が継承

ルドルフ二世　ところで、前にも話があったが、男子の継承者がなかったブルゴーニュのシャルル勇胆公が、ロートリンゲン軍とスイス軍との戦いにおいてナンシーで戦死（一四七七）した後は、その娘マリアが金羊毛皮騎士団の大団長を継承した。この王女マリアがハプスブルク家の（後の皇帝）マクシミリアン一世大公と結婚したが、落馬により逝去（一四八二）されてしまった。ブルゴーニュ領はハプスブルク家によって相続され、それによって以後、ハプスブルク家宗主が金羊毛皮騎士団大団長を務めることとなった。

一五五五年、ブリュッセルにおける皇帝カール五世が帝位を退く退位式の前に、黒衣に身をつつみ、金羊毛皮勲章を胸にさげたカール五世は、「神の住まいである教会を永続させるために、ここに金羊毛皮騎士団を汝に委託する」とスペイン王を継ぐ息子のフェリペ二世に述べる。この後は金羊毛皮騎士団と大団長の職は、スペイン・ハプスブルク家に属することとなった。

騎士団創設当初は、金羊毛皮勲爵士の数は三一名と定められたが、その後、その数は五一名に増員された（一五一六）。そしてそれまで金羊毛皮勲爵士の選任は騎士団参事会が行ってきたものを、騎士団大団長一人が選任できるものと規定が変えられた（一五六〇）。ところがスペイン王フェリペ二世は金羊毛皮勲爵士の選任にあたって、たいへん高い基準を設けたため、一五六〇〜八三年の二三年間にたった八人の新しい金羊毛皮勲爵士しか選出されなかった。

その間、すでに金羊毛皮勲爵士となっている多くは老齢のため死去し、その数は激減し、ハプスブルク家の者で金羊毛皮勲爵士は、大団長のスペイン王フェリペ二世を除いてただ一人、私の叔父であるティロルのフェルディナント大公（一五二九〜九五、皇帝マクシミリアン二世の弟）となってしまった。

プラハの王宮にて、ルドルフ二世に金羊毛皮勲章が授与される

金羊毛皮勲章が事実上、ハプスブルク家が授与する勲章となった今、そうした危機的状況を克服すべく、スペイン王フェリペ二世は、甥である私と弟エルンスト、それにカール大公（一五四〇〜九〇、皇帝マクシミリアン二世の弟）の三人を新たに金羊毛皮勲爵士として叙任し、自分の代理としてティロルのフェルディナント大公に、厳かな儀式のなか、三人に金羊毛皮勲章を授与させる役目を与えた。

建築家　陛下が胸にさげておられる金羊毛皮勲章は、そのときに叔父上であられるフェルディナント大公から授与されたものなのですね。

一五八五年六月、プラハ城王宮にて大勢の家臣、貴族たちの見守るなか、金羊毛皮勲章の授与式が厳かに執り行われました。

フェルディナント大公がまず陛下に金羊毛皮勲章を、それを首から胸にさげる金の鎖とともにお手渡しになります。陛下の背後には、次に授与されるエルンスト大公とカール大公がお立ちになって見守られています。


金羊毛皮勲章を首から胸にさげる金の鎖つなぎ目はX形十字のデザインとなっております。これは十二使徒の一人、聖アンデレの十字架とよばれております。聖アンデレはガリラヤの漁師で、兄のペトロとともにキリストの最初の弟子となった人ですね。兄ペトロがローマで殉教したのに対し、アジアから布教のためギリシアに赴いたアンドレは、ギリシアの地で殉教したといわれます。ギリシア、パトラスにおいてX形十字架へ逆さに綱でしばりつけられ、処刑されたといわれています。このことからX形十字をアンドレの十字とよばれるようになったようです。

人文主義者であり、詩や劇作、それに歴史、地理書も著わしましたローマ教皇ピウス二世（一四〇五～六四）によります『覚え書』第八巻に、聖アンドレについての記述があります。それによりますと、総督エゲアのもと、パトラス市で十字架にかけられて亡くなった使徒アンドレの遺体は、敬虔なマクシミッラという女性が香料をふりかけて埋葬した。長い年月の後、遺体はイタリアに移され、アマルフィ市に改めて埋葬された。使徒アンドレの崇敬からアマルフィは大司教座となりました。

一方、使徒アンドレの頭部は一四六〇年までパトラス人のもとで大切に保存されていました。トルコ人がペロポンネソスに侵入してきたとき、ギリシア皇帝コンスタンティノスの弟トマスはパトラスに赴き、聖所から貴重な使徒アンドレの頭部を受け取り、エピロスの近くにある聖マウラ島の領主アルタのもとへ赴きました。

そして多くの君主たちは使徒アンドレの頭部が移されたことを聞いて、こぞってトマスのもとへ使者を送り、多額の金を約束して聖遺物を手に入れようとしました。

教皇ピウスの依頼で、一四六一年にトマスはアンコーナに聖遺物をもって船できました。翌一四六二年、聖遺物はローマに到着しました。聖マリア・デル・ポポロ教会より行列をつくって、沿道に大勢の人だかりのなか、ローマ市内を通って聖ピエトロ大聖堂へ運ばれ、安置されました。使徒アンドレの聖遺物は、このようにしてイタリアのアマルフィとローマにもたらされたのですね。

鎖のつなぎ目をX形十字のモチーフとしたデザインは、陛下がお話してくださいましたように、金羊毛皮騎士団は聖母マリアと聖アンデレの栄誉を称えてブルゴーニュのフィリップ善良公により創設されたのであり、その聖アンデレはブルゴーニュ公国の守護聖人であるからなのですね。フィリップ善良公はその十字架の一部をコンスタンティノープルから持ち帰ったという話も伝えられています。

ルドルフ二世　そうだ。

建築家　ちなみに今日では、そのX形十字の聖アンデレの十字架は、ブルゴーニュの十字形ともいわれております。

ところでその金羊毛皮騎士団の叙任、金羊毛皮勲章授与などの儀式の模様の全容が水彩で描かれました絵巻が今日まで遺されております（ウィーン美術史美術館蔵）。それはハプスブルク家において金羊毛皮騎士団会員がたった二人だけになってしまいまして、この伝統的な金羊毛皮勲章授与の儀式も断絶することをおそれたフェルディナント大公が、秘書官に命じて、プラハ王宮におけます陛下、エルンスト大公それにカール大公への授与式の全容を詳細に記録させ、同時にそれを絵巻としても描かせたものですね。

それによりますと、(1)まず刀礼の儀式が執り行われます。騎士叙任を受ける者の首または肩に、大団長代理を命ぜられたフェルディナント大公が剣を軽く当てる儀式です。つぎに(2)礼拝のための教会入場、(3)礼拝。つづいて(4)大団長への叙任奏上、(5)新たに叙任された者による騎士団への誓約の儀式が執り行われます。つぎに(6)金羊毛皮勲章の授与式、つづいて(7)ミサ聖祭が執り行われます。この後、(8)祝宴が盛大に催されます。絵巻を見ますと、広間の片隅で宮廷楽士たちが奏でる優雅な音楽のなか、中央に据えられた大きな食卓左側に陛下がお座りになられ、隣にフェルディナント大公ご夫妻、そしてその隣にカール大公ご夫妻、そしてエルンスト大公、以下高位の貴族たちが、午餐をともにされ、その周りに多勢の貴族や家臣たちがそれを見守っております。脇の配膳テーブルには金の食器などが並べられております。たいへん豪華絢爛たる祝宴ですね。

それが終わりますと、(9)教会からの退場、最後に(10)祝砲の儀式。フェルディナント大公が祝砲を打つ儀式ですね(H・ハウプト)。

ルドルフ二世　ブルゴーニュの宮廷での授与式とくらべてより簡素化されたが、それがおよその金羊毛皮勲章授与式の式次第だ――。

建築家　ところで、陛下は神聖ローマ帝国の皇帝であれるとともに、ハンガリー王国、ボヘミア王国の王でもあられます。そのハンガリー王国の国土をめぐって攻め入ってきたオスマン・トルコとの戦いに、陛下はたいへんお心を痛めました。

そうしたなかにありまして、ハンガリー北東部のトランシルヴァニア地方(今日のルーマニア西部地方)

の領主ジークムント・バートリに、陛下は金羊毛皮騎士団への入会を許し、金羊毛皮勲章授与されましたね。

ルドルフ二世　そうだ。そなたは、金羊毛皮騎士団への入会を外交手段として用いた――そう言いたいのであろう。

トランシルヴァニアの領主バートリはわれわれの側についてみたり、あるいは突然手のひらを返すようにオスマン・トルコ側についたりと、小癪にもわが皇帝軍とオスマン・トルコ軍との間を行ったり来たりする日和見（政策）に終始した。戦略上重要な地域であるトランシルヴァニアを確保するため、一度わが軍に靡いた領主バートリを金羊毛皮騎士団に入会させるという策を講じた――これを喜んだバートリは、結束を旨とする金羊毛皮騎士として、ずっとわれわれの側についているであろうと。金羊毛皮勲章を授与されるということは、それほど高い栄誉を意味するのだ。そしてまた、われわれは私の叔父であるカール大公の息女マリア・クリスティナとバートリとを結婚させた。

もっともこうしたわれわれの試みは、万事うまく事が運ぶことはなかった。バートリは政情に合わせて領主の座を辞したり、また新たについたりを繰り返して、最終的には、その領土をわれわれの統治に委譲した（一六〇二）。だが、われわれが送り込んだ軍政官によるプロテスタント抑圧政策――ハンガリーにはプロテスタントが思いのほか多かった――に対し、人民が暴動を起こす事態となった。

二〇世紀まで存続した金羊毛皮騎士団

建築家　金羊毛皮勲章は二〇世紀初頭、ハプスブルク、オーストリア帝国が滅亡するまで――一説には、今日でもハプスブルク家の勲章として存続するといいます――授与されていたようですね。

二〇世紀のオーストリアの作家ヨーゼフ・ロート（一八九四～一九三八）によります『ラデツキー行進

曲』（一九三四）という興味深い長編小説があります。

御聖体の祝日のウィーンにおいて、礼拝のためシュテファン大聖堂に向かう皇帝と従者たちのパレードを、愛人である年上の貴族の女性と見物する小説の主人公の一人、カール・ヨーゼフ・トロッタ少尉・・

カール・ヨーゼフの心にいくつも、あの昔の子供っぽい、英雄的な夢が蘇った。かつてわが家での休暇の折に父の邸のバルコニーで、ラデツキー行進曲の調べが鳴り響くと彼の心を満たし、彼を幸福にした、あの夢夢が。古い帝国の荘厳な権力のすべてが、彼の目の前を進んでいった。少尉はソルフェリーノの英雄だった祖父のことや、ハプスブルク家の権力のそびえ立つ山々の真只中にあっては、小さいものの、しかし力強い岩石にも比べうる、父の揺るぎない愛国心のことを思い起こした。彼は皇帝のためにいついかなる瞬間においても、海にあっても陸にあっても、また空中にあっても、一言でいえば、いずこの場所においても死ぬのだという己れの神聖な使命のことを思い起こした。彼が数回機械的に誓った誓いの文句が蘇ったのである。それらの文句はむくむくと起き上った、一語一語がそれぞれ旗を掲げて、次々と起き上ったのである。帝国のあんなにも多くの壁に懸る、あんなにも多くの肖像画では、冷たくなっている大元帥陛下の青磁色の瞳が新しい慈父の恩寵で満ちあふれ、青い大空のようにソルフェリーノの英雄の孫を見下ろしていた。歩兵隊のライトブルーのズボンが輝いていた。弾道学の重要さの権化のようにコーヒー色の砲兵隊が通り過ぎていった。明るいブルーのボスニア兵の頭に載る真っ赤なトルコ帽が、神の使徒たる陛下に敬意を表すためにイスラムによって点火された小さな祝砲のように陽光を浴びて輝いていた。

黒塗りの幾台かの儀装馬車には、金色の盛装をした金羊毛皮の騎士たちと黒ずくめの服装の、赤い頬髯の市参事会員たちが座っていた。彼らのあとには、皇帝の身近でその情熱を抑制している威風堂々たる嵐のように、親衛隊歩兵の馬のたてがみの飾りがなびいていた。最後に、高らかに響きわたる全員集合の緊急警報を前触れにして、「神よ守りたまえ、神よ護りたまえ」という地上の、しかしとにかくも神の使徒たる軍隊の智天使ケルピムを歌ったオーストリア＝ハンガリー二重帝国国歌が、立っている群衆、行進する兵士たち、静かに速歩する馬たち、音もなくゆるゆると進む馬車たちの上に、起こった。歌はメロディでできた空のように、黒と黄色の音でできた天蓋のように、歌がすべての人たちの頭上に漂っていた。そして少尉の心臓は停止したかと思うと、同時に激しく鼓動した——医学上の奇妙な現象だ。国歌のゆっくりとした調べの合間をぬって、万歳の歓呼が舞い上がった。ちょうど、紋章が描かれた大きな旗の間をぬって白い小旗が舞い上がるように！　リピツァ産の純血種の白馬がぱかぱかと飛び跳びはねるようにしてやってきた。オーストリア＝ハンガリー帝国の皇帝所有の養馬場で訓練を授かった、有名なリピツァ産の純血種の馬たちの、威風堂々たるコケットリーを示しながら。白い馬のあとには、竜騎兵半個中隊のぱかぱかとなる蹄の音が、優美なパレードの雷鳴のように続いた。黒と黄金のヘルメットが陽光を浴びて輝いていた。明るいファンファーレの吹奏が鳴り響き、続いて、気をつけろ、気をつけろ、老皇帝が近づいてくるぞ！　という陽気な警告の叫びが突然上がった。

そして、皇帝がやってきた。八頭の真っ白な白馬が皇帝の馬車を引いていた。馬上には金の刺繍を施した、黒の上衣と白の鬘を被った馬丁たちが乗っていた。彼らは神々のように見えたが、実は半神たちの僕にすぎなかった。馬車の両サイドにはそれぞれ二人ずつ、黄色と黒の豹の皮を肩に掛けたハンガリーの近衛兵が立っていた。彼らは、皇帝フランツ・ヨーゼフが、その町の王である、あの聖なる都市、エルサレムの城壁の番人を想起させた。皇帝は、君主国のあらゆる肖像画で知られている、真っ白な上着を着て、大きな緑の鸚鵡の羽の束を帽子の上につけていた。羽根は風に吹かれて、かすかに揺れていた。皇帝は四方八方に微笑みかけた。彼の老いた顔には、彼自らが創造した小さな太陽のような微笑みが浮かんでいた。シュテファン大聖堂から幾つもの鐘が鳴り響いた。それは神聖ローマ帝国の皇帝に伝えられるローマ・カトリック教会の挨拶であった。年老いた皇帝は、すべての新聞がこぞって讃えるあのしなやかな足取りで馬車から降り立ち、市井の平凡な人のように教会へ入っていた。徒歩で彼、すなわち神聖ローマ帝国の皇帝は鐘の響きに包まれながら、教会へ入っていった。（平田達治訳）

金色の盛装をした金羊毛皮の騎士たちと黒ずくめの服装の市参事会員たちが、黒塗りの儀装馬車に座っている、とありますから、むろん金羊毛皮騎士はかなり高位の貴族か高官であるわけですね。そしてこうして二〇世紀に至るまで、金羊毛皮騎士団は存続したのですね。

ところでヨーゼフ・ロートの小説『ラデツキー行進曲』では、ハプスブルク帝国事実上の最後の皇帝（正確にはカール一世（治世一九一六～一八）ですが）であるフランツ・ヨーゼフ一世（一八〇〇～一九一六）の命を戦場で救った英雄トロッタ少尉とその息子、孫というトロッタ家三代の栄枯盛衰を描き、それと符合するかのごとく没落していくハプスブルク帝国が描かれております。

ルドルフ二世　ハプスブルクオーストリア帝国は、やはり没落したのか。古代ローマ帝国が没落したように――。

建築家　はい。二〇世紀初頭のこと（一九一八）ですから、陛下が神聖ローマ皇帝に就かれてから三四〇年ほど後のことです。

ヨーゼフ・ロートの小説『ラデツキー行進曲』とハプスブルク帝国の没落

ヨーゼフ・ロートのその小説は、ソルフェリーノの戦いから始まります。ソルフェリーノは北イタリア、ガルダ湖の南方一〇キロメートルの位置にします小さな村でして、この付近でオーストリア帝国軍と、フランス軍の支援を受けた、イタリア統一を目指すサルディニア軍（ピエモンテ軍）との戦いがありまして（一八五九）、オーストリア軍は惨敗してしまいました。

この戦いで陣頭指揮にあたりました若き皇帝フランツ・ヨーゼフは、最前線にて、退散する敵軍の様子を立ち上がってうかがおうと双眼鏡をのぞいた刹那、帝国軍歩兵少尉トロッタはとっさに皇帝を引きずり倒し、皇帝の身体の上に覆いかぶさりました。トロッタ少尉は退散する一人の敵兵が、立ち上がって双眼鏡をのぞく敵将（皇帝）に銃を放とうとする姿を認めたからです。

少尉は一躍英雄となり、大尉に昇進するとともに、貴族に叙せられました。トロッタ家の殷盛です。その父も軍人でしたが、たいした出世もせず、祖父はスロヴェニアの寒村の農民でした。

このソルフェリーノの戦いにおける帝国軍の惨敗はイタリアにおける大半の領土を失い、それが帝国の没落の始まりでした。それまでは、イタリア戦線で勝ち続けたラデツキー将軍（この将軍を讃えて音楽家ヨハン・シュトラウス（父。一八〇四～四九）がワルツの曲を作曲したのが、今日でも親しまれています『ラデツキー行進曲』です）が象徴しますように、オーストリア軍のそのような惨敗はかつてありませんでした。

否、フランスの市民が王制を倒したフランス革命（一七八九）がその予兆でしたし、また一八四八年にヨーロッパ各都市に、ウィーンでも起きました市民革命から、そもそもの帝国へ翳りが生じたと申してよいでしょう。

十八歳の若きフランツ・ヨーゼフを皇帝に就け（一八四八）、帝国の再興をかけましたが、ソルフェリーノの戦いの七年後、今度は、ドイツの新興国プロイセンとのボヘミア，ケーニヒグレーツ（プラハの東方約一〇〇キロメートルの都市、今日のフラデツ・クラーロヴェー）における戦い（一八六六）で、帝国皇帝軍がふたたび大敗を喫してしまいました。軍事国家プロイセン軍の近代装備に対し、軍事作戦、軍事訓練、銃装備、軍服等々、何もかもが帝国軍の旧態依然としたものであったことが大きな敗因とされていますが、この戦いに敗れたことが帝国没落の速度を速めました。

この戦いに勝利したプロイセン軍は、その後の対フランス戦争においても勝利し（一八七〇）、パリ近郊のヴェルサイユ宮にてプロイセン王ヴィルヘルム一世（一七九七～一八八八）が、ドイツ帝国の樹立とドイツ皇帝就任を宣言します。ドイツ連邦の主導的地位を喪失したハプスブルク帝国の権威と力は失われていくばかりでした。

ところで、ロートの小説の主人公の一人、皇帝フランツ・ヨーゼフ一世の命を救ったソルフェリーノの英雄は、少佐として退役し、男爵に叙せられました。そしてこのヨーゼフ・トロッタ・フォン・ジポーリエ（トロッタ家の出身のスロヴェニアの農村の名）男爵には、皇帝から命の恩人の子息の教育資金にと学費が下賜されました。

息子は、その学費によって大学に学ぶことができました――法律を学び、大学を卒業して行政官となります。そして昇進は早く、チェコの南部メーレン州の郡長に任命されます。この昇進が早いのは、ソルフェリーノの英雄を父にもつことと、命の恩人であるトロッタ家男爵の子息に皇帝がつねに目をかけている（と多くの官僚が思っている）からですが、この上級行政官、郡長フランツ・フォン・トロッタ＝ジポーリエ男爵はこのことを充分承知で、だからこそ皇帝に、その帝国に尽くすべく公務に励みます。一官僚として体制の維持に努めるのです。

ところがハンガリー王国で、民衆の不満から納税の不納運動など反乱が起き、結局、ハンガリー民衆の要求を受け容れざるを得ず、いわばアウスグライヒ（妥協）の結果としてオーストリア＝ハンガリー二重帝国が成立しました。そうなりますとハプスブルク帝国は多民族国家ですから、ハンガリーの要求を受け容れるのみでは、他の民族が黙っていないのは当然でして、ボヘミア王国それに帝国内のスロヴェニア、クロアチア、ボスニア、ヘルツゴビナ等々、諸民族がその後次々と独立・自治運動に立ち上がりました。ハプスブルク帝国の解体と崩壊は徐々に進みました。

一方、物語の三人目の主人公である郡長フランツ・フォン・トロッタ男爵の一人息子カール・ヨーゼフは、父親の意向に従って軍人となる道を進みます。騎兵幼年学校に入学し、そして槍騎兵隊の少尉に任官されます。父親が厳しくしつけ育てたのですが、それほど優秀な子ではなく、にもかかわらず幼年学校を「優秀な成績」で卒業し、少尉に任官し得たのも、ソルフェリーノの英雄の孫という周囲の目、依怙贔屓（えこひいき）ゆえでした。郡長である父親も「お前はソルフェリーノの英雄の孫だ。そのことを忘れるな、そうすれば何の支障も起こるはずがない」と少尉となった息子に言い聞かせるのです。

軍人として初めは「皇帝のために死ぬことこそ最高の死」であり、「慈悲深く、偉大で、崇高にして公正な皇帝」を敬愛し、忠誠を誓うこの少尉の息子カール・ヨーゼフですが、たびたびの女性問題などで騎兵部隊からロシアとの国境に接する町に駐屯する歩兵部隊へ配属換えされ、そこでは厳しい訓練よりも酒と女性と賭博に熱を上げる他の兵士たちに混じって、父親さえも肩代わりして返せないほどの莫大な借金を重ねたり、あるいはまた、デモをする労働者たちにめがけて発砲を命じたりして問題を起こします。そして父親の郡長はそのつど、善後策を講ずるべく、皇帝陛下に拝謁を願い出る始末です。

カール・ヨーゼフ・フォン・トロッタ少尉は退役し、知り合いのポーランド人伯爵が経営する農園の管理人となるまでに成り下がってしまうのです。ですがしばらくして戦争が始まり、カール・ヨーゼフは退役将校として東方の国境での真夏の戦いに参戦するも、とある寒村の井戸から、喉の渇きに耐えられない部下の兵士のために、バケツで水を汲んでいるとき、敵であるコサック兵が撃った銃弾が頭に当たって死んでしまうのです。

息子の戦死の報せを聞いた父親の落胆、そして老皇帝フランツ・ヨーゼフ一世が危篤だとの知らせを聞いて、すぐさまウィーン郊外シェーンブルン宮殿に駆けつけたのですが、老皇帝は間もなく崩御され（一九一六）、その葬儀の三日後、郡長フォン・トロッタ男爵もまた息を引きとる――この二年後、一九一八年にハプスブルク帝国は没落するのですが――ところで、この長編小説は終わるのです。

ルドルフ二世　そうか。ハプスブルク帝国は二〇世紀初頭に滅んだのか――。その後、どうなったのか。

建築家　オーストリア共和国となり、ハンガリー王国もまたハンガリー共和国となりました。ボヘミア王国は、チェコ・スロヴァキア共和国となり、帝国内の諸民族はそれぞれ独立してユーゴスラヴィア共和国を経ましてスロヴェニア共和国、クロアチア共和国、ボスニア・ヘルツェゴビナ共和国、セルビア共和国、コソボ共和国等々の国々となりました。

作家のヨーゼフ・ロートは、絶対君主制から共和制への移行を「歴史の残酷な意志」と述べております。小説『ラデツキー行進曲』のまえがきにおきまして、「歴史の残酷な意志がわたしの古き祖国オーストリア＝ハンガリー君主国を打ち砕いたのです。わたしはこの祖国を愛していました。わたしに愛国者であると同時に世界市民であることを、オーストリアのすべての民族の中で、オーストリア人でありドイツ人であることを許してくれたこの祖国を愛していたのです。わたしはこの祖国の美徳と長所を愛していました。そして祖国が滅び、失われてしまった今もなお、その祖国の欠点や弱点を愛していきす。その祖国はこうした欠点や弱点をたくさんもっておりました。その祖国は自らの死をもってそうしたものを償ったのです――（後略）――（平田達治訳）」と述べております。

ヨーゼフ・ロートはハプスブルク帝国が滅亡した直後、市民革命によって帝政が倒され、自分が理想としたような共産主義国家となりました隣国ロシアを訪れましたが、その新体制の社会の実情に触れ、たいへん落胆したといわれます。そして共産主義者ではなくなり、君主主義者となった（W・ベンヤミン）といわれます。そして、それまでそれほど愛着を抱いていなかった祖国ハプスブルク帝国を見つめ直したようです。

ヨーゼフ・ロートは、トロッタ家三代の栄光と没落を、敬愛する老皇帝フランツ・ヨーゼフ一世の崩御（八六歳、在位六八年）と、その皇帝が統治した愛する祖国ハプスブルク帝国の没落を暗示させつつ、哀惜の念をもってこの小説を書き上げたのです。

ウィーンを包囲したトルコ軍本陣跡に立つ離宮ノイゲボイデ

建築家 ところで、陛下、もともと弟君エルンスト大公の絵画コレクション中にあって、今日では陛下が所蔵しておられるネーデルラント出身の画家ヴァン・ヴァルケンボルヒが描きました絵画――陛下と二人の弟君エルンスト大公とマティアス大公とが側近や従者たちと連れだって、お父上のマクシミリアン二世帝が建造されました夏の離宮ノイゲボイデを見下ろす丘の森のなかを散策されている絵に描かれておりますノイゲボイデについて、お話をお伺いしたいと存じます。

マクシミリアン二世帝はウィーンの北東七キロメートルほど離れたエバースドルフというところに、中世に建てられました狩猟の城館を再建されました。この辺り一帯は狩猟地であったのですね。狩猟は馬上槍試合とともに、華やかな宮廷行事において欠かせぬものなのですね。そしてその後、ドナウ川沿いのプラーターに小さな別荘を建造されました（一五六〇）。

そして今度は、エバースドルフの狩猟城館の近く、エバースドルフとジンメリングの間のドナウ川を遠望する丘、プレスブルク（今日のヴラスティラヴァ）へ向かう幹線道路である帝国道路の北側に「ノイゲボイデ」といわれますルネサンス様式の壮大な夏の離宮を建造されました。その離宮は広大な庭園と壮麗な建築とで評判をよび、十六世紀末から十七世紀には多くの人々が――外国からも――見物に訪れたといわれます。

ですが、今日においては荒れ果て、廃墟の様相を呈しておりまして、また資料が乏しいため、離宮のもともとの姿がどのようなものであったのか、そして建造過程やまた設計者はいったい誰なのかなど、多くことが不明でして、いまだ解明されていないのが実情です。

そうしたことから、陛下をはじめご兄弟が連れだって森のなかを散策する様を、実際に描いたかどうかは別としまして――陛下がそのご記憶はないと話されています如く――、画家ヴァン・ヴァルケンボルヒがその背景に描きました離宮ノイゲボイデの絵図はたいへん興味深いのです。

ルドルフ二世　そうか、そういうことか。

離宮ノイゲボイデは、広大な美しい庭園と一体となった実に壮麗なものであった。だがその完成には多くの困難を伴った。その最も大きな要因は、国の財政の逼迫だ。父マクシミリアン帝が建造を始め、工事は半ばまで進捗したのだが、父が病を得て崩御した（一五七六）。皇帝位を継いだ私が工事を引き継いだのだが、ついに完成し得なかった。

建築家　小高い丘の南と北に庭園がありまして、その中央に建つ離宮ノイゲボイデは東西方向に水平に延びる二層の建築です。中央部の正面玄関ホール挟み両翼部分はイタリア、ルネサンス固有の吹き放たれた長大な列柱廊、ロジア（北側のみ開放されています）となっております。中央部分の正面玄関ホールを覆う屋根は陸屋根（銅板葺き）、両翼の屋根は切妻屋根となっております。北側の列柱廊からは、傾斜する地形を利用して幾重にも重なる庭園と、その遥か向こうにドナウ川を遠望することができます。

壮大な外観を呈するルネサンスの離宮ですね。

この北側の庭園は手前に花壇の庭園――左右に大きな白い大理石の噴水、花壇にはハプスブルク家、大公家それに選帝侯家などの各名家の紋章のかたちとなるようにいろいろな花が植えられています。そして一か所ラビリント（迷宮）として工夫、造園されています――の向こうに池（養魚池）があり、白鳥など鳥たちも遊泳しております。

ノイゲボイデ背後の南側には、高い堀壁（二層分の高さで、上部はギャラリーが巡らされております）によって二重に囲まれた矩形の庭園が広がっております。

その外側の庭園はリンゴ、梨、イチジク、ナツメヤシ、オレンジ、レモンなど当時としては珍しい果物の樹が植えられた果樹園となっており、ところどころに柵で囲まれた動物飼育場があります。十六世紀末に訪れたある人は、雌ライオン一頭、虎二頭、巨大な黒熊一頭、それにダマ鹿などが飼育されている、と日記に書き留めています。そして、堀壁の四か所の隅部および中央部二か所にそれぞれトルコの野営天幕あるいはモスクの尖塔を思い起こさせる丸い塔が立っています。

そしてこれに高い堀壁に囲まれました内側の矩形の庭園は、四つの噴水がある花壇となっており、ところどころラビリント（迷宮）として造園の際、工夫されております。塀壁の四隅にはこれもトルコの野営天幕を思い起こさせる巨大な六角形の尖塔がそびえ立っています。——その一つの尖塔には、痛風を患い入浴療養を必要とする皇帝マクシミリアン二世のため、建設当初から入浴施設がしつられました。


このように広大な美しい庭園と一体となった壮麗な夏の離宮にノイゲボイデですが、マクシミリアン二世帝はいつ頃からノイゲボイデ建設の構想をいだき始めたのでしょうか。

一五七三年の春に、マクシミリアン二世帝とそのご家族がノイゲボイデの庭園において食事とダンスを愉しまれた、と当時の『フッガー通信』に報じられております。『フッガー通信』とは、アウグスブルクの豪商フッガー家が、ヨーロッパ各地にはりめぐされた支店網に、商業活動に関するニュースだけでなく、社会時事一般を報じたフッガー家固有の新聞だったのですね。

陛下は弟君エルンスト大公とご一緒に、スペイン王フェリペ二世のスペイン宮廷にて勉学のために七年間お過ごしになった後、一五七一年にオーストリア、ウィーンに帰国されました。陛下はその翌年には、プレスブルク（今日のブラティスラヴァ）の聖マルティン教会におきまして、ハンガリー王としての戴冠式を行っておりますね。そうしますと、その次の年の春、皇帝マクシミリアン二世家がノイゲボイデの庭園にて食事にダンスにと、愉しい時間をお過ごしになられたときには、陛下もご一緒でしたか。

ルドルフ二世　それはよく覚えている。ノイゲボイデの庭園がほぼ完成し、それを喜んで久しぶりに家族そろって庭園を見に出かけ、桜の樹の下で食事を愉しんだのだ。

夏の離宮ノイゲボイデは、宮殿の建築工事に先行して外構工事である庭園の工事から始められた。父マクシミリアン帝はたいへん庭と園芸が好きで、庭園の設計は宮廷の庭園専門家と一緒に行ったといってよい。そして花や樹種の選定、植栽場所の選定、植樹も一部自分でやった。私たち家族が緑陰で食事を愉しんだその果樹は、父がプラハの王宮庭園から梅や桃李、梨などの樹とともに移植させたものだ。

そなたも知っているように、私は弟エルンストと一緒に一五六四年から一五七一年までの七年間を叔父のスペイン王フェリペ二世の宮廷において過ごしたので、ノイゲボイデの庭園部分の工事開始時期については、はっきりとはわからない。ウィーンにいる父母からの手紙や私たちの家庭教師から、離宮ノイゲボイデの建造については、すこしは知らされていたが――。

私が思うに、工事の開始時期は、皇帝フェルディナント一世が崩御（一五六四）し、父が皇帝位に就いた二、三年後の一五六六～六七年ではあるまいか――むろん塀壁と塔を含めて。父の痛風療養のため必要な浴室塔は、当初から急いで工事が進められた。そしておよそ五年後の一五七一～七二年には、庭園部分がほぼ完成した。そして宮殿本体の建設工事は一五七三年に開始した。

父マクシミリアン帝の庭園と園芸好きについてはすでに話したが、父も私と同じように、青年の頃、カール五世のスペイン宮廷にて数年間（一五四四～四八）を過ごした。そのときグラナダのアルハンブラ宮殿などアラブ人が造った庭園と園芸に、それまで見たこともない南国からの珍しい植物や花を目にして大きな感銘を受け、興味を覚えたのであろう。それに新大陸やインドなどからもたらされた珍しい植物にも興味を覚えた。十五世紀ロレンツォ・メディチの別荘や十六世紀初めイタリアの枢機卿たちの別荘の庭園にはさまざまな種類の珍しい花や果樹が植えられ、まるで植物園のような様相を呈していることも、父は植物学者たちからもむろん、聞いていた。ウィーンに帰って後、ウィーンの王宮内に庭園を造って園芸に精を出そうとするも、都市壁内の王宮ではあまりにも手狭まで、無理がある。そこでドナウ川沿いのプラーターに別荘を建設したが、そこでも庭園のための敷地の広さは限られていた。

庭園熱、園芸熱が昂じた父は、より大きな庭園を造りたいと、ドナウ川沿い一帯の土地――庭園での植物の栽培には豊富な水が不可欠だからだ――を捜すうちに、エバースドルフの狩猟の城館近くの小高い土地が目に入り、父マクシミリアン帝にある構想が浮かんだ――ここは三〇年ほど前、オスマン・トルコの軍隊がウィーンまで攻め寄せ、ウィーンを包囲したとき（一五二九）、二〇万もの兵を率いるシュレイマン大帝が野営天幕を張り、陣をしいた本陣がこの辺りであったのではないか。この地に夏の離宮を建設しよう――と。

またこの地はエバースドルフの狩猟の城館から三キロメートルと離れておらず、近くで都合がよい――。後に並木道で結ばれることとなった。

建築家　まず庭園部分から工事が始められたのですね。そしてそれがほぼ完成したのが、陛下が弟君のエルンスト大公とスペインより帰国されました一五七一年頃。庭園部分だけでも工事完成に四～五年間かかっております。とても広大な庭園ですが――。

ルドルフ二世　だいたいノイゲボイデの建設時期は、国が財政難にあえいでいるときだ。――もっとも、この四〇年間以上もの長い間、今日に至ってもなお慢性的に悩んでいる問題でもあるが。

その大きな要因は、第一にオスマン・トルコ軍によるウィーン包囲後、ウィーンの防衛において最大の弱点であった十三世紀以来の旧式のウィーン市壁の大改造工事に着手したが、そのために膨大な出費を強いられたことだ。これが、後々まで財政的疲弊のもととなった。また第二に、その後たびたび、和平条約を結ぶにもかかわらず、ハンガリーでのオスマン・トルコ軍との戦いが止まず、戦費がかさんだこと。第三に、皇帝カール五世とフェルディナント一世大公によってオスマン・トルコと休戦条約が締結（一五四七）されたが、その際、われわれにとって屈辱的なEhrengeschenk（エーレンゲシェンク）（名誉の贈り物）——実質的には貢物・朝貢だが——として毎年、三万ドゥカーテン金貨（十三世紀にイタリア、ヴェネツィアで造幣され、十四世紀から実に十九世紀に至るまで流通した純度が高い、したがって信頼も高い金貨だ）を、オスマン・トルコの宮廷に納めなければならなくなったことだ。その後、たびたびの和平条約（フェルディナント一世帝治世下の一五六二年コンスタンティノープル条約、マクシミリアン二世帝治世下の一五六八年アドリアノープル条約）においても、この屈辱的な貢税支払いが義務づけられた。外交手段とはいえ、われわれにとっては実に大きな財政的負担であった。

　このように国の財政が逼迫しているときのことだから、庭園の工事を財政の状況を見ながら進めざるを得なかったのであろう。

建築家　工事費の捻出に苦労しながらも、ようやく庭園部分の工事がほぼ完成した後、一五七三年に宮殿の建設工事に着手したのですね。ところが、陛下がお話してくださいましたように、工事が進捗するなか、お父上のマクシミリアン二世帝が一五七六年一〇月にレーゲンスブルクにおける帝国議会の開催中、その完成を目にすることなく崩御されました。

　そして皇帝位を継ぎました陛下が工事を引き継がれたのですね。

ルドルフ二世　そうだ

　私が工事を引き継いだときには、宮殿の躯体工事がほぼ終わり、入り口玄関ホールがある中央部分の外装工事が終了しかけていた。国のたいへんな財政難の折、気が重かったが、父の遺志を継ぐべくなんとか工事を続行させた。建設資金をなんとか工面しつつの工事であったので、工事はゆっくりと進められた。未完であった東翼分の列柱を立ち上がったのは、その三年後であったと記憶している――。そして両翼部分の外装工事を終わらせた。

建築家　ノイゲボイデ建設関連の工事関係者への支払い記録が残っておりますが、陛下が皇帝位に就かれ、工事を引き継がれました一五七七年以降、支払い金額が前年の三分の一程度とたいへん少なくなっております。そしてその後も次第に少なくなっております。

ルドルフ二世　オスマン・トルコとのハンガリー国境における小競り合いが続き、戦費は嵩み、国の財政はさらに逼迫するばかりで、ノイゲボイデ建設への出費は次第に困難な状況になっていった。私は居城をプラハに移すことを決意し、実行したし（一五八三）――。

建築家　少なくとも一五八七年頃までは工事は続行したようですが、結局、建物の躯体工事、外装工事と、庭園部分は完成しましたが、内装工事は、一部を除きまして――後にプラハの陛下の宮廷画家となったバルトロメウス・スプランゲルが、ホールの天井にフレスコ画を描いております――ほとんど完成せず、離宮ノイゲボイデは残念にも未完に終わってしまったのですね。

ルドルフ二世　（無念そうに……しばらく沈黙）対オスマン・トルコ戦争（一五九二～一六〇六）がなかったなら、父の遺志を継いで完成できたのだが――。

建築家　ところで、ウィーンに攻めて来てこれを包囲した総勢三万の兵からなるオスマン・トルコ軍を率いるシュレイマン大帝の黄金の飾り留めで縁取られた豪奢な野営天幕を張って陣取った本陣が、プレスブルク（今日のヴラスティラヴァ）へ向かう帝国街道の北側、ジンメリングとエバースドルフ（狩猟の館）の間の丘にあったことを、先帝マクシミリアン二世は想起し、この地に夏の離宮建造の構想が浮かんだのではないか、と陛下はお話しされましたが――。

確かにシュレイマン大帝の本陣はその地にあったようですね。オスマン・トルコ軍によるウィーン包囲は、むろんヨーロッパ中の人々を驚愕させ、震撼させる大事件であったわけでして、その模様は絵図や短信、パンフレットのかたちですぐさまヨーロッパ各地に伝えられました。そのなかでニクラウス・メルデマンによって翌年の一五三〇年に出版されましたウィーンを包囲するオスマン・トルコ軍陣営を、シュテファン大聖堂を中心に三六〇度俯瞰した図がよく知られています。メルデマンはニュルンベルクの出版・印刷業者で、オスマン・トルコ軍のウィーンに向けての進軍を知るや、すぐさま自身ウィーンに駆けつけ、ある画家がシュテファン大聖堂の塔の上から戦況を描いたスケッチをもとに絵図とし、『短信：ウィーンを包囲するトルコ軍』と題して、その翌年に出版しました。ウィーンを取り巻く戦況を伝える見事な彩色された絵図ですね。その俯瞰図を見ますと、ウィーンの北東、ジンメリング近くの丘に、シュレイマン大帝と側近たちのひときわ大きく豪奢な野営天幕群が張られているのが読み取れます。

ルドルフ二世　父マクシミリアン帝には、シュレイマン大帝が豪奢な野営天幕群を張り、オスマン・トルコ軍の本陣としたその地を、ある種の戦勝記念として意識的に選定し、壮麗な離宮建設によってオーストリア・ハプスブルク帝国の偉容を、オスマン・トルコ帝国はもとより内外に誇示する政治的意図があった。それはまた、ウィーン市壁外の郊外にあっても安全であることを身をもって示し、国家の安定を示すことであった。

建築家　たいへん興味深いですね。お父上のマクシミリアン二世帝は離宮ノイゲボイデ建設の場の選定にあたって、思慮深い皇帝であったのですね。離宮建設の政治的表明をより一層効果的に――。

ルドルフ二世　ある種の戦勝記念とは、まずウィーンを包囲したオスマン・トルコの大軍にウィーン防衛軍が応戦し死守し、――ウィーンにとっていろいろな幸運の風が吹いたのは否定し得ないとしても――これを追い返し、イスタンブールにまで撤退させたこと、があげられよう。

第二に、これは私がスペイン宮廷に滞在中の出来事だが、祖父皇帝フェルディナント一世がオスマン・トルコとの和平条約を結んだ（一五六二）が、その崩御後（一五六四）、皇帝位を継いだ父マクシミリアン帝は、毎年三万ドゥカーテン金貨の「名誉の贈り物」、実際にはオスマン・トルコ朝廷への貢納だが、それを拒否した。そしてまたトランシルヴァニアの放棄を要求した。

それを聞いて激怒したシュレイマン大帝は、七二歳の老齢にもかかわらず、一五六六年四月末、一〇万の兵を率いてふたたびイスタンブールを出陣、ハンガリーへと進軍した。この報に接した父の皇帝マクシミリアンは、五万の歩兵、三万の騎兵を率いて出陣した（八月十二日）。

だがオスマン・トルコ軍が陥落させるべく向かったシゲトヴァルの要塞の前の地点で、老シュレイマン大帝は病を得て幕舎にて崩御してしまった（九月五日）。「いまだ勝利を告げる太鼓が打ち鳴らされていないではないか」――これが死を前にして発したシュレイマン大帝の最後の言葉だといわれている。

そしてその死は、オスマン・トルコ軍の士気を配慮して、将校はもとより兵にいたるまで秘密にされた。一方、オスマン・トルコ軍の主要部隊はシュレイマン大帝の死去をうけて、すぐさまイスタンブールに撤退を始めた。

ようやく十月になってシュレイマン大帝の死が明るみになったが、オーストリア軍はその間その機を利用することもしなかった。他の二つの要塞を陥落させた父マクシミリアン帝は、さしたる戦いを交えずに十月末にウィーンに帰国した。兵力、装備とも充分だった軍を率いていた皇帝は――父帝は軍人ではなく、それに戦術に秀でた側近もいなかった——、この事態に非難された。

父帝にとってはやや不名誉な結末ともなったといえようが、「立法者」といわれ思慮深く、かつ勇猛果敢でもって鳴るシュレイマン大帝の死の報は、ハプスブルク帝国にとっては勝利にも等しかった。父帝マクシミリアンはこれで大いなるオスマン・トルコの脅威が去り、ハンガリー王国、ハプスブルク帝国はやや安泰となったと思ったのではあるまいか。

建築家　そうですか。一五二九年、三五歳のときオスマン・トルコ軍の大軍を率いてウィーンを包囲したシュレイマンは偉大なる皇帝、スルタンでして、老齢（七二歳）にもかかわらず、ふたたびハンガリーまで進軍してきたのですね。そしてシュレイマン大帝の後を継いだオスマン帝国のスルタン（陛下と同時代人のセリム二世一五六六〜、ムラト三世一五七四〜、メフメト三世一五九五〜、アフメト一世一六〇三〜）は、大帝ほどは英明ではなく、凡庸な人物であったと聞いております。

ところで陛下の治世下にあります十六世紀末には、夏の離宮ノイゲボイデをウィーン、オーストリアのみならず外国からも見物に訪れる人も多く、それは主として知識人や貴族たちであったようですね。「ヨーロッパで最も壮麗な建築のひとつ」（オイカリウス・ゴットリープ・リンクス）、「ウィーンを包囲したオスマン・トルコ軍が野営した地に、その記憶として皇帝ルドルフ二世が建てたノイゲボイデ」（一六三六年にリンツにて皇帝フェルディナント二世に謁見を受けた後にウィーンを訪れたトーマス・ハワード卿）、「庭園というよりも塔が林立する都市のようだ……そしてシュレイマン大帝の天幕を模してトルコ軍の記憶として建てられた……」（一六六五年、皇帝レオポルト一世のオスマン・トルコへの使節団に随行したヘンリー・ハワード伯爵）といった見物の印象が伝えられ、多くの人たちがそれを伝え聞いて訪れたようです。塔が林立する都市のようだ、といった印象は、ネーデルラントの画家ヴァン・ヴァルケンボルヒが森のなかを散策する陛下たちの背景に描きましたノイゲボイデと一致しますね。陛下が宮廷をウィーンから移されました都市プラハも、そしてシュレイマン大帝の宮廷があったオスマン・トルコ、イスタンブールも、今日、教会やモスクなどの塔が林立する都市景観を呈し、「百塔の街」だと人々に称賛されておりますが、ノイゲボイデはそうした都市のような印象を与える離宮ですね。

離宮ノイゲボイデが建つ地が、ウィーンを包囲したオスマン・トルコ軍のシュレイマン大帝の本陣があった場所ということは、十六世紀末の早い時点から知られていたようですが、シュレイマン大帝の野営天幕を模してノイゲボイデが建設された、といった言は十七世紀中頃から、これはトルコ人側から広まった流説のようです。ですが廃墟のように立っております今日のノイゲボイデを実際に見ますと、トルコの天幕、モスクのミナレットのような印象も受け、これを単に流説と片づけられない面があることは否定できません。

十五世紀末から十八世紀末までハプスブルク帝国とオスマン・トルコとは互いに頻繁に使節団を送り、外交交渉を進めたようですが、オスマン・トルコの外交使節団一行は、長旅を経てウィーンに入城する前には、決まって幹線道路である帝国街路近くにあります離宮ノイゲボイデを訪れ、その庭園の塀壁にまるで聖遺物であるかのように手を触れ、シュレイマン大帝を偲んで涙を流したといわれます。

オスマン・トルコ軍がウィーンに攻め寄せ、これを包囲したときは、都市壁外の郊外の僧院や集落などは、ことごとく焼き打ち、破壊された（ウィーン側も敵陣をうかがうべく一部そうしたこともあるようですが）のですが、夏の離宮ノイゲボイデの建設によって皇帝マクシミリアン二世は、ウィーン市壁外の郊外にあっても安全であることを身をもって示し、国家の安泰を示そうとしたのです。一六八三年のオスマン・トルコ軍による二度目のウィーン包囲の際には、オスマン・トルコ軍は、エバースドルフの狩猟の城館を含めまして、郊外の建物はほとんどすべて破壊したにもかかわらず、この離宮ノイゲボイデだけは破壊しませんでした。

ルドルフ二世　なに、オスマン・トルコ軍がふたたびウィーンを包囲したのか。

建築家　そうなのです。陛下の治世の七〇年後のことです。

離宮ノイゲボイデだけは破壊せず、むしろところどころ補修工事をして軍の糧食庫として使用しました。二度焼いて作る兵たちの糧食パンがノイゲボイデの地下倉庫から豊富に発見されたということです。ウィーンをふたたび包囲したオスマン・トルコ軍の兵たちの糧食となったのでしょうが、ふたたびウィーンを包囲したオスマン・トルコ軍はまたもや撤退を余儀なくされました。

シュレイマン大帝の肖像画

スルタン、シュレイマン（一四九四〜一五六六）は人々から「秀麗王」ともよばれております。肖像画がいくつか知られていますが、そのなかでシュレイマン大帝の容貌と人格が最もよく表現されていますのが、十六世紀ヴェネツィアの画家によって描かれたものです（ウィーン美術史美術館蔵）。ヴァザーリによる『ルネサンス画人伝』（一五六八）中の画家ティツィアーノの項におきまして、多くの肖像画を描いたティツィアーノはトルコのスルタン、シュレイマンの肖像画も描いた、と記されておりますが、今日ウィーンの美術史美術館に所蔵されていますものは、ティツィアーノ風の描き方ですが、ティツィアーノ自身によるものではなく、後継者である画家によるものであろう、とされております。

同じヴァザーリによる『ルネサンス画人伝』中の画家ベッリーニの項におきまして、ヴェネツィアの画家ジェンティーレ・ベッリーニ（一四二九〜一五〇七）がオスマン・トルコのスルタン、一四五三年コンスタンティノープルを陥落させたあのメフメット二世によってコンスタンティノープルの宮廷に招かれ、メフメット二世の肖像画を描いた（一四八〇）ことが記されております。今日、ロンドンのナショナル・ギャラリにて所蔵されています。ヴェネツィア共和国は貿易活動をすすめるうえで、オスマン・トルコと良好な関係を保たねばならず、そうしたことからもある意味で、共和国は自国の画家にスルタンの肖像画を描かせたのでしょうね。

ところでシュレイマン大帝の肖像画ですが、背が高く、痩身ですが肩幅は大きく、均整がとれた体躯の持ち主で、白い大きなターバンで頭部をつつみ、鷲鼻、眼光鋭く、口髭があり、英明さと威厳が漂う人物として描かれております。ジェンティーレ・ベッリーニが描いたメフメット二世の容貌とよく似ていますね。

他に知られております二つのシュレイマン大帝の肖像画は晩年時のものでして、ひとつは堂々たる体躯していまして、大きな鋭い眼、鷲鼻、口と顎とが白い髯で覆われたシュレイマン大帝全身像（一五六〇年頃のものとされ、大帝六五歳のとき。版画。パリ、国立図書館版画室蔵）と、それに乗馬姿のシュレイマン大帝です。一五六〇年頃の画といいますから、六六歳のときで、白い髯に覆われた老大帝が小柄な駿馬にまたがり走らせています（パリ、国立図書館蔵）。

ティツィアーノによって描かれました、プロテスタントのシュマルカルデン同盟軍を東部ドイツ、ミュールベルクにおいて破ったときの皇帝カール五世の騎馬像（一五四八）が知られておりますが、同時代に覇権を争ったこの二人の東西の両雄が、痛風を患いながらも（乗馬には耐えられない激痛に耐えつつ）、毅然と乗馬する凛々しい姿はたいへん印象的ですね。

またリビア、エジプト、シリア、イエメン、バルカン半島それに黒海沿岸地域にまたがる広大なオスマン帝国の中央集権化、組織化に努め、そして諸民族を公平に統治するため基本法典を編纂させたことから「立法者（カヌーニ）」ともよばれ、思慮深く統治能力に秀でた英明なスルタンだったのですね。一五二〇年に父スルタン、セリム一世の後を継いだときは二六歳、翌年にはベオグラードを占領し、軍事面でも才能を発揮し、四六年という長い統治の間に、帝国の版図を最大にし、帝国の隆盛を築いた大帝ですね。

シュレイマン大帝率いるオスマン・トルコ軍による「黄金のリンゴの都市ウィーン」包囲

建築家　シュレイマン大帝率いるオスマン・トルコの大軍がハンガリーを経て、ウィーンにまで攻めてきまして、都市を包囲し、陥落させようとしましたのには、何か背景があったのでしょうか。

ルドルフ二世　ハンガリー軍とオスマン・トルコ軍によるハンガリー、モハチにおける戦いにおいて、ハンガリー軍は大敗を喫し、そのハンガリー軍を率いたハンガリー王ルートヴィヒ（ラヨシュ）の戦死が、その伏線となったのであろう。そしてまたオスマン帝国とフランソワ一世のフランスとの同盟関係もあるし、また直接的には、その後のハンガリー王をハプスブルク家のフェルディナント一世大公が継いだことだ。

そのシュレイマン大帝は、まずそれまで難攻不落のシャバツ城塞を落とし、そしてハンガリー攻略の足がかりとなるベオグラードを陥落させた。そしてこれをオスマン・トルコ軍軍団の基地として、イェニチェリを常駐させた。その後、いったん帰国し、兵と軍備を整え、五年後の一五二六年四月、ふたたびハンガリーに向けて兵を進めた。そして八月ハンガリー国境近くのドナウ河畔モハチ（ベオグラードとブダペストの中間地点）にて、トルコ軍のブダ（・ペスト）への進軍を阻むため南へ兵を進めたハンガリー＝ボヘミア国王ルートヴィヒ二世（ラヨシュ）率いるハンガリー軍と対峙し、オスマン・トルコ軍はこれを破った。ハンガリー王ルートヴィヒ二世（ラヨシュ）は二〇歳の若さで戦死。翌九月にオスマン・トルコ軍はブダ（・ペスト）に入城、街を焼き尽くして、イスタンブールに帰国した。またオスマン・トルコ軍はこの間、ブダ（・ペスト）を含むハンガリー中部を領有した。

建築家　戦死したルートヴィヒ二世王（ラヨシュ、一五〇六～二六）は、ヤゲロ王家ハンガリー＝ボヘミア国王ヴラディスラフ二世の息子で、父の死後、その後を継いでハンガリー＝ボヘミア国王となりました。九歳のとき、マクシミリアン一世皇帝の養子となり、その孫娘、つまり当時のスペイン王カール五世と弟フェルディナント一世大公の妹マリア公女（一五〇五～五八）と結婚しました（一五一五）。一方、フェルディナント一世大公は、ルートヴィヒ二世王の姉であるアンナ王女と一五一六年に結婚しました。

ルドルフ二世　そうだ。

ルートヴィヒ二世王の戦死によって、ボヘミアとハンガリーの王位継承権は結婚にあたっての契約とおりアンナの夫、ハプスブルク家のフェルディナント一世大公（私の祖父だ）に移ることとなった。

ボヘミア王国継承については、多少の紆余曲折があったものの、その年（一五二六）の十月にフェルディナント一世大公はボヘミア国王に選ばれた。だがハンガリー王継承に関しては、そう具合よくゆかなかった。王の二重選挙という事態が生じたのだ。つまり、トランシルヴァニア侯ヤノシュ・サポヤイが、一部の貴族たちによってハンガリー国王に選ばれる（一五二六年十一月）一方、約束されたハンガリー王位継承権を主張するフェルディナント一世大公は他の貴族たちによって、ハンガリー国王に選出されたのだ（一五二六年十二月）。これでサポヤイ側とフェルディナント大公側の武力による決着は必至の情勢となり、兵力、軍備においてはるかに勝るフェルディナント大公の帝国軍は勝利し、ブダ（・ペスト）を奪還した。そしてフェルディナント一世大公は王冠を戴冠し、正式にハンガリー王位に就いた（一五二七年十一月）。

だがこのことが、ハプスブルク家とオスマン・トルコとの闘いの歴史の始まりといえよう。シュレイマン大帝はフェルディナント一世大公のハンガリー王継承を認めようとしなかったからだ。

　そして戦いに敗れてポーランドに逃亡していたサポヤイは態勢を整え直しつつ、オスマン帝国シュレイマン大帝に援助を求める。

建築家　その機に乗じて、オスマン・トルコ軍はハンガリーに向けて出兵したのですね。他国の内紛に乗じてそれに介入しつつ、その国を制圧し占領するというのが、オスマン・トルコの常套手段ともいいます。そして「ハンガリー王を騙る」フェルディナント一世大公のいるオーストリア、ウィーンへと兵を進めましたが、これが当初からの雄図であったのですね――シュレイマン大帝の。そして黄金のリンゴの都市ウィーンを占領することが。

ルドルフ二世　そなたがいうように、オスマン・トルコ人たちはウィーンを黄金のリンゴの都市とよんでいた。

　ウィーンだけでなく、ローマ、ブダ（・ペスト）、モスクワ、ケルンなどもそうよんで、いつの日にか、それらの黄金のリンゴの都市を征服するという壮図を、オスマン帝国の歴代のスルタンは抱いていた、といわれる。

　神聖ローマ帝国皇帝の権威の象徴として、帝冠、王杖、そして帝国のリンゴ（ライヒスアプフェル）（十字架の付いた宝石をちりばめた黄金球）があるが、このライヒスアプフェルの由来が興味深い。

古代ギリシア人は、永遠の若さと不死とを授ける黄金のリンゴが実る神々の樹が、ペロポネソス半島最西端に存在すると信じていた（L・クルツィウス）という。この永遠の若さと不死とを神聖ローマ皇帝に授けるべく、黄金のリンゴすなわち「帝国のリンゴ」を、皇帝の権威の象徴のひとつとして援用したのではあるまいか。

だが、オスマン・トルコ人たちは、黄金のリンゴを有する神聖ローマ皇帝が統治するウィーン、繁栄するウィーンを、いつしか黄金のリンゴの都とよぶようになった。そしてローマなどの繁栄を謳歌する都市をも、黄金のリンゴの都市とよぶようになったのであろう。

ところでシュレイマン大帝は、一五二九年三月、一五～二〇万の兵、八〇〇〇人の精鋭歩兵隊イェニチェリ、二、〇〇〇の騎兵、一羽の予言の鷲、大砲三〇〇門、ドナウ渡河用の舟艇八〇〇漕、それに一、〇〇〇頭のラクダなどからなる大軍を率いて、イスタンブールを出兵。七月、ベオグラードに到着。八月、モハチ平原にてサポヤイの軍がシュレイマン大帝を迎え、恭順の意を表し合流する。そしてブダ（・ペスト）へ向けて軍を進める。

予定より遅れて、夏が過ぎ、秋が深まりつつある九月二七日、ウィーンを取り巻くようにシュレイマン大帝率いるオスマン・トルコの大軍が陣を張る。ウィーン近郊の建物はことごとく焼き払われ破壊される。主要軍はウィーン川の東からドナウ川辺りに陣取り、シュレイマン大帝とその参謀たちの野営天幕群は、それからやや奥まったエバースドルフとジンメリングの間の丘に張られる。

これに対しウィーンを防衛する軍隊は、ニクラス・サルム伯の総指揮のもと、ボヘミアやスペインから割り当てられた援兵部隊および砲兵隊を含む二、三万人からなる兵たち。

ウィーンを包囲したオスマン・トルコ軍は、市壁内のウィーン市街に大砲を撃ち込み――オスマン・トルコ軍は優秀な大砲技術で知られている――、教会や市民の家屋が次々と破壊され、市内は大混乱に陥る。負傷した兵たちの手当をしたり、火災となった家屋の消火活動に努めたり、兵たちの食事を作ったり、ウィーン市民もまた総出でオスマン・トルコ軍と戦った。オスマン・トルコ軍は城塞破壊作業においても巧みである。砲撃と突撃兵によって、主として市の南のケルントナー門地区に重点目標を定め、必死に突破しようとする。

建築家　ケルントナー門地区とは、今日オペラ劇場がある辺りの地区です。市内の大通りの一つ、ケルントナー通りがケルントナー市門をくぐりまして、南のヴェネツィア方面へと通じていました。そしてウィーンを包囲したオスマン・トルコ軍とウィーン防衛軍との戦況は、以前、お話がありましたようにシュテファン大聖堂の塔から描いたメルデマンなどの絵図によって、ヨーロッパ各都市の人たちに伝えられたのですね。

ルドルフ二世　オスマン・トルコ軍は合計一一回ものウィーンに市壁突入を試みるも、ウィーン側防衛軍はこれによく耐えた。そして十月十四日、シュレイマン大帝はオスマン・トルコ軍に総攻撃を仕掛けるよう命じたが、不調に終わる。

シュレイマン大帝はここでしばし沈思黙考する――。これまでの戦いで多くの兵を失っていること、弾薬や兵たちの糧食が不足しかかっていること、皇帝カール五世もそしてハンガリー王を騙る不届きなオーストリア、フェルディナント大公もまたウィーンに不在である（リンツの居城への逃避が判明した）こと、帝国軍の援軍が迫りつつあること、それに、秋の長雨が降り続き、また冬がいつもより早く到来してきたこと――これらのことを考え、シュレイマン大帝は撤退を決断。十月十六日悪天候のなか、オスマン・トルコ軍は全軍撤退を開始する。

だがウィーンの防衛軍には、これを追撃する余力はなかった（E・ツェルナー等）。

建築家　ウィーン市民は皆抱き合い、安堵したのでしょうね。およそ一、五〇〇人の兵と市民が命を失ったといわれます。オスマン・トルコ軍の撤退によって事無きを得たとはいえ、ウィーンはたいへんな窮地に陥ったことは確かですね。その主な原因は、都市壁をはじめとする都市防衛施設が中世以来の旧式なものであったことです。

そこで大砲などによる近代戦に備えるべく、イタリアから軍事・都市計画専門家を招き、ウィーンはその翌年、都市壁の大改造工事に早速取り掛かっております。そしてこれが、慢性的な財政難を増幅させることとなったのですね。

ルドルフ二世　一五三二年夏、オスマン・トルコ軍を挟み撃ちにすべく皇帝カール五世がペルシアとの共同戦線をはる外交交渉を進める情報を手に入れたシュレイマン大帝は、オスマン・トルコ軍を率いてふたたびフェルディナント大公の居るウィーンへの進攻を試みた。進軍は、今度は南の経路をとったが、クロアチア人貴族たちの果敢な反撃に遭遇し、撤退を余儀なくされた。この撤退は、このとき、背後に皇帝カール五世の強力な軍隊があったからでもある。

建築家　オスマン・トルコ軍のウィーン包囲は、たんにウィーン、オーストリアの人々だけではなく、ヨーロッパのキリスト教世界の人々を恐怖に陥れ、震撼させる出来事だったのですね。そしてその恐怖心をその後長い間、拭い去ることはできませんでした――そのオスマン・トルコはハンガリーの首都ブダ（・ペスト）を含むハンガリー中部を領有、支配し続けているからですね。なにしろブダ（・ペスト）はウィーンから二五〇キロメートルも離れていないのですし、何時ふたたび攻めてくるかもしれません。

ルドルフ二世　そのオスマン・トルコが領有するハンガリーと国境を接するわがオーストリアが警戒を強め、国境地帯において戦略上重要な要塞をめぐって、しばしば両国の戦いに発展することは避けられまい。

建築家　皇帝位に就かれましたマクシミリアン二世帝は、先の皇帝フェルディナント一世の治世中にオスマン・トルコとの平和条約のなかで取り決められましたオスマン・トルコ朝廷への毎年三万ドゥカーテン金貨の貢納を拒絶されましたが、その報せを耳にしましたシュレイマン大帝はたいへん怒り、七二歳の老齢にもかかわらず、大軍を率いて出兵しました。これに対しマクシミリアン二世帝もハンガリーに向けて兵を進めたことは、陛下より以前にお話をお伺いしました。

オスマン帝国とフランスの同盟

その毎年三万ドゥカーテン金貨をオスマン・トルコの朝廷に納めるといういわゆる「名誉の贈り物」、実際には被征服民が征服民に納める貢物なのですが、何故にハプスブルク朝が納めるようになったのでしょうか。

ルドルフ二世　それにはオスマン帝国とフランスが同盟したことが、影を落としているといってよかろう。

建築家　イスラム教を信奉するオスマン帝国とキリスト教国のフランスとが同盟を結ぶとは、なかなか理解し難いことですが——。

ルドルフ二世　フランスがオスマン帝国に支援を頼まざるを得ない切迫した状況にあったからだ。イタリア領有に野心を抱くフランス王フランソワ一世は大軍を率いてパリを出発し、リヨンを経てアルプスを越え、イタリア、ミラノに迫り、これを占領した。そして南下し、パヴィアの要塞を攻めた。

建築家　パヴィアは、紀元前一世紀に創建された古代ローマの植民都市（ティキヌム）ですね。都市創建にあたって、祭司が執り行う儀式によって都市の中心をまず定めます。この中心点において東西、南北の方角を特定し、これを交点として東西（デクマヌス・マクシムス）と南北（カルド・マクシムス）に走る主要街路によって、都市を四分するローマ・クアドラータといわれます古代ローマの植民都市に固有な都市プランにもとづいてパヴィアは創建されました。今日でもその都市プランの痕跡が明快に読み取れる都市として知られております。

今日、中世の面影を色濃く残すたいへん魅力的な大学都市ですね。

ルドルフ二世　そのパヴィアの要塞めぐる攻防戦において、フランス軍が一万人に及ぶ兵を失う大敗を喫し、そしてこともあろうかフランスの軍を率いたフランス王フランソワ一世が帝国軍によって捕らわれた（一五二五）。そして捕虜としてスペイン、マドリッドに護送され、幽閉された。

フランス王が捕われるの報は、ヨーロッパ中の人々を驚かせた。むろん最も大きな衝撃が走ったのはフランスだ。フランス国民は、にわかには信ずることができなかった。

イタリア制覇の野望をもつフランソワ一世のフランスに対して、皇帝カール五世とローマ教皇が与し、イギリスやイタリア諸都市がこれに加わっているという逼迫した情勢にあって、フランス王フランソワ一世が捕らわれたのだ。

ここでフランソワ一世の実母ルイーズ・ド・サヴォイが、捕らわれの身の息子フランソワに代わって、フランスが陥りつつある窮地を脱するべく打開策を思案する。

建築家　ルイーズ・ド・サヴォイは政治好きでもあったのですね。その後、ネーデルラント総督を務めておりましたマルガレーテ公女とともに、フランソワ一世王とカール五世帝を仲直りさせ、カンブレ条約を結ばせるなど、この女性たちが政治において一役買ったことなどが知られております。

ルドルフ二世　そうだ。

そしてその打開策の一つが、オスマン帝国との同盟だ。

ルイーズ・ド・サヴォイはオスマン帝国の首都、コンスタンティノープルのシュレイマン大帝のもとに使節を送り、フランス王解放のため、支援を求めた。そして同盟を結びたいと申し出た。バルカン半島をすでに支配するオスマン帝国は、さらに西のハンガリーを占領すべく進軍してほしい、フランスは西からハプスブルク帝国を攻める。そうしないと皇帝カール五世の帝国は全世界を支配することになりかねない、と書簡をもって使節に伝えさせた。

ベオグラードを軍事基地としてヨーロッパへ向けて西進を目論む大帝は（これは歴代のスルタンが目論むことでもあるが）、この申し出を歓迎した。

建築家　シュレイマン大帝による返書が知られております。

「神こそ、いと高き者、裕福にして寛大なる救い主である。（中略）われこそスルタンの中のスルタン、君主の中の君主、地球上の帝王たちに王冠を分かち与える者、地上における神の影として、白海（地中海）、黒海、ルメリ、アナトリア、……アゼルバイジャン、ペルシア、ダマスクス、アレッポ、カイロ、メッカ、メディナ、イェルサレム、全アラビア、イエメンならびに高貴なるわが父祖たちと高名なるわが祖先たちが武力をもって征服し、また畏くもわれ自ら燃える剣と勝利の刀をもって征服した、その他の地方のスルタンにして、（中略）スルタン・セリム・ハンの息子、スルタン・シュレイマン・ハンである。

汝、フランス国王フランソワは、汝の忠実な代理者たるフランジパーニを介して、君主たちの隠れ家たるわが門に信書を呈し、また彼にいくつかの伝言を託された。汝は敵が汝の国を占領し、汝が目下虜囚の身にあることを報じ、汝の解放のためにわが方に助力と救援を求めてこられた。汝の語ったすべてのことは、世界の人々が頼みとするわが玉座のもとに開陳され、わが皇帝の叡智はその委細を理解し、それについて完全なる認識を得た。
王が敗れ、虜囚となったとて、驚くことはない。それゆえ、勇気を取り戻し、落胆するなかれ。われらが栄光ある祖先たちと高名なる父祖たちは、敵を放逐し、領土を征服するために、絶えず戦い続けてやまなかった。われらもまたその先縦を踏んで歩んできた。われはつねに数々の国々、要塞、難路を征服してきた。われらの馬は鞍を置かれ、われらの剣は腰に佩びる。いと高き神が善を嘉したまわんことを。いかなる対象に関わるものであろうと、神の御心の成就されんことを。なお、前述の汝の使者に尋ねれば、ことの次第がおわかりであろう。かくて察せられよ。
九三二年（一五二六年）レビー・ウル・アフール月のはじめ、
帝国の首都、厚く加護されたイスタンブルなる座所にて記す」（浜田正美ほか訳）

シュレイマン大帝が、フランス王フランソワ一世に向けて「王が敗れ、虜囚となったとて、驚くことはない。それゆえ、勇気を取り戻し、落胆するなかれ」と勇気づけるなど、たいへん興味深い書簡ですね。書簡から、シュレイマン大帝は思慮深く、英明な人物であったことがうかがわれます。そしてフランスからの同盟の申し出を歓迎し、すぐさま了承する大帝の心がよく表われていると思います。
ルドルフ二世　このフランスとの同盟関係——同盟はいまだ文書によって締結されていないにせよ——があるからこそ、シュレイマン大帝はこの年（一五二六）にハンガリーに向けて進軍する決意を固め得た。

そしてモハチにおける戦いにて勝利し、ブダ（・ペスト）を含むハンガリー中部を占領し得た。そしてわがウィーンにまで進攻しこれを包囲し得た（一五二九）。

他方、ハプスブルク帝国も、ペルシアと手を組むべく画策した。

このような東方とヨーロッパの情勢にかんがみ、外交使節がオスマン・トルコ＝フランス、ペルシア＝ハプスブルク、オーストリアの間で頻繁に往き来した。

建築家　北イタリア、パヴィアの戦いにおいてフランス国王フランソワ一世が捕虜となったという前代未聞の事件が、キリスト教国フランスとイスラム教国オスマン帝国との同盟を、そしてオスマン帝国軍のハンガリー占領、オーストリア進攻への引き金となったのですね。

ルドルフ二世　そうした情勢にあって、オーストリア軍はブダ（・ペスト）奪還を試みたが、ことごとく失敗し多くの兵を失った（一五四一）。そして一五四七年、ハプスブルク、カール五世皇帝とフェルディナント一世大公は、オスマン帝国との休戦にこぎつけたのだが、このときに、その毎年三万ドゥカーテン金貨を貢物としてオスマン帝国朝廷に納めることを強要された。もっとも、不利な情況にある相手国にそのような貢納を強要するのはオスマン帝国の常套手段ともいえようが。——十五、十六世紀地中海、アドリア海の船の航行も邪魔されていた貿易立国ヴェネツィア共和国も貢納を強要されていた。

東のトルコと西のフランスが同盟を結び、いわば東西の陣営から挟み撃ちの状況にあり、また度重なる敗戦で劣勢にあって弱い立場のハプスブルク、カール五世皇帝とフェルディナント一世大公は、それをのまざるをえなかったといえよう。それに、戦争ともなると——オスマン・トルコとは相違して常備軍がないから——兵を集め、軍備を整えなければならない。それにだけでも膨大な費用が必要となる戦争の遂行より、外交手段による平和の維持のほうが、よほど金がかからない。たとえ毎年三万ドゥカーテン金貨の貢物を納めるとしても――。

それにしても、これを「エーレンゲシェンク（名誉の贈り物）」と名づけたのは苦笑ものだ。拭いきれない屈辱の心を、自身をあざむいてまぎらわそうとするこの言葉は、官僚が考えだしたものだ。

オスマン帝国の領土拡大とその軍団

建築家　イスラムのオスマン帝国は十四世紀までに、その強力な軍団によって小アジア、バルカンを征服し領土を拡げていきましたが、中央ヨーロッパ、キリスト教諸国にとって大きな脅威となったのは、いつ頃からでしょうか。
ルドルフ二世　ニコポリス十字軍がオスマン・トルコ軍に敗れたのは一三九六年だから、十四世紀末頃からといってよいだろう。
オスマン帝国のスルタン（皇帝）バヤズィト一世（在位一三八九〜一四〇三）は、バルカンの向こうのハンガリーをも征服し、イタリアを支配するのが念願であると言ったと伝えられるようだが（三橋富治男）、そのスルタン、バヤズィト一世は、その足掛かりとしてバルカンのセルビアとボスニアを征服した。そして次に、さらにドナウ川を北上し、ハンガリー王国征服の機会を窺った。
その時代のハンガリー王は、若きジクムント（ジキスムント、一三六八〜一四三七）だ。父親は皇帝でボヘミア王カレル四世（一三一六〜七八）、兄は同じく皇帝でボヘミア王である。ルクセンブルク家の出であるジクムントは、ハンガリー＝ポーランド国王ルートヴィヒ（ラヨシュ）一世の王女マリアと結婚し、一三八七年、十九歳のときハンガリー王となった。波瀾万丈の人生を送ったたいへん興味深い人物で、父と兄にも劣らぬ高い教養の持ち主で、文武に秀で、七か国語をマスターし、人文主義者のルネサンス人でもあった。

建築家　チェコの神学者、宗教改革者ヤン・フスに通交の自由と安全を保証する護送状を与えたにもかかわらず捕らえ、コンスタンツの公会議にて審問させ、異端として焚刑に処した――フスを裏切った人物として知られておりますね。

ルドルフ二世　そのハンガリー王ジクムントだが、オスマン帝国のスルタン、バセズィト一世がハンガリー王国征服の機会を窺っているという報せを手に入れ、驚き、早速、兵を集め、軍備を備え始めた。この中央ヨーロッパ進攻を目論むイスラムのオスマン・トルコ軍との戦いに、ジクムントの周りにはキリスト教徒であるドイツ、ネーデルラント、フランス、ポーランド、ヴェネツィア、ジェノヴァなどから、加勢の兵たちが続々と集まった。

この（対イスラムの）ニコポリス十字軍は、ブダ（・ペスト）を出発し、ドナウ川を下り、河畔のニコポリス（今日のブルガリア、ニコポル）にてオスマン・トルコ軍との戦いが始まった（一三九六年九月）。ところがたった数時間の戦闘で、ジクムント率いるニコポリス十字軍はあえなく大敗してしまう。

ハンガリー王は危うく捕虜になるところを逃れ、従者たちとともに小舟に乗ってドナウ川を下り、黒海に出、ここから沿岸をつたって東ローマ帝国の首都コンスタンティノープル――といっても、オスマン・トルコに領土を奪われて東ローマ帝国にはこの首都しか残されていなかったが――にたどり着いた。

そして束の間の休養の後、ふたたび船でエーゲ海、アドリア海を経て、ダルマティアに上陸し、そこからようやく祖国ハンガリーに逃げ帰ることができたという。

建築家　ジクムント率いるニコポリス十字軍は、何故そんな短時間の戦いで敗れてしまったのでしょうか。オスマン・トルコ軍団はそんなに強力だったのでしょうか。

ルドルフ二世　オスマン帝国の軍団の強さの背景には、第一に常備軍団の存在にある。軍団が常備されれば、その組織はもとより、武器の保有、管理はしっかりとし、常備兵は日々訓練される。このことは、われわれヨーロッパ諸国と比較すれば、容易に理解されよう。われわれには、常備軍団は存在しない。戦争のつど傭兵としてかき集めた兵と農村から徴発した兵、それに 貴族たちの私兵からなるにわか軍団だ。

傭兵は金銭契約によって雇われた者だから、忠誠心に薄く、また集団での訓練に乏しく、そうした軍団は戦場にていったん劣勢になると、烏合の衆になりかねない、なだれをうったように逃げまどう。ニコポリス十字軍は、ヨーロッパのキリスト教国々の征服を狙うイスラムのトルコ軍征伐という大義をもつが、その大義は、異教徒をイスラム教に改宗させるという神聖な目的をもつ戦争、ジハード（聖戦）を大義とするオスマン・トルコ軍のそれとは大きな隔たりがある。

第二に、組織的機動力、機動性があげられよう。騎馬民族に特有な戦術というか戦争の仕方というべきであろう。その迅速なこと、ヨーロッパ内での戦争においてはおよそ経験したことのないものだ。まず騎馬兵部隊が疾風の如き速さで、敵地めがけて攻める。そして敵地を撹乱し、恐怖心を煽り、あるいは略奪する——騎馬兵隊は給料の支払いがなく、したがって略奪、戦利品の獲得が生活の糧となる——、そしてまた疾風のごとくいずこへと姿を消す。——戦うヨーロッパ兵士たちは度肝を抜かれ、陣形を崩してしまう。

するとすぐさま間髪をいれず、イェニチェリの精鋭歩兵部隊が攻め寄せる。「イ・アラー」の大喚声とともに襲いかかるイェニチェリの精鋭部隊に、敵は皆、恐怖心に駆られて逃げ腰となるのだ。

建築家　イェニチェリとはいったいどういう軍団でしょうか。

ルドルフ二世　他国の軍団に類のないたいへん特異・特殊な兵隊たちで、トルコ軍の強さの原動力、否、オスマン帝国が広大な領土を有する大帝国として発展する原動力となった。

イェニチェリのイェニとは「新しい」、チェリとは「兵」を意味するといわれる。このことからわかるように、オスマン・トルコ軍にあって新たに編成された軍団――歩兵部隊だ。オスマン・トルコ軍はそれまで騎馬兵隊が主要部隊であり、敵地を征服し、略奪すると、戦利品とともに、次の敵地へと向かう騎馬民族に特有の戦いの仕方で、これでは征服した土地を自分の領土に組み入れ、継続的に支配することは困難だ。

戦後の新しい領土の支配のために、歩兵部隊が不可欠であること。そしてまた堅固な敵の城塞を陥落させるには、騎馬兵隊の力では限界があり、城塞破壊作業などを行うには強力な歩兵部隊が必要であることを、オスマン・トルコ軍は認識するようになったのではあるまいか。

イェニチェリ軍団がいつごろ新たに設けられたのか、正確にはわからないようだ。だが、十四世紀後半、ムラト一世が創設した、との説もある。

イェニチェリは歩兵部隊に違いないが、その選別、育成方法からしてたいへん特異である。まず、征服したバルカン諸国のキリスト教徒の家庭から健康な美少年を徴収し（子供を差し出させ税の代わりとする）、イスタンブールにおいてイスラム教徒として特別に厳しく教育、訓練する。一般的に改宗した者は、しばしば狂信的な信者となることが知られているが、少年たちはイスラム教を堅く信じ、徹底的に訓練された兵として成長し、成年に達するとイェニチェリの中核として編入される。

身分は奴隷と聞く。だが、さまざまな特権を与えられたようで、しばしばスルタン近くでの任務を与えられ、だからスルタンに目をかけられることも多いようだ。いずれにせよ、狂信的ともいえるイスラム教徒となったイェニチェリは、イスラム教を広める信仰のための戦い、ジハード（聖戦）をかたく信じ、聖戦での死の意味をよく知り、死をまったく厭わないその勇猛盛んな戦いぶりは、敵を驚愕、震撼させずにはおかない。スルタンへの忠誠心が特別厚い精鋭部隊である。そして、このイェニチェリからオスマン帝国の高官に出世する者も多いと聞く。

建築家　オスマン帝国では、いわゆる立身出世するには家柄、身分ではなく、ただ個人の実力であり、徹底した能力主義なのですね。

陛下の祖父であられる皇帝フェルディナント一世の治世に、オスマン帝国へハプスブルク帝国の大使としてイスタンブールに赴いたある外交官の報告が知られております。

「……宮廷に奉仕する者の地位は、ことごとくが勇武と勲功とに負うものであった。トルコ人の間にあっては、出生にもとづく差別はない。……任命がなされる場合、スルタンは富財や位階については一向に考慮しないし、また推薦や人気といったものも考慮に入れない。個々別々の各自の勲功にもとづいて考慮する。しかも昇任が予定される人の待遇については、その性格・能力などについて周到に検討する。人々が昇任するのはひとえに勲功によるもので、それぞれの職種はその人に資格ありと認められた場合に限り保証される。スルタンから最高の職務を与えられた者は、大部分が家畜飼育者の息子たちであり、しかもその両親についていささかも恥じることもなく、むしろ誇りとしている。……自分の得た職務を父から子に世襲させることも考えない。……そうした事柄が、トルコ人をして大事業に成功せしめ、他の民族の上に立たしめ、その帝国の国境線を日に日に拡大した所以である。このような考え方はわれわれにはない。われわれにとっては、門閥がすべての基準であり、出生上の特権こそ昇進の唯一の鍵である。」（三橋冨治男訳）

このようなことも、イェニチェリをはじめオスマン・トルコ軍の兵たちを、勲功をあげるべく奮い立たせたのでしょうね。
ルドルフ二世　……（しばらく無言）……新興の国にしばしばみられることだが――。いや、そうともかぎらない。ローマの皇帝ハドリアヌス（治世一一七～一三八）をはじめ英明な王の治世では、そのようなことがあった。
建築家　ハドリアヌス帝には、出自、身分にかかわらず優秀な人物をとりたてた側近が多かったですね。
ルドルフ二世　ところで、その報告は駐オスマン・トルコ、オーストリア大使オギエル・ギスラン・ド・ブスベク（一五二二～九二）によるものだ。私も読んだことがある。言語学、古典文献学、動植物学に通じたたいへん立派な人物で、トルコ、小アジアを旅行し、オスマン・トルコの社会から地理風土、動植物に至るまで観察し、仔細に報告した。また貴重な写本をコンスタンティノープルからもたらし、ウィーンの宮廷図書館を充実させたり、それまで私たちには目にすることがなかったチューリップやライラックなどの植物種をオーストリアにもたらした。それに私と弟エルンストの養育係でもあった。
ところで、オスマン帝国には話したように常備軍が存在する。騎兵部隊は別にして、イェニチェリ歩兵部隊には給料が支払われる。このことは、平和時においても給料を支払わねばならず、こうした軍事費を捻出するため、戦利品を目的に常時、何処かで戦争を遂行する必要に迫られる。われわれハプスブルク帝国と講和を結ぶ際、毎年三万ドゥカーテン金貨支払いという、あの私たちにとっては屈辱的な「名誉の贈り物」――敗戦国が支払う戦争賠償金といったものといえよう――を要求するのは、オスマン・トルコ側からすれば要求せねばならないこと，否、窮余の策かもしれない。これがなければ常備軍を維持することがたちゆかなくなるからだ。

建築家　オスマン・トルコ軍の強さの秘密は、ひとつに常備軍の存在であるとお聞きしますと、ローマ帝国のあの強力な軍団を想起します。ローマ帝国は（ハドリアヌス帝の治世では）二八の軍団を有し、正規の軍団兵とそれに属州民の補助兵を加えまして総数三六万人もの常備兵がおり、毎日の厳しい訓練に耐え、大帝国の一五、〇〇〇キロメートルに及ぶ国境線警備にあたっておりました。その軍事費は帝国全体の国家予算の実に半分以上を占めていたといわれておりますね。

オスマン帝国隆盛の陰りと再興――キョプリュリュ家の大宰相

陛下の治世におきまして、ジトヴァ・トロクにおいてトルコとの講和条約が締結され（一六〇六）、また一六一五年にはそのトルコとの講和を二〇年間延長する和約が結ばれ、オーストリアとオスマン・トルコとの間には、一応の和平が保たれておりました――他方、西方ヨーロッパでは、「三〇年」戦争が続けられていましたが。

オスマン帝国はシュレイマン大帝の治世において、西はバルカン半島よりハンガリー、そして地中海を囲むようにシリア、エジプト、リビア、チュニジアなどを領土とし版図を拡大し、隆盛を誇りましたが、陛下がお話してくだされましたように、シュレイマン大帝の戦地での崩御（病死）後は、後を継いだスルタンたちは凡庸な人物であったためもありまして、帝国の勢いに陰りが生じ始めました。オスマン帝国海軍の艦隊が、スペイン、ヴェネツィア、教皇などの神聖同盟連合艦隊にレパント（イオニア海とコリント湾との間の海峡の港町、今日のギリシア、ナフパクトス）沖の海戦において敗れました（一五七一）ことは、その兆しのひとつですね。

それでもなお、幾多の政治的危機を乗り越え広大な帝国を統治し得たのは、ソコル・メフメト・パシャという賢明なサドラザム（大宰相）がスルタンを助けて――あるいは狩猟や遊興で日々を過ごすスルタンに代わって――政務をとったためですね。

ルドルフ二世　その大宰相ソコル・メフメト・パシャがハーレムの刺客によって暗殺された（一五七八）という噂が私の耳にも入ってきた。

ハーレムとは、そなたも知っていると思うが、スルタンの女性たちが住む男子禁制の後宮のことだが、そこの女たち、とりわけスルタンの子を宿し、その子が後にスルタンを継いだ母后は大きな権力を有するようになり、その子の後見人として政治にも口を出すようになった。嘆かわしいことだが、大宰相ソコルが暗殺されたのも、政争にあってそうしたハーレムの女たちが背後に存在したといわれる。帝国にとってこうした有能な政治家を失ったことは、オスマン帝国の国勢に陰りが生じ始めた要因のひとつといってもよかろう。

建築家　シュレイマン大帝のハーレムに美貌の寵姫ロクソラン（あるいはロクセラヌ）・ヒュレムがいたことが知られております。

ルテニア地方（今日のウクライナ地方）が略奪されたとき、捕えられ奴隷としてイスタンブールまで連れてこられ、シュレイマン大帝に献上されたハーレムの女性だといわれております。シュレイマン大帝はこの寵姫を後に正式な妻としたのですから、単に美しいだけではなく、きっとたいへん聡明で機転が利き、情味にあふれていたのでしょう。音楽にも秀でていたといわれています。しかし後に息子を大帝の後を継がせスルタンとすべく策を弄し（息子は凡庸なスルタンといわれるセリム二世となりました）、大帝が産ませた別の寵姫の息子を死に追いやったり、大帝が重用したイブラヒムを失脚させたり、陰で政治に口を出したともいわれております。

ですが大帝がこの夫人を讃える詩を詠っていますように、大帝の愛を失うことなく、逝去後はります。

ところで、シュレイマン大帝の崩御後（一五六六）、国勢に陰りが生じ、長らく停滞していたオスマン帝国ですが、十七世紀半ばになりまして帝国はやや勢いを取り戻しました。有能なサドラザム（大宰相）がスルタンを助けて、というよりスルタンに代わって政務を執り、内政、外交に手腕を発揮したからです。

そうした大宰相はメフメト・キョプリュリュ（執政一六五六〜六一）、その息子アフメト・キョプリュリュ（執政一六六一〜七六）、それにアフメトの弟ムスタファ・キョプリュリュ（執政一六八九〜九一）、従兄ヒュサイン・キョプリュリュ（執政一六九七〜一七〇一）とキョプリュリュ家出身の者たちでした。後世の歴史家は、このキョプリュリュ家出身の大宰相がオスマン帝国の国政を執ったこの時代を「キョプリュリュ時代」とよぶようですが、代々有能な政治家を輩出した名家のようですね。

トランシルヴァニアの内紛にオスマン・トルコとオーストリアが介入

一六一五年にオーストリアとオスマン・トルコは、両国の講和条約を二〇年間延長する旨合意し、何とか和平が保たれていましたが、トランシルヴァニア侯国における内紛に端を発し、徐々に雲行きが怪しくなっていきました。トランシルヴァニアには有力貴族をはじめ民衆にカルヴァン派プロテスタントが多く、信教の自由を求めての紛争が絶えなかったのです――このトランシルヴァニア侯国を含めましてプロテスタントの住民が（特に東部に）多いハンガリーには、後の世になりましてもドイツと同様、カトリックとプロテスタントとの抗争で、どちらか一方が勝利をもって終わらなかった稀有な国であると指摘する歴史家がおります（G・シュタットミュラー）。宗教戦争に決着をつけ明快な終止符が打てなかったわけですね。したがいまして、つねに紛争の火種でありました。

トランシルヴァニア侯国での内紛にカトリックのオーストリアが介入しようとしますと、オスマン・トルコはカルヴァン派に加勢します。両国にとりまして要衝の地であったわけですね。

オスマン・トルコ軍の偵察部隊がモラヴィアを経てシュレジエンに侵入するなど、徐々にオーストリアとオスマン・トルコとの戦争再発の気配が濃厚になるなか、ラーブ河畔ザンクト・ゴットハルト近郊での小競り合いで、「三〇年戦争」で戦果をあげました勇将モンテクッコリ率いるオーストリア皇帝軍が勝利し（一六六四）、両国は同年、向こう二〇年間の休戦協定を結びます。自国のそのような戦況を熟慮し、また国力回復を優先した名大宰相アフメト・キョプリュリュの外交交渉の結果と申せましょう。

ところが、ハンガリーにおきましてオーストリア・ハプスブルクの支配に不満を抱く貴族たちの抵抗運動が強まり、これはいったん鎮圧されました（一六七一）ものの再燃し、イムレ・テケリ率いる「クルツ党」の反乱が起こりました。クルツとは、古の十字軍遠征をなぞってプロテスタントの礼拝の自由を標榜する者たちの集団ということでしょうが、それ以上にハンガリーのハプスブルクによる支配からの訣別という野望を抱くテケリは、皇帝軍との戦いのなかにあって、皇帝側との妥協の途を探ることはなく、結局、オスマン・トルコに支援を求めざるを得ませんでした。

オスマン・トルコもこれをハンガリー全土の領有・支配の好機会と暗にみて、積極的な支援に乗り出しました。イスラム教を信奉するオスマン帝国ですが、これまでつねにそうした政治的配慮からハンガリーのプロテスタント支援してきたわけですね。この場合はテケリの野望とオスマン・トルコの目論見あるいは遠謀が一致したのです。

またカトリック教国でありながらオスマン・トルコと同盟を結び、オスマン・トルコ軍をオーストリア向けて西進させ、自国は東部国境地域のアルザス・ロレーヌを併合するなど、「太陽王」ルイ十四世（一六三八～一七一五）のフランスの外交政策もオスマン・トルコのハンガリー支援の背景にありました。

一六八三年、ふたたびオスマン・トルコ軍ウィーンを包囲

こうしてオーストリアとオスマン・トルコの両国の間の緊張が高まるなか、アフメト・キョプリュリュに代わって大宰相となったカラ・ムスタファ（執政一六七三～八三）が、一六六四年に締結されました二〇年間の休戦条約の延長にかかわる外交交渉にあって、これを延長する意思がないと表明するなどして、両国間の戦争が避けがたい状況となっていきました。そしてついには両国間が戦争に突入したのは、ハンガリー全土を掌中に収め、さらにはウィーンを陥落させる野望を抱く大宰相カラ・ムスタファの存在が大きかったのではないでしょうか。キョプリュリュ家出身の英名な大宰相であったなら、局面はまた違ったものとなったのではないでしょうか。

オスマン・トルコ軍がウィーンに侵攻する気配があるとの報せが、帝国軍の斥候によってもたらされました。

陛下のご治世におきまして、オスマン・トルコとの講話条約が結ばれ（一六〇六）、長い年月にわたって続けられてきました戦争が終結し、平和がいちおう続きました。しかし、そのおよそ七〇年後、陛下の四代後の皇帝レオポルト一世の治世（一六五八～一七〇五）にウィーンがふたたびオスマン・トルコ軍によっては包囲される事態（一六八三）となりました。

ルドルフ二世　何？　ふたたびオスマン・トルコ軍がウィーンを包囲したというのか——そしてプラハではなく、ウィーンをか。

建築家　そうなのです。陛下の後を継がれました弟君の皇帝マティアス（在位一六一二～一九）は宮廷をふたたびウィーン移しました。

皇帝マティアスの治世は七年間と短く、その後継者となったのはフェルディナント二世帝です。陛下にも、そして皇帝マティアスにも嫡子がおられず、それで陛下のお父上マクシミリアン二世帝の弟君であられるカール大公（一五四〇～九〇）の長男フェルディナント――あの野心家のフェルディナントが皇帝に選出されたのです。そしてその後のハプスブルク家の君主は、このカール大公・フェルディナント二世皇帝家から代々（十八世紀に至るまで）受け継がれるようになりました。

そしてフェルディナント二世帝の後を継いだのはその子フェルディナント三世帝（在位一六三七～五七）です。その崩御後、後継者となるべき長男フェルディナントがドイツ王に選ばれながらもその翌年崩御し（一六五四）、そのため、聖職者としてなるべく教育されました次男のレオポルトが、急遽次の皇帝に選出されました。

レオポルト一世帝は教養深く、英明な君主といわれますが、このレオポルト一世帝の治世に、首都ウィーンにふたたびオスマン・トルコ軍が進攻してきたのです。

こうした情勢にあって皇帝レオポルト一世は、ローマの教皇イノケンティウス十一世をはじめとするヨーロッパの各キリスト教国、諸邦に資金的援助、軍事的支援を要請します。これに教皇は資金的援助を、バイエルン、ザクセン両選帝侯国をはじめ諸邦は援軍を約束します。そして皇帝レオポルト一世はポーランド王ヤン・ソビエスキ（在位一六七四～九六）と軍事同盟を結びます（一六八三）。モラヴィア、シュレジェンを越えてポーランドへの侵攻を狙うオスマン・トルコの動静はポーランドにとっても他人事ではないからです。

一五四年前の一五二九年、シュレイマン大帝が成し遂げられなかったウィーン陥落をめざす大宰相カラ・ムスタファ率いるおよそ二〇～二五万の兵からなるオスマン・トルコの大軍は、一六八三年夏コンスタンティノープルを出陣し、ウィーンに向けて進軍します。

ウィーンを防衛する側の最高指揮者ロートリンゲン公カール五世は、皇帝軍の大部分を都市防衛の任務につけ、一部をオスマン・トルコ軍の前進を阻止すべく、ウィーン西方と北方の主要街道に布陣させます。そして各国、諸邦から派遣された約六万五、〇〇〇人からなる救援軍を上部オーストリアに集結させます。

オスマン・トルコ軍来襲の恐怖におののきウィーン中はパニック状態に陥ります。裕福な市民たちはウィーンから逃げ出し、皇帝レオポルト一世と宮廷はパッサウに避難します。

七月半ばオスマン・トルコの大軍はウィーンに姿を現わし、都市壁の周りをぐるりと包囲し、攻撃を開始します。

シュタレンベルク伯とウィーン市長リーベンベルクの指揮のもと、市民たちからなる軍団二、〇〇〇人、パン屋、肉屋、学生たちなどからなる各職業グループ三、〇〇〇人、それに兵士一万一、〇〇〇人、計一万六、〇〇〇人の兵士、市民たちがウィーン市の防衛にあたります。

オスマン・トルコ軍はおよそ一〇度にわたる総攻撃をかけるも、ウィーン防衛軍の砲撃によって撃退されます。オスマン・トルコ軍は主目標をブルクバスタイとレーヴェルバスタイの二つの稜堡（今日のウィーン市庁舎、美術史美術館あたり）の中間部に定め、市壁に向けて無数の地下トンネルを掘り進め、市壁を破壊すべく爆破装置を仕掛けるのです。

しかし、前回のオスマン・トルコ軍によるウィーン包囲の際、都市壁の脆弱を痛感したウィーン市は稜堡を設置するなど近代的市壁として大改造し、その後も補強につとめた市壁は、堅固でよく持ちこたえます。

すでに秋、冷たい秋雨が降り続くことを危惧した大宰相カラ・ムスアファは、九月九日最後の総攻撃を命じますが、撃退されてしまいます。

ウィーンの市壁内では、男子は市壁を防衛し、婦女子は負傷者の手当てやオスマン・トルコ軍の砲弾で破壊された建物の後始末等々、市民総出の戦いはすでに二か月近く続き、敵に囲まれて市壁内に籠城する市民生活は惨状を呈しつつあります。

市内には赤痢が蔓延し、死者も出はじめたうえ、備蓄食料も底をつきはじめます。店の食料品の値段は高騰し、多くの市民は購入することができず、猫の肉まで食らう市民も出てくるありさまである、と言われます。

皇帝の救援軍は七月に上部オーストリアに集結します。ポーランド、バイエルン、ザクセン、シュヴァーベン、フランケン等々からの援軍で、合わせて六万五、〇〇〇人からなる軍勢です。そしてウィーンの西、カーレンベルクの丘に陣をしきます。ポーランド王ソビエスキが最高指揮をとり、ロートリンゲン公カール五世が作戦を立案します。

九月九日のトルコ軍による最後の総攻撃が失敗した三日後の九月十二日、ウィーン解放をめざす救援軍がカーレンベルクの丘を疾風のごとく駆けくだってオスマン・トルコ軍に襲いかかり、激しい戦闘となります。ポーランド騎兵隊の攻撃に、皇帝軍とザクセン軍が左翼から突撃したのが大きく功を奏したといわれますが、死闘の末、オスマン・トルコ軍は大敗、大宰相カラ・ムスタファをはじめオスマン・トルコ敗残兵は逃走します——大宰相カラ・ムスタファは、オスマン・トルコ軍敗北の責任を問われて十二月、逃亡先のオスマン・トルコ軍の軍事拠点であるベオグラードにて処刑されます。

敗走するオスマン・トルコ軍を追討――そしてカルロヴィッツの講和

ウィーンをめぐる攻防戦に敗れたオスマン・トルコ軍は、祖国東方に向けて敗走します。それを追うウィーン都市防衛軍はまずその年の十月末グラン（今日のエステルゴム）の城塞を奪回し（一六八三）、そしてブダ（今日のブダペスト。オスマン帝国がハンガリーを治めるにあたっての中心地）を一六〇年ぶりに奪還し（一六八六）、さらに南に下ってオスマン・トルコ軍の一大軍事拠点であるベオグラードを攻略します（一六八六）。そしてプリンツ・オイゲンの指揮のもとオスマン・トルコ軍にセンタ近郊において大勝利し（一六九七）、オスマン帝国との戦争は事実上終結します。その翌々年ベオグラードの北カルロヴィッツにおいて、オーストリアなどの国々の有利な条件での講和条約が締結され、トランシルヴァニアの大部分とハンガリー全土がオーストリア、ハプスブルク家の所領に帰属することとなりました。

離宮ノイゲボイデ建設の背景

ところで陛下のお父上マクシミリアン二世帝は勉学のためスペインの宮廷で過ごされた折、スペインにおいて、とりわけアラブ人が造ったグラナダのアルハンブラ宮殿とその庭園と造園術、そして、それまで見たこともない南国や新大陸からの珍しい植物や花々を目にして大きな感銘を受けられました。ウィーンに帰国してから、ウィーン郊外のプラーターに小さな別荘を建設され、その庭園で園芸と植物研究にいそしまれるようになりました。

しかし、そこでは庭園のための敷地の広さに限界があることから、ドナウ川沿いのエバースドルフ狩猟の城館の近くの小高い土地――三〇年ほど前、ウィーンを包囲したオスマン・トルコの大軍を率いるシュレイマン大帝が野営天幕を張り本陣をしいた地――その地に離宮ノイゲボイデの建設を思いたった、と陛下はお話しくださいました。マクシミリアン二世帝の庭園・園芸熱が離宮ノイゲボイデ建設の端緒となったといえそうですね。

そしてマクシミリアン二世帝自から構想・設計されました庭園の工事からまず始められ、それが完成してから、宮殿本体の工事が進められた――と。そして国の財政逼迫のなか工事を引き継がれました陛下のご努力にもかかわらず、宮殿本体は躯体工事と外装工事は完成しましたが、内装工事については完成をみなかったのですね。

離宮ノイゲボイデの未完の要因は財政難にあったといわれましたが、フェルディナント一世帝とマクシミリアン二世帝の治世においては、とりわけオスマン・トルコ軍によるウィーン包囲後、早速取り掛かりましたウィーン市壁の近代化に向けた大改造工事や度重なるオスマン・トルコ軍との戦いの戦費に膨大な費用がかさみ、国は慢性的な財政難に陥っておりました。

そのためでしょうかこのルネサンス期には、オーストリアはもとよりウィーンにおきましても、それ以前のゴティックの時代、そして後のバロックの時代と比較しますと建設活動の停滞は否めません。お父上のマクシミリアン二世帝がスペインでご結婚されましたマリア王妃（陛下の母君）を伴われてウィーンにお戻りになられた折、お二人の住まいとして建設されました中庭を囲む吹き放しの三層にわたって重層する列柱廊が美しい邸館（一五五八）――後にスペイン乗馬学校の厩舎として改築されました――、そして陛下のお住まいとして建設されましたアマリエンブルク（一五七五〜）など王宮の美しいルネサンス様式の建物が目立つぐらいでして、大規模な建物の建設は他に見当たりません。そうしたルネサンス様式の新建築への出費を可能とさせる財政が充分でなかったためでしょうか。

ウィーンでは、ゴティク様式の時代が十六世紀初めまで長く続きまして、イタリアのルネサンス建築様式が一〇〇年ちかく遅れて伝わり、ルネサンス期が一〇〇年程度と比較的短期間であったことから、ルネサンス建築様式をゴティクからバロックへ移行する単なる「過度的様式」とする後世の建築史家もおります。

ルドルフ二世　しかしながら、父マクシミリアン帝は市内に上水道の敷設を命じ（一五六六）、広場の泉から上質な飲料水が供給されるようになり、また、街路を石畳としたり、度重なる大火に備えて防火設備を充実させたり、また最初の家屋調査の実施を命じたり（一五六六）、都市の整備と都市施設を充実させた。

建築家　陛下がことさらマクシミリアン二世帝が「命じた」という言葉をお使いになられましたのは、市民はこの時代に至るまで国王と時には諍いをしつつも政治的、経済的に自立し、「中世の自由な市民生活」が営まれてきましたが、その基本となります国王から獲得しました自治権が破棄されました。かわって「都市秩序法」が制定されまして（一五二六）、以後、十九世紀に至るまで市民は国王に従属する立場となりましたからですね。

ところでそうした慢性的ともいえます国の財政難にありまして、何故にマクシミリアン二世帝は広大な庭園と一体となった離宮ノイゲボイデという大規模な建築の建設にとりかかれたのでしょうか。陛下が以前にお話しくださいましたように、シュレイマン大帝が豪奢な野営天幕群を張りオスマン・トルコ軍の本陣としたその地をある種の戦勝記念として意識的に離宮建設の地として選び取り、壮麗な離宮の建設によって、ハプスブルク帝国の偉容をオスマン帝国はもとより内外に誇示する政治的意図はおありになられたとしても、ほかに離宮建設の背景があるかと思いますが――。

ルドルフ二世　まずいえることは、父マクシミリアン帝に近い人たちに、建築好きが多く、そうした人たちが印象に残る美しい建築を建造したからではあるまいか。

父親のフェルディナント一世皇帝は皇后アンナ妃（一五〇三～四七）のために、このプラハ王宮の向こうの谷濠を越えた高台に、王宮庭園と一体となったベルヴェデーレ宮を建てている（一五三八～）。

建築家　庭園と一体となったボヘミア随一の美しいルネサンス様式の建築といわれます別荘ですね。高台の端に立ち、眼下にヴルタヴァ川とプラハの街が見渡せる眺望の素晴らしい（ベル・ヴェデーレ）比較的小さな宮殿です。プラハの王宮滞在の折にお父上のマクシミリアン二世帝は、時折、ご両親とご一緒にこの別荘にてお過ごしになられ、この美しい建築に感銘を受けられたことと思います。

ルドルフ二世　また父マクシミリアン帝の弟フェルディナント大公（一五二九～九五）は、祖父フェルディナント一世帝の代理、すなわちボヘミア王国総督としてボヘミアを治めた。そのときプラハの西、約七キロメートルの地に――ビーラ・ホラの近くだが――別荘「金星館（ルストシュロス　ツム　ゴルデネンシュテルン）（今日のブヴェズダ城）」を建てている（一五五六）。この私の叔父は絵画、彫刻、建築を含めあらゆる芸術に興味を抱いた人で、その別荘の建設にあたって自ら設計した。

広大な庭園と一体となって小規模な別荘だが、六角形の星形のプランでなかなか興味深い建築だ。建設工事はフェルディナント一世帝の宮廷建築家ボニファッツ・ヴォルムート（～一五七九）が監督・指揮した。

また大公はインスブルック郊外のアンブラス城の改築に手を染め――大公は父親のフェルディナント一世帝に内密に、アウグスブルクのフッガー家と並ぶ豪商ヴェルザー家の美しい娘フィリピーネ・ヴェルザーと結婚し（一五五七）、アンブラス城を贈与し、これに手を加えて花嫁が居住するに相応しい邸館とした――、自身が収集した膨大な量の芸術品や珍奇な奇怪なものの陳列・収蔵庫（クンストカンマー、ヴンダーカンマー）をつくっている。またその広大な庭園には花々が咲きほこる庭園、果樹園、ラビリント（迷宮）やグロッタ（人工洞窟）、養魚池、鳥小屋などがあった。

スペイン、グラナダのアルハンブラ宮殿に隣接して建つカルロス宮

そして私の父マクシミリアン帝にとっては伯父である皇帝カール五世はスペイン、グラナダのアルハンブラ宮殿に隅角部を接してカルロス宮を建設している（一五二七〜）。ブリュッセル、バリャドリード、フランクフルト、アウグスブルク、ミラノ、ナポリなど各地にあった皇帝カール五世の宮殿のひとつであった。

建築家　皇帝カール五世は一五二六年の春、セビリャにてポルトガルの王女イサベラと結婚式を挙げておられますね。ヴェネツィアの画家ティツィアーノによる皇后イサベラの肖像画が知られておりますが、優しく気品を漂わせた女性ですね。そしてお二人はアルハンブラ宮殿にて新婚生活を送られました。お二人はアルハンブラ宮殿が大変気に入られたのでしょう、またたび訪れて暮らすべく、カール五世帝は、早速、隣接してご自分の宮殿を増築させました。

その宮殿もたいへん興味をそそる建築ですね。平面が正方形の建築ですが、中庭は円形となっています。三二本のトスカーナ式列柱に囲まれたその円形の中庭は美しいですね。建築家マチュカの設計によるもので、残念ながら未完に終わりました。

ルドルフ二世　父マクシミリアン帝は私と同じようにスペイン宮廷にて数年過ごしたが、グラナダのアルハンブラ宮殿（一三七七〜）などを訪れた折、庭園のそれまで目にしたことがない珍しい植物や花々に目をみはり、そして水と一体となった細部に至るまで実に精巧につくられたイスラムの建築に魅了さ

れた姿を想像すると、私は微笑みを禁じ得ない。

そして、それに隅角部を接して立つ伯父皇帝カール五世が建設したカルロス宮を前にして、――イスラムの建築とは明らかに異質の――皇帝カール五世が死ぬまで胸に抱いていたエラスムス的人文主義のルネサンス精神が反映する、あらゆる部分が完璧な比例と調和のうちに秩序づけられたルネサンス建築がこれかと、感慨にうたれたことであろう――残念ながら完成しなかったが。

そして建物中に足を踏み入れると、列柱に囲まれた美しい円形の中庭がひらける――正方形の外観からは思いもよらない円形の中庭だ。私と同じように――私もスペイン宮廷に滞在中に何度かアルハンブラ宮殿とカルロス宮を訪れた――父マクシミリアン帝もまたこの建築に心を打たれたことであろう。


そしてまた父マクシミリアン帝の従兄弟であり、皇后マリアの兄でもあるスペイン王フェリペ二世が、マドリッド郊外の丘陵地にエル・エスコリアル宮殿の建造を始めている（一五六三～八四）。スペイン王宮、歴代国王の墓所、それに教会、修道院を複合する壮大な建築を計画し、建設を始めた、との駐スペイン、オーストリア大使からの報に接した父マクシミリアン帝は内心、心穏やかではなかったであろう。ちょうど私が弟エルンストと一緒に遊学のために、スペイン王フェリペ二世の宮廷に赴き（一五六四）、過ごし始めた頃のことだ――私は十二歳、弟エルンストは十一歳の少年のことだから、建設の経緯、目的、規模など細かいことについては教えてもらうはずもなかったが――。

父とスペイン王フェリペ二世は従兄弟であり、同い年（一五二七年生まれ）でもあるが、子供の頃からこの二人は性格（父は寛容、思索的、フェリペ二世は厳格、実直）や、宗教観（父はカトリック、プロテスタントの宗派を超越した人文主義者、フェリペ二世は頑迷なカトリック信奉者）を含めいろいろな点で対照的であった。互いに反目をしていたとはいえないが、馬は合わなかった――。それを察してのことであろう、父がスペイン宮廷で過ごしたときには、皇帝カール五世は息子のフェリペをブリュッセルの宮廷に赴せている。そして二人は後々までそれぞれ相手の政治、行動につねに関心を抱いていた。だからエル・エスコリアル宮殿の建設は、父マクシミリアン帝の頭から離れがたい関心事のひとつであったのではあるまいか。

それにまた建築好きといえば、父マクシミリアン帝の皇后マリア（つまり私の母のことだが）の姉パルマ公妃マルゲリータ（一五二二〜八六）がいる。

この私の伯母は皇帝カール五世とフランドルの女性（ヘントのマルガレーテ）との間に生まれた娘で、庶子だ。それぞれネーデルラント総督を務めた大伯母オーストリアのマルガレーテ、伯母ハンガリーのマリアによってネーデルラントで育てられた。はじめ、カール五世が一〇か月にわたる攻防戦の末勝利した後（一五三〇）、フィレンツェのあとを託したアレッサンドロ・デ・メディチ公に嫁いだが（一五三三）、公が暗殺され（一五三七）、十五歳にして寡婦となった。その後パルマのオッタヴィオ・ファルネーゼ公爵と再婚した（一五四二）。

建築家　では陛下の伯母はローマにありますパラッツォ・ファルネーゼの主、ファルネーゼ家に嫁いだのですね。

枢機卿アレッサンドロ・ファルネーゼは、アントニオ・ダ・サンガロ・イル・ジョヴァネの設計によってパラッツォ——パラッツォとはローマのパラティヌス丘にローマ皇帝ドミティアヌスによって建造されました皇帝宮殿パラティウムを語源としております——の建設を始めました（一五一七）。サンガロの死後、ミケランジェロが設計の変更を加え工事を続行（一五四六）、またミケランジェロの死後はヴィニョーラが、そしてその死後（一五七三）、ジャコモ・デラ・ポルタが工事を引き継ぎ完成させたルネサンス期を代表する豪壮な建築ですね。完成したのは孫の同名のアレッサンドロの時代です。

この枢機卿アレッサンドロ・ファルネーゼは後に教皇に選出され（パウルス三世、在位一五三四～四九）、教皇の地位と権力を利用して、息子のピエル・ルイジ（一五〇三～四七）をパルマ・ピアチェンツァの公爵に叙任します。以来ファルネーゼ家によるパルマ・ピアチェンツァの支配は十八世紀中頃まで続きます。

このピエル・ルイジに二人の息子がおりまして、長男アレッサンドロ（一五二〇～八九）はまだ幼少のとき、祖父の教皇パウルス三世によって枢機卿に任ぜられます。この枢機卿アレッサンドロは工事が続けられていましたローマのパラッツォ・ファルネーゼを完成させ、またローマの北およそ六〇キロメートルにあります山岳集落カプラローラに、もうひとつのパラッツォ・ファルネーゼを建設しております（一五五七～七五）。

そして、次男オッタヴィオ（一五二一～八六）はパルマ・ピアチェンツァ公国を治めるのですが、このオッタヴィオ・ファルネーゼ公爵に嫁がれましたのが、陛下のお母上の姉、マルゲリータ公妃なのですね。

マルゲリータ公妃とピアチェンツァのパラッツオ・ファルネーゼ

ルドルフ二世　パルマ・ピアチェンツァ公国のオッタヴィオ・ファルネーゼ公はピアチェンツァにパラッツォの建設を思い立つ。兄のアレッサンドロはローマにファルネーゼ家の（祖父が建設を始めた）パラッツォを完成させ、またローマ郊外のカプラローラにパラッツォの建設を始めた。

それに刺激されたのか、否、私が思うにネーデルラントの優雅な宮廷に育った妻マルゲリータの、たっての希望であろう、オッタヴィオ・ファルネーゼは国の財政難に苦慮しつつも、公国の首都ピアチェンツァにパラッツォの建設を決意する。設計は軍事専門家として以前からオッタヴィオ公の知り合いのフランチェスコ・パチョッティに依頼した。

だがこのあたりから建設の主導権は、建築好きの公妃マルゲリータが握る。パチョッティの設計案に異を唱え、カプラローラのパラッツォ・ファルネーゼを設計している建築家ジャコモ・バロッツィ・ダ・ヴィニョーラ（一五〇七〜七三）に設計を再依頼する。一五五八年のことだ。

ヴィニョーラはボローニアで聖ペトローニョ教会建設（未完であったファサードの提案）に携わる機会をあたえられるなど、義兄の枢機卿アレッサンドロ・ファルネーゼと深くかかわってきた建築家だが、教皇ユリウス三世のローマの別荘（ヴィラ・ジュリア、一五五〇〜）の建設にかかわった建築家として、その評判をマルゲリータ公妃は聞いていたのではあるまいか。

またカプラローラのパラッツォ・ファルネーゼのピアノ・ノビレ（主要階）にあるサラ・デイ・ファスティ（ファルネーゼ家の栄光を讃える豪華な大広間）の壁画に、教皇パウルス三世の立会いのもとオッタヴィオとマゲリータの婚礼の場面がタデオ・ツッカリによって描かれていることから、マリゲリータ自身、建設中のカプラローラのパラッツォを訪れ、ヴィニョーラの建築家としての才能を認識したのであろう。

ピアチェンツァのパラッツォは二つの中庭を有する大規模なものだが、その一つの中庭は矩形の舞台となっており、それを囲むように半楕円形の観客席とギャラリーの観客席があるものだ。中庭が劇場とはいいものだ。中庭に開放された廊下に観劇する客があふれる活気ある空間となる。演劇好きでもあるマルゲリータ公妃のアイディアかもしれない。

というのは、建築家ヴィニョーラの設計案を、その息子で父の助手として働いていたジャチント・バロッツィ・ダ・ヴィニョーラが図面に描き、直接、マルゲリータ公妃に送付しているからだ。これから察すると、ジャチントが公妃マルゲリータと計画の打ち合わせをし、それを父親のヴィニョーラに伝え、ヴィニョーラが設計案を練り、息子のジャチントが設計図面を描いていたのではあるまいか。

建築工事は一五六一年に開始され、東側部分がほぼ完成した時点（一五六八）で工事費の捻出に支障をきたし、工事は中断したと聞いている。

建築家　このピアチェンツァのパラッツォ・ファルネーゼの建設計画と工事についてマルゲリータ公妃は、甥であります陛下のお父上マクシミリアン二世帝に書簡で報告していたのでしょうね。パラッツォの完成を心待ちにしていたのでしょう。しかし、資金難のため工事は中断してしまいます。

この工事の一時中断の決定を夫とともにしたのは、ブリュッセルから帰国しました翌年のことです。異母弟であるスペイン王フェリペ二世によって、ネーデルラントの総督に任じられていました（一五五九）。ですが、プロテスタントを弾圧し異端審問を合法化しようとするフェリペ二世の意向と、宗教の自由を要求するネーデルラントのプロテスタント貴族、人民との間の板挟みになって総督職を辞し、ピアチェンツァに帰ります（一五六七）。そしてパルマ公爵妃マルゲリータは、パラッツォ完成の夢が実現せぬまま、失意のうちに逝去されてしまいます（一五八六）。

夫のオッタヴィオ・ファルネーゼ公は亡き妻の夢を実現しようと、建設資金をなんとか工面して工事を再開させようとしましたが、それもかなわなかったと聞いております。

やがてパルマに首都が移され、ピアチェンツァのパラッツォは未完のまま残されたのですね。

ルドルフ二世　残念だが、そうだ。

ところで、その建築家ヴィニョーラの息子ジャチントのことだが、ジャチントが六万人の敵兵が攻めよせても、たった三〇〇人の守備兵でもって防衛し得る要塞を発明したので、六、〇〇〇スクーディ支払えばその詳細を教える、といった内容の書簡をウィーンの宮廷に送付したことを私は知っている。父マクシミリアン帝が、崩御する前のことだと思う。

建築家　ジャチントは同じ内容の書簡をおそらくあちこちの王侯、領主に送付したのでしょうね。

ルドルフ二世　そしてまたたぶんヤコポ・ストラーダの意向であろうが、父親のヴィニョーラの建築作品の図面も――どの作品のものか覚えていないが――息子ジャチントが送ってきた。私の父マクシミリアン帝が崩御した後、書類の整理をしていたとき、その図面と請求書が出てきたので、私が支払いをするよう側近に命じた（一五七六）ことを今、思い出した。

マルゲリータ公妃所有のラファエロ設計による「ヴィラ・マダマ」

建築家　ところで陛下がお話しされました建築好きのマルゲリータ公妃には、もう一つの有名な建築、ローマの別荘建築であります「ヴィラ・マダマ」との関係が知られております。

それは枢機卿ジュリオ・デ・メディチ（のちの教皇クレメンス七世）がローマの北西の丘モンテ・マリオに夏の別荘建設を思い立ち、画家のラファエロ・サンチオに設計を依頼し、一五一七年に着工したものの、未完に終わったものです。

ラファエロの壮大な構想はほんの一部分しか実現しませんでした。またカール五世皇帝軍によるローマの略奪（一五二七）によって被害にあうものの、後に修復作業が施され、今日、イタリアの迎賓館のような機能をもつ建物となっているといわれております。

そのヴィラ・マダマとよばれる別荘建築ですが、マダマ（令夫人）とは　マルゲリータ公妃のことなのです。すなわち、マルゲリータ公妃が後にこのヴィラを所有していたのです。マダマがつけられました建築は、北イタリアの都市トリノのカステッロ広場の中央に立つマダマ宮殿が知られております。古代ローマ時代の門跡を利用し、中世に城に改築され、その後、サヴォイ家によって角塔が増築されました。そして十七世紀にヴィットリオ・アマデオ一世王の未亡人マリー・クリスティーヌがそれを住まいとしました。それで、その宮殿はマダマ宮殿と人々からよばれることとなったようです。

以前に陛下がお話しくださいましたように、陛下のお母上の姉君でありますマルゲリータ公妃は、フィレンツェ公国初代公爵アレッサンドロ・デ・メディチと結婚されました（一五三三）。カール五世の皇帝軍がフィレンツェを包囲し——この状況を描いた画家ヴァザーリによる画が知られております——、共和制のフィレンツェは敗北し、フィレンツェ公国となったのですね。皇帝カール五世は自分の娘マルゲリータとアレッサンドロ・デ・メディチ娶せ、後を託したのです。

ところがこのアレッサンドロ・デ・メディチ公が四年後の一五三七年に、従兄弟のロレンツィーノによって暗殺されてしまいます。マルゲリータ公妃は十五歳にして寡婦となってしまいました。その後マルゲリータ公妃はパルマ・ピアチェンツァ公国のオッタヴィオ・ファルネーゼ公爵と再婚します。

ところで枢機卿ジュリオ・デ・メディチ（後の教皇クレメンス七世）のローマにおける夏の別荘が、いかにしてマルガリータ公妃の所有となったのかは、判然としません。ただマルガリータ公妃が初めに結婚した相手は、夏の別荘を建設したジュリオ・デ・メディチの息子アレッサンドロですので、アレッサンドロがローマの夏の別荘を相続し、アレッサンドロがこれを新妻マルゲリータ公妃に贈与したと思われます（おそらくローマ市中パンテオン近くに建っておりますす今日、イタリア上院議場となっておりますマダマ宮殿パラッツォ・マダマも同様と思われております）。お二人の結婚生活は一五三三〜一五三七年の四年間でして、ローマの夏の別荘の所有がマルゲリータ公妃に移ったのは一五三六年とする記録があるからです。

このようにして画家ラファエロの設計によって枢機卿ジュリオ・デ・メディチが建てたローマの夏の

別荘は、マルゲリータ公妃の別荘「ヴィラ・マダマ」と人々によばれるようになったのですね。

あるいはアレッサンドロ・デ・メディチがマルゲリータ公妃に贈与したのではなく、夫の死によってヴィラの用益権をマルゲリータ公妃が得たのかもしれません。

そしてこのヴィラ・マダマが、マルゲリータ公妃が一族のローマにおける夏の別荘として使用するほかに、神聖ローマ皇帝のローマにおける戴冠式において、皇帝が宿泊し、戴冠式式典への準備をする場として使用することも考えていたようです。父親のカール五世帝の戴冠式はすでに一五三〇年、ローマにおいてではなく――ローマは一五二七年に略奪に遭い、荒廃しているため――、ボローニアで挙行されましたから、皇帝カール五世の後の皇帝の戴冠式を視野に入れておられていたことと思われます。


ところでパルマ・ピアチェンツァ公国のオッタヴィオ・ファルネーゼ公爵とマルゲリータ公妃との間に生まれたアレッサンドロ・ファルネーゼ公（一五四五～九二）は、スペイン宮廷にて養育されたのですね――以前に陛下がお話しくださいましたように、陛下が弟君エルンスト大公とスペイン王フェリペ二世の宮廷にて遊学のため過ごされた当時、ドン・カルロス王子とオーストリア公ドン・ファンとご一緒に。


オスマン帝国海軍艦隊を神聖同盟軍艦隊（教皇ピウス五世、ヴェネツィア共和国、ルッカ共和国、サヴォイ侯国、トスカーナ侯国、マルタ騎士団それにスペイン王国などの同盟軍）が破ったギリシア、レパント沖での海戦では、最高指揮官である皇帝カール五世の庶子オーストリア公ドン・ファン（一五四五～七八）につき従って、ファルネーゼ公は将軍のひとりとして参戦しました。

その後、叔父のドン・ファンは、プロテスタント弾圧政策に反対して蜂起したネーデルラント人民をなだめて政治的解決を図るべく、ネーデルラント総督として派遣されました。アレッサンドロは叔父を支援するために、ネーデルラントに赴任しました（一五七七）。ところがこの叔父ドン・ファンは熱病によって逝去してしまいます（一五七八）――この突然の死にはさまざまな疑惑が取りざたされていますが、真相は闇のなかのようです。ファルネーゼ公は後を継いで総督職に就き――ネーデルラント総督であった母マルゲリータ公爵夫人と同じですね――ホラントとゼーラント（ともに今日のオランダ）以外のハプスブルク家領の失地を取り戻すなど、外交的手腕を発揮し功績をあげましたが、ネーデルラントの戦いの陣中にて病気のため逝去されました（一五九二）。

宮廷画家スプランゲル、カプラローラのパラッツォ・ファルネーゼの天井・壁フレスコ画製作に従事

ところで、お父上のマクシミリアン二世帝の宮廷にて、またプラハにおけます陛下の宮廷において、宮廷画家として活躍しておりますネーデルラント出身のバルトロメウス・スプランゲル（一五四六〜一六一一）、陛下の最も信頼されます画家のひとりで、陛下の芸術品収集におきましても力を注ぎましたスプランゲルは、オッタヴィオ・ファルネーゼ公の兄であります枢機卿アレッサンドロ・ファルネーゼが、ローマの北方カプラローラの地に建設を進めていましたパラッツォ・ファルネーゼ（一五五七〜七五）の天井と壁のフレスコ画の製作に従事していたのですね。

ルドルフ二世　そうだ。

父マクシミリアン帝は離宮ノイゲボイデのフレスコ画や彫刻制作のための芸術家の紹介を、一五六〇年代から知己であったフィレンツェの彫刻家フランドル、アントウェルペン生まれのジョヴァンニ・ボローニア（ジャンボローニア）（一五二九〜一六〇八）に依頼した――メディチ家に仕えて、今日最も名声を博している彫刻家だ。私は幾度となくプラハの私の宮廷に来るよう誘ったが応じようとしない。それ

でジャンボローニアはフィレンツェにとどまり、その工房で私の求めに応えていくつかの作品を制作した。また画家スプランゲルと自分の弟子であるネーデルラント出身の彫刻家ハンス・モント（一五四五～八五？）を紹介した。

スプランゲルはネーデルラントの故郷の街で、ある風景画家のもとで修業し、その後パリ、リヨン、ミラノなどで主に教会のドームの天井画の制作に従事した。その後ローマに赴き（一五六七～七五）、枢機卿アレッサンドロ・ファルネーゼのため建設中のカプラローラのパラッツォ・ファルネーゼのフレスコ画制作に、画家ツッカリ兄弟のもとで従事した、と私に話をしたことがある。

建築家　二人ともボローニア近郊の村で生まれた画家ツッカリ兄弟のうち、弟のフェデリコ・ツッカリ（一五四〇～一六〇九）は、兄のタデオ・ツッカリ（一五二九～六六？）の助手として仕事をしながら学んでいたのですね。

フェデリコ・ツッカリはフィレンツェの画家ジョルジョ・ヴァザーリのもとで働き、その後イングランドに渡り、エリザベス一世とレスター伯の肖像画などを描いたことで知られています。そしてスペイン王フェリペ二世に招かれ（一五八五）、宮廷画家としてエル・エスコリアル宮殿内の教会の大祭壇画を描きました。

ところが、前任者の画家エル・グレコ――エル・グレコはかつてローマのパラッツォ・ファルネーゼにて絵画を描く仕事をしていたのですね。そして、スペイン王フェリペ二世によって招かれ（一五七五）、エル・エスコリアル宮殿の大祭壇画『聖マウリキウス』を描くよう依頼されました。しかし、その個性的で神秘主義的な絵はフェリペ二世王の気に入ることにならず、拒否されてしまいました――このエル・グレコと同様、完成した絵はフェリペ二世王のお眼鏡にかなうことはなく、ツッカリは宮廷画家としてての地位を失い、間もなくイタリアへ帰国する羽目になったことが知られております。

ルドルフ二世　そのことは私もよく知っている。エル・エスコリアル宮殿を見てもわかるように、伯父フェリペ二世王は画家の主観的、個性的な絵画よりも、ローマの伝統といってよい荘重な気品ある絵画を好む王だ。そして他方、細部の描写に特徴があるフランドルの絵画も好んだ。私も収集に力を注いでいるヒエロニムス・ボシュの絵画を王が多く所有し、その豊富な絵画や彫刻のコレクション――それは王の父のカール五世や大叔母マルガレーテなどネーデルラントの総督たちが収集したものも多いが――を見てもわかるように、フェリペ二世王の芸術に対する眼識が高いことを否定するものではないが――。

建築家　その画家ツッカリ兄弟のもとで、建設工事中のカプラローラのパラッツォ・ファルネーゼの――主としてスカラ・レジア（壮麗な螺旋階段）――フレスコ画制作に従事した陛下の宮廷画家スプランゲルですが、その後、教皇ピウス五世の画家として活躍していたところを、フィレンツェの彫刻家ジャンボローニアをとおしてお父上のマクシミリアン二世帝に紹介され、その弟子ハンス・モントとともにウィーンに来たのですね（一五七五）。

そして帝国議会のためレーゲンスブルクに滞在していたマクシミリアン二世帝に二人は謁見し、皇帝は二人に離宮ノイゲボイデの西翼ホールの天井フレスコ画を描くよう下命されました。

その直後、マクシミリアン二世皇帝はその帝国議会開催中に病を得て、崩御されました（一五七六年十月十二日）。後を継がれて皇帝に就かれました陛下のウィーンへのブルゴーニュ風の壮大華麗な入市式典（一五七七年六月二〇日）のため、スプランゲルとモントは純白に輝く巨大な翼を広げたペガサスを戴く壮麗な祝祭記念門を二人で設計し、自ら制作して人々に喝采されました。

入市式典が終了しましたら取り壊してしまう仮設の門ですから、木骨で組み立て、薄い板を貼り、凱旋門のかたちにし、その上にペンキなどで仕上げ、装飾をするのですね。十七～十八世紀のバロック教会などで、時折（本物の大理石を用いたものではなく）、本物の大理石の円柱や壁のつけ柱、ピラスターのように見えるものがありますが、それは画家が本物の大理石に見えるように描いたもので、その技術には感心します。ヨーロッパの伝統のひとつといえましょう。

ルドルフ二世　あの記念門を見て、私はスプランゲルとハンス・モントの才能を認識した。もっとも、一五八一年、私がプラハにて宮廷彫刻家と任じたモントは、その後、球技試合を見学していた折、飛んできた球が目に当たり、片目を失った。その後ふさぎがちで、私をはじめに皆がとめるにもかかわらず、イタリアへ帰っていった。不運な男であった。

ヴィニョーラ設計によるカプラローラのパラッツオ・ファルネーゼ

建築家　ところで、陛下の宮廷画家スプランゲルが、画家ツッカリ兄弟のもとで天井や壁のフレスコ画に従事していましたカプラローラのパラッツォ・ファルネーゼはなかなか興味深い建築ですね。設計した建築家ジャコモ・バロッツィ・ダ・ヴィニョーラ（一五〇七〜七三）はたいへん才能ある建築家で、私自身ヴィニョーラの建築に興味を抱き、カプラローラのパラッツォ・ファルネーゼをはじめヴィラ・ランテ、それにローマのフラミニア街道沿いに建つサン・タンドレア教会（一五五〇）、ヴァティカン内のサン・タンナ・デイ・パラフレニエリ教会（一五六五〜）、教皇ユリウス三世の別荘でありますヴィラ・ジュリア（一五五一〜）、イル・ジェス教会（一五六八〜）、ボローニアのパラッツォ・デイ・バンキ（一五六八）等々、多くの建築を見ましたが、そのどれもが品格を有しつつも壮大で、そして力強く豊かな内部空間を示し、ルネサンスの大建築家のひとりだと思います。そしてまた、後世に大きな影響を与えました『建築の五つのオーダー』（一五六二）という著書を（アレッサンドロ・ファルネーゼの支援のもと）出版しています。たいへんな勉強家でもありました。

枢機卿から教皇に選出されたパウルス三世（アレッサンドロ・ファルネーゼ）がヴィニョーラを、ボローニアのサン・ペトローニョ教会の建築家に任命（一五四一）して以来、ヴィニョーラはファルネーゼ家と関係が深い建築家であったのですね。

ローマから北へ約六〇キロメートル、丘陵地の尾根つたいに形成されましたカプラローラという集落の上端部の高台に建設されましたファルネーゼ家のパラッツォ――パラッツォというよりヴィラ、別荘といったほうが適切かと思われます――は、枢機卿アレッサンドロ・ファルネーゼの依頼によりまして、ヴィニョーラが一五五六年から翌年にかけて設計しました。そして建設工事が始められてから、ヴィニョーラは死去（一五七三）するまで、このパラッツォの工事にかかわり、死去した時点におきましては、正面ファサードは完成していましたが、中庭は未完でして、最上階の屋根部分は、なお工事中でありました。死去後も工事は続けられ、完成は一五七五年頃だとされております。

この建築を特徴づけます点に、パラッツォの平面形が正五角形でして、中庭が円形であることがまずあげられましょう。平面形が正五角形であることは、以前に存在しました要塞建築が――枢機卿アレッサンドロ・ファルネーゼがこの地域の防衛拠点の一つとして、一五二〇年頃、要塞建築の専門家でもあったアントニオ・ダ・サンガロ・イル・ジョヴァネの設計によって建設した要塞ですね――五角形の平面であって、それを踏襲したことのようですが、詳しいことはよくわかっておりません。

いずれにせよ、平面形が五角形と円形の組合せは、正方形と円形の組合せでありますスペイン、グラナダ、アルハンブラ宮殿のカルロス五世宮殿を想い起こさせる空間形態です。

そして、集落端部の高台に立つこの正五角形のパラッツォに向かってアプローチする集落中央を走るヴィア・ドリッタすなわち直線街路――ヴィニョーラはパラッツォの設計にあたって集落の再構成という都市計画的作業も行いました——の先に、集落の小広場、台形の階段、それに二つの湾曲する左右対称の階段、そしてテラス状の広場がありまして、集落の中央を走る直線街路の軸線は、正五角形のパラッツォと中庭の円形の中心と一致するのです。そしてこの主軸は背後にあります二つの正方形の庭園のそれとまた一致します。パラッツォが立つべき場をよく読み、周囲の景観を取り込んだ壮大なパラッツォといってよいかと思います。

パラッツォの周囲には深い濠が巡っており、もともとあった堅固な要塞の面影を残しておりますが、この地域一帯には太古の昔、アミアータ山はじめいくつかの火山の噴火によって火山灰が大量に降り、堆積し、その結果、凝灰岩の岩盤が地表近くを覆っているため、比較的容易に濠を掘削し得たものと思われます。紀元二世紀にローマ皇帝ハドリアヌスは近くのティヴォリの地に広大な別荘を構えましたが、その凝灰岩に覆われた地層に縦横に張り巡らされました地下サービス道路網の形成は、そのことをよく物語っております。

平面形が正五角形と（中庭の）円形という組合せは、正方形と（中庭の）円形の組合せでありますスペイン、グラナダのアルハンブラ宮殿に接して立つカルロス五世宮と同様、外観からは思いもよらない空間展開があります。そしてファルネーゼ家の栄光を讃える間、ヘラクレスの間、ユピテルの間、世界地図の間等々、壁や天井を埋め尽くすようにツッカリ兄弟などによって描かれましたフレスコ画に彩られた豪奢な大広間群、美しい柱群に支えられた力動的なスカラ・レジア（螺旋階段）によって構成されますパラッツォですが、評判を聞いて、見学に訪れる人たちが多いと聞いております。

『随想録』（一五八〇）で知られますフランスの随筆家モンテーニュ（一五三三～九二）は、その出版後一年半ほどヨーロッパ旅行をしますが——それを『旅日記』というかたちに書き、出版しました——、その折、このカプラローラのパラッツォ・ファルネーゼを訪れ、その印象を「そこから真っすぐな道を辿ってカプラローラの集落をとおった。ファルネーゼ枢機卿の宮殿で、イタリアでは、これにくらべるものを見なかった（串田孫一訳）」と『旅日記』（一五八一）に記しています。モンテーニュは自分が見たイタリアの最新建築のなかでは、最も素晴らしいパラッツォ、ヴィラであると思ったのでしょう。

これまで皇帝カール五世、皇帝フェルディナント一世、スペイン王フェリペ二世、パルマ公爵夫人マルゲリータ・ファルネーゼ、それにティロルのフェルディナント大公など、皇帝マクシミリアン二世の近しいご親族に建築に大きな関心をもつ、あるいは建築好きがおられ、それぞれ美しいパラッツォや郊外に別荘などを構えられた――これらのことが陛下のお父上のマクシミリアン二世帝の離宮ノイゲボイデ建設の背景にあるのでは――と陛下はお話しくださいました。

それにしましても十五世紀半ばから十六世紀半ばにかけまして、イタリアやフランスをはじめ各地でパラッツォや郊外のヴィラ（別荘）の建設が活発でしたね。ポッジョ・ア・カイアのメディチ家の別荘（一四八五～）、ナポリ王アルフォンソ二世の別荘ポッジョ・レアーレ（一四八七～）、フランス王フランソア一世のシャンボール城館（一五一九～五〇）等々――これらはほんの数例にすぎませんが――枚挙にいとまがないほど数多くのパラッツォや郊外の別荘が建設されましたが、このことなどにも皇帝マクシミリアン二世は触発されたのではないでしょうか。

ルドルフ二世　それはそうであろう。

人文主義者皇帝マクシミリアン二世によるローマ時代の別荘への憧憬

ルドルフ二世　だが私が思うに、古代ギリシア・ローマの書物に親しみ人文主義者であった父マクシミリアン帝は、ペトラルカなどの十四世紀の初期の人文主義者たちが求めた、人間が人間らしく生きるための生き方をもう一度深く考え直した。詩人フランチェスコ・ペトラルカはアヴィニョンを離れて、自然豊かなソルグの清流のせせらぎが聞こえる谷あいの山荘に、たくさんの蔵書を携えてひきこもり、読書や詩作、著作に没頭した。そうした背景もあるのだろう、ヴィラ・別荘での暮らしへの思いを強くした――ローマ時代の別荘への憧憬がつのった。

このことが離宮ノイゲボイデ建設の背景を考えるうえで大切なのではあるまいか。

父マクシミリアン帝はつねづね、ペトラルカなどの初期人文主義者たちがかかげた、人間の人間らしい生き方の追求という人文主義本来の理想が次第に忘れ去られていくことを案じ、古典古代の書物に親しむかたわら、十四世紀、十五世紀のイタリア人文主義者たちの書物をも好んで読んでいた。そんなとき――私がまだ幼い頃のことだが――、フィレンツェのコジモ・デ・メディチ（一三八九～一四六四）が遺した書簡集を本棚で見つけて、私たちに読んで聞かせてくれたことを思い出す。

「私はこのカレッジのヴィラにきている。私の土地を耕すためではなく、魂を耕すためである。マルシリオ、はやく私たちのところに来てください。できるだけはやく、私たちのプラトンの書『理想国』をたずさえて。あなたは約束どおり、すでにギリシア語からラテン語への翻訳を終えているだろうと思うが、どうだろう。（長尾重武訳）」

コジモ・デ・メディチが近郊の城塞を建築家ミケロッツォ（一三九六～一四七二）に依頼して別荘に改

築した後（一四五七）、コジモが人文主義者で哲学者のマルシリオ・フィチーノ（一四三三～九九）に宛てて書いたものだが、この書簡を私たちの前で読み聞かせる父マクシミリアン帝の顔は輝き、喜びに満ちていた。

そしてこのマルシリオ・フィチーノだが、ギリシア学の大家で、プラトンとプロティノスの全著作をラテン語に翻訳、出版し、ヨーロッパ中にプラトンへの関心を広めた。そしてゲミスト・ブレトンの講義を聞いてプラトン哲学に傾倒したコジモとともに、フィレンツェにプラトン・アカデミーを創設（一四五九）するなどして、プラトンの哲学研究に打ち込んだ哲学者である。父マクシミリアン帝はこのフィチーノの著作、たとえば『キリスト教論』や『プラトン神学』を熱心に読んでいた。父帝が最も尊敬するルネサンスの学者のひとりだ。

私も父マクシミリアン帝に薦められてフィチーノによるいくつかの著作、それにプラトンやプロティノスのラテン語への翻訳書などを読んだが、以来、私の愛読書となった。三世紀の哲学者プロティノスに触発されたフィチーノは神秘主義への傾倒ゆえに、魔術を行う者と告発されたことがあるが、父の神秘主義への関心は、ある面ではこのフィチーノによるものといってもよい。

フィチーノ宛のコジモの手紙を私達に読み聞かせるときなど、父は郊外に別荘を建て、古典古代の書物を読み耽り、また宮廷の親しい人文主義者たちを招いてギリシア・ローマの哲人、賢人たちの歓談に、愉しい時間を過ごす夢を描いていたのではなかろうか、と私は思う。そして好きな庭で植物や花々を育て、植物研究にも時間を費やす――。むろんウィーンの密集した市街地の一角を占めるホーフブルク（王宮）において、激務の日々を過ごしている父帝が閑暇を見いだしてのことだが――。

建築家　人文主義が開花しました十四世紀末、十五世紀にフィレンツェ近郊に別荘が建てられ始められましたが、別荘の建設と人文主義とは深いつながりがあるようですね。

ルドルフ二世　それはそうだ。

以前にも言ったが、ペトラルカをはじめ人文主義者たちは、人間が人間らしく生きるための生き方を求めて、ローマの時代の、そして古典ギリシアの哲人、賢人たちの書（写本）を長い年月埋もれていた修道院や教会などに捜し求め、収集に努めた。そのペトラルカがヴェロナのさる教会において、キケロの書簡集を発見したことを、そなたは知っておろうな――。

そこには弁論家、政治家キケロ（前一〇六～四三）、そして諷刺詩人マルティアリス（四〇頃～一一〇）をはじめいろいろな人の著書や詩集などのなかに、別荘での生活が記述されている。なかでも今日知られているかぎり最も詳細に記述したものは、博物学者ガイウス・プリニウス・セクンドゥス、つまり（大）プリニウスの甥である（小）プリニウス（六二～一一〇頃）による書簡（書簡体の作品。一〇三～一一〇）であろう。仕事に忙しく喧騒に沸く大都市ローマから北、およそ一九〇キロメートル離れたトゥスキ（エトルリア、今日のトスカーナ地方、テヴェレ川上流の今日のチッタ・ディ・カステッロ近く）の山の山荘での読書や著作（叙述）、散策、入浴、午睡、乗馬などで過ごす、気ままな、しかし充実した生活を記述している。

人文主義者たちは、そうしたローマ時代の郊外の別荘での、都会の複雑な人間関係や雑事から離れて、自分の思いのままに、自由に読書や著作を中心とした充実した生活を、自分たちが求める人間が人間らしく生きる生き方の一つの範とした、といえよう。

建築家　陛下がお話しくだされましたように、ペトラルカは南フランス、アヴィニョン郊外のソルグの清流のせせらぎが聞こえます谷あいの地ヴォークリューズに質素な山荘を構え――今日、山荘はペトラルカ博物館となっております――、自ら「孤独生活」と称して、一匹の犬と食事などの世話をする小作人だけとの生活をし、ギリシア・ローマの古典古代の書物を読み、思索し、そして詩作と著作に専念しました。

「……森陰に、流れも清らかな草原に、しばしば一日を、人気を避けてさまよう。
私の右手にはペン、左手には紙片をにぎる。
すると心はさまざまな想念にみたされる。
歩めば、いくたび小鳥のさえずりに心は深い想念からひきもどされ
いくたび不意に獣の棲みかに出会ったことか。
無情な鳥のゆくえをさがしもとめたことか。
ほの暗い森の小道をたどりつつ思いにふけり
あれこれと重要なことに思案をめぐらしているとき、
不意に人があらわれて小声で話しかけてくるのは迷惑なこと。
広大の森の静寂に呼吸するのはうれしく、すべて物音はいとわしい。
しかし清らかなせせらぎが小石にたわむれ、
そよ風が紙片を打ち、わが詩もかろやかに
ささやきを奏でるのはこころよい。……」（近藤恒一訳）

と、友人である枢機卿ジャコモ・コロンナに山荘での「孤独生活」を書簡にしたためております。
そして晩年には、パドヴァから西へ八〇キロメートル離れたアルクアに山荘を構え、数年後の夏の真

夜中、机に向かい書物にうつぶしたまま息をひきとったといわれます（一三七四）。

ペトラルカもまたローマ時代のキケロをはじめさまざまな人たちの別荘での生活に憧れを抱き、それを実現させたものと思います。

ペトラルカや友人のフィレンツェに住んでいた『デカメロン』で知られるボッカッチョと、その友人たち人文主義者の運動がありまして人文主義が開花しましたフィレンツェの郊外に、人文主義者やその庇護者たちによる別荘の建設が始まり、やがて各地での建設につながったということですね。

それにしましても、ローマ時代には各地に別荘が営まれていたのですね。一世紀の風刺詩人マルティアリスに別荘地や別荘での生活を詠った詩が知られております。

おお、美しき浜辺、あたたかきフォルミアエよ、なんじこそは、
アポリナリスが、厳しき軍神マルスの町ローマを離れて、疲れし身として
安けからぬ心思いを捨て去り、あらゆる場所よりもよしとする町だ。
彼は徳高きおん妻のゆかりの地美しきティブルにも、
はたトゥスクルムやアルギドゥス山の静寂にも、プラエネステにも、
アンティウムにも、かくまで目を見はって驚嘆はしない。
また魅惑のキルケイ岬、はたトロイアにゆかり深きカイエタ、
さらにはマリカの杜もリリスの川も、リクリヌスの水に棲めるは
ニンフ・サルマキスも、フォルミアエほどにはなつかしがられはしない。
ここでは海面をばやさしい風が撫でるように吹き、それでいて海は死んではいず、海の

いのちある静寂が、彩られたヨットをば微風の援けをかりて走るのだ。そのさまはあた
かも暑熱を好まぬ乙女の深紅の雉の羽の扇にて心地よき涼風が来るのにも似ている。
さらにはまた、釣り人も遠く沖に出て獲物を求めるのではなく、はるか上から澄んだ水
を通して見える魚が、臥床やソファから垂らした糸を引くという静けさだ。
たとえ海神ネレウスが風神アイオロスの権能を感じるときがあっても、
自ら持てるものによりて安泰なる食卓はかえってその嵐をば嗤うのだ。
水槽には子飼いのかますが飼ってあるし、上等なうなぎもご主人の
アポリナリスのもとへ泳いでくる。
魚の名を呼ぶ奴隷の一声で、珍味として知られたぼらも寄って来、
年を経た赤ぼらもそばへ来いと言いつけられれば、その姿を現すのだ。
されど、ローマよ、なんじはかくのごとき楽しみをいつ許すというのか？
都の事繁き生活に縛られている人々にとって、
年に何日かフォルミアで過ごすような日々が数えられているのだろうか？
おおフォルミアエにいる玄関番や、土地管理人は恵まれていることよ！
こんな楽しみは主人たちには用意されているいるだけだが、
君たちはいつも楽しめるのだもの！（藤井昇訳）

ルドルフ二世　それは私も読んだことがあるからよく知っている。諷刺詩家マルティアリスやユウェナリウス（五〇頃～一三〇）のエピグラムは、読書家の父マクシミリアン帝が好んで読んでいた。
そのエピグラムは別荘の所有者であり、批評家で名のとおったドミティウス・アポリナリスが、ロー

マでの仕事が忙しいため、そんなに素晴らしい快適なフォルミアエの海浜の別荘へは年に数日しか行けず、別荘の管理人たちが楽しむばかりだ――と皮肉をこめて詠ったものだな。

建築家　愉快なエピグラム、諷刺詩ですね。

この詩を読みますと、紀元前二世紀以降――大農場主の住居から発展したといわれます別荘ですが、ローマの貴族が別荘に滞在した初期の記録としまして、ハンニバルを破った将軍（大）スキピオ・アフリカヌス（前二三六〜一八四）が晩年カンパニア地方のリテルヌム（今日のリテルノ）の質素な別荘にひきこもり、そこで死去したことが知られておりまして、別荘の成立はその時代といわれます――いかに多くの貴族や裕福な人たちが――貴族や裕福な市民だけでなく、この詩を詠った貧乏詩人マルティアリスでさえも、哲学者セネカ（前四〜後六五）よりもらったローマ北東の郊外ノーメントゥム（今日のノメンターナ）の別荘生活を楽しんだようですし――山や海浜各地で別荘生活を楽しんでいたことがうかがわれます。そして当時、人々に人気があった別荘地もわかります。

ところで陛下のお父上マクシミリアン二世帝はコジモ・デ・メディチの書簡を引き合いに出されて、別荘での楽しみは魂を耕すこと、読書と人文主義者たちを招いての哲学・道徳談義（とそれに庭園で土を耕し、花々の栽培そして植物の研究）であろうといわれているようですが、ローマ時代の別荘での読書につきまして興味深い話が伝わっております。

大都市ローマでの喧騒、耐え難い夏の暑さそれに忙しい仕事から解放されて、別荘では（普段読まないが）読みたい書物を自由に読み、読書に没頭できる――それが別荘での生活の醍醐味だと言いわんばかりに、一、八〇〇巻もの書物を別荘に持ち込み――ローマ時代の別荘の多くには、図書室が備わっておりました――、その書物の大部分は、ギリシア語で書かれたエピクロス派の哲学書だということです。

西暦七九年になってナポリ近くのヴェスヴィオ火山が大噴火し、麓の都市や集落が火山泥や降り注ぐ火山灰の下に埋まってしまいましたが、そのうちのひとつヘルクラネウム（今日のエルコラーノ）が、十八世紀初めに井戸掘り職人によって偶然発見され、発掘され始められました。

ルドルフ二世　なに、では、なにかの書物で読んだことのあるポンペイなども発見、発掘されたのか。

建築家　そうです。

そして発掘されました海浜の別荘に一、八〇〇巻もの書物（パピルスの巻本）が書架に収められている図書室が見つかりました。そうしたことから、その別荘は便宜上「パピルスの別荘」と名づけられました。

ルドルフ二世　エピクロス派の哲学書のみを、それも一、〇〇〇巻を超える書を別荘に持ち込み、読み耽っていたとは興味深いな。それで別荘の住人はわかったのか。

建築家　共和政末期の政治家で、娘をカエサルに嫁がせ、その政略結婚によって執政官となり、またエピクロス派哲学者ピロデモスと親しかったルキウス・ピソ（前一〇五～四三）だとする説もありますが、いまだはっきりとは判明しておりません。

またある別荘の図書館がたいへんな量の蔵書を誇り、その書物を一般の人々に開放した、ということが知られています。

それは東地中海地方のポントスのミトリダテス王たちと戦い、戦功をあげた将軍、政治家ルキウス・ルクルス（前一一七～五六）のトゥスクルムの別荘ですが、ルクルスは戦いの戦利品として、王たちの膨大な蔵書をローマに持ち帰りました。その後ローマで政争に敗れ、ポンペイウスに司令官の職を奪われて政界から退いたルクルスは、コリス・ホルトゥロルム（今日のローマ、ピンチオの丘）にあった豪壮な邸宅よりトゥスクルムの別荘に住むことを好み、そこで隠遁生活を送りました。戦利品として持ち帰った膨大な書物を別荘に移し、図書室を充実させ、柱廊や談話室とともに図書室を一般に開放したのですね。

その頃、政治家、弁論家キケロは同じトゥスクルムに別荘を構えていましたが、その別荘にて執筆した折には――著書『トゥスクルム談義』が知られています――、どうしても必要な場合、そのルクルスの別荘に出向いて、図書室から書物を借り出した、という話が伝わっております。

ルドルフ二世　そうか。キケロがあちこちに別荘を所有していたこと、それに『トゥスクルム談義』は私も――むろん父マクシミリアン帝も――読んで知ってはいるが、ルクルスの別荘の図書室から書物を借り出したことは知らなかった。別荘の住人たちの間で知的交流が盛んであったということだな。

ローマ皇帝の別荘

建築家　元老院階級、騎士階級それに裕福な市民たちが別荘を構えていた――それも一つの別荘だけではなく、複数の別荘を構えるのも稀ではない――ようですが、むろんローマ皇帝も広大で豪壮な別荘を構えていたのですね。

アウグストゥス帝（在位前二七～後一四）は、アルバニ山麗（今日のカステリ・ロマニ地方）のラヌウィウム（今日のラマヴィオ）に、そしてローマの東四〇キロメートルほどの、運命の女神フォルトゥナ・プリミゲニアの神域がありますプラエネステ（今日のパレストリーナ）に、またティブル（今日のティヴォリ）にも、そしてナポリ湾に浮かぶカプリ島にも別荘を所有していたことが知られております。アウグストゥス帝はギリシアの風習が残り、風光明媚なカプリ島が気に入り、ナポリ市より購入したといわれております。

ティベリウス帝（在位一四〜三七）は、トゥスクルムに、そしてティレニア海を望むスペルンカ（今日のスペルロンガ）に別荘を構えていました。この別荘はテラチーナよりガエータに向かって走るアッピウス街道のすぐ下、海に突き出した岩山を海波が洗う地にあります。岩山に寄り添うように奥まって建つペリステュリウムを囲む寝室、浴場などの皇帝の住居部分、それに海に突き出るように建つ食堂、海岸に沿って伸びる逍遥のための列柱廊、それにこれも海に突き出た岩山に自然にできた大きく口を開けた形の巨大な洞窟から別荘は形成されております。

この洞窟の奥には、酷暑でもひんやりするちょうど三人の客が横臥するくらいの小さな食事の間トリクリニウム——床と天井には美しいモザイクが貼られ、壁には絵が描かれています——が、岩山を掘削してつくられ、また、洞窟内に入り込む海水を利用して円形の池（養魚池）とし、この周りにこれも岩山を掘削して座席をしつらえるなど、自然の洞窟には人の手が加えられております。

とりわけ興味深いことに、この洞窟内には（海より洞窟に向かって）中央に、足が一二本と三列に並んだ歯がある首を六つもつ怪物スキュラが英雄オデュッセスの船を襲う場面の彫像群、右奥にオデュッセウスと従者たちが一つ目の巨人キュクロプスの眼に火で真っ赤に熱したオリーヴの丸太を突き刺す場面の彫像群、それに手前左右に、略奪したトロイアのアテナ神殿に安置されていたパラス・アテナの木像をオデュッセウスとディオメデスが奪い合う場面の二人の彫像と、死んだアキレウスの武具を自分のものとしようとするオデュッセウスの像、そして洞窟の頂部に神々の神ゼウスの聖鳥である巨大な鷲によってオリュンポスへとまさに連れ去られようとするトロイアの羊飼いの美少年ガニュメデス——これらの大理石の彫像群が据えられ、神話的景観が形成されていました（つい最近の一九五〇年代に洞窟内で発見されました彫像群をつなぎ合わせました結果、彫像群の人物、内容がわかりました。そこでこの別荘全体の発掘調査が進められました）。

そして洞窟前の円形の海池には、海池に浮かぶように小さなテラスがつくられました。食事・宴会の間でして、小さな船に乗ってこのテラスに渡った皇帝たちは、ここで神話の世界に浸りつつ宴を楽しんだのですね。この沿岸地域一帯にそうした伝説が伝わっていることもありますが、とりわけギリシア神話に興味を抱き、神話の研究をしたといわれますティベリウス帝ならではの発想ですね。またティベリウス帝がこの洞窟前の海池に浮かぶテラスで皆と夕食中、突然、巨大な岩石が大量に天井から崩れ落ち、饗宴の仲間や給仕たちが大勢打ち砕かれたのに、皇帝は思いもかけず九死に一生を得た、といった話も伝わっております。

ルドルフ二世　それはスエトニウスの『デ・ウィタ・カエサルム（カエサルたちの生涯）』（日本語訳『ローマ皇帝伝』）にでてくる話だな。私も読んだ。

建築家　ティベリウス帝はまた、カンパニアの地、ナポリ湾とウェスウィウス火山を望む風光明媚なミセヌム（今日のミセーノ）、ローマ海軍の艦隊基地がありますミセヌムの丘の上に別荘（帝はこの別荘にて死去されました）を、またナポリ湾に浮かぶカプリ島にいくつかの別荘を所有しておりました。ティベリウス帝は紀元二七年この別荘に居を構え、以来、一度も首都ローマに帰ることなく、一〇年の間、ここから帝国を統治しました。

カリグラ（ガイウス）帝（在位三七～四一）は、生まれた港町アンティウム（今日のアンツィオ）に、そしてそこから一五〇キロメートルほど南に下がったところのアストゥラ（今日のトッレ・アストゥラ）にも、岬から海に突き出て海上に浮かぶような豪壮な（橋によってつながれております）別荘を構えておりました。

クラウディウス帝（在位四一～五四）はティブルに、そしてネロ帝（在位五四～六八）はプラエネステから東北に二〇キロメートルほどいった山間の地スビアコ（今日も同名）近郊に別荘を所有しておりました。深いアニエネ峡谷に覆いかぶさるように張り出した岩盤の上に立ち、山々と峡谷と流れるアニエネ川を見下ろす眺望を愉しめ、夏には心地よい冷気に包まれる地です。ネロ帝はそれにまたアンティウムに、岬の絶壁から砂浜の波打ち際に広がる広大な別荘をも構えておりました。おそらくそれはカリグラ帝の別荘を増築・拡張したものと思われます。

ドミティアヌス帝（在位八一～九六）はプルタルコスによって「建築をして喜ぶ病気がある」と揶揄されましたように、たいへん建築好きな皇帝でした。

その一五年にわたる治世の間、首都ローマに限りましても、パラティヌス丘の皇帝宮殿のほかに、ローマの大火で焼失したカピトリヌス丘のユピテル神殿、ドミティアヌス競技場（今日のナヴォナ広場）、屋根に覆われた音楽ホールであり講演なども行われましたオデオン、アウグトゥス帝のフォルムとウェスパシアヌス帝の平和の神殿との間の空地にミネルウァ神殿とそれを取り囲むフォルム・トランシトリア（フォルム・ロマヌムと繁華街アルギレトゥムそれにスブラ地区とを結ぶ通り抜け広場）、それに生家の跡にフラウィウス一族を祀る神殿等々、実に多くの施設・建物を建造しました。

この「建築をして喜ぶ病気がある」ドミティアヌス帝はアルバヌム（今日のカステル・ガンドルフォ）のアルバーノ湖を臨む壮大な別荘を所有しております。アッピウス街道沿いに大きな入口玄関ホール棟がありまして、そこから三〇〇メートルほど奥まって、眼下に広がる火口湖に向かって擂鉢状の急斜面に、等高線に沿って横長に一キロメートルも伸びる三層のテラス棟が段状に形成されたものです。幅二〇〇メートルもある中央のテラスはいくつかのペリステュリウムを囲む皇帝の住居部分でして、その西先端には多色大理石を使用した豪華な数千人収容の野外劇場があります。また上部のテラスには皇帝自身が競技に参加されたといわれます戦車競技場、それに地下通路を通ってアプローチする展望台などがあります。また皇帝謁見のため、そして集会にも使用されたと思われます長さ三五〇メートル、幅七・五メートルもの大きな半地下のホール、クリュプトポルティクスがありますように、ドミティアヌス帝個人が使用する別荘というより、元老院議員をここに招集したり、戦車競走や音楽や詩のコンクールを催したり、公的性格を帯びたものと思われます。別荘に滞在するにしましても、皇帝として公務から離れることは難しいのですね。

なお今日、この別荘は十六世紀教皇が建てた別荘の一部となっておりまして、発掘調査がいまだ充分には進んでいないようです。

またドミティアヌス帝は、ティレニア海を臨む海岸沿いにホメロスの『オデュッセイア』に出てきます魔女キルケが棲んでいたという伝説がありますキルケイ岬（今日のチルチェオ岬）を見渡すキルケイ（今日のサバウディア）にも別荘を構えていました。

白い砂浜と青い松林の美しい砂州――その向こうに海が見渡せます――に囲まれた静かな内海に臨むこの豪壮な別荘は、敷地が四六ヘクタールと広大なもので――今日では豊かな植生と動物保護のため、国の特別自然保護区に指定された地域の一部となっており、人の立ち入りは制限されています――海から船で上陸します。海風に吹かれ、海と魔女が棲んでいたという岬を眺めながら逍遥するための列柱廊が、海岸線に沿って八〇〇メートル以上続き、この列柱廊沿いに浴場、食事・宴会の間、休息室、図書館・読書室――列柱廊越しに海が眺められます――などの、海に向かって凹状に湾曲したエクセドラが連続するものです。そして浴場の奥にペリステュリウムが形成され、皇帝の住居部分となっております。豊かな自然の森のなかには、九〇メートルもの長さの巨大な貯水槽――これらは半円筒ヴォールト構造の、なんとも美しい建物です――が三つ見られます。

今日、一部のみが発掘されただけですが、訪れた人々に毒を盛り、魔法によって豚や狼などの動物に変えて自分の召使にしてしまうという魔女、髪麗しい女神キルケが棲んでいたキルケイ岬という神話的景観を取り込むように計画されています。

アントニウス・ピウス帝（在位九六～九八）以降は、マルティリアスのエピグラムに詠われているような人々に人気がある別荘地ではなく、ローマに比較的近く、また他の別荘などが建っていない、わずらわしさの少ない地が選ばれるようになったのですね。

アントニウス・ピウス帝はローマの西、一八キロメートルほどのアウレリア街道沿いの生まれ故郷であるロリウム（今日のカステル・ディ・グイド）に別荘を構えブドウ畑に手を加えたりして、一日中、畑仕事に精を出したことが知られております。

トライアヌス帝（在位九八～一一七）は、ローマの主要な港町オスティアから海岸線を北に二〇キロメートルほど上がったところにありますアシウム（今日のパーロ）に別荘を、そしてさらに二五キロメートルほど北のケントゥムケラエ（今日のチヴィタヴェッキア）に別荘を構えておりました。トライアヌス帝は、クラウディウス帝が建造、開港しましたローマの外港オスティアの港の内奥に続く六角形の新港、トライアヌス港を築造し、オスティア港を大規模に整備し、そしてまたケントゥムケラエに新しく港を築造、開港させました。

この築造中の新港の北東四キロメートルほどの内陸に向かった温泉が豊富に湧き出す地に、別荘を構えたのですが、トライアヌス帝は温泉保養に出かけられたのですね。この別荘での生活につきましては、(小) プリニウスによるコルネリアヌスに宛てたとする書簡によって少しく知ることができます。トライアヌス帝はこの別荘にて皇帝顧問会（コンシリウム　プリンキピス）を催し、皇帝顧問のひとりであったプリニウスが招集され、この別荘を訪れたのです。四日間にわたる皇帝顧問会の会議では、日中、裁判やさまざまな重要な国政の案件が議論、処理され、そして、夕には晩餐会が開かれ、時には詩の朗読や音楽も催されました。

美しい別荘で、緑がいっぱいの農地に囲まれ、海岸に迫っている、とありますから、別荘の敷地はたいへん広大で、海近くまで広がり、トライアヌス帝は海岸近くにも別棟を建てたのかもしれません。そこから築造中の港が見渡せる、とも記述しております。

ローマ皇帝たちの別荘を見てきましたが、他の貴族、富裕な人たちの別荘を含めましていえますことは、海浜の別荘を例にとってみますと、海の眺望を最大限に愉しむように計画されていることです。海に向かって別荘が広がる、あるいは海を見下ろす傾斜地では幾重にも重なるテラス状の居住部分と逍遥柱廊ポルティクスとする、あるいは日中の暑い日差しを避けるように半地下のポルティクスであります地下柱廊クリュプトポルティクスとしたり、あるいはコンクリートを使用したローマの高い土木・建築技術を駆使して海に突き出すように広間をつくる、展望台をつくる——眼前に広がる海、ときには三六〇度の海のパノラマ景観を愉しむためですが、他方、漠然と海を見渡すだけではなく、軸線を設定し、開口による枠組みを設けて海の景観を切り取り、食堂や広間やポルティクスからの海の景観の見え方を意図的に演出したものが多いですね。

またティベリウス帝のスペルロンガにおける別荘のごとく、海水がひたひたと入り込む自然の洞窟を利用した食事の間は、ホメロスの『オデュッセイア』に出てきます人肉を食らう一つ眼の巨人キュクロプスが棲む洞窟と見立て、オデュッセウスが巨人キュクロプスの眼を刳り抜く場面の彫像などで飾りまして、その前に海に浮かぶようなテラスをつくり、涼をとりながら食事を愉しむ宴の間としています。また、ホメロスの『オデュッセイア』にでてきます魔女キルケが棲んでいたとされるキルケイ岬を見渡すドミティアヌス帝の別荘にいたしましても、こうした伝説が伝わる地域だからこそ、その見立て——神話的世界に遊ぶ、そして神話的景観を愉しむ——が可能となるわけでして、こうしたことを含めまして別荘が立つ場——夕日が沈む水平線、荒波に洗われる絶壁、洞窟等々、海のさまざまな眺望が可能となる別荘が立つ場を選び取る眼識の高さには驚くばかりです。

人文主義者たちがティヴォリのハドリアヌス皇帝の別荘を「再発見」

トライアヌス帝の後を継いで皇帝位に就きましたハドリアヌス帝（在位一一七～一三八）は、ローマの東、三〇キロメートルほど離れたティブル（今日のティヴォリ）の地に壮大な別荘を構えました。ティブルの地と申しましても、昔から別荘地として人々から好まれましたローマ平原を望む涼しい丘陵の上の傾斜地ではなく、そこからずっと下にさがった広大な緩やかな丘陵地に、およそ二〇年近くもの年月を費やして次々と増築に増築を重ねて——もともと共和政時代から帝の親族が所有していた別荘を改築、それに増築——いったものです。各増築部分の建築空間的な興味深さ、その増築のありよう——既存部分と増築部分との関係性——、別荘全体としてのありよう等々、たいへん興味深い建築ですが、これにつきまして私は『ローマ皇帝ハドリアヌスとの建築的対話』（二〇一一）という著書におきまして、思考し、書いたことがあります。

この壮大な別荘はおそらく三世紀初め、カラカラ帝（在位二一一〜二一七）までは、皇帝の別荘のひとつとして歴代の皇帝が使用したことが推測されます。

そして四世紀のコンスタンティヌス帝の時代には、すでに別荘の影像、絵画その他美術・装飾品などが略奪、盗みの対象となったことが知られています。コンスタンティヌス帝自身が東ローマ帝国の首都コンスタンティノポリス（今日のイスタンブール）の宮殿にかなりの数の美術品を持ち去ったことが知られているからです。その後、一四六一年にこの別荘が「再発見」されるまで、この別荘についての消息はまったく聞かれませんでした。もっとも、美術・装飾品だけでなく、建築物の大理石円柱や壁の仕上げ材であった大理石板などが次々と盗み出されまして、中世には「ティヴォリ・ヴェッキオ」の名で採石場として付近の人々に知られる存在であったようです。ティヴォリをはじめ周辺の都市や集落の建物の建設には、この別荘から運び出された石材などが建設資材として利用されたわけです。たとえばティヴォリのある教会においては、この別荘の見事なチポリーノ産の大理石円柱が再利用されていることが今日でも見ることができます。

ところが、時の教皇ピウス二世（在位一四五八〜六四）と人文主義者で歴史家のフラヴィオ・ビオンド（一三九二〜一四六三）一行がローマよりティヴォリへ赴いた折、丘から周囲の風景を賞でつつ見下ろすと、ある荒廃した別荘らしきものが目にとまりました。ビオンドは、後日、それが『ヒストリア・アウグスタ（ローマ皇帝群像）』なかのハドリアヌス帝の項のなかで記述されています別荘と同一のものだと確信したのです。

六名の著者によって四世紀末から五世紀に書かれたとされます『ヒストリア・アウグスタ』は、写本としていろいろ伝わっておりましたが、十五世紀に最初の印刷本として出版されたのですね。この書物から考古学者でもあるビオンドは、目の前に見える荒廃した別荘が皇帝の別荘であると認め得たのです。

ルドルフ二世　人文主義者がティヴォリのハドリアヌス帝の別荘を発見したというのか。

人文主義者たちが、ローマ時代の別荘に、自分を取り戻して自由に生きる別荘での生活に関心が深かったこそ、発見できたともいえよう。

人文主義者でもある父マクシミリアン帝は『ヒストリア・アウグスタ』をむろん読んだことと思うが、人文主義者たちがローマ時代の別荘生活へ抱いた深い関心を再確認するにつけ、父マクシミリアン帝による離宮ノイゲボイデの建設の背景が浮かびあがってくるといえまいか。

神聖ローマ皇帝ルドルフ二世の別荘：プラハ郊外のブランダイス城

建築家　ローマ皇帝の別荘や神聖ローマ皇帝であられるマクシミリアン二世帝の離宮――別荘といってよいかと思います――についてお話しをお伺いしてきましたが、では陛下の別荘についてお聞きしたく存じます。

ルドルフ二世　私の別荘のことか。

私は自分のための新たな別荘を建てる必要がなかった。私がふだん執務する王宮の北側城壁を隔てた谷の向こうの高台には、王宮庭園とベルヴェデーレ宮がある。私の祖父であるフェルディナント一世帝が祖母アンナ妃のために建設した別荘だ。

建築家　お話しされました王宮の北側城壁の濠谷は、今日でも樹木が生い茂る鬱蒼たる峡谷です。陛下はここに檻を造られ、ライオンや豹など猛獣を飼っておられます。そしていろいろな動物や鳥を放し飼いにされていますね。

建物が密集して建ち、喧騒に沸きかえる市壁内の一角を占めるウィーン王宮と相違しまして、プラハの王宮、プラハ城は市街地を見下ろす高台に立地していますので、夏はずっと涼しいことと思いますが、その鬱蒼とした森の峡谷や王宮の庭園を散策されたり、すぐ近くのベルヴェデーレ宮でお過ごしになれば、陛下がお話されましたように、また新たに別荘を建てる必要もないかと存じます。

ところで陛下の宮廷天文学者ティコ・ブラーエ（一五四六～一六〇一）――ヨーロッパを旅していた若い頃、ある女のことで決闘になり、鼻先を失ったため「金の鼻」をつけたブラーエはあるとき、陛下がお可愛がりになっておられる「ライオンが死ぬときは、陛下も間もなく崩御されるであろう」と陛下の運命について予言されたということは本当ですか。

ルドルフ二世　それは本当だ。天文学者は大体において占星術と予言に長けているが、ティコ・ブラーエの予言は誰もないがしろにはできまい。私は同じ運命の星の巡り合わせをもつこのライオンにいっそうの愛おしさを感じ、毎朝、自ら餌を与えに訪れるのが日課となっている。

建築家　それでは陛下が別荘としてお使いになられるのは、ベルヴェデーレ宮なのでしょうか。

ルドルフ二世　いや、叔父のフェルディナント大公がプラハ近郊に構えていた別荘――六角形の星形プランを示す「金星館」だ、その別荘へも時折出掛ける。ビーラ・ホラが近く、鳥やウサギなどの狩猟もできる。

だが実をいうと、私が好む別荘はほかにある。これも私が建てたものではないが――。プラハより東北へ約二五キロメートルほどいったエルベ（ラーベ）河畔のブランダイス城だ。

建築家　陛下が好まれます別荘が存在し、それはブランダイス城であると聞き及びまして、初春のある日、プラハより地下鉄とバスを乗り継いで訪ねたことがあります。

ドイツのドレスデン、ハンブルクを経由しまして、北海へと注ぐ大河エルべ上流の河畔の高台にあり、城からは北側、眼下にとうとうと流れるエルべ川とその平原を望む景勝の地ですね。そして城の東側には、広大な庭園がひろがっております。城は、もともとは中世この地方を治めていた領主のゴティク様式の城であったようですね。

ルドルフ二世　そうだ。私の祖父フェルディナント一世帝がボヘミア国王を兼務していた当時（一五二七～六三）、ボヘミア王国の所有となった。

私がまだ子供の頃――弟エルンストと遊学のため、スペインの宮廷に赴く前のことだが、父マクシミリアン帝に連れられて、その城を訪れたときのことが今でも忘れられない。狩猟が好きだった父帝が近くの森へ狩猟に出掛けるというので、危険だからついてくるなとの制止の言葉も聞かず父帝についていった。森のなか、私の眼の前で父帝はなんと巨大な猪を仕留めたのだ。父帝のたいへんな喜びよう――。

以来、私はこの城へ来るたびに、狩猟に出掛けるようになった。そして森のなかに狩猟小屋を造らせた。

建築家　「陛下はこの城および庭園の改築・整備に莫大な資金を投じた（エヴァンス）」などと述べる後世の歴史家がおりますが――。

ルドルフ二世　それは誤りだ。

以前にも繰り返し話したが、国の財政は逼迫し、改善の見通しはない。私は城の改築を命じはしたが、最小限にとどめた。すなわち、一部荒れ果てていた部屋の改築・改装など内装工事にとどめ、外装工事は展望を兼ねた時計塔の増築、それに壁面に絵を描かせることぐらいしかしていない。ただ庭園についいては、私の思いどおりの庭――迷宮、噴水、グロッタ、イタリアから取り寄せた古代列柱廊、彫像などによる構成――を一部つくらせ、庭園の整備工事に多少費用がかかったが――。

建築家 お話しされました城の外壁面に絵を描かせたということですが、今日でも部分的に残っております。建物の軒下の壁面や窓の開口間の壁面に、左右にライオンを従えた双頭の鷲、ハプスブルク家の紋章ですね、それに森のなかでの狩人、ライオン、鹿やウサギなどさまざまな動物、あるいは巨象に乗った兵士たち、そして闘い、村と農民の生活――等々、狩猟や神話・故事に題材をとりました興味深い絵が、柱やアーチ型に縁取りされた壁面に卓越した描写力によって描かれております。陛下のプラハの宮廷画家たちが描いた愉しく、美しい装飾壁ですね。スグラフィットという技法で描かれたものでして、主として黒地の上に白色の絵が浮きでるように描かれた壁画です。

このスグラフィット技法で外壁が描かれました建物は、プラハの王宮近くのシュヴァルツェンベルク宮をはじめ多くの宮殿、あるいは富裕な商家などに多く見られますが、十五～十六世紀イタリアからイタリア人画家によって伝えられたといわれます。ローマやフィレンツェをはじめイタリア各地の都市のルネサンス建築の外壁に描かれたようでして、今日でも一部残っていて見ることができます。とりわけボヘミアの人たちにたいへん好まれたのか、各地の建築の壁面に競うように描かれました。――一時ボヘミア王国を総督として治めておりました陛下の叔父のフェルディナント大公は、ボヘミアの多くの建物にみられますこの技法によります壁画が気に入られたのか、インスブルック郊外のアンブラス城の中庭の壁にも、このスグラフィットの技法で絵を描かせておりますね。今日でもよく残っております。

むろんこれは、ボヘミアだけではなく、ヨーロッパ各地に伝わりました。とりわけ白と黒の菱形模様で描かれました壁面は――時折、宮殿や教会などの石貼りの床面に見られますように――遠目には凹凸のある立体的に見え、ある種のだまし絵のようなものですね。

　このスグラフィットの絵画技法とは、まず煉瓦など建築の躯体の壁に染料入りの漆喰を塗り、これを乾燥させた後、その上に色の異なる染料を入れた漆喰を塗ります。そして絵の部分をへら、尖筆などで表層の漆喰を引っ掻き落としますと、下から下層の色の異なる漆喰があらわれる、というものです。

　陛下、私が思いますには、このスグラフィットという絵画技法は、古代ギリシアにおいて紀元前七世紀頃には、すでに高度に発展しました黒絵式陶器の絵付け技法から、ルネサンス期のイタリア人画家が学んだのではないかと――。

ルドルフ二世　たぶん、そうであろう。私もそう思う。

建築家　古代ギリシアの都市国家アテネにおいて発展しました陶器づくりは、すでに紀元前七世紀の立法者ソロン（前六三九頃～五五九頃）が法律を定めてエジプト、シチリア、小アジアなどから絵師をメトイトイ（都市国家ポリスの在留外国人）としてアテネによび集め――そうした陶工たちはケラマイコス地区に工房を構えて住んでいました――、多くは神話を題材とした見事な絵付けをして陶器の価値を高め、各地に輸出しました。

　トロイア戦争において、合戦の合間をぬってチェスに興じる勇将アキレウスとアイアースを描いた紀元前五四〇年代の作とされます有名な左右に取っ手のついた壷アンフォラは――今日、ローマのヴァティカンの美術館に収蔵されています――実に素晴らしいですね。古代ギリシアの偉大な画家のひとりとされます画家エクセキアスによる絵ですが、その絵の構成、描写力はたいへんなものです。

　当時、ギリシア人は子供の頃から字を書くことと絵を描くことは同じで、日々、つねに手を動かしてこの二つのことをやっていたということですし、ですから、この二つの行為は「グラペイン」というひとつの語で表わしていたということです。美のセンスと描く修練、技術には驚くべきものがあります。

この壺アンフォラが制作されたのは、まさに僭主ペイシストラトスの政権が安定した時期である紀元前五四〇年代ですが、ちょうどその時期に赤絵式陶器が発明されました。

黒絵式陶器の絵付けの技法といいますのは、素焼きした壷の表面にきわめて薄く釉薬を塗ることによって、（人物像なら）おおまかな人物像の絵を描き、細部は尖筆で引っ掻いて描く（女性像の手や足には紫か白の彩色をすることが多い）のです。この黒絵式陶器の特徴は、その釉薬を酸化させるところにあり、酸化によって釉薬は決して褪色することのない艶やかな黒色に変わるのですね。釉薬を塗らない部分は粘土を焼いた赤褐色なのです。

これに対して赤絵式陶器の絵付けの技法といいますのは、人物像を描くならば、その輪郭部分を地肌のままに残して、背景を釉薬によって塗りつぶし、人物像の細部は細い絵筆か毛糸などを用いて、青やピンク、緑色などで丹念に描く手法です。

この赤絵式陶器も人々からたいへん好まれ、アテネの陶器工房にて盛んにつくられ、黒絵式陶器ともども地中海沿岸の各地に輸出され、アテネに大きな富をもたらしました。

こうして見ますと、スグラフィットの壁画技法は、赤絵式の技法ではなく、黒絵式絵付けの技法に多くを学んだものでしょうか。表層の部分を引っ掻くことによって下層部分の異なった色を表出させ、絵を描く手法は共通しております。

ところで陛下は、別荘でありますブランダイス城へは、主として狩猟を目的とされてたびたび、滞在されたとお話しされましたが――。

ルドルフ二世　私がハンガリー王（一五七二）、ボヘミア王（一五七五）、そして神聖ローマ帝国皇帝位に就いて以来、対オスマン・トルコ戦争やカトリックとプロテスタントの宗派の対立が続くなど、絶え間ない戦乱と諍いの世であった。こうした時代に国を統治すること――ハンガリー王に就いて以来、統治は三八年の長きにわたる――にはたいへんな困難が伴う。

私は、時には激務と心痛に耐えかねて大病を患うこともあったが、そうしたときに、身体の静養と心の安らぎを求めたのが、このブランダイスの城の別荘であった。狩猟だけではなく、プラハの宮廷の学者や芸術家たちと連れ立って、城の庭園を逍遥し、芸術や科学について論じ合うのが、私にとって大きな慰めでもあった。

そうだ、天文学者のティコ・ブラーエもこの別荘での生活を特に好んだ。この偏屈な男は私に心をひらき、私たちは、真夜中、庭園のテラスに出て、満天の星群の神秘を、星座と神話の世界についてともに語り合った。

また、疫病がプラハ市中に蔓延した折（一五九九、一六〇六）など、プラハから避難してこのブランダイスの城の別荘で滞在したこともある。

離宮ノイゲボイデの設計者はヤコポ・ストラーダか

建築家　ところでウィーン郊外に建つ夏の離宮ノイゲボイデについて、ふたたびお伺いいたしたく存じます。それは離宮ノイゲボイデを設計したのは、いったい誰なのかということです。

宮殿建築に先行して、まず外構工事である庭園工事から着工されました。陛下のお父上マクシミリアン二世帝は庭と植物がたいへんお好きで、庭園の設計は宮廷の庭園専門家と一緒になされました。そして花や樹木の選定、植栽場所の選定や植樹など一部はご自分でやられた、と陛下はお話してくださいました。

ですが、庭園工事が終わって後、始められました宮殿本体の設計者につきましては、今日まで不明といわざるを得ません。離宮ノイゲボイデ建設に関する国の公文書館に保管された公文書を見る限り、設計者の名が、どこにも記載されていないからです。

ルドルフ二世　父マクシミリアン帝のもとには四人の宮廷建築家がいた。一人はピエトロ・フェラボスコ、ボニファッツ・ヴォルムートそれにヤコポ・ストラーダ、そしてハンス・ブルガーだが、それに宮廷建築家ではないが、もう一人イタリアの有名な建築家ペルッツィの息子でジョヴァンニ・ペルッツィも短期間、宮廷で働いていていたと聞いている。

ハンス・ブルガーは建設現場で指揮する実務の建築家だから、離宮ノイゲボイデ設計は、このブルガーを除くこれら三人の宮廷建築家の設計か、あるいは――これについては、私は聞いたことがないが――イタリアなどから招いた建築家による設計ということになろう。

以前にも話したように、離宮ノイゲボイデ建設の構想が父マクシミリアン帝の頭に浮かび、計画に移されつつある時期は、私が弟エルンストとともにスペイン王フェリペ二世の宮廷にて勉学のために滞在した時期と符合する。だから、計画の詳しい経緯は知らされていない。

私はヤコポ・ストラーダの設計案によるものと勝手に思い込んでいたが――。離宮ノイゲボイデ建設関係文書に記載がないとなると、どの建築家による設計案によるものか明確に示すことができないのであろう。そういうことは時折あることだ。実施する設計案というものは、収集されて類似の建物の設計図などをもとに、皇帝はじめ側近や広く専門家たちの意見を反映させて練っていくことが多いからだ――。

建築家　陛下が話されました宮廷建築家ピエトロ・フェラボスコ（一五一二～八九）とは北イタリア、コモ湖畔の小村に生まれ、画家として修行した後、ウィーンに来て一五四五年よりフェルディナント一世帝の宮廷にて働き始めた画家ですね。画家としては、王宮のスイス門の装飾などが知られておりますが、その後は、主として建築分野の仕事に携わり、王宮はじめオーストリア各地における諸建築を監督する仕事をしました。

フェルディナント一世帝とマクシミリアン二世帝、それに陛下と三代の皇帝に仕えた画家・建築家ですね。

ルドルフ二世　フェラボスコは、時には遠方のハンガリーやボヘミアの建築の監督に出掛けるなど、長い間たいへん忙しく仕事をしたが、その誠実な仕事ぶりと人物を私たちは高く評価していた。あまり例がないことだが、イタリアの故郷で休暇を過ごしたいというフェラボスコの願いを聞き入れて、私は二年ごと冬期に三か月の休暇を許可した。一五八八年七六歳の高齢になったフェラボスコは職を辞した。たしかその翌年に死去したと聞いている。

建築家　王宮の一角を占めますアマリエンブルクをフェラボスコが設計したのではないかと主張する研究者がおりますが――。

ルドルフ二世　それは、私は聞いていない。もっとも、フランス王シャルル九世（一五四〇～七四）に嫁いだ私の妹エリザベート（一五五四～九二）が、夫に先立たれ寡婦となってウィーンの戻ったときは、彼女が信仰の余生を送るために僧院が建設されたが、その僧院の設計はフェラボスコによるものだ。また、離宮ノイゲボイデ建設の積算、現場監督するなど建築実務を担当したハンス・ブルガーと同様、フェラボスコスはどちらかというと実務に長けた建築家といってよい。

建築家　また、宮廷建築家ではありませんが、マクシミリアン二世帝のもとで建築家として働いていたジョヴァンニ・ペルッツィは、陛下がお話されましたように、ブラマンテ、ラファエロと並び称された盛期ルネサンスの画家・建築家バルダサーレ・ペルッツィ（一四八一〜一五三六）の息子ですね。

シエナに生まれたバルダサーレ・ペルッツィは、初め画家として修行し、その後、一五〇三年にローマに行き、ブラマンテのもとで助手として建築を学び、サン・ピエトロ大聖堂の設計にも携わりました。設計した建築でよく知られたものは、ローマのテヴェレ河畔に立つ別荘ヴィラ・ファルネジーナです。同郷の大銀行家アゴスティノ・キージの別荘（一五〇八〜一一）でして、一五八〇年に枢機卿アレッサンドロ・ファルネーゼがこの別荘を購入し、以降、この所有者の名で知られています。内部空間――二階部分の柱と風景を描いただまし絵は見事で有名ですね――ともですが、室内装飾の仕事にはラファエロが加わっております。庭園側におきまして、両翼を突き出し、奥まった中央部分が開放的なロジアとなっていますが、この構成は後のルネサンス別荘建築に大きな影響を与えました。

また、ローマの湾曲した主要街路に面して建つ、これも道路に沿って湾曲したファサードを見せるパラッツォ・マッシモ・アレ・コロンネ（一五三二〜三六）もよく知られますペルッツィの作品です。一階部分はロジアとなっており、それに対して上層部分は平滑な面でして、その上下層の対照的な扱いの湾曲する力動的ファサードはたいへん印象的で、ルネサンス様式からマニエリスム・バロック様式への移行を予兆させるものです。

ヴィニョーラの息子ジァチントと同じく、父親の職業を継いで建築家となりましたジョヴァンニ・サルティオ・ペルッツィは、枢機卿モロネの推挙によりウィーンの宮廷にて働くようになりました。一五六九年、ローマより家族とともにウィーンに移住したジョヴァンニは、主として、オーストリア・ハンガリーの国境での要塞建築に従事したことがわかっておりますが、数年後、病を得て死去した

（一五七三頃）ようですね。こうしたことから、あのペルッツィの息子ジョヴァンニ・サルスティオ・ペルッツィを離宮ノイゲボイデの設計者とするのは無理があるように思えます。

ところで離宮ノイゲボイデ建設にかかわる公文書には、設計者の名がどこにも記載されていないのですが、それは宮廷建築家ヤコポ・ストラーダではないかと主張する研究者が多いのも事実です。

その主張の根拠となりますのは、アウグスブルクの豪商フッガー家のハンス・ヤコプ・フッガー（一五一六〜七五）によるストラーダ宛の一五六八年十一月十三日付のイタリア語の手紙です。そこには、「……皇帝が、貴方のPalazzo di piacereの計画案を見て、とてもお喜びになっていた……」と書かれておりまして、Palazzo di piacereはドイツ語ではLustschloss、フランス語ではMaison de plaisirでして、離宮、別荘を意味し、離宮ノイゲボイデの建設時期と文脈から推測しまして――離宮ノイゲボイデの名は直接書かれておりませんが――、これは離宮ノイゲボイデの計画案に相違ないのではあるまいか、とする主張です。

宮廷古美術専門家・建築家ヤコポ・ストラーダ

建築家　ヤコポ・（ダ・）ストラーダは一五一〇〜一五年頃、北イタリア、マントヴァに生まれておりますね。ストラーダ家はもともとネーデルラント出身だといわれておりますが、ネーデルラントの画家や彫刻家など芸術家が修行にあるいは活躍の場を求めてイタリアへ行く、そして定住してしまうことが多かったのですから、ストラーダ家の場合もそのように推測されます。

ヤコポ・ストラーダはマントヴァにて、そしてまたローマにおいて画家・金細工師としての修行を積んだのでしょう――出生から青年期までのことは、いまだよくわかっておりません。

その後、三〇歳の頃、ドイツに来て、一五四六年には、ニュルンベルクにおいて画家・金細工師として働いていたことが知られております。

ヴェネツィアの画家ティツィアーノ・ヴェチェリオ（一四八八／九〇～一五七六）が描いた「ヤコポ・ストラーダの肖像」（一五六八、今日、ウィーン美術史美術館蔵）が知られております。ストラーダが六〇歳になる頃の肖像画でして、赤い絹のシャツの上に黒のビロードの半袖胴着、肩口には毛皮の上着をまとい、首には何重もの金のネックレスをつけ、凝った優雅な身なりで、顔一面にひげをはやした細面の横顔を見せるストラーダは、貴紳士然として自信にあふれた表情をしております。オーストリア・ハプスブルグ宮廷において、宮廷古美術専門家・建築家として地位を確立し、皇帝の信頼を得て最も活躍した時期のものですが、ただ金細工師、古美術、古銭に造詣が深く建築家でもあるというように、多才な学識の高い芸術家の反面、金銭欲が強い抜け目のない商売人という面をティツィアーノは、このストラーダという人物にみてとり、描いたもののようです。

ストラーダは両手に古代ギリシアかローマの彫像をもち、手前のテーブルの上にはいくつかの古銭（コイン）とトルソが置かれ、または背後の棚の上には二巻の書物が置かれています。

この肖像画に描かれております古代の彫刻、工芸品などの古美術収集にあたって、仲介、助言、鑑定、また古代の貨幣、すなわち金、銀、銅貨などの古銭の収集にあたっての仲介、鑑定、それと書物の収集、仲介等々がストラーダの主な仕事であるわけですが、実際、ストラーダは青年のときから古銭に興味を抱き、収集に努めていたようです。もっとも、ルネサンス期に古銭の収集にやっきになった人が多かったようですが――。

このことは、ストラーダにとって初めての印刷された大部の著書、一五五三年に『古き宝物要覧（コインに描かれたローマ皇帝と神聖ローマ皇帝（カール大帝からカール五世まで）の肖像）』を出版したことからもわかります。この著書は好評をよび、五年後にはドイツ語訳がチューリッヒにおいて出版されました。

ルドルフ二世　たしか、ストラーダの著書の出版はフッガーの資金的援助によるものであったな。

建築家　そうです。陛下のいわれますようにハンス・ヤコプ・フッガー（一五一六～七五）の資金援助によるものです。ハンス・ヤコプ・フッガーとはイタリアで知り合ったといわれますが、二人はたいへん「馬が合った」というか、以後、緊密な関係を続けますね。フッガーはストラーダを経済的な面ならず、いろいろな面において支援します。イタリア、ボローニァ大学で学友であった枢機卿アレッサンドロ・ファルネーゼを紹介し、この枢機卿を介して、ストラーダはローマの古美術商や人文主義者たちとの知己を得、また教皇ユリウス三世に謁見を許され、ストラーダが望むローマ・ヴァティカン内において古美術専門家としての地位を築こうとしました。しかし、教皇の死によってストラーダの目論見は潰え去ってしまいました。

フッガー家の隆盛と没落

ハンス・ヤコプ・フッガーは、いわばフッガー家第三世代の人ですね。

十四世紀中頃、近郊の村グラーベンからアウグスブルクへ移住してきたハンス・フッガーは織物職人でして、その息子たち、なかでもヤコプ（一三九八～一四六九）は、織物業のかたわら織物商として次第に財を成していきました。

そして、父ヤコプの家業を継いだ息子たち、とりわけ商才に恵まれたウルリヒ（一四四一～一五一〇）、ゲオルク（一四五三～一五〇六）、そしてヤコプ（一四五九～一五二五）の三人が織物業、織物商に加えて、鉱業業、金属加工業、貴金属商、香辛料商、金融業などと家業を広げ、十五世紀末から十六世紀初めにかけて織物産業と商業の都市として栄え、「ドイツのフィレンツェ」とも謳われるようになりました南ドイツ・アウグスブルク随一の豪商として繁栄させたのですね。これをフッガー家の第一世代といってもよいかと思います。

そのフッガー家繁栄の因は、なんといってもハプスブルク家との結びつきです。ハプスブルク家の皇帝フリードリヒ三世（一四一五〜九三）が息子マクシミリアン（後の皇帝マクシミリアン一世）を伴って、ブルゴーニュ公国の公妃マリアとの婚儀の打合せのため、シャルル勇胆公との会見に赴く途上、アウグスブルクにおいて、フッガー家ウルリヒとゲオルクが皇帝一行に豪華な衣装などを献上した（一四七三）ことが、その結びつきの発端だとされております。

以来、その結びつきは強まり、とりわけ皇帝マクシミリアン一世とフッガー家の家業の実権を握った末子のヤコプとは同年（一四五九年生まれ）で、とても気が合い、友人のような関係であったとされます。戦争の際には、莫大な戦費を友人である皇帝マクシミリアン一世にヤコプが調達し（むろん利息をつけた融資ですが）、その担保あるいは見返りとしてオーストリア、ドイツ、ボヘミア各地の銅、金、銀の鉱山開発、採掘権（特に当時需要が大きかった銅の採掘を独占したといわれております）や数々の商業特権を得、またローマ、ヴァティカンの教皇に融資するなど、フッガー家は十六世紀初期に繁栄の絶頂期を迎えます。

皇帝マクシミリアン一世が帝国議会開催時（一五〇〇）のほかにも、たびたびヤコプ・フッガーを訪れたといわれますアウグスブルクは、紀元前一五年、初代ローマ皇帝アウグストゥスによって創建されました植民都市アウグスタ・ウィンデリコルムでして、ローマより属州ラエティア、さらにドナウ川の北方のゲルマンに通じる主要街道ウィア・クラウディア沿いに立地することからもわかりますように、交易のための地の利が大きいことが、この都市のその後の発展に寄与したのですね。

イタリアとはインスブルック、ブレンナー峠を経て直結していることが最大の要因ですが（ヴェネツィアには当時、一〇日間ほどの道のりでした）、それだけでなく東はオーストリア、ハンガリー、フランスの諸都市へと交易路によって結ばれております。

貧困者の救済施設としてのフッゲライ

ルドルフ二世　アルブレヒト・デューラーがその肖像画（一五一八）を描いたヤコプ・フッガーは、たしか貧困者を救済する住居施設を建設したな。

建築家　そうです。

アウグスブルクの織物職人などが住まう地域に、一五一六年から一五二三年にかけて合計一四〇戸の低層集合住宅（フッゲライ）を建設しました。

二階建てでして、各階に居間と厨房、二つの寝室（約六〇平方メートル）となっており、一階の住居も二階の住居も街路から直接出入するようになっております。

貧困者を救済する慈善的な施設ですが、このフッゲライは今日でも住まわれており、街路には樹木が生い繁り、今日、貧困者を対象とする集合住宅とはいえないような外部空間の豊かさを示しております。

豪商フッガー家による社会への貢献を示す好例といってよいかと思います。

フッガー通信（ツァイトゥング）

フッガー家は十六世紀初期にリスボン、マドリッド、パリ、リヨン、ロンドン、マルモ（スウェーデン）、ダンツィヒ、ワルシャワ、クラカウ、キエフ、ベルリン、ハンブルク、シュトラスブルク、フランクフルト・アム・マイン、ケルン、ウィーン、ブダ（・ペスト）、トリエステ、ヴェネツィア、ミラノ、ジェノヴァ、フィレンツェ、ローマ、ナポリ等々、ヨーロッパ各地に六一もの支店を設け、活発な商業活動を発展させました。

興味深いのは、アウグスブルクのフッガー家は「フッガー通信（ツァイトゥング）」というかたちで、商売や経済情勢に関する情報に限らず、広く社会情勢に関する情報を定期郵便馬車や独自の通信網を使って、頻繁にそうした各地の支店に伝えたことです。「フッガー通信」は当時の社会的、歴史的事実を今日知るうえでたいへん貴重な資料といってよいものでして、たとえば「陛下のお父上皇帝マクシミリアン二世一家（そのなかにはスペイン遊学から帰国されました陛下とエルンスト大公もおられたことと思います）がほとんど完成した離宮ノイゲボイデの庭園で食事とダンスを愉しんだ（ウィーンより。一五七三年五月八日付フッガー通信）」などということは「フッガー通信」から知られたものなのです。

自由帝国都市アウグスブルクは一五〇〇年当時で人口二万人を数え、むろんフッガー家だけでなく、ヴェルザー家、ヘヒシュテエター家等々の多くの豪商が店を構え、二、五〇〇人もの織物職人がいたといわれますが、織物産業、そして織物取引を中心とする交易商業都市としての繁栄ぶりがうかがわれます。

貴族に列され、所領を与えられる

ヤコプ・フッガーは、ドイツ王であったマクシミリアン一世が教皇による皇帝の戴冠式挙行のためローマに向けて出立する際、膨大な旅費――多数の側近、宮廷料理人たちを従えた大旅行でした――を用立てましたが、その見返りとしてアウグスブルクの西方約五〇キロメートルにあります都市ヴァイセンホルンとキルヒベルクの地方をフッガー家所領として与えられ（一五〇七）、そして、その四年後の一五一一年には神聖ローマ帝国貴族に列されました。当時、一商人が貴族に列されることは異例なことでしょうが、これには将来にわたってもパプスブルク家に金銭的支援・融資を期待し、促すマクシミリアン一世の思惑がおそらくあったのでしょう。香辛料を求めてインドとの交易にも乗り出したヤコプのフッガー家が隆盛をきわめた時期ですね。

神聖ローマ皇帝選に巨額の資金を用立てる

また、長年の友でありましたマクシミリアン一世帝が崩御し（一五一九）、その後継者となるべき長子フィリップ一世美公が夭折されました（一五〇六）ことから、フィリップ美公の長子スペイン王カルロス（後の皇帝カール五世　一五〇〇〜五八）が神聖ローマ帝国皇帝選に推挙されましたとき、対立候補であるフランス王フランソワ一世を破って皇帝に選出すべく画策されましたが、ヤコプ・フッガーは巨額の選挙資金を融資することによって多大な寄与をしたのですね。

マイン河畔フランクフルトの市庁舎とバルトロメウス教会にて行われます皇帝の選挙は、三人の大司教を含め合計七人の選帝候によって行われ、多数決によって選挙が成立します。各候補者の陣営は思惑――選挙後、自分の立場がよくなるべく――をもつ選帝候を自陣営に引き込もうと、これまた画策――選挙後の各選帝候へのさまざまな内約――をしますが、やはり金銭による買収が最も効果的であったようですね。フランス王フランソワ一世は国庫から金を持ち出し各選帝候に働きかけ、またフッガー家などの豪商にも自陣営への協力を得ようと働きかけましたが、先年、崩御された先帝マクシミリアン一世と親しかったヤコプ・フッガーは親ハプスブルク家の姿勢を堅持し、巨額の選挙資金、つまり買収資金を融資しました。

結局、スペイン王カルロスが選ばれ、神聖ローマ皇帝カール五世が誕生しましたが、この皇帝選におきまして、スペイン王カルロス側に全部で実に八五万二、〇〇〇グルデンの巨額な資金が流れ、これを買収資金としたといわれます。

ある日本の研究者の試算によりますと――画家アルブレヒト・デューラーがマクシミリアン一世帝崩御後も自分への年金支給の継続をとりつけるべく行った妻と一緒のネーデルラント旅行（一五二〇）の『旅日記』においてつけた綿密な出金メモから割り出しています――一グルデンは今日（翻訳出版年の二〇〇七年）の通貨でおよそ五万円弱に相当するのではないか（前川誠郎）としておりますが、これをもとに換算しますと、八五万二、〇〇〇グルデンは約四二六億円に相当し、そのうち五四万四、〇〇〇グルデン（約二七〇億円）はフッガー家から、一四万三〇〇グルデン（約七一・五億円）はこれもアウグスブルクの豪商ウェルザー家から、残りはジェノヴァやフィレンツェ等イタリアの銀行から融資され、カルロス王側が用意できたこれらの巨額の金銭は選帝侯の買収に使われました。

フッガー家家運の没落の予兆

こうしたことから「皇帝をつくる男」ともいわれたヤコプ・フッガーは、この皇帝選挙の六年後の一五二五年に死去しました。ヤコプには子供がおりませんでしたから、フッガー家の家業を継いだのはゲオルクの子、商才に恵まれたアントン（一四九三～一五六〇）です。ウルリヒの二人の息子を含めて、このアントンと兄のレイムントをフッガー家第二世代とよんでよいかと思います。

あれほど繁栄したフッガー家は、この世代から家運が傾き始まるのですね。否、ヤコプが死去する前に、ヤコプは新皇帝カール五世に皇帝選挙などでの皇帝の債務返済に関する書簡を送っております（一五二三）が、フッガー家没落の予兆はこの時期にあったというべきかもしれません。

アントン・フッガーは新世界――スペインの支援を受けてインドへの新航路を探すべく出航したイタリア、ジェノヴァ人コロンブスが、航海中に発見した新世界アメリカの植民地貿易に乗り出します。すでに新世界との貿易に進出していた同じアウグスブルクの豪商ヴェルザー家に負けじと乗り込んだのですが、送り出した商船が遭難するなどし、期待した莫大な利益に与ることはできなかったようです。そして間もなく新世界との貿易から撤退してしまいます。

そしてハンガリーの鉱山開発における挫折、そしてなによりイタリア覇権を巡っての新皇帝カール五世による対フランス王フランソワ一世との度重なる抗争の戦費調達、対オスマン・トルコ戦争、対プロテスタント領主たちとの戦争における新皇帝カール五世、それと弟フェルディナント一世（後の皇帝フェルディナント一世）への度重なる戦費調達――返済の見込みがないハプスブルク家へのこれらの巨額な融資（一五五〇年当時でアントン・フッガーに対し、皇帝カール五世は二〇〇万グルデン（約一、〇〇〇億円）、ハンガリー王、ボヘミア王でありますフェルディナント一世は六〇万グルデン（約三〇〇億円）の負債をかかえていたとされます）によって、フッガー家家運は次第に傾き、凋落していきます。

フッガー家の没落、事業の重心を移す

また、ハプスブルク家オーストリア領を継ぎ、皇帝位に就いたカール五世の弟フェルディナント一世帝とも、ましてやカール五世が退位しスペイン王を継いだフェリペ二世とも、ますます意思の疎通を欠くことを感じるアントン・フッガーはハプスブルク家から距離をおき、鉱山業や金融業からの撤退、そしてフッガー家領の管理経営を含めた不動産業への転業を考え始めます。

そしてそんな折、スペイン王フェリペ二世により「国庫支払停止宣言」（一五五七）がされます。これは教皇ユリウス四世がフランス王フランソワ一世と同盟を結んでナポリ王国を攻略せんとするのに対し、フェリペ二世は戦費捻出のため、国庫からの支払い停止を命じ、これまでの債務と特定の税に向けられた低利の長期国債に切り替える非常措置（一五七五年、そして一五九六年にも同様な措置を講じました）

ですが、フェリペ二世に巨額な貸付金があるフッガー家に大きな打撃を与えました。

そんな家業の傾きを憂慮している折に、アントン・フッガーは一五六〇年、六七歳で死去してしまいます。アントン・フッガーは自分の死後、フッガー家の繁栄を築いた叔父ヤコプの眠るアウグスブルクの聖アンナ教会内のフッガー家礼拝堂に埋葬するのではなく、フッガー家領バーベンハウゼン城館付属教会に埋葬するよう遺言を残しましたが、これはフッガー家の将来の家業が不動産業を含めて南ドイツ各地にある家領の経営——主として農業経営——にあるということを示した、ともいえましょう。

フッガー家の第三世代：美術品・書物などの収集家

ストラーダの著書の出版にあたって資金を援助したハンス・ヤコプ・フッガー（一五一六〜七五）とは、このアントンの甥でして、アントンの死去後、フッガー家の家業を継いだのですね。アントンにはマルクスとハンス（一五三一〜九八）という息子たちがおりますが、ハンス・ヤコプを含めまして、いわばフッガー家第三世代の人たちでして、従来の家業である商業活動を細々でありますが続けながら、地方のフッガー家領を広げ——貴族領主として壮麗な城館を建て所領内の主として農業経営——たのですね。多くはドイツやイタリアの大学で学んだ人文主義者でして、また美術品の収集や書物の収集に努め、学問や芸術のマエケナスでありました。ハンス・ヤコプ・フッガーは自分の古代ローマの彫像をはじめとする古代美術収集品と、それに膨大な蔵書をドイツ、バイエルンのアルブレヒト五世公に売却し（一五七一）、これが今日のバイエルン国立図書館の根幹を成していることで知られております。

フッガー家のその後の世代では、ヤコプ・フッガー（一五六七〜一六二六）（一六〇四年、コンスタンツ司教）、アントン・イグナツ・フッガー（一七六九年、レーゲンスブルク司教）のように、俗界を離れて教会の高位者となる者も現われ、またオットー・ハインリヒ・フッガーのように、三〇年戦争の際には、ハプスブルク家の皇帝フェルディナント二世側に立って闘い、その後、バイエルン選帝侯の枢密顧問になるなど政治家となる者も輩出しました。

アウグスブルクの豪商たちの没落

ネーデルラントの対スペイン独立戦争によって、交易の重要都市でありましたアントウェルペンやブリュッセルなどの都市が荒廃し（一五七六年、スペイン兵によってアントウェルペンは略奪されました）、商業活動が極端に停滞しましたが、これが大きな要因となりまして、アウグスブルクの豪商たちは、ことごとく十六世紀中頃から十七世紀初めにかけて破産・廃業に追い込まれました（ヴェルザー家は一六一四年に破産）が、フッガー家がその後も細々とですが商業活動を続け、国土を荒廃させ、そしてむろん経済活動を沈滞させた三〇年戦争（一六一八～四八）を辛くも生き抜いたのですが、やがてティロル地方の鉱山業において巨額の赤字を計上し、十六世紀の初め、あれほど繁栄したフッガー家もついに廃業するに至りました。

織物職人から身を起こし、織物商に手を染め、そして十五世紀から十六世紀初めには、とりわけハプスブルク家皇帝と緊密な関係を保ち、皇帝や教皇に大金を用立てる銀行業、そしてその見返りとして特権を得、鉱山業と、商売の手を広げ、ヨーロッパ各都市に支店をもつヨーロッパ有数の豪商となり、皇帝より貴族の身分を授かり、家領を有するようになります（第一世代）。やがて十六世紀半ばから家業が傾き始め（第二世代）、第三世代になりますと地方領主、貴族として教養豊かな文化人であり、学問と芸術のマエケナスとなる一家の歴史は興味深いものがありますね。

建築家として勉強するヤコポ・ストラーダ

建築家　ところでヤコポ・ストラーダはハンス・ヤコプ・フッガーの資金援助を受けてリヨンにて出版したコインに描かれた歴代ローマ皇帝の、そして神聖ローマ皇帝の肖像に関する著書（一五五三）をハンガリー、ボヘミア王フェルディナント（後の皇帝フェルディナント一世）に献呈しました（一五五四）ところ、フェルディナント王はたいそうお喜びになったそうですね。

ルドルフ二世　それはそうであろう。私の祖父は青年の頃から古代ギリシアやローマのコインに興味をもち、いろいろな代理人を通じて、主として地中海沿岸の古代ローマ都市遺跡などから発見されるコインの収集に努めていたからな。祖父が四〇代に作成させた財産目録には一、〇四九枚のコインがリストアップされていたと聞く。

建築家　人文主義者で古代ローマ期の書物の発見を皆によびかけましたペトラルカの時代から、友人知人などに送付する書簡に古代ローマのコインを忍ばせて贈る習慣があったようですね。

そうした古いコイン、古銭の収集熱はイタリアで次第に高まり、十六世紀になりますとオーストリア、ドイツ、フランスなど北方の国々にも広まっていったようですね。そしてストラーダによるもののような古銭学の書物が多く出版され始めました。

人文主義の再興を意図された陛下のお父上マクシミリアン二世帝もそうしたコインの収集家であったのでしょうね。

ルドルフ二世　むろんそうだ。

それでストラーダのその著書にも大変興味を示し、ストラーダが父上にも献呈したいというので、帝国議会が開催されていたレーゲンスブルクにおいて、父上はストラーダを引見した（一五五七）。

建築家　そのようにしてストラーダはオーストリア、ハプスブルク宮廷に近づいていきました。そして翌一五五八年、ストラーダはニュルンベルクよりウィーンに移り住み、芸術と建築に関する専門家・助言者として宮廷に出入りするようになりました。そして一五六〇年にはフェルディナント一世皇帝の正式な宮廷建築家として俸給をもらうようになりました。

金銀細工師として修行し、ドイツで働いていたストラーダが何故に宮廷にて建築家としての地位・身分を得たのでしょうか。

ルドルフ二世　ストラーダがコインを含めて古美術の専門家として祖父フェルディナント皇帝と皇太子時代の父マクシミリアンから大きな信頼を獲得したことは確かだが、宮廷建築家に任ぜられた詳しい経緯はよく知らない。

建築家　ストラーダがウィーンに移り住み、芸術と建築に関する専門家・助言者として宮廷に出入りするようになりました一五五八年には、建築計画が進められていました王宮病院のアーケード部分の計画について、その模型をもとに計画が適切かどうかを審査する委員会の一員として、宮廷画家・建築家ピエトロ・フェラボスコらとともに審査に加わっております。この時点におきまして、ストラーダは建築家として見識があると認められていたということですね。

となりますと、ストラーダがそれまである建築家のもとで修業したということがありませんですし、自身金細工師として仕事をしながら、建築の仕事に携わったこともないようですから、建築を独学したのですね。

ストラーダはリヨンにて建築家セルリオに会い『建築書』のうち未刊の第七、八巻を購入する一五五〇年から四年間ほどハンス・ヤコブ・フッガーの金銭的援助を受けてストラーダは、南フランス、リヨンに滞在しております。そして最初の著書『古き宝物要覧』をこの地にて出版しておりますが、ストラーダはここで画家・建築家セバスティアーノ・セルリオ（一四七五〜一五五四）に会っています。そしてセルリオから著書『建築書（リブリアルキテトゥーラ）』のうち未刊の第七巻と第八巻の原稿を購入しております。

画家・建築家セルリオはボローニァに生まれ、父から画家としての手ほどきを受け、後に三〇代のときにローマに赴き、あのローマ、テヴェレ河畔の別荘ファルネジーナやパラッツオ・マッシモ・アレ・コロンネなど設計した画家・建築家ペルッツィの弟子となった人ですね。

一五二七年、皇帝カール五世の皇帝軍によるローマ略奪後、ローマを離れてヴェネツィアに行ったセルリオは、そこで『建築書』を著わし、そのうち六巻を出版しました（一五三七〜五一）。師のペルッツィが遺した図面やスケッチをおおいに利用し、むろんブラマンテやラファエロの建築などの図版が豊富に載った、建築の理論より、実務に重きをおいた書でして、建築家が実務において参照しやすく、重宝し好評を博しました。そして、この書はドイツ語（一六〇六）や英語（一六一一）にも翻訳され、イタリア・ルネサンス建築がヨーロッパの国々へ伝播するに大きな影響を与えました。

この書によって名声を得たセルリオは、フランス王フランソワ一世によってフランスに招かれ（一五四〇）、建設が進められていましたフォンテーヌブローの宮殿建設の助言者となりました。フランソワ一世はその二〇年ほど前に、レオナルド・ダ・ヴィンチも自分のもとに招いておりますね。一五一七年、フランス、アンボワーズに赴いたレオナルドは、その二年後、その地にて死去してしまいました。

セルリオはその傍ら枢機卿フェラーラの邸館（一五四四〜四六）やアンシー＝ル＝フラン城（一五四六〜）などの設計もしました。

しかし、一五四七年にフランソワ一世は崩御したため、後ろ盾を失い、年老いたセルリオは次第に金銭的にも困っていったようです。

そんなときにリヨンにてストラーダに出会ったセルリオは、ストラーダの求めに応じて、著書『建築書』のうち未刊の第七巻と第八巻の原稿を売却したのです。セルリオは一五五四年に七九歳で死去したとされますから、死去する数年前のことです。

ルドルフ二世　ストラーダがセルリオにリヨンにて出会ったいきさつはわからないが、ストラーダがずっと以前から建築に関心を抱き、一人で勉強を始め、すでに出版されていたセルリオの『建築書』（第一〜六巻）を知っていた、というよりすでに読んで勉強していたということだな。

建築家　そういうことでしょうね。当時有名な画家・建築家セルリオに出会い、建築の話を聞き、そしてその著書の未刊部分を著者自身から直接購入することができ、うれしさで満面に笑みを浮かべるストラーダの姿が想像できますね。

ちなみにセルリオから購入した『建築書』第七巻と第八巻を、ストラーダは二〇数年後の一五七五年にマイン河畔のフランクフルトの書店から出版しております。もっとも、出版にあたって図版の制作費などはストラーダ自身が負担せざるを得ず、晩年、ストラーダが経済的に窮するに至った原因のひとつとされておりますが――。

ストラーダ、パラッツォ・デル・テの建築図面を描かせる

そして、またストラーダによる建築の勉強に関してですが、ストラーダが生まれたマントヴァに領主フェデリコ・ゴンザーガの離宮として建てられましたパラッツォ・デル・テ（一五二六頃〜三四頃）の平面図と立面図、各部屋の展開図、天井伏図、床伏図、それに庭園の平面図等、かなり精確に描かれた図面を建築家イポリート・アンデレシアに自ら報酬を支払って――自己負担で、とストラーダは蔵書目録で述

べていますが、実際は旅行依頼者であるバイエルン・アルブレヒト公からもらった旅費から支払ったようです――作成させています（一五五六～六八年）。パラッツォ・デル・テは画家・建築家ジュリオ・ロマーノ（一四九二～一五四六）の設計によるものですね。

ローマに生まれ、少年の頃から画家・建築家ラファエロ・サンチオの工房にて画家としての修行をしたジュリオ・ロマーノは、天分に恵まれ、早くから頭角を現し、ヴァティカン宮殿内の「ボルゴの火災」をテーマに描かれた「インチェンディオの間」をはじめいくつかの広間の壁画制作をラファエロの弟子として手伝っています。それにペルッツィの設計によるローマ・テヴェレ河畔に建つ銀行家アゴスティーノの別荘（一五〇九～一一、後に所有者が代わりヴィラ・ファルネジーナとよばれるようになりましたが）の壁画制作にもラファエロの弟子として携わりました。

ラファエロはブラマンテの死後（一五一四）、サン・ピエトロ大聖堂建造主任建築家に任ぜられ、またローマ古代建築・遺跡調査総監督として古代ローマ建築の実測をし、それをとおして古代ローマ建築の研究をすすめ、さらには枢機卿ジュリアーノ・デ・メディチによるローマ、モンテ・マリオの中腹に建設する別荘計画に取り掛かり（一五一七～、すでに陛下からお話がありましたが、この別荘建築は未完のまま、一五二七年の「ローマ略奪」において被害をこうむりました。その後、一部修復され、皇帝カール五世の娘パルマのマルゲリータの手にわたり「ヴィラ・マダマ」とよばれるようになりました）、建築家として活躍を始めましたが、ジュリオはラファエロの弟子としてこれらの建築活動に携わるうちに、建築の勉強もしたのでしょう。

ラファエロは一五二〇年、三七歳の若さで死去してしまいましたが、ジュリオはその頃には、建築家としても活動を始めております。ローマ、ジャニコロの丘のヴィラ・ランテ（一五一八年～、ラファエロ生存時の設計ですが）を完成させ、それとローマ市内に建ったパラッツォ・マッカリーニ（一五二〇頃）

はジュリオの作といわれております。いずれもラファエロの生存時のものですが、体調が思わしくないラファエロの仕事を引き継ぐかたちでジュリオが設計し完成させたと思われます。「ジュリオが図面を描き、模型をつくった」とヴァザーリも述べています――。

師ラファエロ亡き後、マントヴァ侯フェデリコ・ゴンザーガの大使としてローマにあったバルダサーレ・カスティリオーネ（一四七八～一五二九）のすすめで、ジュリオはマントヴァに移り住むこととなります。このカスティリオーネは名高い人文主義者でして『廷臣論』（一五二八）の著者として有名ですね。

この地でマントヴァ侯フェデリコ・ゴンザーガから間もなくして全幅の信頼を得たジュリオ・ロマーノ――本名はジュリオ・ピッピなのですが、マントヴァに来て以来、ジュリオはジュリオ・ロマーノ、つまり「ローマ出身のジュリオ」と自ら名乗り始めたようです――は、宮廷建築家としてマントヴァの建築に関する総監督を任され、またフェデリコ・ゴンザーガの命で離宮パラッツォ・デル・テの計画に着手しました。

パラッツォ・デル・テと申しますと「茶の館」と考えられがちですが、そうではなくマントヴァ市街の外にイソラ・デル・テという島がありまして――このテという名の由来は、昔、この島で茶が栽培されていたとか、あるいは治水堤防と関連したこの地方の方言だとするなど、さまざまな説があるようです――この島に建てられたパラッツォということからパラッツォ・デル・テと名づけられました。

ルドルフ二世　思い出した。私の祖父皇帝カール五世が一五三〇年と一五三二年に二度マントヴァのフェデリコ・ゴンザーガ公（カール五世帝が侯爵であったフェデリコを公爵に叙任した）のもとに立ち寄り、その離宮パラッツォ・デル・テにてたいへんなもてなしを受けた。その際、フェデリコの案内で、パラッツォの各部屋の天井や壁にジュリオと申す画家によって描かれた見事な、そして興味深い絵をカール五世帝は感嘆の声をあげつつ鑑賞した。なかでも「馬の間」に描かれた馬の絵を見てたいへん喜ばれた。さすが名馬の産地として名高いマントヴァの宮殿に馬の絵を描かせるとはよい発想だと感心され、先年のフェデリコより贈られた馬の素晴らしさを語り、二人の間で馬談義が長々と続いた。

そしてなによりも「巨人の間」において天井と壁の区別なく部屋中を覆い尽くすように描かれた神々と巨人族の戦いの絵には、その迫力に度肝を抜かれるようであった、とカール五世帝は後に側近に語ったという。

建築家　一五三〇年のカール五世帝によるマントヴァ訪問はカール五世の皇帝軍がフィレンツェを包囲し、制圧しました直後のことですね——フィレンツェの周りを皇帝軍の兵舎テント群が取り囲むフィレンツェ包囲を題材にしましたヴァザーリの絵が知られております——。

パラッツォ・デル・テの「巨人の間」に描かれました神々と巨人族の戦いでは、石造の建物が崩壊し、その石の下敷きになった巨人族がうめき声を上げる場面がありますが、「巨人の間」に足を踏み入れた人は、さながら、その部屋が崩壊するような錯覚に陥りますね。各部屋の天井、壁に描かれまして絵はどれも素晴らしいのですが、とりわけこの神々と巨人族の戦いを描いた「巨人の間」によって、このパラッツォ・デル・テが後世に名を残したといってもよいかもしれません。

ただ、各部屋の天井や壁に描かれた絵画だけでなく、このパラッツォ・デル・テの建築自体にもたいへん興味深いところがあります。それは、その時代までのルネサンス建築が古代ローマ建築に範をとった比例と調和を旨とするいわゆる古典主義建築に対し、このパラッツォ・デル・テの建築には——不規則な柱間寸法、非対称性、開口部の偏心、エンタブラチュアの一部（トリグリフ）がずれ落ちたような形態、アーチのキーストンの巨大化等々——そこから意図的に逸脱し、まことに奇異な印象を与えます。後世にいわゆる「マニエリスム」といわれました十六世紀を特徴づける（「反古典主義」というよりも）「脱古典主義」といえます諸要素をこのパラッツォ・デル・テはもっています。

何故に脱古典主義的傾向を示し、奇異な建築が成立したのかについては、後の研究によりまして、ジュリオ・ロマーノが設計を始める以前に小規模なヴィラ・別荘が存在し、これを取り囲むかたちでパラッツォを設計したため、柱間寸法などの不規則性が生じたことが指摘され、これがそうした設計の背景にあるのではないかといった主張や、あるいは皇帝カール五世とフランス王フランソワ一世のイタリア進出を契機として、イタリア各地に戦争が勃発するなど政治情勢が激変し、社会不安が建築に反映しているのではないかなどとさまざまな主張がなされております。

ルドルフ二世　パラッツォ・デル・テはその後どうなっているのか。

建築家　十八世紀に比較的大きな補修・改修工事が行われまして、今日見られます庭園側正面ファサードの三角破風はこのときに付加されました。

そして、中庭に通り抜ける正面ロジアの左右のファサード上部もまた、当初アーチの上部の帯状部分に小さな円柱が並び立っていたものが――これはストラーダがマントヴァのある建築家に依頼して描かせたこのファサードの図面からわかります――今日見るように、ごく単純な平滑な壁面へと改変されました。

また、当初は橋によってこのパラッツォ・デル・テが建つ島はマントヴァ市街と結ばれていましたが、今日は陸続きとなっており、パラッツォ内部の各部屋の天井や壁の絵画は、時折、補修工事が行われているようでして、パラッツォ・デル・テは、今日、なお興味深い建築として外国から訪れる人が多く見られます。――ですが、そこにはわざとらしい作為、通俗性、単なる思い付きに過ぎないものなどがあることは否定し得ませんが――。

ストラーダはまず建築の書物をとおして建築の勉強を始めたのですね。古代ローマ、紀元前一世紀の建築家ウィトルウィウスの『建築十書』（一五二一年、スイス、サンクト・ガレンの修道院において発見され、一五二一年にイタリア語版が出版されています。また、一五五六年にダニエル・バルバロによる翻訳注解版が出版されております）、また、人文学者レオン・バティスタ・アルベルティ（一四〇七〜七二）の『建築論』（一四五二年、ラテン語で書かれたこの本は一四五五年に出版され、一五四六年にイタリア語訳、一五五三年フランス語訳、一五八二年スペイン語訳が刊行されました）、それにセルリオの『建築書』（第一〜六巻、一五三七〜五一年）などを読んで勉強したことでしょう。それにストラーダはその豊富な蔵書で知られていますが（後に三、〇〇〇巻を数えるストラーダの蔵書を陛下が購入されました）、一五六七年にまとめられた蔵書目録中には『イタリアの都市と建築集』をはじめ建築に関する多数の書物が見いだされます――目を引きますのはそのなかに、オスマン・トルコ、スルタンの野営テントが精鋭歩兵軍団イェニチェリのテント群に囲まれている図等が含まれました『トルコ建築』の書もあることです――。

ストラーダはそれらの建築書を読んで、いわゆる「建築の理論的なもの」を勉強したわけですね。ルネサンス期に建築家として仕事をするために必要とされました幾何学（遠近法）や数学（比例）、書物や古代建築の観察によってギリシア、ローマの古代建築の知識も勉強し身につけたのでしょう。

ただ、ストラーダには建築家として仕事をするに必要な実務経験が欠けていたということはいえます。およそルネサンス期の建築家の多くは、同時に彫刻家であり、あるいは画家であり、あるいは彫刻家でありまた画家でもある者でありました。ヴァザーリの著書『美術家列伝』において取り上げられました二〇〇人あまりの芸術家のなかで、たんに「建築家アルキテットーレ」としてだけ上げられているのは、アルベルティ、ブラマンテ、三人のサンガロ、サンミケーレなどわずか一〇名のみである、とある研究者は述べております。この一〇名の建築家にしても、人文主義者アルベルティを除いたほかは石工か木工、金細工師であって、あるいはブラマンテのごとく画家出身であるのですね。唯一の例外はアントニオ・ダ・サンガロ・イル・ジョヴァネでこの人は専門的職業建築家です。そして、ほかすべては彫刻家・建築家、あるいは画家・建築家あるいは彫刻家・画家・建築家であるのですね。

そして、これらの画家あるいは彫刻家、あるいは画家であり、彫刻家でもあった者が兼ねた、いわば兼業の建築家は絵画や彫刻の仕事をしながら、建築の仕事に携わっていき、建築家として徐々に活動をしたか、あるいは絵画、彫刻の修業をした後、建築家のもとで建築の修業をした、このどちらかであるといえましょう。つまり、ある程度の建築の実務経験を積んだといえましょう。

この建築の実務経験の程度といいましても、人により実にさまざまでして、たとえば画家として才に恵まれ、若くして名声を博したラファエロ・サンチオは、主として建築家ブラマンテとの協労、それにローマの古代建築の調査・研究をとおして建築家としての素養を得たといわれておりますが、その建築の実務経験が十分ではないにも拘らず、三三歳の若さでローマのサン・ピエトロ大聖堂造営の主任建築家に任ぜられました（一五一四）。建築家として望みうる最高の地位ですね。ところがこのラファエロの設計によるローマ教皇庁ヴァティカン内にある教皇の居室とロジアが、基礎それに梁、支柱といった構造的欠陥により崩壊の兆しを示し始め、教皇などを恐怖に陥れた――一五三一年、これはラファエロの死後のことですが――、ということがヴァザーリの言によって知られております。

初め木工の技術を修得し、そして建築家ブラマンテのもとで修業した、この時代において例外的な建築専門の建築家であるアントニオ・ダ・サンガロ・イル・ジョヴァネ（一四八四～一五四六）が、教皇の命によって、これを綿密に調査、検討して、基礎部分のやり直しと支柱や梁の補強をし、事なきを得たといわれております。

構造技術に関する豊富な知識と高い実務能力を有するこのサンガロは、このときは、サン・ピエトロ大聖堂造営の第二の主任建築家の地位に甘んじなければならなかったのですが、造形面、デザイン面にのみ力を注ぐ画家・建築家、彫刻家・建築家たちの尻拭いをたびたびするはめになり、これらの人たち——とりわけラファエロとミケランジェロ——との確執があったといわれています。

ルドルフ二世　ミケランジェロ・ブナロティのような天才に、建築の仕事において職業的建築家サンガロは、その建築の専門知識や実務能力に疑いをもったと聞いておるが、建築家としてのミケランジェロにはそうした点が不足していたのだろうか。むろん、互いに反目しあうサンガロの言い分であることを考慮に入れなければならないが——。

ところで、そなたは画家あるいは彫刻家としての成功者が、同時に建築家としても仕事をする者が目立って多いことは、ルネサンス期に固有な現象である、と前に話したが——。

建築家　そうです。この時代ではなによりも建築の比例と均整による優美な建築が求められたということかと思います。「絵画的な美しい」建築をディセーニョ（デザイン）する能力が建築家に大きく求められました。このディセーニョ（デザイン）とは「素描」ともいわれますが、単に素描するのではなく、構想、意匠、図案を含めた広義の描く能力をいうものです。

建築の設計図の平面図、立面図、展開図などを描くこともディセーニョ（デザイン）いうようでして、建築家ブラマンテは老齢と手の麻痺のため、以前のように作業することができなかったため、そのとき作成中の図面を新しく弟子入りしたアントニオ・サンガロ・イル・ジョヴァネに手伝わせたが、アントニオは非常に綿密かつ正確に仕上げたので満足したといわれておりますが（ヴァザーリ）、これはむろん、たんに正確に描いたのではなく、建築装飾を伴った建築図面を描き、アントニオのデザインセンスが反映したその出来具合にブラマンテは満足したということですね。

　このディセーニョの能力は画家や彫刻家、それに建築家となるための最も基本的なものでして、そうした訓練を受けていない実務のみに秀でた技術的建築家はあまり評価されないのですね。

ルドルフ二世　ある程度規模の大きな建築物の計画となると、建設委員会が組織され、それに建築顧問をはじめさまざまな活動分野の人たちが加わる。そして、たとえば実務経験に乏しいとされる画家兼建築家の設計案を皆で討議するのがならわしだ。そこで欠点があれば是正されよう。

　それに建設工事が施工されるにあたって実務経験が豊富で現場の実務能力に長けた建築家が、その画家兼建築家を助けて、建築現場にて仕事の仕方を職人に指導し、建設を指揮する。

建築家　アルベルティにはルカ・ファンチェリなど、ラファエロにはサンガロ・イル・ジョヴァネなど、画家あるいは彫刻家を兼ねる建築家には、それぞれ協労した実務経験豊富な建築家あるいは棟梁が存在したのですね。

　ただ、たとえ画家あるいは彫刻家を兼ねるとしても、建築家の職業としては、いかなるものでしょうか。

ルドルフ二世　実務に秀でた他の建築家の助けなしには、ひとつの建物を完成し得ないとは……（沈黙）。ウィトルウィウスによる（古代ローマの）建築家像とは異にするようにも思えるが。

建築家　「建築家の知識は多くの学問と種々の教養によって支えられ、この知識の判断によって他の技術によってつくられた作品もすべてその質、内容を確かめられる。それは建築をつくることと理論から成り立つ。つくることとは絶えず練磨して技術を考究することであり、それは造形の意図に適うあらゆる材料を用いて手によって達成される。一方、理論とは巧みにつくられた作品を比例の理によって証明し説明し得るもののことである。それで、学問をかえりみないで技術のほうに習熟するよう努めた建築家は努力のわりには権威を得るようになりえなかったし、また、理論と学問だけに頼った人たちも建築そのものではなく幻影を追い求めたように思われる。これに対して、この二つを十分に習得した人は、あらゆる武器で装備された人のように、意図されたものを権威をもって獲得した（第一書　森田慶一訳）」とウィトルウィウスは述べていますね。

ですが実際には、なによりも建てる目的を充足する強固な建築を設計する建築家が古代ローマの建築家像であったのです。ルネサンスの芸術家としての建築家というよりむしろ実務に秀でた技術者としての建築ですね。

ルドルフ二世　そうだな。「建築だけは技術もないのにやろうとする。それは自分が建築家であると公言している人たちが真実技術によってではなく、まちがって建築家とよばれているからだ（第六書）」など厳しいことを述べているな。

建築家　後の時代になりますと、建築家を教育する機関が成立し、教育内容も充実してゆき、ウィトルウィウスの述べたような建築家としての職能が徐々に確立していったように思われますが、二一世紀になりましても、各国でこの建築家の職能が充分確立したとは、いまだいえないのが現状です。

ところでストラーダは一五六四年、宮廷古美術専門家に任命されております。宮廷が古美術、古銭等を購入するにあたって助言、仲介、鑑定する、それに購入後の管理などをする仕事です。一五六四年は皇帝フェルディナント一世が崩御し、陛下のお父上であるマクシミリアン二世が神聖ローマ皇帝に就かれた年ですが、古代ギリシア、ローマのみならず中世よりルネサンスまで、イタリアを中心にヨーロッパの建築、彫刻、絵画に造詣の深い勉強家のストラーダはマクシミリアン二世帝にたいへん信頼が厚かったのでしょう。皇位に就かれましたその年に宮廷古美術専門家に任ぜられておりますストラーダは一五六〇年にすでに宮廷建築家として任ぜられ俸給を受け取っておりますから、それに加えて、宮廷古美術専門家としての俸給を受け取ることとなり、ストラーダは二重の俸給を得ることで経済的にたいへん豊かになったようです。

ストラーダ、ウィーンに自邸を建てる

そして翌年の一五六六年、ウィーン市内市壁に沿って濠を見下ろす眺望のよいレーヴェル街（今日のブルク劇場のすぐ裏手）に自邸を建設しております。宏壮なイタリア風なパラッツオ（邸館）でして豊富な蔵書を誇る図書室や美術品収蔵室、それに客が長期滞在し得る客室などがあり、あのハンス・ヤコプ・フッガーや宮中伯ゲオルグ・ハンスなどがしばらく滞在したことが知られております。

一五六〇年、フェルディナント一世帝により宮廷建築家に取り立てられ、その後、マクシミリアン二世帝の治世においても引き続きその任に就いたストラーダですが、建築の実務経験がなく、本人自身もそのことがたいへん気がかりであったことと思います。

ですが自分の家の設計、見積り、建築現場での（他の実務経験豊富な建築家と一緒に）さまざまな職種の職人たちの仕事の指導、工事監督、管理等々に直接かかわり、ストラーダにとって大きな建築実務の経験となったことと思われます。

ルドルフ二世　私が弟のエルストとスペイン王フェリペ二世の宮廷に遊学中（一五六四～七一）のときだな、ストラーダが自邸を建てたのは。王宮の近くだし、帰国後、市壁に沿って散歩するとき、たまにそのイタリア風の宏壮のパラッツオを見かけたことがある。

建築家　ストラーダが生まれ故郷のマントヴァのゴンザーガ家の離宮パラッツオ・デル・テの建築図面の作成を知り合いのイタリア人建築家に依頼したのは、自邸建築のすぐ後のことですね。出来上がっ

てウィーンのストラーダのもとに送られてきた図面は、平面図（床面の模様も描かれています）、立面図、各部屋展開図、天井伏図など詳細にわたって精密かつ生きいきとしたタッチで描かれ見事なものです――後にロンドンにて催された「ゴンザーガ家の栄光展」にも出展され、好評を博したことが知られております（今日、ドイツ、デュッセルドルフ美術館蔵）。

ストラーダは自身見たパラッツオ・デル・テを想起しつつ、これらの建築図面を、時間をかけてじっくりと読みながら、再度、建築を勉強したのではないでしょうか。ひとつの建築を基礎から構造、細部の仕上げ、装飾まであらゆる面から徹底的に勉強し理解することは、建築の勉強方法としてはたいへん効果的だからです。

ストラーダはこうして自邸の建築をとおして建築の実務を勉強し、また作成させたパラッツオ・デル・テの詳細かつ綿密な建築図面を読み、研究することによって、建築の勉強をし直した、と申せましょう。

ストラーダはまた、マントヴァにおいてジュリオ・ロマーノの息子ラファエロと会い、父ジュリオの所有で息子に遺した素描類すべてを譲ってもらったことが知られております。そのなかにはジュリオ・ロマーノの師ラファエロの素描、父ジュリオの素描、それに古代ローマ建築と現代の建築の素描等が含まれていたということですが、ストラーダは古銭、古美術、写本書物、そして建築図、素描等々、興味を抱くものすべてなんでも収集する癖があったようですね――むろん安く譲り受けた後に高値で売りつける商売人的な面があることも否定し得ませんし、それらを上手に編んで著書のかたちにしてあるいは自分が序を書いて出版するという売名的面をも有していたこともまた否定し得ません――むろん学者的な面もありましたが。

ストラーダ、ミュンヘンの王宮古美術陳列室創設にかかわる

南ドイツのバイエルン公国、アルブレヒト五世公（一五二八～七九）によります古代ギリシア・ローマの古美術（主として彫像）の収蔵・陳列室（アンティクウァリウム）創設にあたって、ヤコポ・ストラーダがかかわったことが知られております。

ルネサンスの時代ではロレンツォ・デ・メディチ（一四四九～九二）をはじめとしまして王侯・貴族たちは古代ギリシア・ローマの遺物、古美術収集に熱をあげましたが、バイエルンのアルブレヒト公は一五六〇年代に本格的に古代遺物、古美術収集を始めまして、六〇年代後半には王宮内にそれらの収集品の保管・収蔵・陳列室の建設を思い立ったのですね。

アルブレヒト公が古美術収集を始めましたのには、ストラーダに出版費用をはじめさまざまな面で金銭的援助をしたフッガー家のハンス・ヤコプの影響が大きいといわれます。フッガー家の家業を継いだハンス・ヤコプですが、スペイン王フェリペ二世による「国庫支払停止宣言」（一五五七）のあおりを受けて家業は破産に追い込まれ（一五六三）、その後、財産をめぐって従兄弟との争いとなりましたが、家族の財産を分け与えることで和解にこぎつけました。そして家の管理を弟ゲオルクに委ね、ハンス・ヤコプは年来の親しい友人でもあるバイエルン、アルブレヒト公の相談役（宮廷顧問官）としてバイエルン宮廷に出入りすることとなったのですね。

大学で学び、人文主義者であるハンス・ヤコプ自身、古美術・書物収集家なのですが、アルブレヒト公に自身の古代彫刻を中心とする古美術収集品と父レイムント・フッガー（一四八九～一五三五）が遺した古美術収集品とを六、〇〇〇グルデンにて売却しております。また、収集した膨大な量の書物もアルブレヒト公に売却しております。

アルブレヒト公が古美術を収集するにあたって、ハンス・ヤコプ・フッガーはアルブレヒト公に二人の代理人を推薦しております。如何なる古美術品が手に入れることができるか、価格はどうかなどを公に報告して、そしてアルブレヒト公の代理人として購入する仕事ですね。フッガーが推薦したのが、長年知り合いのヤコポ・ストラーダであり、そしてもうひとりはヴェネツィアに住むイタリア人学者、そして詩人でもあるニコロ・ストピオ（?〜一五七〇）です。

ストラーダはアルブレヒト公の依頼により、一五六七〜六九年の間、数度にわたって古美術品を求めてイタリアへ赴いております。ストラーダはウィーンのマクシミリアン二世帝の宮廷にて宮廷建築家、そして宮廷古美術専門家としての任務があるわけですから、本来はそうした身の自由はきかないのですが、アルブレヒト公のアンナ妃（一五三八〜九〇）はマクシミリアン二世帝の妹君であり——したがいまして陛下の叔母上であるのですね——、そんな姻戚関係から、アルブレヒト公は親しいマクシミリアン二世帝に、ストラーダの身をしばらくの間自分のもとに預けてくれるよう書簡を送った（一五六六）のですね。マクシミリアン二世帝はしぶしぶそれに応じたことが知られております。

アルブレヒト公の代理人としてストラーダは、ローマにおいて二二の彫像と三〇の頭部像を、またパトヴァにおいて人文主義者のピエトロ・ベンボのコレクションから二の彫像と一の胸像を、それにヴェネツィアにおいてシモン・ゼノのコレクションから六の彫像と二二の頭部像と、それに七のトルソ、そのほかレリーフと銅メダル多数を、また同じくヴェネツィアのアンドレア・ロレダンのコレクションから四三の彫像とトルソ、九一の頭部像、三三のレリーフ、それに四四の彫刻断片と銅メダルを購入しております。

ルドルフ二世　ストラーダが購入したそれらの古代美術品の多くは、収集した人の死後、相続人によって競売にかけるなどして売却されたものだ。美術品の収集はそうした収集家の相続人――多くは遺族だが――による売却が多い。むろん寄贈によるもの、あるいは戦争において略奪されたものも少なくない。

建築家　陛下はローマ、ヴェネツィア、スペインをはじめ各国に派遣した大使などに、つねにそうした収集家の情報、競売の情報などを逐一報告するよう命じられております。神聖ローマ帝国内はもとより、国際的な情報網が形成されているわけですね。

ところでバイエルン公国のアルブレヒト公がそうして収集した古美術品は、ハンス・ヤコプ・フッガーから購入したものも含めまして、合計でおよそ一〇四の彫像、二三〇の頭部像とトルソ、七二のレリーフ、一四〇の銅メダル三、三〇〇の古銭でして、購入に際して二七、〇〇〇グルデンを支払ったことが知られております。

そして王宮内に収集したこれらの古美術品の収蔵・陳列すると同時に、収集した書物の収蔵・閲覧のための建物の新設をアルブレヒト公は考え始め、ハンス・ヤコプ・フッガーらと相談のうえ、ウィーンの宮廷建築家でもあるヤコポ・ストラーダにその建築と陳列方法について助言を求めます。バイエルンの宮廷にはこのような建築を任せられる宮廷建築家がいないとアルブレヒト公は考えられたのでしょう。

王宮内の建築予定地の形状などを考慮した約六七メートル×一二メートルの細長い長方形の基本プラン（二層で上階に図書室、下階に古美術収蔵・陳列室）がアルブレヒト公を中心とする王宮建設委員会によって案出され、それに収蔵・陳列室は間仕切壁のないワンルーム形式のホールにしたいというアルブレヒト公の意向を添えて、ストラーダのもとに送られたのです。ストラーダはその基本構想に沿って、半円筒ヴォールト天井の長大なホールとし、長手方向の壁に沿ってその柱間間に彫像・胸像（据付台の上に設置）、頭部像（下部に胸像を新たに作製し据付台の上に設置）を陳列する設計図（平面図、立面図、内部展開図）を描いております。構造技術的な点はともかく、それらの出来栄えはまがりなりにも建築家が描いた図面といってよいかと思います（今日、バイエルン国立公文書館蔵）。

ストラーダは金細工師として修業しましたが、金細工師は石工や木工師と違って――別の系統でフィレンツェでは絹織物組合に属していました――デザイン能力と器用さが大きく問われ、ルネサンスの建築家のなかでも優れた建築家ブルネレスキ、ギベルティ、それにミケロッツオなどは金細工師の出身である、といわれております。

ところがこの建築の計画が進められていくなかで、アウグスブルクの建築家シモン・ツヴィツェル（?～一五九三）――経験豊富な実務タイプの市の建築家で、父親と一緒にアウグスブルクの図書館の建築を手がけております――が加えられ（一五六九）、おそらくこの建築家が宮廷建築家エクルとともにストラーダの設計案に手を加えた設計案をもとに建設工事が進められ、一五七一年に竣工をみました。

ストラーダはこの建設計画から外されたわけですね。

ルドルフ二世　アルブレヒト公とハンス・ヤコプ・フッガーの二人とストラーダの間になにか不和が生じたと聞いているが――。

建築家　といいますより、ストラーダがアルブレヒト公の信頼を次第に失っていったということのようです。

ストラーダに関する悪い評判がアルブレヒト公の耳に入り、ストラーダが正直な人間であることに疑念を抱き始めたためです。アルブレヒト公の古美術収集にあたってのもう一人の代理人であったヴェネツィア在住のニコロ・ストピオですが、ストピオが購入する古美術品は主にギリシア、小アジアといった東方からのものでして、その出処、年代がわからず、そして近代の贋作の疑いがあるものも多く――

この時代は王侯貴族たちが競うように古美術品を求めましたから、偽作技術が高度に発達したといわれます——、これはストピオが比較的安価で、保存状態の良いものをアルブレヒト公のために購入しようとしたためのようです。これに対しハンス・ヤコプ・フッガーとストラーダはオリジナルなもの——当然に、古代ローマ時代のギリシア彫刻複製品を含めて——のみを求めようとしました。

ストラーダの商売敵といってもよいストピオは、ストラーダが思い上がりも甚だしく狡猾に立ち回る人で、また古美術品を法外に高い値をつけて購入してしまうなどとさまざまにストラーダを誹謗中傷する書簡をハンス・ヤコプ・フッガーやバイエルンの宮廷秘書室のもとにたびたび送っています。

ルドルフ二世　商売敵どうしの誹謗中傷は当たり前のことと思わねばなるまい。真実がどれほどか疑ってかかるのが当然だ。

建築家　それはそうですね。

ただアウグスブルクの司教であり古美術にも詳しいオットー・トルフゼス枢機卿は、ストラーダがヴェネツィアにおいて購入したアンドレア・ロレダンのコレクションの質に疑いをかけ、ローマでの古美術品と比較して法外に高い値段をつけて購入したとストラーダを批難しました。またこの枢機卿は教皇や他の枢機卿のコレクションから数点ずつアルブレヒト公に寄贈するよう取り計らったことが知られております。

そして、またマントヴァのパラッツォ・デル・テやパラッツォ・ドゥカーレの建築図面を建築家に描かせ、建築模型を制作させたストラーダは、建築家に支払った報酬は自己負担であると主張しましたが、実際にはアルブレヒト公から支給されました旅費から支払ったことが明るみに出たこと、またストラーダはある裁判沙汰となるのをおそれてヴェネツィアやマントヴァの国を避けて通交しているといった悪い噂が立ち始めたようです。

バイエルンのアルブレヒト公、王宮内のアンティクウァリウム建設計画からストラーダを外す

アルブレヒト公はストラーダにとって商売敵のストピアのストラーダに対する中傷はともかく、トルフゼス枢機卿の言や他のさまざまな噂を聞き及びまして、ストラーダに次第に不信感を抱くようになったのですね。

そのためストラーダは進められていました王宮内の古美術収蔵・陳列室アンティクウァリウムの計画から外される破目になったと思われます。

計画の途中で外されたにせよ、細長の長方形プランで、半円筒ヴォールト天井に覆われたワンルーム型の収蔵・陳列室の空間、そして古美術の陳列方法などは、建築家であり古美術専門家としてのストラーダの設計によることは確かでして、一五七五年にアルブレヒト公にストラーダが謹呈しました著作『古銭に見る古代ローマより現代に至るまでの皇帝の肖像』においてストラーダ自身がそのことを記しております。――おそらく、アルブレヒト公がそのことをお忘れにならないようにとの思いで書いたのでしょう。

ティツィアーノによるストラーダの肖像画

建築家　ところで以前に話題に出ましたヴェネツィアの画家ティツィアーノによるストラーダの肖像画のことですが、ティツィアーノが描いたのはちょうどこの頃、ストラーダがバイエルンのアルブレヒト公の代理人としてヴェネツィアに古美術品を求め、購入しているときのことのようですね（一五六七～六八）。

ヴェネツィアの有名な美術品収集家であったガブリエール・ヴェンドラミン（一四八四～一五五二）の

コレクションが相続人によって売りに出されるという情報を手に入れたストラーダが、それをなんとか購入しようと躍起になっている頃、これもまた同じヴェンドラミンのコレクションを手に入れようと目論んでいたティツィアーノと知り合いになりました。

ティツィアーノは金銭欲が強く、金儲けのために古美術品の売買に手を出していたと中傷する人——ピエトロ・アレティーノをはじめ多くの人が、ティツィアーノは金銭に貪欲であり、ヴェンドラミンのコレクションの売却に関しても金儲けのためにかかわったのではないかという人もおります——もおりますが、私はそうした面もあったことをまったくは否定しませんが、そうではなくティツィアーノはある絵画的興味や創作動機から、ヴェンドラミンのコレクションを購入しようとしたのだと思います。ティツィアーノ以前に、聖遺物を前に礼拝するヴェンドラミン一族を——ヴェンドラミンの先祖は十四世紀、コンスタンティノープルからもたらされた貴重な聖遺物が聖なる行列の際、誤って海に落ちてしまい、それを海から引揚げたことで有名ですね。画家ジェンティーレ・ベリーニはその故事を絵に描いております（一五〇〇）——。

ティツィアーノはこの事実からしてヴェンドラミンとは知己であったのですが、ヴェンドラミンがティツィアーノの師であるヤコポ・ベリーニの貴重なスケッチブック（素描帖）を所有していることを知っており、それを手に入れたいと思ったのではないでしょうか。

あるいは一五四七年四月二四日、朝もやが垂れ込めるエルベ川を渡る陛下の祖父皇帝カール五世率いる皇帝軍が、プロテスタントのシュマルカルデン同盟軍を破ったミュールベルクの戦いの勝利を記念してティツィアーノがアウグスブルクにおいて描いた皇帝カール五世の騎馬像——頭と前足を屈め、いまにも勇ましく駆け出そうとする馬を左手で手綱を押さえ、右手に長い槍をもち、背筋をピンと伸ばし、悠然とまたがる皇帝カール五世の威風堂々たる姿、いわば馬の動と皇帝の静とが一体化して見事に描かれております（一五四八）この構図は、古代ローマ帝政期の古銭に描かれた構図に範をとったものではないか、と指摘する現代の研究家がおりますが（パノフスキー）、ティツィアーノはそうした創作の動機からヴェンドラミンのコレクションのなかの豊富な古銭を得るべく画策したのかも知れません。

ルドルフ二世　遺族によって売却されようとするヴェンドラミンのコレクションを同じように購入しようとしていたティツィアーノとストラーダは知己となり、ストラーダは自分の肖像画を描いてくれとティツィアーノに頼み込み――おそらくストラーダは大金を積んで頼んだのであろう――、ストラーダの肖像画が描かれたと、そなたは話したが、ティツィアーノはその頃には相当な高齢であったのではないのか。

建築家　陛下がおっしゃるとおりティツィアーノはたいへん高齢でありました。ティツィアーノは北イタリア、アルプス・ドロミテ山系の麓ピアーヴェ河畔の小村ピエーヴェ・ディ・カドーレに生まれましたが、その生年は不明なのです。『ルネサンス画人伝』を著したジョルジョ・ヴァザーリは（A）一四八〇年としていますが、後の研究者によりましても（B）一四七四～八四年の間であろう、あるいはそうではなく（C）一四八八～九〇の間が妥当であろうとするなど諸説があります。

（C）説を採りますと、ストラーダの肖像を描いたのは、ティツィアーノが七七～七九歳となります。ヴァザーリは一五六六年ヴェネツィアにティツィアーノ（七六～七八歳）を訪れていますが、「年はだいぶとっていたが、手に筆を取って絵を描いていた」と述べております（――たいへん長生きし、しかも高齢になってからも絵筆を握ったティツィアーノは多作の画家ですね）。そして「たいへん健康で余人のとうてい及びもつかぬ幸運に恵まれた人であり、ヴェネツィアのティツィアーノの家には、ありとあらゆる王侯、学者、多趣味の人が出入りしている。収入もだいぶあった」と述べております。

また「晩年は暇つぶしのほかは仕事をしないほうが、下手な作品でもって豊熟の年にかちえた名声をおとさないほうがよいのではないかと思っている」ともヴァザーリは述べておりますが、死去する（一五七七）一〇年前の最晩年にティツィアーノが描いた『ヤコポ・ストラーダの肖像画』は――おそらくティツィアーノの指図でその工房で働く弟子たちが描いたものをティツィアーノが部分的に手直ししたものでしょうけれども――、今日、なかなかの傑作だと評価する人と、ヴァザーリのいうティツィアーノの名声をおとしかねないといわないまでも、たいした絵ではないとする人がおりまして、評価はわかれているようです。

ティツィアーノは二二歳の頃、イタリアの詩人ルドヴィコ・アリオスト（一四七四～一五三三）とされる肖像画をはじめ、たいへん多くの肖像画を描きました。

詩人で劇作家のピエトロ・アレティーノは皇帝カール五世の妃イザベラ・フォン・ポルトガル（一五〇三～三九）に宛てた書簡で、「ティツィアーノは世界中の人から愛されております。それは、その絵筆が絵に生命を吹き込むからです。そしてティツィアーノは自然からは嫌われております。それはティツィアーノがその芸術でもって、その面目を潰しかねないからです」と述べております。

ティツィアーノは皇帝カール五世の騎馬像をはじめ見事な肖像画が多いですね。肖像画を描くにあたりまして、周囲の景観であるとか、置時計、絵画、椅子などといった日常生活において身近な「もの」を配して描き、描く人物がどのように生きているのか周囲の世界を浮き彫りにして、暗に容貌の奥の性格を描くことを多く試みていますね。「ストラーダの肖像画」はこうしたいわば演出された人物画像の典型的なものといってよいかと思います。

黒のベルベット、赤の椅子、毛皮の外套と豪華な服に身を包み、古美術品購入の代理人として依頼人に見せているのでしょうか、両腕に大理石の女神像を持ち、手前のテーブル上には、これも大理石のトルソが、また比較的大きな古銭が六枚、無造作に置かれています。また紙片もあります。――これは封が切られた書簡であり、各地の顧客から依頼の書が届いて多忙な代理人であることを示すのであろうと指摘する人がおります。そして腰には剣をさしていますが、これは宮廷人を示すものだということです。ストラーダはオーストリア、ハプスブルク家の宮廷古美術専門家であり、宮廷建築家でもありますから。そして頭上に棚があり、棚の下にTITIANUSと画家のサインが見えます。――ティツィアーノはラテン語風にサインするのを好んだでしょう。そして棚の上には、――暗くて判別し難いのですが――小さなヘラクレス像と二冊の書物が置かれています。おそらく自分の著書でしょう。

このようにストラーダの社会的地位、身分、富、古美術専門家、代理人、そして自らも収集家であり著作家である等々を象徴するたくさんの道具立てで演出されていますが、こうした演出は画家ティツィアーノの考えというよりも、ストラーダの意向に沿ったものではないでしょうか。ややぞんざいに並べ立てた感があるのは、あれもこれも自分を演出しようとするストラーダをティツィアーノは冷ややかに見、その演出をストラーダに任せたからではないでしょうか。

ただし、ストラーダの豪奢煌びやかな服装はティツィアーノの創意によるものと思われます。それは黒と赤と金を基調とした『ヴィーナスとオルガン奏者とキュピット』と題するティツィアーノによる絵（一五四五頃、プラド美術館蔵）のオルガン奏者がストラーダとほぼ同じ服装をしているからです。人物画像を描くにあたって、その服装は黒赤を基調とするのはティツィアーノ好みであったと申せましょう。

バイエルン、アルブレヒト公の古美術購入にあたってのもう一人の代理人であるストピオは、画家ティツィアーノがストラーダについて、北の国々で成功を収めているのはすこしの幸運に恵まれただけで、自分の才知をひけらかしたがる愚か者だ、といった意味の否定的な言葉を述べたとバイエルンの宮廷秘書官に書簡にて伝えておりますが、むろん真偽のほどはわかりません。商売敵（のストラーダ）を誹謗中傷するのは当たり前の世の中だからです。

しかしながらティツィアーノによる「ストラーダの肖像画」をじっと見ますと、キャンバスの前に立つストラーダをティツィアーノは冷ややかな眼で見、勉強家で努力家で「十六世紀において最も多才な人物のひとり」とされますが、他方、金銭欲が強く、抜け目なく高慢で、そして狡猾さのあるストラーダを浮き彫りにしているように思えます。

ルドルフ二世　ティツィアーノによるその「ストラーダの肖像画」についてはすこし聞いたことがあるが、実際に見たことがないので何もいえない。

建築家　「ストラーダの肖像画」はハプスブルク家のレオポルト・ヴィルヘルム大公（一六一四～六二）の絵画コレクション中の絵画として伝わり、今日、ウィーンの美術史美術館の所蔵で、公開展示されております。

レオポルト・ヴィルヘルム大公は陛下より三代後の皇帝フェルディナント三世（治世一六三七～五七）の弟君でして、九年間（一六四七～五六）ネーデルラントの総督でした。この総督の時代に、一、四〇〇点あまりもの多くの絵画を収集しました。絵画の収集にたいへん情熱を傾けたのですね。このように絵画の収集にたいへん情熱を傾けたことで知られますのはイギリス国王チャールス一世ですね。イタリア、マントヴァ公国、ゴンザーガ家の豊富な絵画コレクションが売り出されたとき、それらを購入したことはよく知られております。

ルーベンスにコレッジョの作品を模写させる

ルドルフ二世　話の腰を折るようだが、マントヴァのゴンザーガ家で思い出した。私の宮廷画家ハンス・フォン・アーヘンがマントヴァを訪れた折、ネーデルラントの画家ピーテル・ルーベンスに会った。アーヘンはこのルーベンスにコレッジョの作品を模写させたら如何、と私に問うてきた。私は模写させるよう、アーヘンに命じた。

私の弟アルブレヒト大公（一五五九～一六二一）も、ネーデルラント総督であった（一五九六～一六二一）が、その弟から後に聞いたのだが、ピーテル・ルーベンスはヤン・ブリューゲル（ピーテル・ブリューゲルの次男）らとともにブリュッセルにおける弟の宮廷画家だということだ。

私がマントヴァにてコレッジョの絵画の模写をさせたときは、ルーベンスはまだ若く、私もアーヘンからすこし聞くぐらいで、ルーベンスについてはよく知らなかった。

建築家　十七世紀の大画家ルーベンスにコレッジョの作品を模写させるとは、興味深い話ですね。

陛下の弟君であられるエルンスト大公も、またアルブレヒト大公もネーデルラントの総督であられたときは、美術品の収集に熱心であったようですね。かつてブルゴーニュ文化が華ひらいた地はアントウェルペンが美術品の一大取引の市場であったということだけではなく、お二人とも美術品、とりわけ絵画にたいへんな興味を抱いておられたからです。そして並々ならぬ鑑識眼の持ち主であることが知られております。

マントヴァ、ゴンザーガ家の美術コレクション売却される

ところでマンテーニャ、ラファエロ、コレッジョ、ジョルジョーネ、それにティツィアーノやカラ

ヴァッジョ等々をはじめとする画家の作品や古代彫刻などの古美術、装飾品からなる人が羨むマントヴァ公国ゴンザーガ家のコレクションは、一六二〇年代後半に売却されてしまいました。絹工業の衰退などによってマントヴァ公国は経済的危機に陥りつつあったことが背景にありましたが、なんといいましても、後代のマントヴァ公（ヴィンチェンツォ二世、一五九四〜一六二七）の芸術への理解がなかったことがコレクション売却の最大の原因でしょう。

美術品収集に熱心なイギリス国王チャールス一世は各地に代理人を派遣していたとされますが、そのひとりの代理人がマントヴァ公によるコレクション売却の意向があるとの情報を得て、秘密裏に交渉を進め、コレクションのすくなからぬ部分の購入に成功しました（一六二七）。

一時、マントヴァの宮廷画家であり、コレクションの貴重さを知り尽くしていますルーベンスは、そのコレクション売却の暴挙に怒りを隠しきれなかったといわれます。

レオポルト・ヴィルヘルム大公の絵画コレクションのなかのストラーダの肖像画

ところが、イギリスでは専制政治に不満を抱くカルヴァン派の人たちと国王派との間に争いが起こり、その内乱にカルヴァン派がクロムウェルのもと勝利し（いわゆるピューリタン革命、一六四八）、こともあろうにイギリス国王チャールス一世（在位一六二五〜四九年）が処刑されてしまったのです。そして一時、共和国が成立したのです。しばらくしてまた王政に戻りましたが――。そして勝利したカルヴァン派の政府は、チャールス一世所有のマントヴァ、ゴンザーガ家の美術コレクションをはじめとします膨大なコレクションを廷臣たちのコレクションとともにネーデルラントの美術品市場において競売にかけ売却したのです。

このときにネーデルラント総督であったレオポルト・ヴィルヘルム大公が、チャールス一世のコレクションを購入したのです。レオポルト・ヴィルヘルム大公は、時の幸運に恵まれたというべきでしょうが、大公の美術コレクションがどのように収蔵・陳列されていたのか、その一部でしょうが、大公の宮廷画家ダフィト・テニールス（一六一〇～九〇）によって描かれた興味深い絵『ブリュッセルのレオポルト・ヴィルヘルム大公の美術品収蔵室』（一六五一頃）によってうかがい知ることができます。

縦一六三センチメートル、横一二三センチメートルものその大きな絵画を見ますと、六メートルもある天井が高い美術品収蔵室にところ狭しとたくさんの大小さまざまな絵画が天井いっぱい六段に並べられておりまして、絵画だけでなく古代の彫刻、胸像なども棚の上に置かれています。

レオポルト・ヴィルヘルム大公が新しく手に入れられたらしいいくつかの絵画に見入る姿、それに廷臣たちや婦人の姿、二匹の子犬が棒をくわえて遊ぶ様子が描かれています。

ほぼ中央最上段に並べられた絵はジョルジョーネ（一四七六～一五一〇）作の『三人の哲学者』（一五〇八頃）と認められます。

そして左手の大きな戸棚の最上段にティツィアーノの描いた『ヤコポ・ストラーダの肖像』が掛けられているのが認められます。

ストラーダの肖像画がどういう経路でヴィルヘルム大公のコレクションに入ったのかは不明ですが、一六五一年以前にネーデルラント総督レオポルト・ヴィルヘルム大公の美術品コレクションに入ったということですね。大公のウィーン帰国（一六五六）とともにヴェネツィア派と北イタリア絵画を中心とするその素晴らしいコレクションはウィーンに運ばれ、今日では、陛下のコレクションとともにウィーン美術史美術館の美術品コレクションの中核となっております。そしてストラーダの肖像画もそのうちのひとつとして所蔵、展示されております。

ヤコポ・ストラーダのその後

建築家　バイエルン公国のアルブレヒト公は、イタリアで古美術の購入を委託していたのですが、この代理人のストラーダに次第に不信感を抱き始め、王宮内に進められていました古美術収蔵・陳列室アンティクウァリウム建設計画からストラーダは外されるなどの措置がなされましたが、陛下の父君マクシミリアン二世帝はそうしたバイエルンの宮廷での出来事とは関係なく、以前と同様ストラーダに厚い信頼を寄せていたのですね。

ルドルフ二世　父マクシミリアン帝は、むろんそうしたことに関して聞き及んでいたことだろう。だが、それは他国の宮廷の出来事だからな——。

父マクシミリアン帝はウィーンに帰ってきたストラーダの宮廷での忠節と仕事ぶりをみて、ストラーダへ寄せる信頼はなんら変わることはなかった。

ストラーダはラテン、エトルリア、ギリシア、ヘブライ、アラビアの碑文の収集に努め、それらをまとめて書物として出版した。そしてまたラテン語—ヘブライ語—ボヘミア語—ハンガリー語—スペイン語—ドイツ語—イタリア語を主とする十一か国語辞典を編纂し出版した。

宮廷を中心に人文主義再興を意図する父マクシミリアン帝は廷臣のこうした仕事におおいに喜び、出版にあたって資金援助をした。そして長年の功績に対し、六〇歳になったストラーダを貴族に叙した（一五七四）。

建築家　ところがこの頃からストラーダの経済状態が悪化したようですね。陛下が今お話された二つの書物、それに二〇年前リヨンにてセルリオ自身から直接購入したセルリオ著『建築書』第七巻をいずれもフランクフルトの書店から出版しましたが（一五七五）、図版の制作などはストラーダの自費負担ですので、たいへん出費がかさみ、それがストラーダの経済状態の悪化の大きな要因のようです。

それに陛下のお父上マクシミリアン二世帝が一五七六年十月、レーゲンスブルクにおける帝国議会開催中におきまして崩御されました。ストラーダはマクシミリアン二世帝の寵臣（ちょうしん）のひとりであった言ってよいかと思いますが、その主君が崩御されてしまいましたから、俸給の支払が滞りがちになりました。

その年、経済状態がより悪化したためか、ストラーダは一〇年前に建てた自邸でありますイタリア風パラッツオを売却してしまいました。そして今日のウィーン八区の家に移りました。また三、〇〇〇巻を誇る自分の蔵書を陛下に売却しましたね。

ルドルフ二世　そうだ。ストラーダの売却の申し出を受けて私が買い取った。

ヤコポ・ストラーダの息子オッタヴィオを登用

建築家　父君マクシミリアン二世帝の崩御されました後、陛下が皇帝位にお就きになられましたが（一五七六）、ストラーダは陛下の宮廷での職を続けられたのですか。
ルドルフ二世　いや、ヤコポ・ストラーダは宮廷の職から退かせた（一五七九）。私は皇帝位に就いたその日から、あるべき政務を考え、宮廷の人事についても熟慮した。ヤコポ・ストラーダの件は人事刷新の一環だ。ヤコポ・ストラーダは博識で稀にみる多才な人物であることには間違いはないが、父マクシミリアン前帝とは相違して、私とは肌が合わなかったというべきであろう——ストラーダは多分に自画自賛的で、その高慢さが鼻についた。
建築家　十九世紀の文化史家ヤコブ・ブルクハルト（一八一八〜九七）は著書『イタリア、ルネサンスの文化』のなかで「十六世紀の人文主義者の凋落」と題する文で人文主義者の多くはたいへん高慢でそれで世間から次第に見向きもされなくなっていった、などと述べていますが、――ストラーダもそうだったのですね。

ルドルフ二世　また、私が二四歳で皇帝位に就いたときには、ヤコポ・ストラーダはすでに高齢であった。親子ほどの年の差もあり、私が命をするには躊躇する場合もあった。これが宮廷の職を退かせた最も大きな理由だ。

建築家　ヤコポ・ストラーダはイタリア、マントヴァで生まれましたが、その生年はわからないようですね。一五一〇～一五一五年のいずれかの年に生まれた、とするのが今日一般的ですが――ストラーダの肖像画を描いたティツィアーノにつきましても、その生年は今日までの研究でも特定できないようです――、仮にストラーダが一五一〇年生まれとしますと、陛下が皇帝位に就かれました一五七六年では、ストラーダは六六歳であったということになります。

ヤコポ・ストラーダにはドイツ系貴族出身の夫人オッティリエとの間に二人の息子パオロとオッタヴィオ、それに二人の娘ラヴィアとチチリアをもうけたことが知られております。

長男パオロは司祭への道を選び、マントヴァの司教座聖堂参事会員となりましたが、次男のオッタヴィオ（一五五〇～一六一二）は、子供の頃から書物を読むことそして絵を描くことが好きで、これを見た父ヤコポはオッタヴィオにラテン語の教育をはじめ、古代のあるいは人文主義者の書物を与え、また絵画を模写させたりしまして、画家となる教育をほどこしました。また父の仕事でありますす古美術にもたいへん興味を示したようですね。

ルドルフ二世　ヤコポの息子オッタヴィオは勤勉で、素描や絵画に優れ、その博識と古美術の鑑定では父親譲りの才能とを示した。それで私はオッタヴィオを宮廷古美術専門家に任じた。
建築家　結果的にはオッタヴィオは父親の後を継いだのですね。
ルドルフ二世　オッタヴィオにその才能があったからだ。

オッタヴィオ・ストラーダが「エンブレム集」を編纂

オッタヴィオは私の美術コレクションを豊富にするべくさまざまな助けをし、また、その管理責任者として手を尽くしたが、そのかたわらオッタヴィオは興味深い『Symboladivina et humana（エンブレム集）』――正確には『インプレーサ集』というべきか――を出版している。そこにはルドルフ一世（一二一八～九一）やアルブレヒト一世（一二五五～一三〇八）など歴代皇帝や王のインプレーサが載っており、もちろん私のインプレーサもそこにある。
建築家　エンブレムとはモットー（表題）と図像、それにエピグラム（短詩文）とが一体となりまして、主として道徳的教訓を表現するものですね。十六世紀、ルネサンスの時代の人々に好まれました。イタリアの法学者、人文主義者のアンドレア・アルチャーティ（一四九二～一五五〇）による『エンブレム集（一五三一）』が最初とされておりまして、その後、次々とエンブレム集が出版されました。アルチャーティの『エンブレム集』をひもときますと、たとえば、モットー：「最も堅固なものは動かされず」とあり、そして左右の風神が風を吹かせてもびくともしない大木が描かれている図があります。この図に「父なるオケアノス（海神）がすべての海を掻きたてようと、野蛮なトルコ人よ、お前がダヌビウス（ドナウ）河全体を飲み干そうと、皇帝カール（五世）が人々に戦闘の号令を下すならば、おまえは侵入し、辺境を破壊することはできないだろう。風が乾いた葉を揺り動しても、聖なる樫は堅固な根でそびえ立つ（伊藤道明訳）」と詩文（エピグラム）が添えられております。モットーといい、風神によっても倒されない大木の図といい、詩文（エピグラム）といい、とてもおもしろいですね。詩文の多くはギリシア神話、ギリシア詞華集、ホメロス、ソポクレス、キケロ、オウィディウス、エラスムス等々から引用・参照されていますね。

一五三一年の最初の版では一〇四のエンブレムであったのですが、版を重ねるに従い増え、一五五〇年の再々版では二一一のエンブレムと増えていきました。

ルドルフ二世　私の父マクシミリアン帝は、エンブレム集をたいへん好んだ。そして時折、そのアルチャーティの『エンブレム集』を見ては微笑んでいたことを思い出す。母に読み聞かせ、母が「それどういう意味？」などと聞くと、愉しげに父は父なりの解釈を語っていたものだ。

父マクシミリアン帝の宮廷修史官であるハンガリー出身のヨハネス・サンブクス（一五三一〜八四）も『エンブレム集』（一五六四）を編んでいる。父はそれをことのほか喜んだという。私が勉学のためスペイン王フェリペ二世のスペイン宮廷に赴いた年のことだ。

サンブクスは医学を修めたが、歴史学者、人文主義者でもあり、イタリア、パドヴァ大学で学び、植物学、占星術にも通じた博識の学者で、父マクシミリアン帝は全幅の信頼を寄せていた。私が皇帝位を継いだ後も、引き続き私の宮廷修史官に任じた。

建築家　モットーと図像、あるいは添えられましたエピグラムとどう一致するのか、難解なエンブレムも多くありますね。陛下の時代の人々も解釈をめぐって議論沸騰したと聞いております。ですから、とりわけ歴史も文化も異なる今日の（たとえば日本の）読者にはそう感じられます。

ところで、陛下がお話されましたオッタヴィオ・ストラーダが編纂しました『インプレーサ集』のことですが、エンブレムがモットーと図像（寓意画といってもいいです）とエピグラムとが一組になっているのに対し、インプレーサとはモットーと図像の二つの組合せだけで、エピグラムが添えられていないものを示すようですね。

ルドルフ二世　そうだ。インプレーサは中世の紋章から由来するものだと思うが、たとえば、ある皇帝のインプレーサは、その皇帝の理想なり意思を表現する。そなたは私の祖父神聖ローマ皇帝カール五世のインプレーサを知っているか。

建築家　ヘラクレスの柱が描かれ、モットーはPLUS ULTRA（さらに先へ）ですね。

ヘラクレスの柱とは、大西洋と地中海を隔てるジブラルタル海峡の両側にヘラクレスが建てたとされる石の柱ですね。ギリシア神話のなかの英雄ヘラクレスは、エウリュテウス王が課した「一二の功業」のうち、世界の西の果ての島エリュテイアに住む巨人ゲリュオネウスの牛の群れを捕獲するよう命じられた第一〇の功業を果たすべく西方を目指して進みます。

そして、タルテソスに着くと、海峡の両岸の山上に巨大な石の柱を建てました。これが「ヘラクレスの柱」といわれるものですね。そして太陽神ヘリオスの黄金の大盃を借りて、これに乗ってエリュテイアの島に上陸。牛番をする双頭の怪犬オルトロスを殺し、そしてゲリュオネウスを討って、牛の群れを手に入れたのですね。

ヘラクレスの柱が描かれ、モットー「さらに先へ」という皇帝カール五世のインプレーサのひとつは、皇帝はヘラクレスのように敵を征伐すべく、どこまでも攻める、という皇帝の意思を表わすものといえましょう。

海賊バルバロッサ・ハイレディン、南イタリア、フォンディ伯妃を強奪しようとする

ルドルフ二世　皇帝カール五世は艦隊を率いて、北アフリカのチュニスにまで遠征している（一五三五）。海賊の親分――といっても、その後シュレイマン大帝のもと、オスマン帝国海軍の提督におさまっているが――

赤ひげバルバロッサ・ハイレディンはオスマン・トルコの船団を率いて地中海沿岸を荒し廻っていた。ナポリ王国、シチリア、サルディニア、ジェノヴァ等々を領有する神聖ローマ帝国にとって、地中海の交易を危うくするこれらの海賊たちには頭を悩ましていた。

古代ローマ時代の将軍、大ポンペイウスは地中海沿岸に出没する海賊を退治したことで知られているが、皇帝カール五世も大がかりな海賊退治を企図していたところ、バルバロッサ・ハイレディン率いるオスマン・トルコ海軍がチュニス王国を襲い、これを占領したことを知り、逃亡した王の要請もあり、王国奪還と海賊退治の二つの目的をもって、チュニスに遠征したのだ。

建築家　海賊たちは、航行する船を襲って積荷を奪うだけでなく、沿岸都市に限らず、内陸都市でも襲撃し略奪するのですね。

ルドルフ二世　そうなのだ。内陸都市までも襲い、悪行の限りを尽くす。そなたはフォンディ伯夫人ジュリア・ゴンザーガ（一五一三～六六）のエピソードを知っているか？フォンディは中南部イタリア、ティレニア海の沿岸都市テラチーナからアッピア街道を内陸へ一五キロメートルほど行ったところの古代ローマ創建都市だが、この都市の領主フォンディ伯に十四歳で輿入れしたのがジュリアだ。フォンディ伯は間もなく死去してしまった。ジュリアは美貌と高い教養とで評判が高まり、多くの文人や芸術家たちが伯爵宮殿に住まうジュリアの宮廷に集まってきて、その宮廷文化は栄えた。

ヴェネツィアの画家ティツィアーノがこの貴婦人の肖像画を描き、枢機卿イッポリート・デ・メディチは自らイタリア語に翻訳したウェルギリウス作の『アイネーイス』二巻をこの貴婦人に捧げたという。

そして、バルバロッサ・ハイレディン率いるオスマン・トルコ船団のトルコ兵たちがテラチーナに上陸し、アッピア街道を内陸に進み、フォンディを襲い、略奪した（一五三四）。

建築家　一五三四年といいますと、バルバロッサ・ハイレディンがチュニス王国を襲撃した年ですね。翌年、皇帝カール五世がチュニスに向けて遠征しました。

ルドルフ二世　美貌と知性の貴婦人ジュリアは、そのとき二一歳であったが、バルバロッサ・ハイレディンのフォンディ襲撃の主目的は、この貴婦人を掠奪して、シュレイマン大帝に献上することにあったといわれる。

ジュリアは宮殿に迫るトルコ兵たちの進攻をいち早く察し、下僕の助けを借りて、裸のまま——あるいは下僕の服装をして、ともいわれるが——宮殿の窓から脱出し、山中を逃げ、難を逃れたという。

建築家　ところでオッタヴィオ・ストラーダが編纂しました『インプレーサ集』のなかにあります陛下のインプレーサは矢を掴んだ鷲が描かれておりまして、モットーはADSITですね。これには十六世紀からさまざまな解釈があり、少なくとも一八以上の解釈があるといわれておりますが、そのうち主なものは（A）神の加護すなわちトルコへの厚い盾、（B）オーストリアの勝利、（C）神より授けられし帝国と統治権をあらわしているようですね（ヴォルチェルカ）。

ルドルフ二世　私のインプレーサはむろんこれだけではない。オッタヴィオをはじめ私の宮廷画家たちによっていくつか考案されている。

皇帝ルドルフ二世の愛人はオッタヴィオ・ストラーダの娘

建築家　陛下、たいへん失礼ながら、お聞きしたいことを単刀直入にお伺いしたく思います。陛下は独身を貫き通しておられますが、陛下には愛人がおられるとの噂がもっぱらです。今日でも、そう主張する研究家が多くおります。そして、その愛人とはヤコポ・ストラーダの娘であると――。

ルドルフ二世　いやちがう、ヤコポの次男オッタヴィオ・ストラーダの娘だ。実に気立てのよい美しい娘だ。

建築家　ネーデルラント出身の宮廷画家ディルク・デ・クワーデ・ファン・ラヴェスタインが描いた、宝石鎖だけをまとった美女がベッド上で仰向けになって横たわる肢体を見せるたいへん官能的な絵画『眠れる美女』（一六〇八頃、今日、ウィーン美術史美術館蔵）のモデルは、陛下のその愛人ではないかと推測する人もおりますが――。

ルドルフ二世　……（沈黙）……

私はその娘との間に六人の子供をもうけた。

長男のドン・ジュリオは私に似て時計いじりが好きで、時計の収集に熱中した。私の宮廷での側近たちは、高価な時計をたくさん買い求めるドン・ジュリオの浪費癖に頭を悩まし、時折、私に苦言を呈した。

だがドン・ジュリオは不幸な子であった。ある街の娘と恋仲になったが、ささいなことからけんかになり、その娘を殺めてしまった。そしてその後、自ら生命を絶った。

建築家　……（沈黙）……

ふたたび夏の離宮ノイゲボイデの設計者

これまでヤコポ・ストラーダ、それに息子のオッタヴィオにつきまして陛下にいろいろとお話をお伺いしましたが、それといいますのも、陛下のお父上マクシミリアン二世帝が建造されましたウィーン郊外の夏の離宮ノイゲボイデの計画に宮廷古美術専門家、宮廷建築家でありますヤコポ・ストラーダがどうかかわったのか知りたいためでした。

ルネサンスの画家、彫刻家が建築を勉強して、建築家としても認められ、建築家としても仕事をする場合が多いように、初めは金細工師の修業したストラーダはセルリオなどの建築書、それにローマの古代建築遺構、故郷マントヴァに建つパラッツオ・デル・テやパラッツオ・ドゥカーレ等々さまざまな建築を研究し、さらにウィーンでの自邸の建造をとおして建築の実務を経験し、次第に建築家として成長したのですね。

離宮ノイゲボイデの設計者はいったい誰なのかという問題につきましては、不思議なことに、公文書において、それに関する記録が今日まで見つかっておりませんから、設計者の名を特定できないものの、ハンス・ヤコプ・フッガーによるストラーダ宛の書簡（一五六七）などから、離宮ノイゲボイデの設計者はストラーダであるまいかと主張する研究者がおります。

バイエルン、アルブレヒト公の建造による王宮内の古美術収蔵・陳列室でありますアンティクウァリウムのストラーダによる設計案の図面から見ますと、ストラーダが離宮ノイゲボイデを設計し得るそれなりの建築家たる能力はあるように思えます。

しかし、宮廷建築家ヤコポ・ストラーダの素案をもとにして、マクシミリアン二世帝が各地に派遣していました大使を通じてウィーンの宮廷に送らせたイタリア、ルネサンスのパラッツオとヴィラの建築図面を参考にしつつ、ヤコポ・ストラーダが主導してお父上の皇帝マクシミリアン二世、各宮廷顧問官たち、それにフェラボコスなどの宮廷建築家等々が討議を重ね、設計案をまとめあげていったのが実情ではありますまいか、そして、その時期は一五六八～七〇年頃であると思われます。離宮本体の工事は一五七三年に始められております。

参考にしましたイタリア、ルネサンスのパラッツオとヴィラの建築図面につきましては、イタリア、ローマ近郊のティヴォリのヴィラ・デステ（イタリア、フェラーラの枢機卿イポリト・デステによる一五七〇年皇帝宛の書簡に、主として庭園の図面といくつかの古代彫刻を送る旨、書かれております）、それにおそらく陛下のお母上の姉、パルマ公妃マルゲリータの尽力によってピアチェンツァのパラッツオ・ファルネーゼ（一五六一～六八、未完のまま工事中断）の図面とローマ近郊カプローラのパラッツオ・ファルネーゼ（一五五七～七三）の図面、それにラファエロ設計になるローマのヴィラ・マダマ（陛下からお伺いしましたようにこの名称はヴィラがパルマ公妃マルゲリータの所有になったことに由来します）の図面等が考えられます。そしてヤコポ・ストラーダがイタリアの建築家に依頼して描かせたマントヴァのパラッツオ・デル・テとパラッツオ・ドゥカーレの図面が考えられます（一五六八年頃描かせたということは自身の建築の勉強のためにと、そしてまたウィーンの離宮ノイゲボイデの建築計画の参考資料としての目的があったように思われます）。

それにまたマクシミリアン二世帝は一五六六年から一五六八年にかけましてローマやヴェネツィアなどの大使にパラッツオとヴィラの建築と庭園の図面を送るよう命じておりましたので、おそらくまだほかに多くの参考にしたパラッツオやヴィラの図面があったはずです。

皇帝をはじめストラーダ、そして宮廷建築家、それに各宮廷顧問官たちが、ヤコポ・ストラーダの素案をもとに討議を重ねたのではと申しましたのは、一五六七年十一月のハンス・ヤコプ・フッガーのストラーダ宛の書簡に「皇帝がパラッツオ・ディ・ピアチェーレの計画案を見て、どれほどお喜びになられたか」述べましたパラッツオの計画案は、離宮のノイゲボイデの計画素案であると思われるからです。

そしてまた一五九〇年頃に画家ルーカス・ファン・ヴァルケンボルヒによって描かれました絵（陛下

と弟君エルンスト大公、マティアス大公がノイゲボイデを見下ろす林のなかを散策する絵）と、一六〇一年、宮廷建築家アントン・デ・モアによって作成されました離宮ノイゲボイデの実測図を見ますと、建造されました離宮ノイゲボイデの屋根部分の形態が陸屋根と切妻屋根の組合せとなっております。宮殿の北側のドナウ川に向かって開かれた列柱廊ギャラリーがひろがる左右の両翼部は、瓦が葺かれた切妻の屋根となっておりますのに対し、入口玄関ホールなどがあります中央部分は、平らな屋根、すなわち陸屋根（金メッキした銅版で葺かれ、むろん雨水処理のためほんの僅かな勾配がありますが）となっております。

降雨量が比較的多く、また冬期の積雪の大きい地方では、屋根に葺かれた銅版と銅版の間に浸み込んだ水は凍結し、その間を押し広げ、水は浸透していきます。つまり銅版葺といえども、平らな陸屋根では雨漏りの大きな危険が伴います。ですから、防水技術が発達していなかった十六世紀におきましては、陸屋根はアルプス北方の国の気候風土に合わないものといえましょうが、この陸屋根が一部といえども離宮ノイゲボイデに見られるということは、どうやらイタリア人建築家ストラーダの素案をもとどしたということができそうだということです。

ウィーンの自邸建設の際、建築現場の実務を経験したストラーダですが、その実務経験がいまだ十分とはいえないストラーダが、ウィーンの気候風土を考慮せず、たぶん、自身の素案にあります（今日残っておりませんから推測するほかないのですが）陸屋根の採用を主張したのではないでしょうか。

これはストラーダがイタリア出身の建築家であるからということではありません。この十六世紀ルネサンス期、そしてバロックの十八世紀初頭まで、アルプス北方の国々の建築家の多くはイタリア人建築家でした。故郷イタリアに多くの陸屋根が見られるこれらイタリア人建築家といえども、経験から、北方の国では気候風土に合わない陸屋根を採用しませんでした。

フィッシャー・フォン・エアラッハによるヴィラの計画

ここでオーストリア、ウィーンの気候風土を考慮せず、イタリア風の陸屋根と屋外ギャラリーをもったヴィラをいくつか建てた十八世紀のオーストリア・バロックを代表する建築家ヨハン・ベルンハルト・フィッシャー・フォン・エアラッハ（一六五六〜一七二三）のことが思い起こされます。フィッシャーはグラーツに生まれ、ローマに行き、彫刻家、建築家として一六年にわたって修業したのち帰国し、ウィーンの宮廷建築家として活躍しました。イタリア、ローマから帰国した当初、フィッシャーは、当時フランスの貴族たちに流行したヴィラ建築熱にならって、ウィーンの貴族たちがこぞって建てたがった郊外のヴィラ建築の計画案をつぎつぎとつくりました。

フィッシャーのそうしたヴィラ計画で特徴的な点は、その多くが円ないし楕円の平面図を示す、湾曲し、うねるようなファサードの中央部を挟むように、両翼に直方体のマッスがあるといったベルニーニ風の三部構成となっていることです。そしてその両翼部分は平らな陸屋根とし、中央部はこの両翼部にくらべていちだんと高く、屋上には（時には）屋根もない窓ガラスもないギャラリーがつけられていることです。外に向かって完全に開放された屋外ギャラリーが屋上にあるのです。フィッシャーが学んだイタリアなどと比較して日照が少なく、風も冷たい日が多い、そして雨の日も多く、雨漏りの危険性も大きいといった北方の国の気候風土なども考慮せず、つぎつぎとつくりました別荘計画のいくつかは実現されます。

結果は明白です。ヴィラの持ち主である貴族からは早速、苦情が出まして、当初、設計を依頼したフィッシャーとは別の建築家によってマンサード風の屋根がつけられ、窓ガラスが嵌め込まれることになりました。

自分の作品がこうして勝手に改修され、自尊心を傷つけられた宮廷建築家フィッシャーは、あれほどまで熱心に取り組んでいましたヴィラの計画に、それ以降ぷっつりと関心を示すことを止めてしまいます。

離宮ノイゲボイデのその後

建築家　陛下にふたたびノイゲボイデ、宮殿本体の工事についてお伺いしたいと思います。

陛下のお父上マクシミリアン皇太子が皇帝位に就かれました（一五六四）二、三年後に、以前から構想しておりました夏の離宮ノイゲボイデの建造は、まず庭園部分の外構工事から着工され（一五六六頃）、四〜五年間の工事期間を経て、庭園部分はほぼ完成しました。

そして、その一〜二年後に宮殿本体の建設工事が開始されました（一五七三頃）。ところが躯体工事はほぼ終わったものの、外装工事はおおよそ半分程度完了、内装工事につきましては手つかずにあった工事半ばの一五七六年十月に、皇帝マクシミリアン二世は帝国議会が開催されていましたレーゲンスブルクにおきまして突然崩御されてしまいました。

皇帝位を継がれました陛下は、国の財政難にもかかわらず離宮ノイゲボイデの建設工事を続行させました。

ルドルフ二世　私が皇帝位を継いだ一五七六年の十一月、私は宮廷建築家フェラボスコをリンツの居城におよび、未完のノイゲボイデについて今後どうすべきか話し合った。結論としては、躯体工事はほぼ終わり、外装工事は完成間近なので、財政難の折、捻出し得る建築費を工面しながら急がずゆっくりと工事を続行させることとした。

建築家　一五七九年にようやく東翼のギャラリーの列柱廊の列柱が立ち上げられました。そして工事はすくなくとも一五八七年頃まで続行したのですね。それはその年まで建設工事関連の工事関係者への支払い記録が残っております（それ以降は見当たりません）ので、そういえるかと思います。ところが一六〇〇年に西翼部分のギャラリーの半円筒ヴォールト天井の一部が崩壊してしまいました。

ルドルフ二世　その報告を聞いて、早速、私は宮廷建築家アントン・デ・モアに現地に行かせ、調査と善後策を講ずるよう命じた。そして建築家の報告では、天井全体の崩壊につながる予兆はないものの補修には比較的大きな費用と時間が見込まれるとのこと。対オスマン・トルコ戦争が避けられない国の非常時であり、予想される膨大な戦費のことを考えて、離宮ノイゲボイデの天井補修は一時見合わせることとした。

建築家　長引く対オスマン・トルコ戦争（一五九二〜一六〇六）で戦費はかさみ、国の財政は逼迫し、そしてそのため離宮ノイゲボイデは、その庭園部分、宮殿本体の躯体工事と外装工事はほぼ完成したものの、内装工事は一部を除きまして、——後に、陛下の宮廷画家となりましたバルトロメウス・スプランゲルがホールの天井にフレスコ画を描いております——結局は完成せず、残念にも離宮ノイゲボイデは未完に終わってしまいました。

ルドルフ二世　（溜息……長い沈黙）。父マクシミリアン帝の夢でもあったルネサンスのヴィラ、ノイゲボイデは私が完成したかったのだが——。

建設資金の工面がどうにもならなかった。

そなたは、ノイゲボイデは未完に終わったと言ったが、後の皇帝たちも完成させなかった、ということか。

建築家　そうなのです。陛下に以前お話申し上げましたように、三〇年戦争（一六一八～四八）というヨーロッパ中の国々を巻き込みました宗教戦争など混乱の時代が続きまして、十七世紀中頃、ドイツ、ザクセン候の大使一行の報告には、切妻屋根と陸屋根を葺いた銅版が強風によって吹き飛ばされた（何者かによって盗み取られたとの説もあります）、だがその補修工事はされていないと記されておりますように、離宮ノイゲボイデは荒廃の一途を辿りました。いつまでも内装工事が完了しなかったことから、この離宮が宮殿として使われなかったことが大きな要因と思われます。

ただ十八世紀末までは離宮ノイゲボイデが人々に忘れ去られることはありませんでした。オーストリアのみならず外国からも多くの人たちが見物に訪れました。

それはひとつには「ヨーロッパで最も壮麗な建築のひとつ」という評判が人々の耳に伝わったこともありますが、ウィーンを包囲したオスマン・トルコ軍のシュレイマン大帝が野営天幕を張り本陣があった場所に離宮ノイゲボイデが建てられたということ、そしてこれはトルコ人（主としてウィーンを訪れたオスマン・トルコの大使一行）によって、広まった流説のようですが、シュレイマン大帝の野営天幕を模してノイゲボイデが建てられた（――実際、廃墟のように立っておりますす今日のノイゲボイデを見ますと、トルコの天幕、モスクのミナレットのような印象を受けます）、ということなど人々の興味を引いたと思われます。

動物園の様相を呈するノイゲボイデの庭園

それと内外から多くの人々が見物に訪れた背景は、一六七一年一〇月のスウェーデン大使の日記に「ノイゲボイデと猛獣を見に出掛けた」とありますようにノイゲボイデの南側庭園では、ライオン、熊、豹、虎や大山猫、ダマ鹿等々、それにたくさんの珍しい鳥が飼育され、動物園の様相を呈することで、人々の間で有名になったことです。

陛下のご治世の十六世紀末にノイゲボイデを訪れた人の日記によりますと、雌ライオン一頭、虎二頭、巨大な黒熊一頭、それにダマ鹿が飼われていたと記されていますから、十六世紀末、すでに南側庭園部分の果樹園に柵がつくられ、動物が飼育されていたのですが、飼育する動物の数と種類が増えていったようです。そして、宮殿南側に隣接した球技施設と厩舎は動物の飼育場に改変されました。——もっとも、すでに十五世紀末には、イタリアの王侯たちは中庭などにたくさんの珍しい動物を飼っていたことが知られています。動物を飼うことは「王侯の贅沢の一部」だとされていたようですね。

そして、たくさんの人々が動物を見学に来る動物園としてのノイゲボイデの機能は、十八世紀中頃(一七五二)に、夏の離宮シェーンブルン宮内に、世界で最初の動物園いわれております動物園がもうけられたことで終わりました。動物たちは皆そこに移されたのです。

オスマン・トルコ軍にとって「聖遺物」のような離宮ノイゲボイデ

離宮ノイゲボイデの宮殿自体の内装工事がついに完了することがありませんでしたので、住まいとして使われませんでしたが、宮殿のその後の使われ方についてお話申し上げますと、まず、再度ウィーンに攻め進んできたオスマン・トルコ軍によって、兵たちの糧食庫として使用されました(一六八三)。以前、陛下にお話申し上げましたように、このとき大宰相カラ・ムスタファ率いるオスマン・トルコ軍はウィーン周辺に建つ建物はことごとく焼き討ちし破壊したのにもかかわらず、離宮ノイゲボイデだけは破壊せず、むしろ補修工事を施して、兵たちの携帯用の糧食としての固いパンを焼いたり、軍の糧食庫として使用しました。

十七世紀中頃よりウィーンを訪れるオスマン・トルコの使節団はウィーン入城する前に、かつてウィーンを包囲したオスマン・トルコ軍を率いるシュレイマン大帝が野営天幕を張り本陣を敷いた（一五二九）同じ場所に建てられた離宮ノイゲボイデを必ず訪れました。そして、その庭園の塀壁にまるで「聖遺物」であるかのように手を触れ、シュレイマン大帝を偲んで涙を流したといわれますが、再度、ウィーンを包囲したオスマン・トルコ軍がノイゲボイデを破壊しなかった背景には、こうしたことがあるように思われます。

その後、ノイゲボイデ宮殿がどのように使われたかは、十八世紀後半までわかっておりません。おそらく大勢の人たちが見物に来る動物たちが飼育された庭園部分はよく手入れされたようですが、宮殿部分は荒れるにまかせ、荒廃が進んでいたことと思われます。

そして一七七五年になりまして、ノイゲボイデの宮殿の両翼のギャラリー列柱廊の列柱が取り外され、皇帝の夏の離宮シェーンブルン宮のグロリエッテを構成する部分として移設、再利用されました。

ルドルフ二世　そのシェーンブルン宮とは何か。

離宮シェーンブルン宮

建築家　陛下のお父上マクシミリアン二世帝以前の皇帝たちの狩猟の館のうちのひとつ、カッターブルクの城館がありました地に、皇帝レオポルト一世（在位一六五八～一七〇五）が夏の離宮の建造を思い立ちました。

そのシェーンブルン宮は、一六年間、ローマで彫刻と建築の修業をした後にオーストリアに帰国し、ウィーンの宮廷建築家として地位を目論んだヨハン・ベルハルト・フィッシャーの設計のもと、一六九六年に着工されました。皇帝レオポルト一世が崩御されまして（一七〇五）、後を継ぎました皇帝ヨーゼフ一世のもとで工事が進められましたものの、英明な皇帝として誉れが高かったヨーゼフ一世の突然の崩御（一七一一）後は、工事は中断されてしまいました。皇帝位を継いだ弟君のカール六世（在位一七一一～四〇）が他処に夏の離宮を望んだためです（ファヴォリーテン）。

ところが娘のマリア・テレジアがロレーヌ公フランツと結婚することとなり、結婚後の娘夫婦の居城とすべくカール六世はシェーンブルン宮の完成を目指して工事にふたたび着手しました（一七三六）。

「生きられる」ことによって形式は崩れる――マリア・テレジア女帝一家の住まいとしてのシェーンブルン宮

そしてこの女帝マリア・テレジアの時代に宮廷建築家ニクラウス・パッカシの手を借りて「女帝一家の住まい」として改築されていきます（一七四八～）。一家の主婦、そして母親としての眼差しでもって、政治の場、皇帝の富と権力を誇示するための宮殿だけではなく、実利的に住まいとしての居住性をも追及しました。

ルドルフ二世　何？　女帝マリア・テレジアとはどういうことか？

建築家　皇帝カール六世（在位一七一一～四〇）には四人のお子がおりましたが、みな大公女のみでして、したがいまして、カール六世帝の崩御によって、ハプスブルク家には男系の血筋が断たれることになりました。

そして次の皇帝を決める皇帝選挙では、バイエルン選帝侯カール・アルブレヒトがフランス王ルイ十五世やブランデンブルク侯、プロセイン侯、それに弟のケルン選帝侯クレメンス・アウグストなどの支援を受けて選出されました。

神聖ローマ皇帝は実に三〇〇年以上にもわたってハプスブルク家から選出されていたのですが、それがヴィッテルスバッハ家から選出されたのです。しかし、この皇帝カール七世は三年という短い統治期間（一七四二～四五）の後、崩御されてしまいます。

その後、皇帝位を継ぎましたのが皇帝カール六世の娘マリア・テレジアと結婚（一七三六）しましたフランツ一世シュテファンです（在位一七四五～六五）。

フランツ・シュテファンはナンシーに生まれ、父を継いでロレーヌ公（一七二九）であったのですが、ポーランド王位継承戦争の結果、先祖伝来のロレーヌ公国を失い、その代わりにトスカーナ大公国を与えられたのです。つまりトスカーナ大公フランツ・シュテファンが皇帝フランツ一世シュテファンとなったのですね。


ですが政治の実権は、ハプスブルク家の相続人で妻のマリア・テレジアにありました。

マリア・テレジアの父、皇帝カール六世が一七四〇年十月に突然崩御される――ハンガリー国境のノイジードラー湖に狩猟に出かけた折、多分、毒キノコを食したことが原因で病床に臥され、間もなく崩御されましたが、これを機に政治情勢がにわかに変わります。ハプスブルク家の女性の相続人を認めない各国は、ボヘミア、モラヴィア、シュレジエンなどのオーストリア世襲領の相続請求権を主張し始めたのです（いわゆるオーストリア継承戦争、一七四〇～四八）。

そしてフランスに支援を受けたバイエルンはボヘミアに、ザクセンはモラヴィアに、プロイセンはシュレジエンへというように進軍を開始したのです。

一七四一年にブラティスラヴァにおいてハンガリー女王として戴冠したマリア・テレジアを支持するのは、このハンガリーのみといったありさまでしたが、マリア・テレジアは毅然とした態度で、これらの国々に果敢に反撃し、勝利したのです。後の歴史家たちの多くは、このときこそオーストリア、ハプスブルク家が地位と権力を失う存亡の危機であったと主張しますが、まがりなりにも領土を守り抜き、一七四五年には、夫のフランツ・シュテファンを皇帝位に就かせ、ハプスブルク家の危機を救ったのは女王マリア・テレジアなのです。

マリア・テレジアは、ですから皇帝位に就くことはなく、また自ら皇帝を名乗ったことはないのですが、その後も夫に任せることはなく政治の実権を握ったマリア・テレジアを後世の人たちは「女帝」とよんだのです。

夫のフランツ・シュテファンは狩猟と自然科学に関心を示した温和な性格の持ち主であったといわれています。つねに「女帝マリア・テレジア」の陰に隠れた存在でありましたが、オーストリア・ハプスブルクの逼迫した財政の建て直しに力を尽くしたことは間違いありません。

ルドルフ二世　そうか、皇帝カール六世の娘マリア・テレジアはハンガリー、ボヘミアの女王となっても、神聖ローマ帝国の皇帝とはならなかったのだな。

建築家　ところで、そのマリア・テレジアは夫と子供たち（一六人の子供をもうけましたが、そのうち成人まで成長しましたのは一〇人であるといわれています）一家の主婦、母親としての眼差しでもって、シェーンブルン宮殿を政治の場、皇帝の富と権力を誇示するための宮殿だけではなく、実利的に住まいとしての居住性を追及した、と以前申し上げましたが、興味深いことですので、具体的にお話申し上げましょう。

建築家フィッシャーの計画案を見ますと、各部屋は大きく、それらの位置関係におきましても、たとえば、南の庭に面した広間を両翼とも謁見の間とするなど、機能性よりも堂々たる空間とし、その外見を優先させます。全体として、外観も、内部においても左右対称な構成でして、格式を重んじるあまり、形式主義に陥っているといえましょう。正面入口前中庭に面して、「皇帝の階段」なる壮大な階段があります。十八世紀ドイツのバロック宮殿には途方もなく壮大な階段が多いのですが、それを見ました当時のフランス人は、建築内部の居住性といった必要性を充足させることなどせず、何と馬鹿げたことだと呆れかえったといいます。紀元前一世紀、古代ローマの建築家ウィトルウィウスのいう「用（コモディタス）」としての居住性は、建築に要求する社会的枠組がフランスにはありました。逆に言いますと、そうした社会的枠組がなかった故に、後進の北ヨーロッパの国々の建築家たちは階段の空間に自由な想像力を翔せ得たと申せましょう。

マリア・テレジアはフランスで修業した建築家あるいはフランス出身の建築家・学者をとおしましてフランス社会の影響もあるのでありましょう。実利的に住まいとしての宮殿のありようをも思考しました。壮大な階段を取り壊し、必要な数の、天井高も低い小さな家族の間としました。南の庭に面した大きな謁見の間も廃し、いくつかの小さな部屋やサロンなどにしました。宮殿の天井高も高い大きな広間ばかりでは、住まいとしての居心地の良さ、親密性は得られないからです。そして、部屋は当時フランスで流行っておりましたロココの優雅さでしつらえました。

ここにはフランス風の過度の装飾に走ることなく、抑制のきいた十九世紀前半のビーダーマイヤーに通ずる優しく愛らしい空間がありました。

こうして皇帝の夏の離宮としての格式を保つ一方、マリア・テレジア女帝一家に「生きられる」ことによって左右対称性という形式は崩れていった、と申せましょう。

離宮ノイゲボイデの列柱が取り外され、シェーンブルン宮のグロリエッテに移設、再利用される

ルドルフ二世　そなたは以前、ノイゲボイデの宮殿両翼のギャラリーの列柱廊の列柱がシェーンブルン宮に移設されたと話していたが――。

建築家　そうなのです。マリア・テレジアは荒廃した離宮ノイゲボイデを放置し続けるのではなく、これを如何に利用できるか考えていたようです。

一七六〇年頃からはノイゲボイデを火薬庫として使用し始めました。そして、マリア・テレジアはさらに宮廷建築家ヨハン・フェルディナント・ヘッツェンドルフ・フォン・ホーエンベルクたちに離宮ノイゲボイデに何か利用できるものを考え出せ、アイデアを出せと命じます。

そこで考え出されましたのが、シェーンブルン宮の南庭の向こうの丘に建設予定のグロリエッテに、離宮ノイゲボイデ両翼のギャラリーの列柱を取り外し、移設再利用する案です。

グロリエッテとは、一七五七年プラハの東七〇キロメートルほどの都市コリン近郊におい、元帥ダウン伯率いるオーストリア軍が強国となったフリードリッヒ二世のプロイセン軍を破った勝利を讃える記念建築物（ロジア、列柱廊）でして、シェーンブルン宮真向かいの小高い丘の上に建てられました（一七七五）。

興味深いのは、フィッシャーによる実現することなく幻の計画となってしまった最初の計画案です。フランス、ブルボン朝のパリ郊外のヴェルサイユ宮を凌ぐ離宮を意図したその案は壮大な建築です。皇帝を迎え入れるように中央に湾曲したファサードを有する主宮殿が丘の頂上に建ち、そこに至るまで丘の傾斜に沿ってテラスが幾重にも重なっていきます。丘の正門を入った広場では、ハプスブルク家の強大な力を誇示するかのように軍のパレードが繰り広げられます。まさに舞台効果満点の一大スペクタルな光景です。

ですが、この計画案はあまりの壮大さ故に大規模な土木外構工事が必要であり、膨大な建設費が予想され、残念ながら実現しなかったのですが、「もしこれが実現されていましたなら、世界でも稀な素晴らしい宮殿になっていたでしょう」と悔やまれる計画案です。

そしてフィッシャーの最初の計画案によりますと、主宮殿が建つべき丘の上にグロリエッテが建てられました。シェーンブルン宮と対峙するように立つこのグロリエッテこそ、シェーンブルン全体の空間を引き締める重要なエレメントです。

このグロリエッテの設計にあたって新古典主義を標榜する宮廷建築家ヘッツェンドルフは、古典主義、すなわち、古代ギリシア、ローマ建築を範とするルネサンス様式の離宮ノイゲボイデを想い起こし、すでに廃墟となっていましたノイゲボイデの両翼のギャラリーの高い基壇の上に立つ、高さ四・八メートルのトスカーナ様式の列柱群を取り外し、その再利用を思い立ったのです。

このグロリエッテはシェーンブルク宮と対峙するように立つと申し上げましたが、グロリエッテは決して壁のように立ちはだかるのではなく、列柱の間を森と空を見透かすことができ、シェーンブルン宮と向こうの森と青空との空間を分節するスクリーンのように立つのです。

戦勝記念建築物ですので、特にこれといった機能はないのですが、今日ではガラスが嵌め込まれ、カフェーハウスとして市民の憩いの場となっており、また屋上からは周辺の素晴らしい景観を展望することができます。

格調高く堂々としていますが、軽やかに立つグロリエッテを見ますと、離宮ノイゲボイデのギャラリーの列柱に眼を向けたヘッツェンドルフの建築を見る眼の確かさと古典建築への憧憬が感ぜられます。そして今日シェーンブルン宮の庭に立ちますと、ルネサンスの離宮ノイゲボイデの栄華と没落とが想起され、さらには離宮の地のシュレイマン大帝の天幕が張られたオスマン・トルコの、東方の記憶が蘇ってきます。

また建築家ヘッツェンドルフは廃墟となりました離宮ノイゲボイデから取り外されたが、グロリエッテに使用されなかった部材をシェーンブルン宮の庭園の一角に移設し、「古代ローマの遺跡」と名づけましたが、これもヘッツェンドルフの古代ローマ建築への強い憧憬をうかがわせるものです。

ルドルフ二世　ところで、離宮ノイゲボイデのその後はどうなったのか？

建築家　荒廃するにまかせ、廃墟の様相を呈していました。二〇世紀になりまして、離宮ノイゲボイデとその周辺の土地はウィーン市の所有となりました。

そして工場として使用されたり、さまざまな使われ方をされましたが、近年の二〇世紀後半になりますと、その主要階はウィーン劇場（テアター・アン・デア・ウィーン）の大道具倉庫として使用され、下階は園芸業者に賃貸されていたことが知られております。二一世紀になりますと、ある程度修復・改修工事を施した後、文化センターとしての利用が検討されていますが、最終的結論がなかなかでないのが実情です。

ただ残念なことは、陛下の父上マクシミリアン二世帝建造によります離宮ノイゲボイデが存在したことすら後世の人たちに忘れ去られたことです。ヘンリー・ラッセル・ヒチコク（『ドイツ、ルネサンス建築』、一九八二）やヴォルフガング・ブラウエンフェルス（『神聖ローマ帝国の芸術』、一九七九）たちの建築史の専門家さえもが、その著作において離宮ノイゲボイデに言及していませんのは——怠慢の誹りは免れないとしましても——そのことを端的に表わしております。

皇帝マクシミリアン二世の宮廷文化——人文主義の再興

陛下のお父上マクシミリアン二世帝は知性に富み高い教養の持ち主である、と当時の人々の間で評判になっていたとお聞きしております。ウィーン駐在ヴェネツィア大使もマクシミリアン二世帝につきまして同様な印象を抱いていたと本国政府に報告しております。

ルドルフ二世　父マクシミリアン帝は物事のすばやい理解力と高い記憶力をもっていた。

それだから、語学においても秀でていた。母国語であるドイツ語はもとよりラテン語、スペイン語、イタリア語、それにフランス語、チェコ語、ハンガリー語の七か国語を完全にマスターしていた。もっともハンガリー語に関しては「完全にマスター」していたといえるかどうか微妙だが——。

人文主義者を自負していた父だから、とりわけラテン語に秀でていた。古代の書物をそれは熱心に読み、十六世紀の人文主義者による著書よりむしろ十四世紀、十五世紀のイタリア人文主義者たちの書物を好んで読んでいた。

建築家　ラテン語の能力は、高い教育を受けた教養人として必須のものだったのですね。

大画家ラファエロは幼少のときから絵を描く練習に力を注いだため、そうした教育は受けずじまいでした。したがいまして、後に古代都市ローマの建築遺構の調査・研究に力を注いだときなど、ラファエロは自身ラテン語がよく読めないことから、他人の助力を必要とし、ずいぶんと悔しい思いをしたことが、伝えられております。

ルドルフ二世　初期人文主義者のペトラルカなどは、中世に教会のみで使われ、独自の語法のラテン語に疑問を投げかけ、古代ローマの政治家、弁論家キケロなどのラテン語に範をとり、古代ローマの正しいラテン語普及に努めた。

そうしたラテン語の純化、美化の努力は十五、十六世紀の人文主義者によってもさらに続けられた。ヴァラの『ラテン語の典雅』（一四四〇）などは、そのひとつの成果であろう。

建築家　モンテーニュやラブレー、あるいはマキャヴェリは母語で書いておりますが、これは例外的でして、ルネサンス期の詩、著作はそのほとんどがラテン語で書かれたのですね。ペトラルカの詩はもちろん、エラスムスの『痴愚神礼讃』（一五一〇）、トーマス・モアの『ユートピア』（一五一九）も、これはほんの一例ですが、数多くの著書がラテン語で書かれております。

ルドルフ二世　何故にラテン語で書かれたというと、そなたもいうようにラテン語能力は各国の教養人の必須のものであったから、各国人の共通の言語でもあった。だから、いちいち各国語に翻訳することなしに、各国の教養人が読めたということで、幅広い読者層が期待し得るという側面もあったのだ。だから母国語で書かれた詩や書——たとえばセバスティアン・ブラント（一四五七～一五二一）のドイツ語で書かれた諷刺詩『愚者の船』（一四九四）のように——がラテン語に翻訳された例も少なくない。

建築家　陛下のお父上マクシミリアン二世帝の宮廷には多くの人文学者をはじめとする学者、医者、そして芸術家が招かれ、集い、宮廷文化がたいへん栄えたことが知られています。

ルドルフ二世　父マクシミリアン帝はどんな学問分野にでも興味を抱くルネサンス人で、またそなたも知っていると思うが、プロテスタントの信仰にも理解を示す寛容な精神の持ち主であったことから、プロテスタントの国を含めて各国からさまざまな学問分野の学者たち、人文学者や医者、植物学者などの自然科学者が父の宮廷に招かれ、集った。

父は、人間の人間らしい生き方の追求というペトラルカなどから始まった人文主義の本来の理想が次第に衰退するのをたいへん憂い、人文主義の再興を心に描いていた。人文主義は実務的側面が強くなり、各国家の官僚制度を支えるもの、いわゆる「官僚的人文主義」（池上俊一）になりつつあったのだ。

宮廷図書館の拡張・充実

父は宮廷図書館の拡張と充実に努め、そうしたことから多くの学者たちが書物、写本収集に協力した。後に私と弟エルンスト大公の教育係でもあり、駐オスマン・トルコ帝国、オーストリア大使オギエル・ギスラン・ド・ブスベク——私の祖父のフェルディナント一世帝時代からの外交官であるが——はコンスタンティノープルから、ウィーンはむろんヨーロッパにそれまで知られていなかったチューリップをはじめヒヤシンスとそれにライラックを持ち帰ったことで知られている。

またブスベクには「アンキュラ碑文」の発見という功績がある。初代ローマ皇帝アウグストゥスの霊廟正面入口に立っていたオベリスクに「アウグストゥスの業績録」が書かれた青銅板が掲げられていた。その業績録はローマ属州の各地に送られたが、今日では失われていてどういうものかわからなかったのだが、ブスベクがアンカラ（今日のトルコ共和国首都）の古代遺跡ローマ女神とアウグトゥスを祀る神殿壁に刻まれていたのを発見したのだ。また実に貴重な多くの写本もウィーンに持ち帰り、宮廷図書館の充実に貢献した。

そして法学者であり、人文主義者カスパー・フォン・ニドブルクは各地で珍しい高価な多くの写本を購入し、宮廷図書館の基礎をつくったともいえる。以前に話に出た『エンブレム集』の著者であるハンガリー出身の人文学者ヨハネス・サンブクスは豊富な蔵書で知られていたが、死後、私がその蔵書の購入を命じ、宮廷図書館を充実させた。また父マクシミリアン帝は、人文主義者であり、ウィーン大学修辞学教授でもあるフーゴ・ブロティウスには宮廷図書館の蔵書目録作成を命じた。

むろん宮廷図書館のそうした拡張、充実によってラテン語と古代ローマ文学への関心が更に高まった。

詩歌のコンクールを催す

父は詩歌にもたいへん大きな関心をもち、古典ギリシア・ローマの詩歌を読み、よく口ずさんでいたが、その父は大学にて「詩歌のコンクール」を毎年開催した。そして、勝者にはポエタ・ラウレア（桂冠詩人）の称号を戴冠式にて授与するようにした。

建築家　詩歌のコンクールは、悲劇・喜劇のコンクールとともに古代ギリシアで開催されておりましたが、古代ローマにおきましては、ドミティアス帝（在位八一～九六年）がカピトリヌスの丘において開催を始めたと聞いております。

詩人ペトラルカは――この時代の詩人とはラテン語で詩作する人をいったようですね――桂冠詩人の称号を得ることに非常な喜びを感じ、その称号を得る儀式である戴冠式をパリではなく、ローマのカピトリヌスの丘にて執り行われることを望みました。

ルドルフ二世　父はギリシアやローマでの詩歌のコンクールを、そしてペトラルカが桂冠詩人として称されることを如何に喜んだことかなどを想い起こしつつ、ウィーンにおいてコンクールを開催したのであろう。

音楽家パレストリーナを宮廷楽長に招聘しようとしたが実現せず

父はまた音楽好きで、前帝フェルディナント一世が再編した宮廷楽団を更に充実させた。そして八〇人以上の奏者と歌手からなる宮廷楽団の水準は、他の領主たちのそれよりはるかに高かった。

父は十六世紀の大音楽家でローマのサン・ピエトロ大聖堂楽団長であるジョヴァンニ・パレストリーナ（一五二五～九四）を宮廷楽長にと招こうとしたが、俸給の件で折り合わず、結局うまくいかなかった。このように金銭的な面で折り合いがつかなかったことが多かったようだ。

アルチンボルドなどの芸術家、学者が宮廷に

父はアルチンボルドのほかに、画家、彫刻家などの芸術家を多く招聘したかったのだが、国の財政難

のため断念せざるを得なかった。

建築家　アルチンボルドはお父上の家族の肖像画を描いていますね。

お父上マクシミリアン二世帝の宮廷にはプロテスタントの医者が多かったようですね。そしてその医者の多くは医学の分野だけではなく、他の分野でも研究・活躍していました。たとえばヴォルフガング・ラツィウスのように医者であるとともに、歴史家でもあるもの。あるいは宮廷数学者でもあり、詩歌コンクールにも参加するほどの詩人でもあったパウルス・ファブリツィウス（?～一五八九）、あるいは哲学者でもある（ギリシアの医者ガレノスの著書の翻訳で有名な）ユリウス・アレクサンドリアヌス（一五〇六～九〇）、法学者、それに植物学者でもあるといったように。そしてウィーン大学の教授を宮廷の職務に登用しました。

ヨーロッパにおいて園芸文化の中心

お父上のマクシミリアン二世帝の植物学への関心の高さ、庭仕事、園芸好きを反映してか、宮廷には植物学者も多いですね。アントウェルペンで出版した植物学に関する著書で有名なロベルトゥス・ドドナエウスが宮廷におりました。この人は皇帝侍医としてウィーン宮廷に招かれました。

ルドルフ二世　そなたはアリストテレスの弟子である哲学者テオプラトス（前三七二頃～二八八頃）の著書『植物誌』（紀元前四世紀）を知っているか。一四八二年にラテン語に翻訳されているが、父マクシミリアン帝はそれを熱心に読んでいた。

植物の分類法はテオプラトスに端を発するといってよいが、ルネサンス期になって、植物学者によって次第に体系化されていった。新大陸アメリカ、インド、アジア、アフリカ各地から、ヨーロッパでそれまで眼にしたこともない新しい植物がもたらされた。以前にも話題にのぼった駐オスマン・トルコ帝国、オーストリア大使オギエル・ギスラン・ド・ブスベクがコンスタンティノープルからチューリップやライラックを、それと同じく駐オスマン・トルコ帝国、オーストリア大使グヴィド・ウンガルドが馬栗をウィーンに持ち帰った。またウンガルドはネーデルラントで得た新大陸アメリカ産ジャガイモをウィーンにもたらした。このように新種の、珍しい植物がヨーロッパのもたらされたことが、植物学発展に大きな刺激を与えた。

建築家　十六世紀中頃、コンスタンティノープルで発見されました薬草と病の治療に関するディオスコリデスによる著書『本草学』（六世紀）の貴重な写本が、オーストリア大使によってウィーンに持ち帰られ、宮廷図書館に所蔵されていると聞きましたが——。

ルドルフ二世　そうだ。幸運にもウィーンにもたらされた。『ウィンドボネシス写本』と名づけられた貴重な写本だ。

そうした本草学書からもわかるように、植物学の発展は病の治療のための薬草の研究と切り離すことはできない。

十六世紀になってイタリア、パドヴァなどで大学付属の植物園が創設されたと聞くが、それは医学生に薬草、薬について実際に教えるため、薬草を中心に多種多様な植物を集め栽培したものだ。

むろん父マクシミリアン帝もウィーン大学教授であり宮廷の植物学者たちと、そうした植物園の創設の構想を話し合っていたことだろう。国の財政が豊かであれば実現したであろうが——。

建築家　十六世紀末頃から植物学は薬草研究・薬学からの独立した学問とすべきだ、といった学者の主張がなされはじめますね。

お父上のマクシミリアン二世帝は植物学者とともに植物学の研究に従事し、庭園での花づくり、園芸にはたいへん情熱を傾けられました。

とりわけ離宮ノイゲボイデの造園計画にあたりましては、皇帝自ら計画に参加され、花壇、果樹園、野菜園というように庭園を塀、生垣などで明確に区画し、イタリアなどから花の種、植物、接木などを取り寄せ、自ら花を栽培し、種を帝国の領主たちに贈られました。

駐オスマン・トルコ帝国、オーストリア大使オギエル・ギスラン・ド・ブスベクがチューリップ、ヒヤシンス、ライラックをウィーンに持ち帰ったことは、今まで何度となく話題にのぼりましたが、ネーデルラントから宮廷に招聘されたシャルル・ド・レクリューズ（ラテン語名 カロルス・クルシウス、一五二六～一六〇九）は、ウィーンにマロニエの木を持ち込み、以後、オーストリアの大庭園ではきまってこのマロニエの樹々が生い繁るようになったことで知られます。そして、このクルシウスはブスベクがトルコから持ち帰ったヒヤシンスなどをウィーンで育て、花を咲かせるようにしたこと、そして花の交配に取り組んだことも知られます。

クルシウスは薬草園、植物園づくりの構想をマクシミリアン二世帝とともに抱いていたようですが、ウィーン宮廷に招かれまして、数年後にマクシミリアン二世帝が崩御されまして、それは実現には至りませんでした。その後、クルシウスはネーデルラントに戻り、ライデン大学教授として、オーストリア、ハンガリーの植物についての著書を出版しております。

このようにしてマクシミリアン二世帝と宮廷の植物学者たちによって進められました園芸文化は、ヨーロッパの園芸文化の一大中心地となったのですね。

シュレイマンという名の象を連れてスペインから帰国

建築家　陛下のお父上マクシミリアン二世帝――皇太子の時代ですが――は、一五四八年スペインにおいて、伯父の皇帝カール五世の長女マリアと結婚されました。お二人は新婚生活をスペイン王宮で過ごされ、一五五一年にオーストリア、ウィーンに帰国されましたが、そのとき一頭の象を連れて帰られました。

象はポルトガル王ジョアン三世（一五〇二～五七）からの贈り物です。このポルトガル王は皇帝カール五世の妹カタリーナと結婚されていました。

そして贈り物としての象に王の手紙が添えられていました。「象には宿敵シュレイマンの名をつけたらよい。そして奴隷のように使うのだ」と。象にはなんとも気の毒ですが、ユーモアのある愉快な話ですね。

宿敵シュレイマンとはむろんハンガリーの一部を領有し、一五二九年にはウィーンにまで攻め込み、これを包囲し、ヨーロッパ中の人々を震撼させていますオスマン・トルコ帝国のスルタン、シュレイマンですね。

この大帝シュレイマンの名を象につけて奴隷のように使ったらよいというのですが、ここで想い起こされますのは、紀元三世紀、ペルシア軍によって捕らえられ、奴隷とされたローマ皇帝ウァレリアヌス（在位二五三～二六〇年）です。

ルドルフ二世　ローマ皇帝がペルシア軍の捕虜となったのか？

建築家　二世紀、トライアヌス帝がいったん属州化したものの、帝位を継いだハドリアヌス帝がそれを放棄しました東方のメソポタミア地方は、三世紀になりまして、その領有をめぐって、ローマ帝国とパルティア王国と、二二六年パルティア王国が崩壊した後は、ササン朝ペルシア帝国とが争い続けました。

このメソポタミアをめぐる戦争におきまして、砂漠の隊商の王国パルミュラを頼みとし同盟関係を結ばざるを得ないほどローマ軍は次第に劣勢になってゆきました。

そうした折、疫病が蔓延し、戦力が低下したローマ軍は、エッデサにおきましてペルシア軍によって包囲されてしまいました。この戦況を打開すべくヴァレリアヌス帝はペルシア王の要求に応じて、少数の兵を伴ったのみで、和平交渉に向かい、そこで捕らえられてしまったのです。

捕虜となったローマ皇帝ヴァレリアヌスは、ペルシア王が馬に乗るとき四つんばいにさせられ、踏み台がわりになるなど、ペルシア王の奴隷として生き、その数年後、屈辱の生涯を終えた、と伝えられております。

ルドルフ二世　父マクシミリアン帝がスペインから連れて帰った象はむろん奴隷のように使われるのではなく、大事に育てられた。なにしろオーストリアで最初の象であったから、たいへん珍しがられ、飼育されていたエバースドルト狩猟館に大勢の人々が見物に出掛けた。そしてひと目象を見たいという市民の声にこたえて、黒人の象使いにひかれてオーストリアの各都市を巡って歩いたとも聞いている。

だが残念なことに二年後に死んでしまった。スペインからの長旅の疲れもあったであろうし、またオーストリアの風土に馴染めなかったのかも知れぬ。

父はたいへん残念がり、その象の思い出にと彫刻家ミヒャエル・フックスにメダイヨンをつくらせた。

建築家　ウィーン市長がその象の脚の骨で椅子をつくらせたことも知られています。今日その椅子はウィーン郊外クレムスミュンスターの僧院に所蔵されています。

2

1ルーカス・ファン・ヴァルケンボルヒ：『離宮ノイゲボイデを見下ろす森を散策する皇帝ルドルフと弟たち』（ウィーン美術史美術館蔵）

2ルーカス・ファン・ヴァルケンボルヒ：『ある飲泉温泉場を訪れる皇帝ルドルフと弟たち』（ウィーン美術史美術館蔵）

4

3

5

[3]マルティン・ロタ：『金羊毛皮勲章を胸にさげる皇帝マクシミリアン２世』1570年

[4]金羊毛皮勲章

[5]「プラハ城にて皇帝ルドルフ２世たちの金羊毛皮勲章授与式後の祝宴」　テーブル左側に座っているのが皇帝ルドルフ２世。

[6]E. フィッシャー：『離宮ノイゲボイデ。北からの鳥瞰図』1715年

[7]廃墟の様相を呈する今日の離宮ノイゲボイデ

[8]今日の離宮ノイゲボイデ外塀壁

[9]バルテル・ベハム：『1592年ウィーンを包囲するシュレイマン大帝のオスマン・トルコ軍の本陣』遠方にウィーン市が見える。

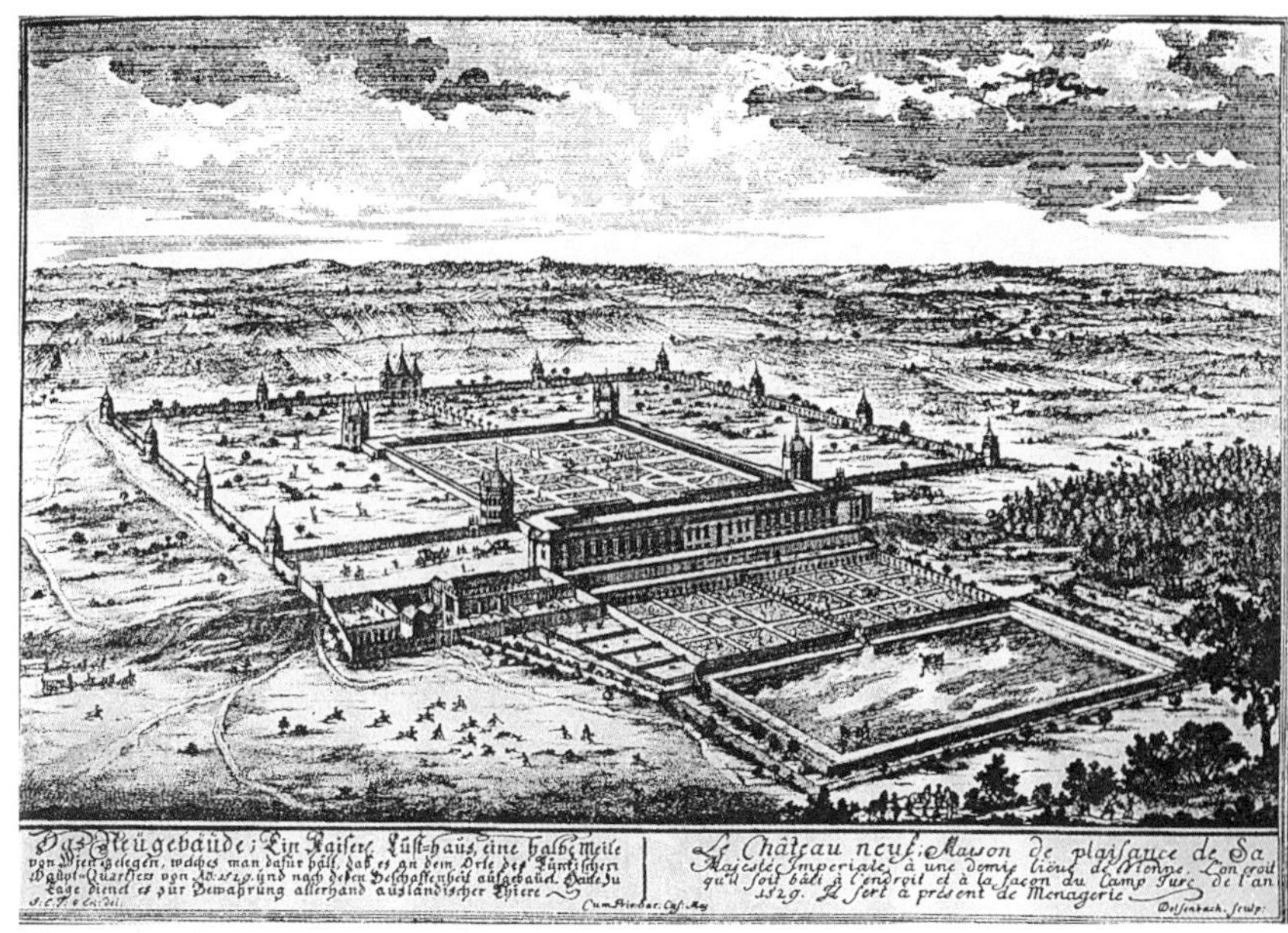
Das Neügebaüde; Ein Kaiserl. Lüst-haüs, eine halbe Meile von Wien gelegen, welches man dafür hält, daß es an dem Orte des Türkischen Haupt-Quartiers von A°. 1529. und nach dessen Beschaffenheit aufgebaut. Heute zu Tage dienet es zur Bewahrung allerhand ausländischer Thiere
Le Château neuf; Maison de plaisance de Sa Majesté Imperiale, à une demie lieüe de Vienne. L'on croit qu'il soit bâti à l'endroit et à la façon du Camp Turc de l'an 1529. Il sert à présent de Menagerie
Delsenbach. sculp.

6

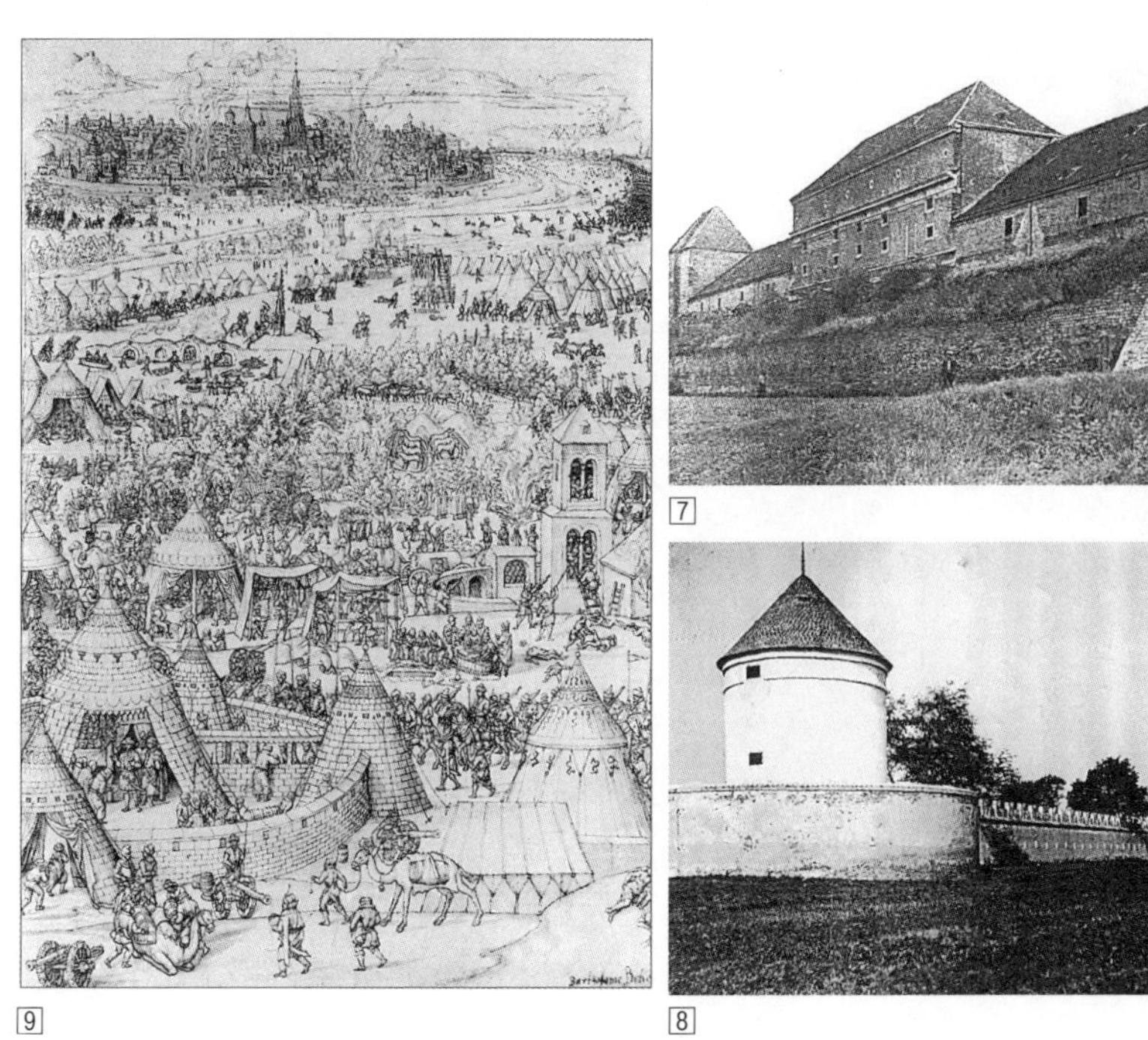

9

7

8

[10]ヴェネツィア派の画家：『シュレイマン大帝の肖像』（アンブラス城肖像画ギャラリー蔵）
[11]「シュレイマン大帝の肖像」　若きシュレイマン大帝の表情が詳細に描かれている。
[12]「帝国のリンゴ」　宝石がちりばめられた十字架のついた黄金球。

[10]

[12]

[11]

13

14

13プラハ王宮庭園内のベルヴェデーレ宮（1536〜1584）。パオラ・デラ・ステラ設計
14マドリド郊外エル・エスコリアル宮殿（1563〜1584）。マチュカ設計

15

16

15グラナダ，アルハンブラ宮に隣接して建つ皇帝カール５世によるカルロス宮殿（1527～）
16カルロス宮殿上階の丸い中庭を囲む列柱廊
17イタリア，カプラローラのパラッツォ・ファルネーゼ。ジャコモ・バロッツィ・ヴィニョラ設計
18ツッカリほか：『オッタヴィオ・ファルネーゼ公と皇帝カール５世の公妃マルゲリータの結婚』（カプラローラのパラッツォ・ファルネーゼ内壁画）

17

OCTAVIVS·FARNESIVS·CAMERINI·DVX
MARGARITAM·CAROLI·V·IMP·FILIAM
PAVLO·III·PONTIFICE·MAX·AVSPICE
SIBI·DESPONDET·ANNO·SAL·∞DXXXIX

18

⑲ヴィラ・マダマ，広間（1517～）。ローマ，モンテ・マリオ。ラファエロ設計，アントニオ・ダ・サンガロ・イル・ジョヴァネ作図。
⑳ルドルフ２世の別荘，ブランダイス城。プラハ郊外，エルベ河畔。
㉑㉒ブランダイス城壁にスグラフィットの技法で描かれた狩猟図

⑲

⑳

㉒

㉑

23

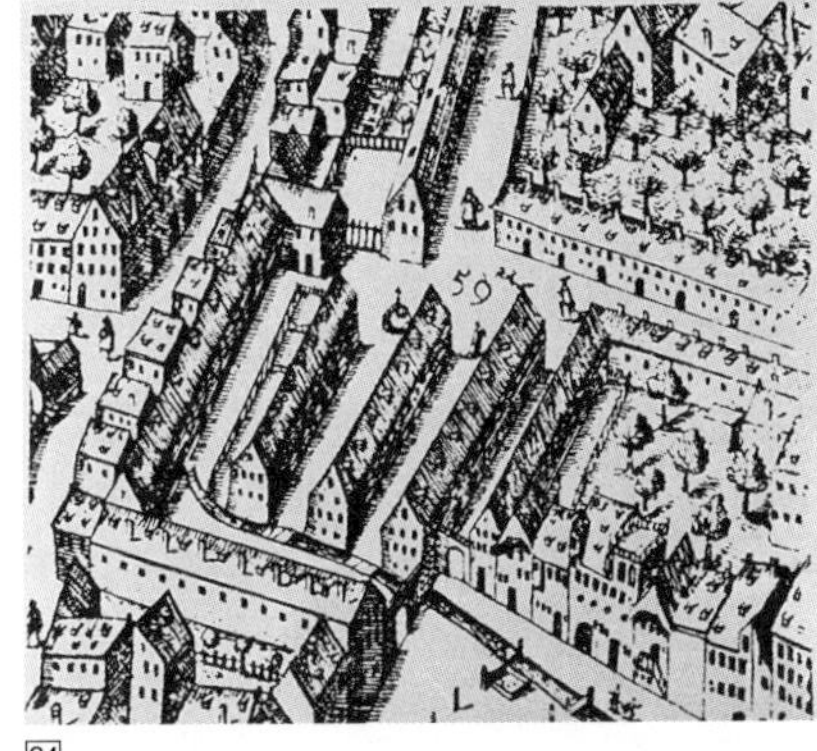

24

23ティツィアーノ：『ヤコポ・ストラーダの肖像』1567 年。（ウィーン美術史美術館蔵）

24「フッゲライ」（フッガー家による貧困者の救済施設）（1516 ～ 1523）。ドイツ，アウグスブルク

25エギディウス・サデラー：『オッタヴィオ・ストラーダ』1600年
26オッタヴィオ・ストラーダ「ルドルフ2世のインプレーサ。モットー：ADSIT」
27ディルク・デ・クワーデ・ファン・ラヴェンスタイン：『眠れる美女』1608年。（ウィーン美術史美術館蔵）
28離宮ノイゲボイデの列柱（1601年の実測図）が取り外され，シェーンブルン宮のグロリエッテに移設される。1775年

25

26

27

28

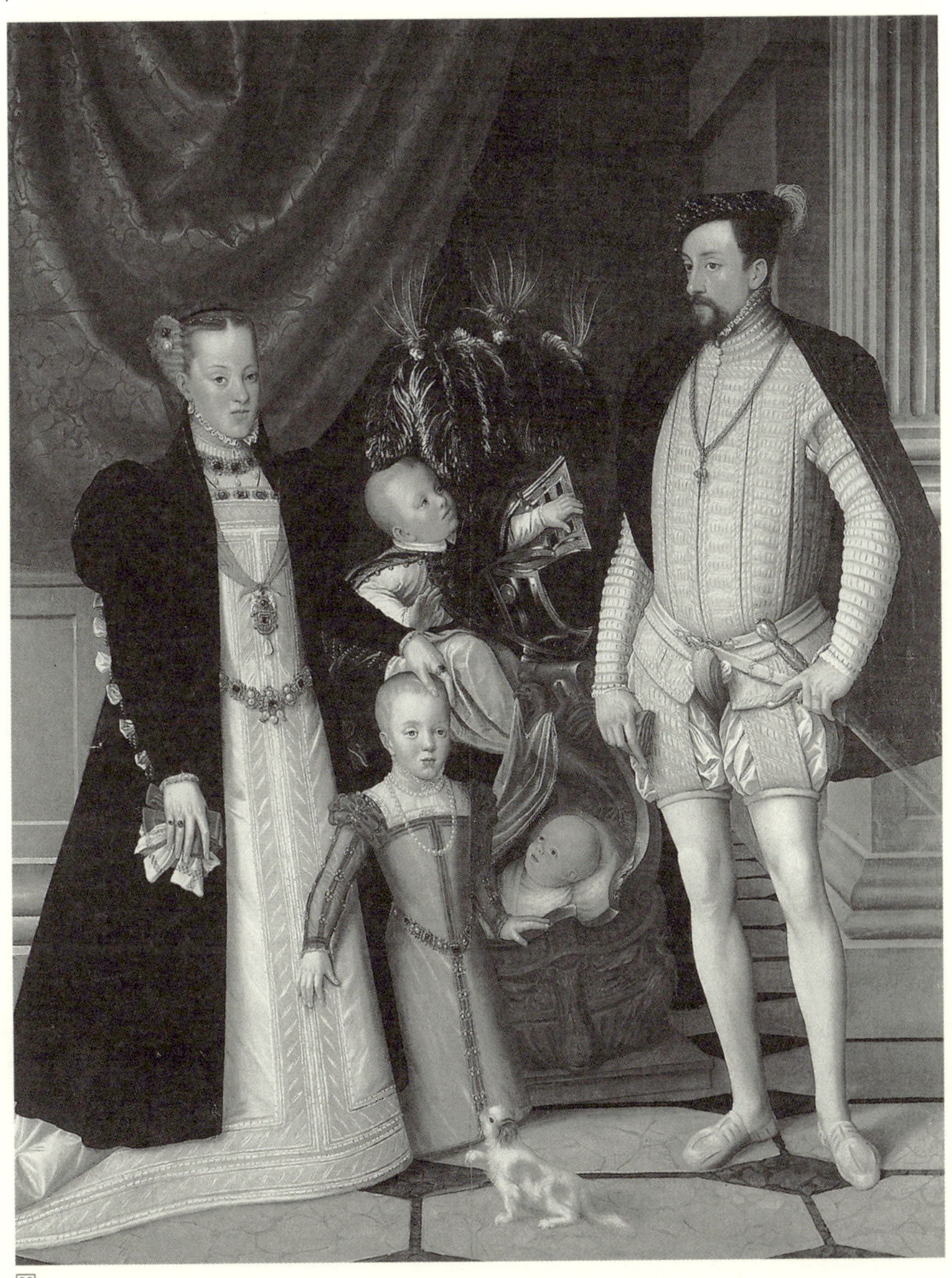

29

29ジュゼッペ・アルチンボルド：『皇帝マクシミリアン２世と家族』1562/63 年。（ウィーン美術史美術館蔵）

4 神聖ローマ皇帝へ

ウィーンに帰国。翌年ハンガリー王、四年後ボヘミア王となる

建築家　勉学のため七年間過ごされましたフェリペ二世王のスペイン宮廷を辞されて、陛下は弟君エルンスト大公とともにウィーンに帰国されました（一五七二）。その年の夏に陛下のお父上マクシミリアン二世帝の弟、つまり叔父上シュタイアーマルクなどオーストリア南地方を治めるカール大公（一五四〇～九〇）と南ドイツ、バイエルン公アルブレヒト五世の公女マリアとの婚姻を祝う盛大な祝典がウィーンで挙行されました。

このアルブレヒト公――お父上マクシミリアン二世帝の許諾のもとストラーダを代理人としてイタリアへ送り、古美術品などを収集させ、そのコレクションを収蔵するアンティクウァリウムを建造したあのアルブレヒト公の夫人は、陛下のお父上マクシミリアン二世帝の妹君アンナ大公女ですから、シュタイアーマルクのカール大公は姉の娘、つまり姪御と結婚されたのですね。

そして、その盛大な祝典で催されました数々の演目のひとつ、槍試合に、陛下が弟君エルンスト大公とともに参加されました。

ルドルフ二世　そうだったな。父マクシミリアン帝は槍試合に参加する私たちのために、豪奢な甲冑をつくらせた。私たちが槍試合に出たのを見物した観衆――式典に招かれた地方領主、貴族、それに市民たちの喝采を博した。

建築家　そうでしょうね。七年ぶりに帰国されましたお二人の姿を見て、皆たいへん喜ばれ、拍手喝采を送ったことが目に浮かぶようです。

お二人を槍試合に参加させたお父上マクシミリアン二世帝は、とりわけ皇帝後継者である陛下を皆にお披露目するまたとない機会であると、お考えになられたのでしょうね。

ルドルフ二世　お披露目といえば、父マクシミリアン帝の宮廷の人たちは、スペインから帰国した私が以前と相当変わったと映ったようだ。黒い礼服のような服装、スペイン風マント、スペイン風長靴、そして部屋の中でも帽子をかぶり、マントを着る、そして、口数が少なく厳粛な面持ち――スペイン風で別人のようであると。

十二歳から十九歳になるまで七年間、私が青少年時代を過ごしたスペインの風土と精神、そしてスペイン王フェリペ二世の宮廷の生活に影響を受けないはずはあるまい。帰国してしばらくの間は、ウィーンの宮廷になかなか打ち解けなかった。父マクシミリアン帝もそれを感じ取ったのであろう。もっと陽気に振舞い、宮廷の人たちと打ち解けて親しくなるよう私に忠告した。

建築家　ウィーン駐在の各国大使は、帰国された陛下についてい自国に早速報告していますが、陛下は人に対して冷たい態度をとり、尊大であるとか、振舞いがスペイン風といった印象を抱かれたようです。

そして翌年の一五七二年、陛下が二〇歳のときにハンガリー等族会議においてハンガリー王に選出されました。ドナウ河右岸のモハチの戦い（一五二六）においてオスマン・トルコ軍に敗れ、戦死しましたハンガリー王、ボヘミア王ルドヴィクの後を継ぎまして、王となりましたハプスブルク家の祖父フェルディナント一世帝、そしてお父上マクシミリアン二世帝が後を継がれました。ですから、陛下は三代目のハンガリー王となられたわけですね。モハチの戦いに敗れて以来、ブダ（・ペスト）を含むハンガリーの中央部はオスマン・トルコに占領されておりますから、陛下が王に就かれましたハンガリー王国とは、オーストリアと国境を接した東部地方に限られております。

九月二六日にセケシュフェヘルヴァル（シュトゥールヴァイセンブルク）にて、盛大な戴冠式が挙行され――宮廷画家ジュゼッペ・アルチンボルド（一五二七～九三）が式典からその後の催し物、プログラム、進行、参列者の衣裳などをデザインし、戴冠式を演出しました――、陛下は聖シュテファンの王冠を戴きました。

そして、その三年後の一五七五年、陛下が二三歳のときボヘミア王に選出されました。九月二二日にプラハのプラハ城内に建つ聖ヴィート教会において、厳かに戴冠式が挙行され、陛下は聖ヴァーツラフの王冠を戴きました。

この戴冠式におきましても演出家・デザイナーの役割を果たしました宮廷画家アルチンボルドによる、陛下が頭上に聖ヴァーツラフの王冠を戴くペン画が知られております。王冠を戴く陛下の横顔を素早くスケッチしたもののようですが、陛下を美化しないで内面を把えたアルチンボルドの肖像画家――もともとフェルディナント一世の宮廷肖像画家として仕え始めました――としての腕前は見事ですね。

ルドルフ二世　皇帝や王侯の肖像画を描くにあって、へつらうような美化・理想化して描く画家もいるが、私はそうしたことを好まない。

建築家　そうですね。陛下の宮廷画家や彫刻家たちは皆、そうですね。美化より、陛下の内面を描こうとしています。そして、私たちはその多くが内面に迫るあまりにリアルですので、陛下のご不興をかわなかったのか、不思議にさえ思います。

父帝マクシミリアン二世崩御――病床に女魔術師がよばれる

陛下のお父上マクシミリアン二世帝は生来病弱な人だったのでしょうか。

ルドルフ二世　そんなことはない。狩猟によく出掛けていたし、よく庭に出て果樹や花々を育て、園芸に夢中になっていた。健康な身体をもっていた――頑強とはいえないまでも。それがいつしか痛風を患うようになった。

建築家　痛風を患う人は多いようですね。陛下の祖父、皇帝カール五世は二〇歳ごろから痛風を患い、晩年には激痛で馬に乗るのも困難だったようですが、兵士たちの前ではその痛みをこらえて平然とした様子を見せていた、といわれます。ボヘミア国王で皇帝カレル四世も、またフランス王フランソワ一世も痛風を患っていたことが知られておりますし、オスマン帝国のシュレイマン大帝もまた痛風を患っていました。妻のロクサラ妃が夫シュレイマン大帝に宛てた手紙のなかで、痛風の痛みの具合はどうか、と夫の体調を気遣っていることから知ることができます。

毎日、朝から多量の肉をたいらげる暴飲暴食が痛風の原因かと思われますが、経済的に暴飲暴食が可能である王侯貴族に多いのはおおいにうなづけます。

そういえば、シュマルカンデン同盟のプロテスタント軍を破ったミュールベルクの戦いで、捕らわれましたザクセン侯ヨハン・フリードリヒを皇帝カール五世はアウグスブルクに連行しました。その際、画家ティツィアーノに侯の肖像画を描かせましたが、その肖像画を見ますと、ザクセン侯は途方もなく巨体でして、大食漢ではないか、そして痛風を患っていたのではないかと想像されますが――。

ルドルフ二世　そなたも知っているように、夏の離宮ノイゲボイデの建設にあたって、真っ先につくらせたのは、南の庭園を囲む内塀壁の四隅に立つ塔のひとつを浴室塔とした。父マクシミリアン帝は侍医の指示に従って、痛風治療のため、たびたびノイゲボイデに出掛けては、その塔での入浴を愉しんだ。

父マクシミリアン帝は痛風の発症を機に何故か、身体が弱り始めた。カトリックとプロテスタントの果てしない宗派争い、オスマン・トルコとの戦争における巨額な戦費の捻出、国土の疲弊――父マクシミリアン帝はこうした山積する難題解決に忙殺され、身体と精神がほとほと疲れきったのであろう。父マクシミリアン帝自身、身体が弱ってきたことを自覚された。

建築家　陛下がスペインの宮廷からお戻りになられたその翌年に、お父上は陛下をハンガリー王に即位させ、またその三年後にボヘミア王を戴冠させせましたが、お父上のマクシミリアン二世帝はいまだ四〇歳代半ばですのに、何故にと疑念が頭によぎりました。お父上が陛下の両王の戴冠を急がれましたのには、そうした背景があったのですね。

陛下のお父上マクシミリアン二世帝は、一五七六年レーゲンスブルクで開催される帝国議会出席のためウィーンより赴きますが、途中で急病にかかられました。侍医は魚の食べ過ぎが原因などといっていたようですが、ともあれ回復され、旅を続けられレーゲンスブルクに到着されました。ところが帝国議会開催中、突然気を失われ、倒れられました。

ルドルフ二世　父マクシミリアン帝が倒れ、深刻な事態となったとの知らせを聞いて、私はプラハよりレーゲンスブルクに駆けつけた。私はプラハでの領邦会議に出席していたため、父マクシミリアン帝のレーゲンスブルクでの帝国議会出席には同行していなかった。

父マクシミリアン帝の容体は深刻であった。侍医がどんな処置をしても、良くなる兆候は見えなかった。そこで南ドイツ、ウルムより女魔術師マグダレーナ・シュトライヒャーがよばれ、女魔術師は父帝に秘密のエリキサー（霊薬）を処方した。すると帝はやや快方に向かう気配をみせた。だが、芳しくなかった。

また天文学者のタデウス・ハイェク（一五二五～一六〇〇）がよばれた。ハイェクはフェルディナント一世帝にも仕えた宮廷侍医でもあり、また錬金術師でもあった。後に私の宮廷侍医となり、プラハでは私の宮廷の宮廷数学官で天文学者のティコ・ブラーエなどと親しい交友関係にあった。

考えられるあらゆる手立てを尽くしたにも拘わらず、父マクシミリアン帝は崩御した（一五七六年六月二五日）。四九歳であった。臨終の床における塗油の秘蹟は拒んだ。カトリックでもなく、プロテスタントでなく一キリスト教徒として生きる信念を父マクシミリアン帝は貫いた。

そしてプラハ城聖ヴィート大聖堂にて大葬が厳粛に執り行われた。

それにしても重態に陥った父マクシミリアン帝の病床に魔術師がよばれ、なにやら謎めいた呪文を唱えながら秘密のエリキサーを処方する光景に、そして、たとえ一時せよ父帝が快方に向かう気配をみせたことに、私は強い印象を受けた。それは私の脳裏から消えることはなかった。そしてまた、多くの侍医のなかから天文学者タデウス・ハイェクが父帝の病床によばれたことも——。

建築家　そして崩御されましたマクシミリアン二世皇帝のひつぎは聖ヴィート教会内中央に安置されています。皇帝フェルディナント一世（一五六四年崩御）と皇后アンナ（一五四七年崩御）が眠る同じ霊廟（アレキサンダー・コーリン制作）に父母と並ぶように安置されました。

ルドルフ、神聖ローマ帝国皇帝となる

陛下は父君マクシミリアン二世帝が崩御された年（一五七六）の十月に、レーゲンスブルクにて神聖ローマ帝国皇帝に選出されました。

皇帝カレル四世による「金印勅書」（一三五六）において定められました皇帝選挙規程によりますと、マインツ、トリーア、それにケルンの三人の聖職諸侯、大司教、またプファルツ、ブランデンブルク、そしてザクセン、ボヘミアの四人の世俗諸侯、計七人のいわゆる選帝侯によって、皇帝の選挙が行われ、四人以上の出席のうえ多数決にて選挙が成立する、そして選挙場所はマイン河畔フランクフルトと

されておりますが、今回は例外的にレーゲンスブルクで行われました。

陛下は一年前にボヘミア王に選出されておりますから、皇帝を選出する一票の権利をすでにお持ちになっていたのですが、強力な対立候補もいないことからこれを行使することなく、すんなり皇帝に選出されました。

そして「金印勅書」にはアーヘンにて皇帝戴冠式を挙行すると定められていますが、今回はこれも例外的にレーゲンスブルクの大聖堂にて行われました（一五六七年十一月一日）。陛下が二四歳のときのことです。

マインツの大司教から戴いた帝冠は、ニュルンベルクに大切に保管されていましたが、このレーゲンスブルクに運ばれてきました。帝冠は本来プラハから西南に約三〇キロメートル離れたカルルシュテイン城に（カレル四世の命により一三四八〜五八年、岩山の上に建てられました）、他の聖遺物とともに保管されていたのですが、息子のジクムント帝が、帝冠がフス派の人たちに持ち去られることをおそれてニュルンベルクに移した（一四二四）といわれております。

ボヘミア王冠を被った陛下の横顔をスケッチした宮廷画家アルチンボルドですが、頭上に帝冠を戴く陛下の横顔を描いたペン画も知られております。

それを見ますと帝冠の縁の幅は広く、宝石がちりばめられた円みを帯びた方形部分と、宝石によって縁取りされた十二使徒像とイェルサレムの十二の州とが描かれた円みを帯びた方形の部分とが交互になっておりまして、正面に大きな十字架が立つ、とても豪奢な美しい八角形の帝冠ですね。十世紀後半に皇帝オットー二世がつくらせたものだといわれております（今日、ウィーン美術史美術館蔵）。帝冠の八角形は天上のイェルサレムを象徴するといわれております。また帝冠そのものもたいへん大きいようでして、陛下のお顔の眼のあたりまですっぽり被さり、前方が見えにくいのではと思えるくらいの大きさです。

ルドルフ皇帝、王冠をつくらせる

建築家　ところで陛下はご自身のための、とても美しい王冠をつくらせました（一六〇二）。それは陛下が諸侯、各国大使などを神聖ローマ皇帝として謁見する必要がある場合、帝冠をいちいちニュルンベルクから取り寄せるのは面倒だとされて、その帝冠に代わる王冠をつくらせたとお聞きしておりますが――。

ルドルフ二世　そうだ。そなたのいうとおりだ。私が皇帝位に就いた後、その必要性を感じ、王冠についての構想を練った。

建築家　そうしますと一五八〇年代から二〇年以上もの長い年月をかけて構想を練られ、完成させたということですか。陛下の皇帝としての統治三〇年（一六〇六）を記念するものだとする研究者もおりますが――。こうしたことと関連したのですか。

ルドルフ二世　それもあった。

いずれにせよ、つくらせるからには私の美意識を満足させるものでなくてはならぬ。

私は幾度となく私の側近たちや宮廷芸術家たちを集め、私の構想について議論を重ねた。

まず、ヨーロッパ中に派遣している各大使に書簡を送り、ダイアモンド、ルビーそれにサファイアの原石また真珠などを秘密裡に捜させた。大粒の極上の宝石を捜し求めるには大変時間がかかるということは、そなたも容易に想像できよう。また原石を研磨する腕のよい研磨工はフランクフルトから呼び寄せた。

そして時代の名工といってよい優れた腕前の金細工師を捜し求めた。私の宮廷金細工師を含めて、プラハに多くいる金細工師、ヨーロッパ中の名だたる金細工師たちから、人選を進めた。

建築家　そして長い年月をかけて捜し求めた極上の宝石がようやく集まり、金細工師はネーデルラント出身のヤン・フェルメイエン（?～一六〇六）と決まりました。このフェルメイエンにつきましては今日よくわかっておりません。皇帝カール五世のために働いた画家ヤン・コルネリス・フェルメイエンの息子で、ブリュッセルに生まれ、アントウェルペンで金細工師として修業をし、ドイツ、フランクルトにて仕事をした後、陛下によってプラハの宮廷に招聘されました。フランクフルトで名金細工師として名声を博していたのですね。ヤン・フェルメイエンは自分の作品に署名をしない人のようでして、ですからプラハ以前の仕事につきましては何も知られておりません。

陛下の構想をもとに枢密顧問官など側近、それに宮廷芸術家を集めて討議を重ねて練られました冠案をもとに、名金細工師フェルメイエンの指図のもとつくられました王冠は、誰もが陛下の宮廷の至宝だと認めますように、素晴らしい出来栄えの王冠ですね。

金地の輪帯は真珠によって縁取られ、小さなダイアモンドと大きなダイアモンドと大粒の真珠によって飾られ、その上、正面に大きなルビーが配されています。ルビーは皇帝の知恵を象徴するといわれております。そして冠の頂には小さな十字架が、そしてその上に大きなサファイアが燦然と輝いております。サファイアは天上のイェルサレムを象徴するといわれております。

また対角線上に走るエナメル白地の帯――白地に鳥、トンボや蝶それに果実などが克明に描かれ、実に美しい見事なエナメル工芸です――、隙間を埋めるように、側面に四枚の三角形の金地のパネルがつけられ、そこには浮き彫りが施されております。

向かって右側前のパネルには、ひざまずく陛下の頭にマインツ大司教が帝冠を授け被せようとする神聖ローマ帝国皇帝戴冠式の場面が、左側前のパネルには、甲冑に身を固め頭に月桂樹を戴いた陛下が、平和を（対オスマン・トルコ戦争において）勝利をもたらしたと土地の守護神たちが祝福する場面が描かれております。そして右側後のパネルには騎上の陛下が手に刀をもち、聖なる丘（ハンガリー各州の土を盛って造った丘）を登り、ボヘミア王として戴冠する場面が、また左側後のパネルにはいまだ大公の帽子を被り、群衆に囲まれつつボヘミア王として戴冠式に臨むべく、聖ヴィート大聖堂にも向かって歩く陛下が描かれております。

どれも精緻に描かれた素晴らしい浮き彫りですが、このように王冠を戴く支配者が描かれています冠は史上唯一のものといえます。

ルドルフ二世　それは私が考えたイデーだ。そしてどのような場面を描くかは、私と側近たち、宮廷芸術家たちと議論の末、決めた。

建築家　その着想といい、長い年月をかけて各地から集めました選りすぐりの美しい大粒のサファイア、ルビー、ダイアモンド、真珠をふんだんに使って精緻な細工を施した金細工師フェルメイエンの腕前が冴えわたった陛下の王冠は、後々にもハプスブルク家の至宝とされました。ハプスブルク家の後の歴代の皇帝も特別な行事のときにこれを使用したといわれます。

プラハの宮廷の金細工師たちの技と名品

一五八七年にプラは宮廷に招かれて、一六〇六年にプラハで死去しました宮廷金細工師フェルメイエンは、ほかにも精巧な細工を施した水差しやボウルなどの作品を残しておりますが、そのなかで興味をひきますのは、蓋付きの午黄（ごおう）のボウルですね。午黄とは牛の胆嚢に生じた結石ですが、ここでは大きな午黄をくりぬいてボウルの容器とし、それを支える台座と蓋とを——陛下の王冠のごとく——白地に鳥や蝶、花々、植物などをあしらった実に見事なエナメル工芸でできております。黄褐色のグロテスクな午黄を精緻な細工が施されたエナメルの白地の台座と蓋との対比が妙ですね。

陛下は午黄を粉にしてご自分の胃炎の薬として服用されたと聞いておりますが、中国におきましても古来、解毒剤として胃炎、狭心症、腎盂炎などに対する薬用とされてきました。

ルドルフ二世　私のプラハの宮廷の工房で制作する金細工師はフェルメイエンのみではない。シュヴァインベルガー、フィアーネンそれにヤムニッァーなどの名工がおるぞ。

建築家　そうですね。陛下の仰るとおりですね。

アントン・シュヴァインベルガーは一五八七年アウグスブルクからプラハ宮廷に招かれまして、一六〇三年死去するまで一六年間宮廷金細工師として働き、名声を博しました。よく知られた作品としましては、セーシェル諸島の椰子の水差し（一六〇二）があげられます。ネーデルラントの総督から購入されました大きな椰子の実にレリーフなどの細工を施し、金の精巧な台座と蓋をつけたものですが、蓋上部の海馬にまたがるネプチューン像は、椰子の実が来た遠い東方インド洋の海を連想させます。

当時のパンソフィア（汎知学）の思想からでしょうか、主として新大陸、インド、中国等々からもたらされましたありとあらゆるエキゾティックなもの、グロテスクなもの、そして珍奇なものが収集され、その陳列室であるヴンダーカンマー（不思議な部屋、驚異の部屋）がプラハ城内にもつくられました。そのヴンダーカンマーから午黄と同様、椰子の実を取り出し、名工によって精巧な細工が施され、美術工芸の名品となっております。そのアイデアといい、芸術品にまで高めた技術とセンスといい、陛下の宮廷以外、何処を捜しても見ることができない逸品であると思います。

パウルス・ファン・フィアーネン（一五七〇〜一六一三）はネーデルラントのユトレヒトで生まれ、基礎教育を受けた後、徒弟としてフランス、ドイツそれにイタリアなどで修行をし、ミュンヘンで働き始めた（一五九六〜）といわれます。そしてザルツブルクへ移った後、一六〇三年に死去した名工シュヴァインベルガーの後任として陛下の宮廷金細工師として招かれました。

　フィアーネンの得意とする専門分野はエンボス仕上げ、すなわち型押しですね。神話の世界を題材とした銀製の記念牌や大皿、銀杯などが知られております。その銀製の大皿（縦四一センチメートル、横五二センチメートルの楕円形）では、森と狩の女神ディアナとテーベの王カドモスの孫アクタイオンの神話を題材としています。狩の疲れを癒すべく、水浴びをしていたディアナを偶然通りかかったアクタイオンは眼にしてしまいます。ディアナはそれに怒り、アクタイオンを鹿とします。その鹿を見たアクタイオンの犬たちは、本来主人であるが鹿へと変身したアクタイオンを食い殺してしまうという神話です。ディアナは自分の裸体を見られても平然とアクタイオンに向かって予言します。「裸の私を見たと言いふらしてよいのですよ。ただし、そうすることができたらね」。アクタイオンの頭から鹿の角が生え始めています。そして犬たちがその異変に気づき、主人であるアクタイオンにほえかかろうとしています。

　フィアーネンはそのようにその場面を生き生きと見事に描いておりますね。型押し細工とは思えぬほど柔らかな線で表現されています。

ルドルフ二世　このように見事な絵画的効果を金細工に表現し得たのはフィアーネンが最初だ。

建築家　陛下はたびたび金細工師たちが制作に励んでいる工房に出掛けられ、神話などの題材、その表現方法などについて金細工師たちにこと細かく指示したのですね。

　プラハ宮廷において制作されました金細工の工芸品はヨーロッパにおいて最高の水準をいくものです。

神聖ローマ皇帝――古代ローマ皇帝の正統な継承者を自負

　陛下のお父上マクシミリアン二世帝の時代から宮廷のメダル意匠家として仕えておりましたアントニオ・アボンディオ（一五三八～九一）が制作しました、マクシミリアン二世帝や陛下の肖像が描かれております記念メダル、あるいはコインがあります。

そこには、たとえば一五七五年に制作されたマクシミリアン二世帝の記念メダルですと、肖像の周りにIMP（ERATOR）．CAES（AR）．MAXIMILIAN（US）II．AUG（USTUS）［皇帝、カエサル、マクシミリアン二世、アウグストゥス］とマクシミリアン二世帝の称号が刻印されております。

また、たとえば一五七〇年代後半に制作されました陛下の記念メダルでは、陛下の肖像の周りにRUDOLPHU II ROM（ANORUM）．IMP（ERATOR）．AUG（UTUS）［ルドルフ二世、ローマ帝国の皇帝、アウグストゥス］と陛下の称号が刻印されております。

これにD・G（威信ある）、PATER. PATRIAE（国父）、またREX. HUNG（IAE）、BOH（EMIAE）（ハンガリー、ボヘミア国王）などの語を付け加えられたり、称号にはさまざまなヴァリエーションがあります。

これは古代ローマ帝国の皇帝の称号と同じですね。たとえば第十三代ローマ皇帝トライアヌス（治世九八～一一七）の場合ですと、IMP（ERATOR）．CAESAR. NERVA. TRAIANUS. AUGUSTUS. GERMANICUS. DACICUS. PARTHICUS. PONTIFEX MAXIMUS. PATER PATRIAE［皇帝、カエサル、ネルウァ、トライアヌス、アウグストゥス、ゲルマニクス、ダキクス、ポンティフェクス マキシムス、パテル・パトリアエ］でして、トライアヌス帝死去時（一一七）の正式称号です。インペラトル（皇帝）カエサル、その後にネルウァ・トライアヌス（ネルウァの養子トライアヌス）と名前がきまして、アウグストゥス、それにパテル・パトリアエ（国父）とありますのはお父上マクシミリアン二世帝や陛下の称号と同じですね。ただゲルマニクス（ゲルマンの勝利者）、ダキクス（ダキアの勝利者）、パルティクス（パルティアの勝利者）、それにポンティフェクス マキシムス（大神祇官）は神聖ローマ帝国皇帝には添えられません。

「インペラトル」はもともと大きな軍功をあげたローマ軍の将軍に与えられた最高司令官の称号ですが、カエサルが個人名に冠することを特別に認められ（前四五）、初代皇帝オクタウィアヌスがローマ軍団の最高司令官であることを強調すべく自ら個人名に冠して以来、ローマ皇帝の正式な称号となりました。「カエサル」はもともとユリウス・カエサルの家名であったが、共和政に替わって帝政としたその養子オクタウィアヌスがカエサルを名のったため、その後の歴代皇帝は家名あるいは称号としてカエサルを名のったのですね。

そして「アウグストゥス」ですが、「尊厳なる者」の意味で、ユリウス・カエサル・インペラトル・オクタウィアヌス軍がアントニウス・クレオパトラ軍に勝利したアクティウムの会戦（前三一）後、元老院から贈られた（前二七）称号ですね。これをもってオクタウィアヌスは初代ローマ皇帝とされ、以後の歴代皇帝が帯びた称号となりました。

それでトライアヌス帝の場合は、「インペラトル・カエサル・トライアヌス・アウグストゥス」が正式称号であったわけですね。

ところで陛下のお父上マクシミリアン二世帝はIMP. CAESAR.MAXIMILIANUS AUG. といいますように、多くの場合、称号にカエサルという名を帯びておりますが、陛下の称号にはカエサルという名をほとんどの場合帯びておりません。

ルドルフ二世　それには少々わけがある。

そなたも知っていると思うが、第十三代ローマ皇帝トライアヌスまでの歴代皇帝はカエサルという名を皇帝の称号として帯びていた。ところが次の皇帝ハドリアヌスは、晩年、健康が衰えてくると自分の後継者について考え始めた。そしてルキウス・ケイオニウス・コモドゥスを後継者と決め、養子とし、ルキウス・アエリウス・カエサルとカエサルの名を名のることを赦した（一三六）。

このとき以来、カエサルという称号は副帝（ハドリアヌスは正帝）、あるいは皇帝継承者という意味合いをもつようになった。

もっともこの男ルキウスは二年ももたずして病を得て死去してしまい（一三八）、ハドリアヌス帝をおおいに落胆させた。帝はもうひとりの人望ある男を急ぎ後継者に指名し、養子とした。間もなく、その年の夏、ハドリアヌス帝は崩御し（一三八）、皇帝位を継いだのがアントニヌス・ピウス帝だ。

そうしたことから、記念メダルやコインに刻印する称号にはカエサルの称号を帯びてない場合が多い。父マクシミリアン帝はそうした背景は考慮しなかったのであるまいか。他方、人文主義者の父はローマ皇帝が歓迎した（元老院から贈られたものだが）パテル・パトリアエ（国父）という称号を好んだ。カトリックとプロテスタントの抗争がますます強まるなかで、一方に与（くみ）することなく、一キリスト教徒として、寛容の精神をもって帝国の民を暖かく包み込みたいとする父の気持ち「国父」という称号で表わしたかったのであろう。

建築家　神聖ローマ帝国皇帝によって発行されます記念メダルやコインなどに刻印されます皇帝の称号が、古代ローマ帝国皇帝の称号がほぼ同じであるということは、神聖ローマ帝国皇帝は古代ローマ皇帝の正統な継承者であると示しているということですね。

ルドルフ二世　そうだ。そのとおりだ。

西ローマ帝国が滅亡し、フランク王国のオットー大帝が九世紀にアーヘン大聖堂にて戴冠して以来、西ヨーロッパのキリスト教国、神聖ローマ帝国を統治する皇帝として、古代ローマ帝国皇帝を継承してきたものだからだ。

建築家　ルネサンス期においてギリシア・ローマ時代のコイン収集に如何に人々が熱をあげたかにつきましては、以前に陛下からお話をお聞きしました。陛下のご祖父フェルディナント一世帝、お父上マクシミリアン二世帝にも仕えましたヤコポ・ストラーダもまた若いときから古銭（コイン）収集に熱をあげ、一五五三年リヨンにて『古代宝物要覧』と題する最初の書物を著作出版しました。それは主として収集したローマ皇帝のコインの図版とそれに解説を加えたもので、なかには神聖ローマ皇帝のコインも含まれております。

ストラーダはフェルディナント一世帝にその著書を献上しました。著書は御意に適っておおいに帝を喜ばせ、その話しを聞いた陛下の父上マクシミリアン二世帝はたいへん興味を示され、レーゲンスブルクにおいて開催された帝国議会に出席中にストラーダを呼び寄せ、謁見したのですね。以来、ストラーダに寄せるマクシミリアン二世帝の信頼は厚く、帝の寵臣となりました。

また、陛下の美術工芸品のコレクションのなかには、「皇帝アウグストゥス　カメオ」（今日、ウィーン美術史美術館蔵）が知られております。ヴェネツィアで購入されたもので、戦いに勝利し凱旋するティベリウスを迎え、座す初代ローマ皇帝アウグストゥスと女神ローマが描かれました素晴らしいカメオですね。また魚の尾をもつ山羊の陛下のエンブレムが知られておりますが、それは初代ローマ皇帝アウグストゥスのものと同じです。

陛下は金細工師ヤン・フェルメイエンに、十二人のローマ皇帝像のカメオを制作させております。

これらのことから、陛下をはじめ歴代の神聖ローマ皇帝は、ローマ帝国皇帝の継承者であることを強く意識されているものと察せられますが——。

ルドルフ二世　それはそのとおりだ。

ローマ帝国皇帝の正統な後継者であることを自負している。

建築家　陛下は美しい愛人との間にもうけました男子（庶子）にドン・ジュリオという名を与えております。ユリウス・カエサルの家系につながることを強く意識したことだと思われます。

カエサル・ゲルマニクス？

ところで陛下、あるフランス人女性作家（J・ドクソワ）が陛下の生涯と事跡を著しました書のなかで、陛下のお父上マクシミリアン二世帝崩御の後、皇帝位に就かれました陛下のことを「カエサル（CAESAR）・ゲルマニクス（GERMANICUS）」といっていましたが、これは思い違いですね。

ハドリアヌス帝以後、「副帝」あるいは「皇位継承者」という意も含むようになりました「カエサル」という称号をあまり好まれなかった陛下の称号としては相応しくない、ということもあります。それに「ゲルマニクス」という称号が問題です。

「ゲルマニクス」とは「ゲルマンの征服者」という称号で、ゲルマンに勝利した将軍にローマの元老院から贈られるものですね。

最初にこの称号を贈られましたのはローマの将軍ネロ・クラウディウス・ドルスス（前三八〜九）ですね。ドルススは後の第二代皇帝ティベリウスの弟で、継父アウグストゥスのもとで育ちました。

ユリウス・カエサルがガリアを征服した（前五〇年代）結果、ライン川が国境線となり、またアウグストゥスがアルプス地方、バルカン半島を征服し、ドナウ川を国境線としましたが、アウグストゥス帝は帝国領土拡大を目論んで、ライン川より北のエルベ川を国境線とすべく、ライン川駐屯軍団の指揮をガリア総督ドルススに委ね、エルベ川への進撃を命じました（前一二）。

前九年まで四回にわたりゲルマンに進攻し、各地に堅塁を築き、ゲルマン諸族を打ち破り、エルベ川に到達しました。このときライン川から北海へ達するドルスス運河（今日のオランダ、エイスル運河）を造り、自らこの運河を経て北海に航行しました。ドルススは北海を航行した最初のローマ人だといわれております。

ですが、エルベ川遠征からの帰国途上、病に倒れ、夏の陣営にて死去してしまいます。まだ二九歳の若い勇猛果敢な将軍でした。

兄ティベリウス（後の第二代皇帝）は、そのときイタリア北部ティキヌム（今日のパヴィア）にて軍団を指揮していましたが、弟ドルススが病に倒れ命が危ういとの報を聞き、三日三晩夜を徹して馬を走らせ――各駅で馬を取り替え――、ドイツ北部の弟のもとに駆けつけた、という弟思いのティベリウスの逸話が伝わっております。

遺灰はアウグストゥスの霊廟に埋葬され、ドルススとその子孫には「ゲルマニクス」（ゲルマンの征服者）という称号を元老院から贈られました。

それ故、ドルススの子孫、息子の将軍ゲルマニクス（前一五～後一九）――知性、軍事面とも優れた将軍で、民衆の評判が高く、養父ティベリウス帝がそれを妬んで他人を介し毒をもった、との噂がありましたが――、孫の第三代皇帝ガイウス・カリグラ（十二～四一）、弟の第四代皇帝クラウディウス（前一〇～後五四）、そして曾孫の第五代皇帝ネロ（三七～六八）などはゲルマンの勝利とはなんら関係なく「ゲルマニクス」の称号が与えられていますね。

このドルススのクラウディウス朝に替わってフラウィウス朝になりますと、単なる世襲の称号ではなく、実際にその地を征服した皇帝の称号が元老院の議決によって与えられたのですね。たとえばダキア（今日のルーマニア）、パルティア（今日のイラク）を征服した第十三代皇帝トライアヌスには「ダキクス」「パルティクス」、アルメニアやサルマニアを征服した第十六代皇帝マルクス・アウレリウスには「アルメニアクス」「サルマティクス」、ブリテン島、アラビアを征服した第二〇代皇帝セプティミウス・セウェルスには「ブリタニクス」「アラビクス」という称号が授けられました。

ただし、これらの称号が元老院によって与えられた事情は複雑でして、たとえばブリテン島（今日のイギリス）の征服はクラウディス帝に始まりましたが、「ブリタニクス」の称号を贈るという元老院の議決にも拘わらず皇帝は拒否し、自分の息子に「ブリタニクス」の称号を与えました。

このように、その地の征服と称号とは必ずしも結び着くものでなかった、ということですね。

ルドルフ二世　その地を征服したということではなく、むしろその地の住民が讃えて称号を贈った唯一の例があることを、そなたは知っているか。

それは第十四代皇帝ハドリアヌスに、全ギリシア都市同盟が贈った「パンヘレニオス」という称号だ。そなたも知っているとおり、ハドリアヌス帝は子供の頃からたいへんなギリシア好きであったといわれ、ギリシア語を母国語のように話したという。ティベリウス帝やクラウディウス帝などもギリシア語を流暢に話し、ギリシア語での著作もあるくらいに達者であったが、ハドリアヌス帝には及ばない。ギリシアの演劇、詩や音楽、それに絵画や彫刻に造詣が深く、哲学に通じ、エピクロスなどストア派の哲学者を友人にもつなど、たいへん高い教養の持ち主であった。

建築家　陛下もとても高い教養の持ち主であると、陛下に謁見した各国大使などが述べておりますが――。

ルドルフ二世　私などより父マクシミリアン帝のほうが、よほど教養が高かった。それはともかく、ハドリアヌス帝は、過去、ローマ軍がギリシアに進撃し、ローマの属州アカイアとされ、戦乱によってアテネをはじめギリシア圏の多くの都市や国々が荒廃していくことに心を痛めた。
まずギリシア文化圏の中心地アテネの都市整備に取り掛かった。パンテオン、図書館を建造し、永い間未完成のまま放置されていたゼウスの神殿オリュピエイオンを完成させた。アクロポリスの丘の麓に建つ壮大な神殿だ。そして水道施設の整備や新しい市街地の拡張計画も命じた。よく知られている格調高く優美なハドリアヌス帝記念門は新市街地入口門だ。

また帝はゼウスの神殿オリュピエイオンの完成（一三二）と同時に、そのすぐ南のイリソス川沿いにパンヘレニオンを建造した。パンヘレーネ、すなわち全ギリシア都市同盟の使節団が集う集会施設だ。ギリシアの諸都市が同盟を結ぶことによってギリシア社会が結束し、文化的、経済的繁栄を再興させるものでローマ帝国の一体化と安定につながるものだ。ハドリアヌス帝の意図はそこにあった。

運動競技、演劇や詩の競技会であるパンヘレーネ祭が毎年アテネで開催されるようになり、パンヘレニオンで集会が催された。

建築家　それで広くギリシア世界——たんに属州アカイアにとどまらず西地中海を取り巻く広大なヘレニズム文化圏——の人々がハドリアヌス帝を讃えて、「パンヘレニオス」という称号を贈ったのですね。
西方世界と相違して、伝統的にアジア、シリアなどをはじめとする東方世界の人々は、多くの恩恵を与える王や皇帝を神のように讃えて、神殿を建立、奉献したようですね。初代ローマ皇帝アウグストゥスを讃えて「カエサル」という名の新都市が東方各地で創建されたり、神殿も建立、奉献されました。

新皇帝としてウィーン入市を祝う記念門

陛下はレーゲンスブルクにおいて崩御されましたお父上マクシミリアン二世帝の葬儀をプラハのプラ

ハ城内にあります聖ヴィート大聖堂にて盛大に執り行われました。

そしてこの年（一五七七）の夏、陛下はプラハよりウィーンにお帰りになりました。新皇帝としてウィーンに初めて足を踏み入れられるわけでして、ウィーン市民は歓呼して陛下を迎え入れ、これをお祝いして壮大華麗な入市式典を催しました。これに併せて陛下の入市記念門を建てました。

以前に陛下にこの記念門につきましてお話をお伺いいたしましたが、純白に輝く巨大な翼を広げたペガサス（天馬）を戴く壮麗な凱旋門のような祝祭記念門ですね。

入市式典が終了しましたら取り壊してしまう仮設の門でして、木骨で組み立て、薄板を貼り、凱旋門の形にし、その上に粘土を塗り、ペンキなどで仕上げたものですね。それに二・五メートルほどの大きさのマクシミリアン前帝や陛下ルドルフ新帝やネプチューンなどの彫像などを添わせ、木組粘土の上に白いペンキを塗ったもので、遠目には大理石の彫像のごとく輝いて見えた、といわれております。

この記念門を制作――しかもきわめて短期間のうちに制作――したのは、後に陛下の宮廷画家となるバルトロメウス・スプランゲル（一五四六～一六一一）と宮廷彫刻家となるハンス・モント（一五四五～？）ですね。二人はお父上マクシミリアン前帝のもとで働くようになり（一五七五～）、夏の離宮ノイゲボイデの両翼ホールの天上フレスコ画などを描いております。

ルドルフ二世　以前にも話したが、私のために制作した記念門の見事な出来栄えに感心し、この二人を私の宮廷芸術家に登用することと決めた。

ルドルフ皇帝、ボヘミア王国の首都プラハに宮廷を移す

建築家　陛下は一五八三年に、ボヘミア王国の首都プラハに宮廷を移されました。一五七六年に皇帝にお就きになられまして、七年間ウィーンにおいて帝国を統治してこられました。

ハプスブルク家の宮廷がウィーンに定着し――それまでは王が領地を巡るとともに宮廷も移動していました。以来、ウィーンに宮廷をおかなかったハプスブルク家の皇帝は、陛下ただお一人であるといわれておりますが、私たちがたいへん興味ありますのは、何故に陛下が宮廷をプラハにお移しになられたということです。

ルドルフ二世　そう大仰なものいいをするでない。私の母方の祖父カール五世皇帝もひっきりなしにあちこち宮廷を移動させていたではないか。

私はボヘミア国王に就いて以来（一五七五）、プラハ城内に居住した。ボヘミアの民は国王がプラハに居住し、領邦会議を主宰し、ボヘミアの地を治めることを望んだが、それは当然だ。父マクシミリアン帝が重態に陥ったとの報を聞き、プラハで領邦会議に出席していた私は、急ぎレーゲンスブルクの父の病床に駆けつけたことは、そなたに以前、話した。

そしてボヘミア国王としてプラハ城内に住んでいて、この都市の空気が、私を生き生きとさせることをあらためて自覚した。

ウィーンの都市の空気よりも、プラハの都市の空気のほうが私に合っている。

二四歳という若さで神聖ローマ皇帝に就いた私だが、宮廷の廷臣はじめ各国の大使たちが、私が帝国を如何に統治するか、興味津々と見守っている。そして伝統というより因習に捉われたウィーンの宮廷では、私が一人、私にとって長年慣れ親しんだスペイン風な黒い服装や振る舞いをするだけで、噂の種になるらしい。

建築家　そのようなことを耳にしたことがあります。ですが陛下は十二歳から十九歳という七年間の多感な青少年時代を、スペイン王フェリペ二世の宮廷で過ごされたわけですから、スペインの宮廷儀式から服装、話し方、振る舞いなど影響を受けるのは当たり前のことですね。

ルドルフ二世　口さがない連中の私についての噂が、気にならないといったら、それは嘘というものであろう。時とともに、私は廷臣たちにも心を開くことが少なくなった。するとと新皇帝は口数が少なく、気難しい性格だ、そして尊大だとも噂する。私の父マクシミリアン帝はたいへん気さくで誰とでも打ち解けて話す人だったから、よけいに私が気難しいという印象を人に与えたのであろう。

そんなとき、私は大病を患った（一五七八）。新皇帝はメランコリーだという噂が私の耳に入った。私は気分がすぐれず、他人と話す気も起きなかった。胃炎だ。天文学者である侍医ヨハネス・クラートが私を診た。

快方に向かった頃、クラートの薦めで、私は転地療法のため、画家アルチンボルド等を伴ってプラハに向かい、そこでしばらく滞在した。私はある種の開放感からか、自由で生き生きとした自分を取り戻しつつあることを感じた（一五七八）。

このプラハの都市で私は自分が解放され、おおいに自由であることを感じ、プラハのゲニウス・ロキが自分の気質に合っていることを認識した。私に同行した画家アルチンボルドも同じようなことを私にいった。――制作意欲がますますかきたてられるようだ、と。

そして宮廷をこのプラハに移すことを考え始めた。

建築家　ハンガリー中央部を占領、支配しておりますオスマン・トルコの脅威もプラハへの宮廷移転と何らかの関連がありませんでしたか。

ルドルフ二世　そなたのいうとおり、おおいにある。

「プラハの都市の空気がより合う」といったことは、他人には移転の理由にならない。私は最も信頼し得る側近たちだけに、宮廷を移す私の意志を伝え、いわば秘密裡にプラハ城の改築・改装工事――なにしろ相当荒廃した部分があったからだ――を命じ、移転計画を進めたが、そうした側近たちにも、理由の第一はオスマン・トルコの脅威であり、そこから距離を保つことの重要性を強調した。

なにしろドナウ河畔にあるオスマン・トルコ軍によるハンガリー占領地域の中心ブダ（・ペスト）はウィーンまでたった二五〇キロメートルほどしか離れていない。いつ何時ドナウ川を遡って、そして帝国道路を上って――一五二九年ウィーンが包囲されたときと同じように――オスマン・トルコ軍がウィーンにふたたび攻めてくるやも知れぬ。再度進軍してきた場合、ウィーンが占領されない、とは何人も断言できない。

一五二九年、オスマン・トルコ軍がウィーンに進軍してきたときは、フェルディナント大公はじめ、その側近たちはリンツに難を逃れていた。

建築家　一五八三年、陛下は宮廷をボヘミア王国の首都プラハに移されました。

そしてニーダーエスタライヒ・ウィーンの統治は、信頼する弟君エルンスト大公に総督としてお任せになられたのですね。

ルドルフ二世、プラハ城を順次、増改築・整備する

陛下は宮廷をウィーンよりプラハに移すにあたりまして、プラハ城の改築・改装工事を進められたとお話くださされました。

当初は大規模な整備計画が構想されましたが、財政の逼迫によって小規模なものに縮小する以外に手立てがなく、それも財政状況を見ながら、順次、増改築・改装によってプラハ城の整備が進められたことが知られております。

今日ではそうしたプラハ城の整備が如何なるものであったか、詳しいことはわかっておりません。そのなかで今日の私たちに知られておりますことは、城内南側に陛下がお住まいになられる間、各国大使、使節団を謁見する間、そして側近たちが執務をとる各部屋の増改築・改装等の整備をされましたこと。

そして城内北側には、厩舎――スタッコのヴォールト天井の美しい建物ですね。前世紀では絵画を展示するギャラリーとして使用されておりました。またスペイン産の馬が多いことからスペイン厩舎とよばれております――を建造されたこと、そしてその上階にいわゆる「スペイン広間」を建設し、その後、隣に「新広間」を建設されました。「スペイン広間」は陛下が収集された絵画等の陳列・収蔵、「新広間」は陛下が収集された彫刻作品等の陳列・収蔵のための広間ですね。

十九世紀に改装されました「スペイン広間」を見ますと、品格が漂う壮麗な広間で、陛下の当時の「スペイン広間」を想像することができます。

あのヴラジスラフ・ホールの東側壁（奥に万聖礼拝堂があります）は、その礼拝堂の入口ファサードとなっております。本来は外側に向かってつくるべきファサードを内部につくる愉快な発想といえますが、中央の門扉とそれを縁取る門、四五度に振ったピラスター状の柱、細かな格子窓――その造形・プロポーションとも優れ、品格があります。

以前、陛下からお話をお伺いしました、陛下が命じてつくらせました聖ヴィート大聖堂の南塔の陛下のイニシャルである王冠がついたRのデザイン、その下の窓の緻密で美しい花模様が組み合わされた金（メッキ）格子もそうですが、陛下が命じてつくらせたものには繊細さ、優美さと品格が感ぜられます。

ルドルフ二世、プラハをペストから守った感謝のしるしとして、聖ロクス奉納教会を建立する

一五九九年プラハにおいてペスト流行の兆しが見え、市民は恐怖に陥りましたが、大過なくペストは蔓延することはありませんでした。

それで陛下はプラハをペスト蔓延から守った感謝のしるしとして、ストラホフ修道院内に聖ロクス奉納教会の建造を命じました。

ストラホフ修道院とはプラハ城に連なる森が生い繁る丘の上に立ち、一一四三年ヴラジスラフ公爵によって創建されましたプレモンストラート会の修道院ですね。三〇〇〇冊の貴重な写本を含む十三万冊の蔵書を誇る付属図書館が知られております。

修道院の正門すぐ左手に、小規模ですが高く、後期ゴティク様式で建てられました礼拝堂です。可愛らしい天使のレリーフ――スプランゲルの作と思われます――の扉を開き、足を踏み入れますと、白いスタッコのヴォールト天井、天井まで達する細いたて長の窓と細かい格子――質素でたいへん美しい内部空間がひろがってきます。

以前、フィレンツェから招聘した宮廷建築家ジョヴァンニ・ガルジオオリによる設計ですが、陛下の美的センスが、この小さな礼拝堂にもよく表われております。

一五九九年にペスト流行の兆しがプラハに見え始め、陛下は天文学者のティコ・ブラーエらとともにエルベ河畔のブランダイス城に避難したこと、そのときティコ・ブラーエと満天の星空を眺め、星占い、哲学などいろいろ語り合ったことを、陛下は以前にお話くださいました。そのペストの蔓延からプラハを守ってくれた感謝の表われとして、一六〇三年に建設が始まり、途中、何度も工事が中断し、よ

うやく一六三〇年に竣工、献堂されました。

聖ロクスとはペストの治癒の聖人として知られたフランス人で、人々はペストの治癒を願いました。十八世紀ヴェネツィアで活躍した画家ジョヴァンニ・バティスタ・ティエポロ——バルタザール・ノイマン設計によるドイツ、ヴェルツブルクの司教館の壮大な階段室の大天井にフレスコ画を描いたことで知られていますーーが、描きました聖ロクスの絵画が知られています。それによりますと、巡礼用の杖と帽子を身につけ、犬を伴って椅子に座った巡礼者の姿で描かれております。

一四八五年、聖ロクスの聖遺物がフランスからヴェネツィアに移され、新しく建てられた教会に安置されましたが、聖ロクスとヴェネツィアとの特別な関係がうかがわれます。このティエポロによる絵は、聖ロクス同心会のために描かれたものと思われます（今日、ドイツ、ベルリン美術館蔵）。

ルドルフ二世とハンガリー、ラープの城塞の奪還

陛下のお父上のマクシミリアン二世帝の崩御の後（一五七六）、皇帝位をお継ぎになられまして三五年に及びますご在位中に、ルターの宗教改革運動に端を発するカトリックとプロテスタントとの宗派間の争いはもとより、オスマン・トルコ帝国との戦いは絶えず、たいへん大きな問題をかかえた時代に帝国を統治されたわけですね。

オスマン・トルコとの関係ですが、陛下が皇帝として統治を始められました最初の一五年間ほどは、ハンガリーでの両国の境界線におきましても大きな戦いが起こらず、比較的平穏でした。

ルドルフ二世　私はたびたびコンスタンティノープルに使節団を派遣し、小さな問題が大事にならぬよう外交交渉によって解決してきた。これまで戦争のたびに、自分の仕事を投げ打って兵として招集さ

れ、住居を焼き打ちにされ、農地を荒らされ、それに戦争税という重税を課せられ、困窮にあえいできた国の民を思うと、和平の維持こそ私の責務だと思ったからだ――たとえ屈辱的な「名誉の贈り物」を、国の財政がますます逼迫するなか何とか捻出して、毎年オスマン・トルコ帝国の宮廷に納めるようなことをしても。

建築家　ところが、国境線での小競り合いはたびたびあったのですね。オスマン・トルコの大軍がクロアチアのシセク（今日のザグレブの南東シサク）の城塞を包囲した折（またサヴァ、クルパ、オドラの三つの川の合流地点にあるシセクは古代ローマから軍事上の要衝で、後の初代皇帝アウグストゥスとなるオクタウィアヌスが、紀元前三五年、ここで戦いを交えたことでも知られております――）、将軍エッゲンベルク率いる兵の数では劣勢の皇帝軍がオスマン・トルコ軍を破りました（一五九三）。

勝利に沸くオーストリアの歓喜の噂を耳にしたオスマン・トルコ帝国のスルタン・ムラト三世は、宣戦布告に等しい書状をハプスブルク宮廷に送りつけます。

これが陛下の治世に起こりました長期にわたるオスマン・トルコ戦争（一五九三〜一六〇六）の発端であったわけですね。そして、クロアチアやハンガリーの戦略上の要衝である各地の要塞、城塞の奪い合いが続きました。

そうしたなかで、陛下の皇帝軍によるラープの城塞の奪還は、陛下の対オスマン・トルコ戦争における最大の勝利と讃えられ、それは伝説的ともいえるものです。

ルドルフ二世　そうかな――。

ラープのわれわれの城塞がオスマン・トルコ軍によって陥落した（一五九四）との報に接したときに

は、驚愕し、胸が潰れるような思いだったが、その後、わが軍がこれを奪還した（一五九八）との報せを側近から受けたときは、民を治める皇帝として安堵の胸をなでおろした――。そして、国中が歓喜の声で湧きかえった。

そなたも知っているであろうが、ラープ（今日のハンガリー、ジェール）の城塞は、ウィーンから一二〇キロたらずの近距離に位置し、シュレイマン大帝率いるオスマン・トルコ軍によるウィーン包囲の折（一五二九）、オスマン・トルコ軍はまずこの要塞を陥落させ、そしてそこを軍事拠点としてウィーンへ進軍したことからもわかるように、戦略上、最も重要な城塞だ。ウィーンにとって防衛上最後の砦といってもよい。

建築家　ラープの城塞はオスマン・トルコが占領しているブダ（・ペスト）とウィーンのほぼ中間点にあります。ドナウ川本流とは直接には接していませんが、その支流の河畔にあり、城塞はそれを利用したいわば川濠に周りを囲まれ、ただ一か所木の橋が架かり、周囲と連絡しています。ウィーンを包囲したシュレイマン大帝率いるオスマン・トルコ軍の撤退後、帝国はイタリアの城塞建築専門家を招いて、四方八方に砲撃目標に向けた砲台を周囲七か所据えることができる稜堡を設けるなど、近代的な城塞として改造した堅固なものですね。

オスマン・トルコ軍は、このラープの城塞をはじめ、西方ヨーロッパ諸都市への進軍の足掛かりとなる重要な軍事拠点と考え、一五九四年、名将シナン・パシャ――アフリカ、チュニジアのゴレタの要塞を陥落させた有名な将軍ですね。シュレイマン大帝の側近で、ラープ城塞を攻めたときは八四歳でした、この名将が率いる四万のオスマン・トルコ軍勢が攻めました。

そして二〇日に及ぶ包囲後、糧食も尽き、兵の数でも劣勢のフェルディナント・ハルデック伯率いる皇帝軍は、この城塞を明け渡たさざるを得ませんでした。
全員戦死の覚悟で死守する方途もあったのでしょうけれども、ハルデック伯は、後に残される兵たちの家族のことなども考えたのでしょう、自身を含めて撤退する兵たちの身の安全を保障する代わりに、城塞をオスマン・トルコ側に明け渡す（取引をする）途を選択したのです。

ラープ城塞の陥落の報せは、すぐさまウィーンをはじめヨーロッパ各地に伝わりました。陛下がその報せに接して腰を抜かさんばかりに驚愕したと言われましたが、キリスト教徒であるヨーロッパ中の人々を震撼させました。ジハード（聖戦）を標榜する狂気のイスラム教徒のオスマン・トルコ軍が今にも自分たちを殺戮するため進攻してくるのではないかと、気が動転するばかりでした。

陛下の命により、ウィーンのシュテファン大聖堂をはじめ各教会において、神の加護を求め、市民によって四〇時間にわたり昼夜を分かたず祈りが捧げられました。シュテファン大聖堂では、まず宮廷の延臣、高官たちが、ついで大学の関係者，市参事会員、つぎに貴族、富裕な有力市民、そして最後に職人、商人などの一般市民たちが、つぎつぎと神の加護を求めて祈りを捧げたのですが、このことはオスマン・トルコ軍の脅威が現実のものとなって切実に迫りつつあるとの人々の思いを表わしております。

ラープの城塞はむろん戦略上重要ですが、それだけではなく、この城塞の陥落は六五年前のシュレイマン大帝率いるオスマン・トルコ軍によるウィーン包囲の悪夢を想い起こさせ、心理的にもキリスト教世界の人々にとって大きな意味をもつものといえましょう。それだけにオスマン・トルコの脅威に肝を潰さんばかりに恐れおののいたのです。

ルドルフ二世　オスマン・トルコ軍にラープ城塞を明け渡したハルデック伯とその場にいたイタリア

人城塞建築専門家ニクラウス・ペルリンは、裏切り者と糾弾され、軍事法廷に引き出された。そして法廷は二人の不忠を認め、死刑の判決を宣告した。

　大きな不安にとらわれたヨーロッパ中の人々が二人を裏切り者と糾弾し、騒然となった。私は長い間、ハルデック伯を信頼しており、ラープの城塞の明け渡しに仕方がない面もあったと思ったが、糾弾する人々の声は大きく、軍事法廷における死刑判決には、私にはどうすることもできなかった。

　ハルデック伯には右手を切断のうえ絞首刑、そして公開の場にて三日間吊るす、そしてペルリンは四つ裂きの刑に処する判決であったが、私はこれを憐れんで刑の軽減を命じ、二人を斬首の刑とした。

建築家　そしてウィーンの広場という公開の場で、人々が見守るなか、刑が執行されました。「キリスト教を信奉する人たちにとって、不倶戴天の敵オスマン・トルコ」と取引きなどをすることが、どんなおそろしい結果をもたらすものか、公開の場での見るもおぞましい刑の執行は、人々に思い知らすものであったのですね。


ところがその四年後の一五九八年、陛下の軍によってラープ城塞はようやく奪還されたのですね。

ルドルフ二世　ラープの城塞が敵トルコ軍の手に落ちたことは、われわれにとってたいへん大きなショックであった。私は私の将たちに最も精鋭なる部隊を投入し、全力をあげて早急にラープ城塞を攻略・奪還するように命じた。

　オスマン・トルコ軍もこの城塞の重要性を十分認識し、城塞を陥落させた後、早速二、〇〇〇の兵と三、〇〇〇の精鋭イェニチェリ、それに三〇〇門の大砲と一、〇〇〇人の武器作りの鍛冶職人たちを城塞堅守のためにつぎ込んだ。

　だがこの万全の防衛体制にも、時が経るとともにほころびが生じ始めた。あの精鋭イェニチェリの一部が――心に緩みが生じたのであろう、軍規に反するにもかかわらず――周辺の女たちと結婚したり、また兵たちがハンガリーのワインにうつつを抜かし、徐々に軍の規律に緩みが生じ始めたというのだ。
私はそうした報に接し、ぬかりなく城塞奪還の策を講ずるよう、特に私の知将たちに命じた。

建築家　一五九八年三月この城塞の奪回は成功しました。奇襲作戦が功を奏したのですね。

アドルフ・フォン・シュヴァルツェンベルク率いる皇帝軍の精鋭部隊が奇襲に出たのです。

オスマン・トルコ軍が夜分、他の要塞軍事基地から兵たちのための糧食を運び込むため城塞へ通ずる木橋を開き、落とし格子の城門を上にあげる日時の情報を入手した皇帝軍は、トルコ語が上手に話せるよう特別に訓練された兵を数名、ひそかに城門近くに送り込みました。トルコ語を操る皇帝軍の兵がなにやら話しかけて、城門を守る守備兵たちの目をそらさせている間をぬって、他の皇帝軍の兵が城門に強力な爆破装置を仕掛けます。迫撃砲のような金属管に火薬を充填した、新しく開発された新兵器でして、これを板に据えつけ、爆破場所に固定し、火縄によって着火させるものです。

この爆破装置をひそかに仕掛けることができましたのは、月の明かりをたまたま雲が遮り、夜陰が生じたためといわれております。いろいろな幸運が重なったのですね。

城門が爆破されるや、将軍シュヴァルツェンベルクとパルフィ率いる帝国軍の兵たちは、城塞内に雪崩をうつように攻め込みました。夜分のことで、敵のトルコ兵たちは皆寝入っており、この奇襲にほとんど反撃することもできず、帝国軍は城塞の奪還に成功したのです。

この報に接した帝国中の人たち、そして西ヨーロッパキリスト教世界の人たちは、安堵の胸をなでおろし、歓喜に沸き返りました。

陛下は将軍シュヴァルツェンベルクに新しい家紋を賜与されました。そこにはオスマン・トルコ人の首とそれをついばむ黒いカラス（カラスはドイツ語でラーベですから、ラーブの城塞を暗示しています）が描かれています。

この城塞の奪還に、如何に人々がこぞって歓喜したかは、ドイツ語だけでなく、イタリア語、チェコ語、フランス語などで書かれた城塞奪還を報ずる大量の宣伝パンフレットが流布され、各地で祝賀会が、そして神への感謝の行列式典が催され、教会で感謝の祈りが捧げられ、ラーブ城塞奪還が盛大に祝われたことからもうかがわれます。また各地の道沿いに城塞奪還の模様を描いた聖画が取り付けられた十字架が立てられました。

そして、陛下がオスマン・トルコ戦争の勝利者として讃えられ、それを表わすメダルがつくられ、詩人たちもラテン語で陛下を讃える詩を詠いました――ラーブの城塞は敵の手から、皇帝のVIRTUS（徳）によって奪還することができた――あるいは――神がルドルフ二世皇帝のために、戦いに勝利した――と。

オスマン・トルコ戦争の寓意画――ルドルフ二世皇帝も芸術家と一緒に考える

建築家　ところで陛下の宮廷芸術家たちは、一五九二年から一六〇六年にわたりました長期のオスマン・トルコ戦争を題材とする作品に取り組んでおります。

それらは陛下の皇帝軍とオスマン・トルコ軍との戦いの場面をそのままリアルに描くだけではなく、たとえば、ある絵画の上部に描かれました三日月を捕える鷲の絵図――鷲はハプスブルク家皇帝を表わし、三日月はイスラムのオスマン・トルコを象徴しますので――これは皇帝軍がオスマン・トルコ軍を破るというようにアレゴリカルに、寓意的に描かれていることでして、たいへん興味深いですね。

もっとも、私にとりましては、それが何の寓意なのか、そのすべてが解けるわけではありません。相当な学識がありませんとなかなか難解ですね。

ルドルフ二世　私の宮廷画家ハンス・フォン・アーヘン（一五五一～一六一五）はシセクの戦い（一五九三）、グラン（今日のハンガリー、エステルゴム）の戦い（一五九五）、ラープの戦い（一五九八）などのオスマン・トルコ戦争を題材に――いずれも城塞をめぐる戦いだが――アレゴリカルに油彩で描いた。興味深い、秀逸な絵画だ。私はたいへん気に入った。

これが他の宮廷芸術家たちに刺激を与えたのであろう、それらをモチーフに素描や絵画、レリーフに描いた。

建築家　アーヘンによる油彩画のための下絵でありますま素描が今日残っておりますそのひとつに、一五九三年夏にありましたクロアチア、シセクの城塞をめぐる戦いの素描があります（モスクワ、プシキン美術館などが所蔵）。初めにチョークで粗く輪郭を描き、そしてそれに水彩とペンを用いてより詳細に描いた素描です。

画面中央にラープの城塞を象徴する女性が座っており、その右脇に立った天使が女性の頭上に勝利の月桂冠をかぶせようとしています。右手から中央に蛇行するサヴェ川が流れ、その川を渡って攻めるオスマン・トルコ軍の兵士たちが描かれ、その多くの兵が川に溺れています。左手に描かれた皇帝軍の兵たち（双頭の鷲が描かれた軍旗によってそれがわかります）に追いつめられているからです。画面の上には三日月を大鷲がいまにも捕えようとしています。そして画面右隅、川の向こうに何かが描かれておりますが、はっきりとは解りません。ところがその部分に、新しい紙片が貼り付けられ、そこには城塞らしきスケッチが走り書きのようなかたちで描かれております。

ルドルフ二世　それは私がアーヘンに指示したときの私のスケッチだ。アーヘンの素描――それは油彩画のための「下書きのまた下書き」といえるものだが――を見て、私がアーヘンに、そこのところに、シセクの城塞を克明に描け、と指示したのだ。そしてまたシセクを取り囲む山々の輪郭をもっとはっきり描け、とも指示した。

建築家　それでですね。クリスティアン二世ザクセン選帝侯の依頼に応じて描かれましたその素描のレプリカが残っておりますが（ドレスデン国立美術館蔵）、そこには陛下のご指示どおりに、素描が描き直されておりますね。たぶん、歴史書の編さんのための挿絵として、選帝侯がプラハを訪問した折（一六〇二）、陛下の宮廷を通じまして依頼したものと推測されます。そのレプリカとは、アーヘン自身が描いたものではなく、工房の弟子たちが、陛下のご指示どおり描き直されたアーヘンの素描をもとに描いたものでして、そこにはところどころアーヘンの手になる手直しの痕跡が読み取れます。

そして、それらの素描のレプリカを含めまして一冊の本のかたちとして、ザクセン選帝侯に送付した折、アーヘンは「品目：本一冊。いくつか創案されたハンガリーにおける戦争画が含まれる――一〇〇ターラー」なる請求書を添付しています。ターラーとは十八世紀半ばまで流通しましたドイツの銀貨ですね。

「創案されたハンガリーにおける戦争画」とアーヘンはザクセン選帝侯に書き送っておりますが、アーヘンが用いた語 Invention とは「発明、創案、想像力で創る」を意味しますので、その素描、絵画はアレゴリー・寓意画なのですね。

アーヘンによりますラープの城塞の寓意画を見ますと、画面中央にコリント様式の（大理石）石柱を右手で抱える女性が立っており、左足につながれていた鎖を裸にされたトルコ兵が解いています。その女性はハンガリーないしラープ城塞を象徴するもので、ハンガリーないし城塞がこの戦いによってオスマン・トルコから解放されることを物語っているのですね。都市や国を擬人化して女性像などで表現することは、古代のギリシア、ローマにおきましても盛んに行われていました。

そして、石柱の左に天使がハンガリーないし城塞を象徴します女性の頭上に月桂冠をかぶせようとしております。これもハンガリーの勝利を象徴し、皇帝の象徴であります鷲が石柱の柱頭上にとまってこれを見守っております。皇帝軍による城塞のオスマン・トルコからの解放を物語っております。画面左下隅に城門を爆破した金属管の爆破装置が描かれておりまして、これがラープ城塞をめぐる戦いであることを表わしております。

そして画面上部にイスラムのオスマン・トルコを象徴する三日月を、女性が布らしきものでその光を覆い隠そうとの所作が描かれておりますが、これはちょうど雲がたれこめ月の光が遮られたため、その夜陰に乗じて、上空に飛ぶ大鷲に鼓舞されつつ、鷲の軍旗をたなびかせた皇帝軍が城塞の城門を爆破し、攻め込むことができたことを表わしております。

そして城塞の上空にはカラスの群れが舞っていますが、カラスはドイツ語でラーベでありラープに通じ、これがラープの城塞であることを物語っております。このようにこの画にはアレゴリー、寓意がちりばめられておりますが、これがアーヘンの言うところの Invention 象徴的図像の創案なのですね。そして陛下もこの象徴的図像の創案にあたって、アーヘンと一緒にお考えになられたのですね。

ルドルフ二世　そうだ。

建築家　私にとりまして、何の寓意なのか、どう解釈したらよいかわからないところも多いと正直に告白しなければなりません。エムブレマティーク（エムブレム学）に通じた二〇世紀の学者も，解明が難しい部分も多いと述べております。謎解きのような寓意画でして、それだけにたいへん興味深いものです。

ルドルフ二世　知的遊戯といったところもあるし、なによりも想像力が求められる。とりわけ社会・文化史的背景が異なる後の時代の人たちにとっては、難しいところもあるのではなかろうか。

建築家　陛下がご指摘されましたように、こうしたハンス・フォン・アーヘンによりますアレゴリーがちりばめられましたオスマン・トルコ戦争画に、陛下の宮廷芸術家たちはおおいに刺激を受け、対オスマン・トルコ戦争を題材とする絵画、レリーフなどをアレゴリカルに制作したのですね。なかでも劇的な城塞奪還に成功しましたラープの城塞をめぐる戦いを題材とした素描、絵画、レリーフが最も多いようですが、それには容易にうなずけますね――ウィーンの市民はもとより、キリスト教ヨーロッパ世界の人々がその城塞奪還に歓喜したのですから。

そうした芸術作品のなかでも、ネーデルラント出身の彫刻家アドリアン・デ・フリース（一五四五～一六二六）作のブロンズのレリーフ（一六〇三頃）は、陛下の治世に起きましたほとんどすべてのオスマン・トルコ戦争をテーマとしたものでして、大きさが七一×八八・五センチメートルの大作ですね。画面右にはハンガリーないし城塞を象徴する座った女性の頭上に、左脇に立った天使が勝利の月桂冠をかぶせようとしています。その手前に川が流れ、オスマン・トルコの騎馬兵たちが馬とともに溺れています。これは、アーヘンによるシセクの城塞をめぐる戦いの素描・絵画と――二人の人物が左右逆になっていますが――ほぼ同じですね。

画面下中央には、二柱の河神が描かれ、左の女神はドナウ川を、右の猪を股下に押さえるかたちの男神は、サヴェ川（「Save サヴェ」はドイツ語の「Sau ザウ、猪」に通じます）を表わし、オスマン・トルコ戦争の多くはこれらの河畔の城塞をめぐる戦いであることを寓意しています。

そして二柱の河神の上部には、ライオン（皇帝軍――ライオンは皇帝のエムブレム・象徴であるからです）と竜（オスマン・トルコ軍）の闘いが描かれています。

画面下左には、戦いの女神アテナあるいはミネルヴァによって鎖からとき放たれ、そして頭上の三日月も取り除かれる女性（ハンガリーの擬人化）に、司教冠を捧げもつ陛下が描かれております。これはハンガリーのオスマン・トルコからの解放と（イスラム教から）再キリスト教化を表わします。これもアーヘンによるグランの城塞をめぐる戦いの素描・絵画とほぼ同じです。

また画面上部にトスカーナ様式の石柱を右手で抱える女性（城塞を象徴）が立っており、その足元は鎖から解き放たれ、頭上に月桂冠を天使がかぶせようとしております。その左に兵士たちとラープの城塞が描かれ、上空では三日月が陰によって覆われる様子が描かれております。これもアーヘンによるラープの城塞をめぐる戦いの素描・絵画とほぼ同じです。

そして画面中央上、上空に大きな星（陛下、皇帝ルドルフ二世）と陛下のモノグラムでありますルドルフⅡと魚の尾をもつ山羊（皇帝ルドルフ二世のエムブレム）が、そしてトランペットを吹く天使（陛下の名声を世界に向けて響かせる風説の女神）が描かれております。これは陛下が、これらの戦争を神の委託のもとに遂行していることを表現していると主張する学者もおります。

これまで見てきましたのは、アドリアン・デ・フリースによるレリーフでしたが、陛下の宮廷芸術家によるまだ多くのオスマン・トルコ戦争に題材をとりましたアレゴリカルな戦争画がありますが、そのどれもがこのデ・フリースによるレリーフのごとく、アーヘンの素描、絵画をもとに制作しております。

そしてまた、バルトロメウス・スプランゲルもオスマン・トルコ戦争に勝利した陛下を讃えまして、興味深いアレゴリーをちりばめた勝利の女神ヴィクトリア（陛下の勝利をヴィクトリアによって人格化）などを素描のかたちで描いておりますが、このスプランゲルの素描にも刺激を受けて制作しております。アーヘンのそしてスプランゲルの影響力はそれほど絶大だったということでしょうか。

ルドルフ二世　いや、そうともいえまい。

建築家　そうしますと、アーヘンやスプランゲルの作品自体に陛下の手が加わることも多く、すなわちアーヘンの、そしてスプランゲルの作品のアレゴリー的表現におきましては、陛下のご意向が大きく反映していますから、やはり陛下の宮廷芸術家たちは、アーヘンの、そしてスプランゲルのアレゴリーをある程度踏襲しなければならない面もあった、と――。

ルドルフ二世　そういうことになるかな――。芸術のマエケナスとはある面、そういった芸術家とそして作品との関係があるということであろう。

ルドルフ二世治世におけるオスマン・トルコとの講和条約

ところで陛下のご治世に、かくも長い年月にわたって続けられましたオスマン・トルコとの戦争をいちおう終結させ、講和条約を締結することができました（一六〇六）。そして、陛下の御祖父フェルディナント一世帝よりオスマン帝国の朝廷に納め続けてきました屈辱的な「名誉の贈り物」――毎年三万ドゥカーテン金貨もの大金の貢納の義務からようやく解放されることができました。これはこの講和条約によって、オスマン・トルコのスルタン、アフメト一世は初めて陛下を皇帝と認め、オーストリアを対等の国家と認めたからですね――おかしなことですが。その後の外交関係においては双方対等であると、条約に定められました。この講和条約によって、オーストリアとオスマン・トルコとの間の和平が一応は――再度のオスマン・トルコ軍によるウィーン包囲（一六八三）まで――七〇年あまり続きました。

陛下は以前に、オーストリア側についたり、オスマン・トルコ側についたりと、日和見に終始するトランシルヴァニアの領主ジークムント・バートリに最高の栄誉であります金羊毛皮騎士団への入会を許され、金羊毛皮勲章を授与されたとお話しされました。これも外交手段のひとつでして、これによってバートリをオーストリア側にしっかりと抱き込み、対オスマン・トルコ戦争における要衝であるトランシルヴァニア地方を確保しようとの目論見なのですね。

ところがオーストリア側の思惑どおりにはうまく事が運ばず、バートリは政情に合わせて領主の座を辞したり、また退位を撤回して新たについたりを繰り返したのですね。ですが最終的には、オーストリア側にそのトランシルヴァニアの地の統治を委譲しました（一六〇二）。

そしてオーストリアから送り込まれました軍政官バスタによるプロテスタント弾圧政策がハンガリー人の反感を買い——トランシルヴァニアやハンガリーには、植民のため移住したドイツ人を含めてプロテスタントが多かったのですね——不満が次第に高まりました。そして、それまでオーストリア側に好意を抱いていたプロテスタントのカルヴァン派の貴族イシュトバン・ボチカイですが、反旗を翻し、そうした弾圧政策に不満をもつ貴族と人民を主導して、広範囲な暴動へと発展する事態となりました（一六〇四）。

オスマン帝国はこの機を見逃すはずはなく、蜂起した貴族、人民側を支援して、自らの失地回復にのりだしました。スルタン、アフメト一世（在位一六〇三〜一七）はボチカイに王冠を贈り、トランシルヴァニアを独立した王国と承認し、ボチカイをその王として認める懐柔策にでました。ボチカイはオスマン・トルコに忠誠を誓いました。

こうした情勢にオーストリア側はたいへん動揺しました。大きな脅威であるオスマン・トルコに加えて、ハンガリーをも敵にまわす戦々恐々のなかで、そうした事態はどうしても避けなくてはならないと、難局の打開策を講じ始めたのですね。

ルドルフ二世　長年、外交使節団の相互派遣などで、ペルシアと緊密な関係を築いてきたが、そのペルシアの援軍を期待できたので、私はもう少し様子を見ようと主張したが、即刻ボチカイとの講和を結ぶのが得策とするのが弟マティアス、マクシミリアンをはじめ大勢であった。

建築家　一六〇五年には、ペルシアの使節団がプラハの陛下の宮廷を来訪しております。遠路をラクダの背に乗ってきた使節団一行はエキゾティックな土産物を贈呈し、陛下を喜ばせましたね。

ルドルフ二世　そうであったな。

一五九九年、私は長い間大病を患い、その後、心身ともすぐれなかった。

私はこれまで結婚をしていないし、だから当然私の死後皇帝を継ぐ子供もいない。そのため弟たちは私に皇帝の後継者指名を迫るし、たいへんなときだった。

建築家　それで、陛下のご気力も衰えになられ、ご自分の主張をとおさず周囲の圧力に屈して、弟君のマティアス大公にハンガリー暴動の主導者ボチカイとの和平交渉を進めるよう委託されたのですね。

そして、弟君マクシミリアン大公、それにオーストリア南部シュタイアーマルクなどを治めた陛下の叔父カール大公（一五四〇〜九〇）の息子のフェルディナント大公（一五七八〜一六三七　後の皇帝フェルディナント二世）などの協力もありまして、ボチカイとの講和にこぎつけたのですね。ハンガリーでの宗教の自由を認め、トランシルヴァニア侯国の領主としての地位を認めるもので（「ウィーンの和約（一六〇六）」）、ボチカイはオスマン・トルコのスルタンから拝領した王冠をオーストリア側に返しました。その王冠は、今日ウィーンの宝物館に収蔵されております。

そして同じ年、一六〇六年の十一月にハンガリー北部、グラン城塞（今日のエステルゴム）とコマロム城塞の間のジトヴァ川口のジトヴァ・トロクにおきまして、オスマン・トルコとの講和条約が締結されました。

陛下にお伺いしたいのですが、ボチカイとの「ウィーンの和約」後、何故に早期にオスマン・トルコとの和平の交渉が進み、講和条約が締結し得たのでしょうか。「ウィーンの和約」が一六〇六年の六月とのことですから、その五か月後の締結というはやさですが。

ルドルフ二世　それはむろんオスマン・トルコ側の事情によるものだ。

ペルシアの侵攻がいつあるやも知れぬし、ボチカイがオーストリア側と手を結んだとあれば、ハンガリーがオーストリアに敵愾心を燃やしている間、オスマン・トルコが一気にオーストリアに攻め込もうといった目論見も絶たれ、気力も萎えてしまったのではあるまいか。

ボチカイとの「ウィーンの和約」の成立は和平交渉を一気に進捗させた。それはオスマン帝国が一〇〇年以上にわたる対外戦争による国としての疲弊を認識し、このまま戦争を継続するなら、さらなる疲弊をまねくばかりで、このあたりでの講和が得策であると判断したのであろう。シュレイマン大帝の死後、オスマン帝国の凋落の兆しは明らかにみられる。

建築家　オスマン・トルコと取り交わしました講和条約の原文が今日でも残っております（ハプスブルク家、宮廷、国家公文書館所蔵）。オーストリア側からオスマン・トルコ側に渡されました条文はラテン語で書かれ、オスマン・トルコ側からオーストリア側に渡されました条文はトルコ語で書かれておりまして――条文そのものがあまり明快に規定するものではないのですが――その二つの条文は言語上やや異なっており、これが後になって問題を引き起こすもととなったといわれます。

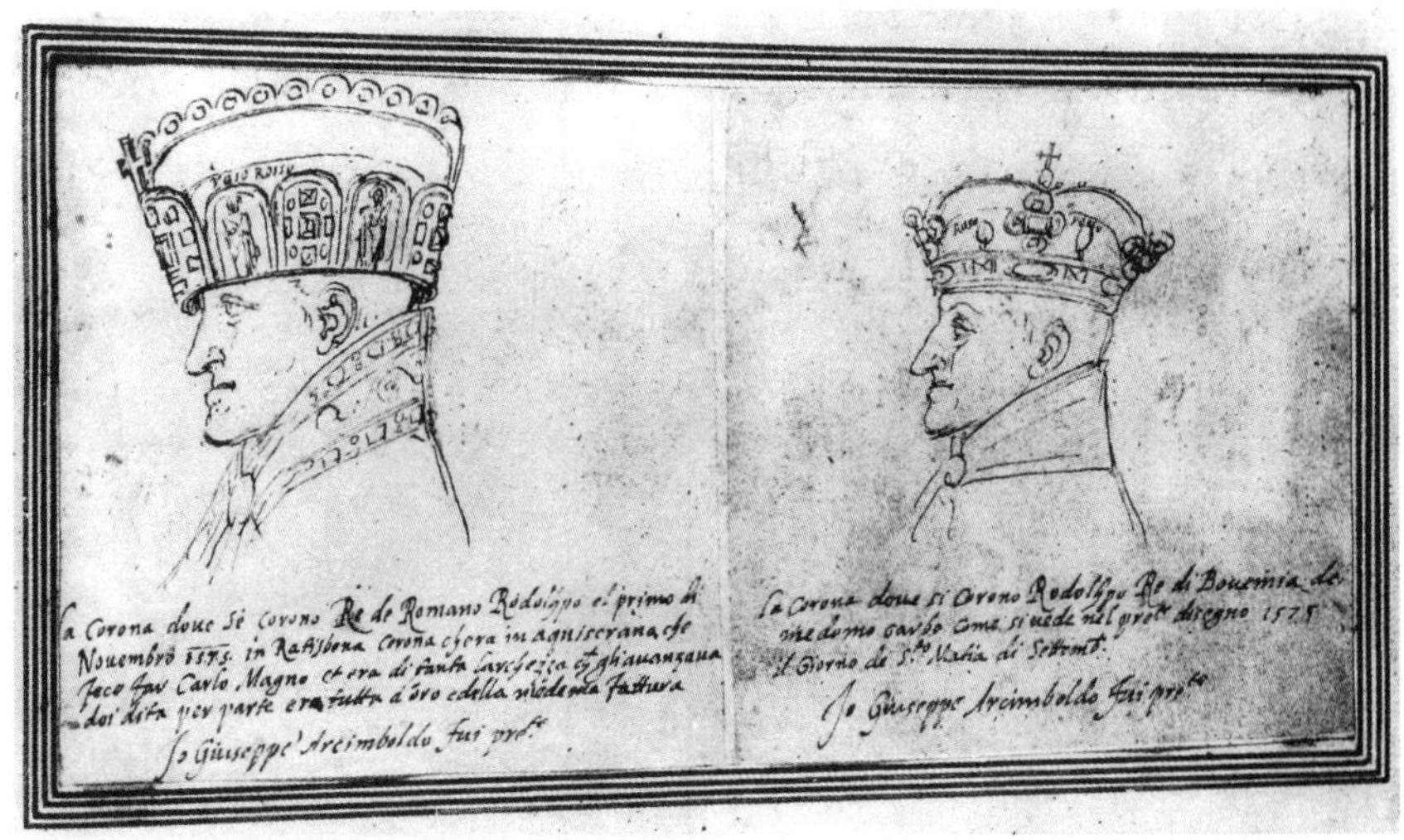

1

2

1ジュゼッペ・アルチンボルド：『神聖ローマ皇帝冠とボヘミア国王冠を戴くルドルフ２世』スケッチ。1576 年（プラハ国立美術館蔵）

2ヤン・フェルメイエン：「皇帝ルドルフの王冠」1602 年（ウィーン美術史美術館蔵）

4

3

5

3ヤン・フェルメイエン：「蓋付きの午黄のボウル」1600年

4アントン・シュヴァインベルガー：「セーシェル諸島の椰子の実の水差し」1602年

5フィアーネン：『銀の大皿』型押し。1603年（アムステルダム美術館蔵）

6アントニオ・アボンディオ：「皇帝ルドルフ２世の記念メダル」1570年代後半（プラハ国立博物館蔵）

6

8

7

7スペイン厩舎。前世紀まで，絵画ギャラリーとして使用。1580 年代
8ヴラジスラフ・ホール東側，万聖礼拝堂入口門
9聖ヴィート大聖堂南塔。時計がつけられ，皇帝のイニシャルである王冠がついたRと花模様の格子がみられる。

9

12

10

11

13 a

13 b

10 ストラフ修道院内の聖ロクス奉納礼拝堂。1603-1630年

11 聖ロクス奉納礼拝堂，内部空間

12 アレクサンダー・コーリン：フェルディナント1世帝，皇妃アンナ，マクシミリアン2世帝霊廟。プラハ，聖ヴィート大聖堂内

13 a　ハンス・フォン・アーヘン：『シセクの戦い』1593年。皇帝軍がオスマン・トルコ軍を破る。（ドレスデン国立美術館蔵）

b　ハンス・フォン・アーヘンの素描（a）にルドルフ2世が，直接紙片を貼って指図した（モスクワ，プーシキン美術館蔵）

14

15

14 ラープの城塞。1598年。オスマン・トルコ軍によって占領され，その後奪還した。
15 ハンス・フォン・アーヘン：「オスマン・トルコ戦争の寓意画：ラープ城塞の奪還」1598年（ブダペスト美術工芸博物館蔵）

5　プラハの都市と皇帝ルドルフ二世の宮廷文化

公妃リブシェのプラハ創建伝説

ルドルフ二世　私は狩猟に興じた後、時折ヴルタヴァ川にそびえるヴィシェフラトの崖に立って、私の居城であるプラハ城を遠望し、公妃リブシェによるプラハ創建、そしてプラハの繁栄の予言を思い起こす

建築家　ヴィシェフラトとはプラハ城より約三キロメートル離れましたヴルタヴァ川上流の対岸（右岸）に、川面から三〇メートル以上そびえ立ちます崖でして、公妃リブシェが住まわれた城が建っていたところですね。フス戦争後は、そこは城塞になっております。

プラハを一望し得る素晴らしい眺望が愉しめ、ロトンダ（円形）の美しいロマネスク様式の聖マルティン教会が建っています。二〇世紀以来、スメタナ、ドヴォルザーク等のチェコの偉大な音楽家や文芸家たちの霊廟となっているため、多くの人々がこのヴィシェフラトの崖を訪れています。

あるとき、公妃リブシェは供の者と民の長老たちを従えて、ヴィシェフラトの崖の上に立ちました。皆は老いた長老の指し示す方向に視線を向けました。それは中州を越え、対岸の岸からそのまま続く広い森に向かい、さらにペトシーンの丘を経て、ストラホフとそれに続く細い丘一帯でありました。

公妃リブシェは眼を輝かせ、そして恍惚となり、対岸の斜面のほうに両手を差し出し、突き出た細長い森の丘を見つめながら予言しました。

「偉大な都が私には見える。その栄光は天上の星まで達するであろう。

あの森のなか、ここから三キロメートルの距離のところを、ヴルタヴァ川は湾曲して流れている。

そこは北をブルスニツェの小川が深い谷をつくって流れ、南はストラホフの森に接して岩山がそびえている。
あなたたちがそこに行くと、森のなかで一人の男が、家の敷居のために木を削っているのを見出すであろう。
そこに城を建てなさい。そしてその城をプラハと名付けなさい。どのような公も、敷居（プラーク）に対して頭を下げるように、誰もが私の都に対して頭を下げるだろうから。
その都に名誉と賞賛が与えられ、その名は世界にあまねく知れわたるであろう。」

（浦井康男訳）

と、都市プラハの創建とその栄光の未来をリブシェは予言するのですね。アロイス・イラーセク（一八五一～一九三〇）という歴史小説家は児童向けの読み物として著作したといわれます『チェコの伝説と歴史』（一八九四）において、そのように述べております。

ルドルフ二世　イラーセクという後の時代の歴史小説家は、公妃リブシェのプラハの城と都市創建にまつわる伝説として、プラハの語源を文字どおり単なる「敷居」と解釈し、そう述べているようだが、「プラハ＝敷居」なる言葉にもっと象徴的な意味をもたせたのではあるまいか。

建築家　私も陛下の意見に同感です。単なる敷居としますと、扉口が非常に低いものですから、敷居をまたいで室内に入るには頭を下げる――そのようにリブシェの創建しました城、都市に対して、人は頭を下げるであろう。プラハの城、都市を賞賛するであろう、という解釈になります。

もっとも、後の時代の学者たちが述べますように、プラハという敷居を越えまして、ヴルタヴァ川の浅瀬を渡って、北はザクセン、バルト海、北欧へ、南はオーストリア、イタリアへ、また西はドイツ、ブルゴーニュ、そしてフランスへ、そして東はポーランド、ウクライナへと通じる文化、文明の十字路とプラハはなった――陛下の時代のごとく、コスモポリタンな都市として繁栄する源はあったとの指摘もあたっているように思えますが――。

ルドルフ二世　私は敷居に宿るゲニウス（守護霊）という象徴的意味をプラハ（＝敷居）という言葉のもたせたものと思う。

建築家　プラハ、すなわち敷居に宿るゲニウスには、魔物などの闖入者を追い払う力があるといわれております。

ルドルフ二世　そうだ。

プラハを守る守護神として――。またそれはプラハの土地の霊ゲニウス・ロキとも重なる。

だいたい私は、公妃リブシェがプラハ（＝敷居）と名づけた城、都市プラハの創建伝説は、古代ローマの都市創建儀式と無関係ではない、と思っている。

古代ローマでは新都市――植民都市の創建にあたって、司祭（鳥占い）が執り行う儀式によって都市の中心を定める。そこに小屋を建て、その敷居――中心点において司祭は東西・南北の方角を特定し、これを交点として東西（デクマヌス・マクシムス）と南北（カルド・マクシムス）に走る主要街路によって都市を四分する。交点には四脚門が立ち、市場が開かれる。

細街路は都市の中心より東に向かって、右前、左前、そして右後、左後と四分割された街区を規則的、組織的に設定する。都市は正方形で四隅部は敵の襲来時に兵と兵車が迅速に機動できるよう丸味を帯びさせる。この都市創建の方法をローマ・クワドラータという。

公妃リブシェがプラハ、すなわち敷居と名づけた私の城、都市創建の伝説を人々が話題にするたびに、私は、司祭が都市の中心点をおそらく小屋の敷居とし、街区・街路を設定する古代ローマの都市創建の儀式を思い起こすのだ。

建築家　たいへん興味深いお話ですね。プラハの城、都市創建の伝説は、古代ローマの都市創建儀式と関連しているようですね。

皇帝カレル四世はプラハの都市拡張のため新市街地の計画を占星術に従って行ったと主張する人もおりますが（たとえばJ・ドクソワール）、どうでしょう。新都市の計画ではなく、旧市街地を取り囲むかたちで新市街を計画したのですから、占星術に従って計画するといいましてもなかなか困難なことではないでしょうか。可能であったとしても、ごく一部分であったでしょう。崩壊しましたユディト橋に替わって、皇帝カレル四世はそれよりやや川上にカレル橋を石工の棟梁、建築家ペーター・パルラーに架けさせましたが、占星術に従ったものか、小市街側から見ますと、夏至の日におきまして夕日の沈む方向とカレル橋が一致するともいわれております。

古代の多くの事象の伝承が、長い空白期を経て、ルネサンス期まで待たねばならないということではなく、不思議なことに、何らかのかたちでそれが人から人へと伝わったということでしょうか。

陛下のお話と関連しまして、十二世紀に南西ドイツ、スイス一帯に領主ツェーリンゲン家が創建しましたいくつかの魅力的な都市を思い起こします（ロットヴァイル、フィリゲン、ムルテン、フリブール、ベルン等既存都市の拡張を含みますと一二の都市が知られております）。

それらの都市では、二つの直行する幅員の大きい主要街路がほぼ東西軸と南北軸に走り、これによって都市は四つの区域に分割され、都市住民もまたそのように組織されました。陛下がお話されました古代ローマの創建都市プランと相似します。またヨーロッパ中世に創建されました都市には、市が開かれる広場が形成されましたが、これに対し、ツェーリンゲン家の創建の都市では広場が形成されず、街路において市が開かれ、街路空間が大きな役割を有したことなど、たいへん興味深いのです。

そして、古代ローマ人によって創建された都市ケルン（コロニア・アグリッピナ）との関連があるか、などの議論がいまだに続いているようです。ツェーリンゲン公がケルンに捕囚の身にあったとき、遺された古代ローマ都市コロニア・アグリッピナの痕跡を見て、自分の都市創建にあたって、この都市プランを参考にしたのではないか、と主張する人がいます。これに対して、ゲルマン人によって徹底的に破壊され、その上にゲルマン人の都市が重層した都市には、古代ローマの都市の痕跡はすでになかったと主張する学者（ヴェルナー・ミュラー）もおります。

古代ローマの都市創建の儀式と同じように、その都市プランも長い間途切れることなく、何らかのかたちで人から人へと伝ったということでしょうか。

ロマネスクの都市の上にゴティクの都市が重なる――皇帝カレル四世のプラハ

ルドルフ二世　そなたもよく知っているだろうが、ヴァーツラフ一世王の治世（一二三〇～五三）に今日でいうプラハの旧市街と小地区（マラー・ストラナ）が成立し、都市城壁で囲まれ、すでに一二の教会と多くの修道院が立っていた。

ところが、この時代の都市は次第に石と土に埋もれていった。もともと湿地帯の上に立ったプラハの主として右岸の旧市街は、大雨が降ってヴルタヴァ川の氾濫がたびたび起こり、冠水して水浸しとなった。したがって、地域一帯の嵩上げ工事が繰り返された。

建築家　古代の都市ローマにおきましても、テヴェレ川がたびたび氾濫して、テヴェレ川周辺地域は水浸しになったのですね。皇帝ハドリアヌスは神々を等しく祀る円形のパンテオンを建造するにあたって、昔、練兵場がありましたカンプス・マルティウス地一帯を三メートルほど嵩上げする土木工事を命じたことが知られております。

テヴェレ川の氾濫に対するこうした地域一帯の嵩上げ工事に限らず、古代ローマはさまざまな事由において、時代を経るに従って埋もれてしまったのですね。「都市が生きられる」とはそういうことなのですね。二〇世紀におきましては、パンテオンのレベルは四～五メートル街路面より下がったところにありますし、ポンペイウス劇場（前五五年）が建っていました上には、今日では市が立つ広場となっていたり、レストランが建ち、そのひとつのレストランから地階に降りていきますと劇場跡が見られます――。あるいは長円形のナヴォーナ広場はドミティアヌス帝が建造させた競技場跡でして、ローマ時代の競技場入口部分が今日の街路面から下四～五メートルほどのところにあり、見下ろせるなどなど、古代都市ローマは地下に埋もれてしまっていますが、そうした地下の遺跡に接しますと、繁栄して栄光の古代ローマの人たちの生活が生き生きと蘇ってくるようです。

ところでプラハは、ドイツのライン河畔の都市ケルン（コロニア・アグリッピナ）のように新たに移住してきたゲルマン人によって徹底的に破壊され、その瓦礫の上にゲルマン人の都市が建設されたわけではないのですね。

ルドルフ二世　そういうわけではない。

たびたび起きたヴルタヴァ川の氾濫後の地盤の嵩上げ工事が大きな理由であろうが、やはりそなたが語ったローマと同じように長い年を経るに従って、プラハのロマネスク都市は地下に埋もれていった。その後のゴティクの時代の人々によって、その埋もれたロマネスク都市の上に、年を経るとともに次第にゴティク都市が重層していった。

建築家　奇妙なことは、今日におきましても、プラハの都市の地下には、迷宮のようなもうひとつの都市が存在する、地下室の階段を更に更に深く下りていくと、そうした地下都市と交感し得る気がするという人が多いことです。

ところでプラハ全体を南西方向から鳥瞰し、プラハの都市を克明に描きました銅版画が知られております。陛下の宮廷銅版画家エギディウス・ザデラーによる——もっとも原画はネーデルラント人フィリプ・ヴァン・デン・ボッシュが描いたとされているようですが——都市鳥瞰図でして（一六〇六）、そこには十三世紀初頭ヴァーツラフ一世によって造られた旧市街地を守る市壁は取り払われ、皇帝カレル四世によってその旧市街地を取り巻くようにつくられました新市街地と、マラー・ストラナを含めたプラハ全体を取り囲む高さ一〇メートル、幅五メートル、全長三・五キロメートルに及びます長大な都市壁が見られます。

皇帝カレル四世が行いましたプラハの拡張整備計画によりまして、農業と商業の経済発展を背景とした人口増に対応すべく、旧市街の約三倍に相当する新市街がヴィシェフラトまで大きく拡張されたことがわかります。

そして陛下がレーゲンスブルクやアウグスブルクで開催された帝国議会へ出席された後、プラハへお帰りになる際、陛下が多くの供を従え、長い行列を連ねましてプラハ東の市壁門をくぐって入市し、プラハ城へと向かう「王の道」がはっきりと読み取れます。

大勢の市民が見守るなか旧王宮（今日の市民会館）と隣接し旧市街地を守る市壁の一部でした火薬庫塔門をくぐり抜け、大通りを外国人商人たちによる商品の倉庫や納税場所でありましたティンを脇に見つつ広場に達し、そこからヴルタヴァ川に架かるカレル橋を渡って、貴族たちや司教が多く住むマラー・ストラナを経まして、丘の上の壮大なプラハ城へ向かうのですね。


ルドルフ二世　カレル四世帝はルクセンブルク家出身のボヘミア国王で、チェコ人で初めて神聖ローマ帝国皇帝となった人物だ（一三一六〜七八、皇帝在位一三四七〜七八）。ルクセンブルク家というのはプシェミスル家のヴァーツラフ三世に男子がなく、断絶した結果、ルクセンブルク家の皇帝ハインリヒ七世の長子ヤンとプシェミスル家の王妃を娶わせ、これをチェコ王と選出したが、このチェコ王ヨハン（王在位一三一〇〜四六）がカレル四世帝の父親だからだ。

以前にも話をしたが、カレル四世帝は七歳のときに、伯父であるフランス王シャルル四世の宮廷に送られ、宮廷やパリ大学にて一〇年近く勉学の時を過ごし、その後ルクセンブルクとイタリアにしばらく滞在し、プラハに帰国した（一三三二）。

父親のヨハン王は戦いでの負傷が因で盲目となり（一三四〇）、父親を助けて共同統治をせざるを得なかったが、二四歳のカレル四世が事実上ボヘミア国を統治するようになった。

この二人による共同統治時代に、プラハの司教区が大司教区に格上げされた。

カレル四世のパリ遊学時代の家庭教師が後にアヴィニヨンにて教皇クレメンス六世となり、この教皇の助力により、マインツ大司教区下の一司教教区にすぎなかったプラハが大司教区に格上げされたものだが、このことはボヘミア国とプラハにとってたいへん大きな意義を有するものだった。そして、これを機にプラハ城内の聖ヴィート大聖堂の建造――それまで小規模なロマネスク聖堂だったものを大規模なゴティク大聖堂に建て替える工事――が始められた。

父ヨハン王の崩御後、ボヘミア王を戴冠（一三四七）、そして一三五五年、三九歳にローマ、ラテラノ聖堂にて神聖ローマ帝国皇帝として戴冠したカレル四世は、ボヘミア王国の強化、そしてとりわけ自ら定住し首都と定めたプラハ――領国内各地を巡りながら統治する領主が一般的であった――の都市拡張整備とプラハの城の再建、聖ヴィート大聖堂建設、それに経済発展を促進させ、自らが学んだパリ大学を範として、中部ヨーロッパではウィーンに先んじて最初の大学を創設（一三四八）するなど、学問・芸術を奨励した。

また一三五五年、ローマにて神聖ローマ皇帝の戴冠式を挙げたカレル四世の皇帝としての帝国政策における最大の業績は、その翌年、ニュルンベルクの帝国議会で承認され発布されたいわゆる「金印勅書」である。

それは――以前にもフッガー家の財政的支援によってフランス王フランソワ一世を破って皇帝に選出されたカール五世帝のときにも話したが――神聖ローマ皇帝選出にあたって、ボヘミア国王をはじめとする七人の選帝侯を定め、多数決の選挙とすること、選挙結果に異を唱えれば、選帝侯としての権利を失うこと、それに教皇の承認を得る必要がないこと、選挙地（フランクフルト）、戴冠式場所（アーヘン）を定め、また選帝侯の相続制、それに裁判権、貨幣鋳造権などさまざまな特権を定めたものだ。

この勅書は、それまで教皇による承認、非承認あるいは廃帝の問題、そして選挙結果に不満な選帝侯たちが対立王をたてるなど、各領主間の神聖ローマ皇帝位を巡る争いなどが絶えなかったが、そうした混乱収拾に決着をつけるもので、それまで手がつけられていなかった帝国法を整備するものといってよい。

皇帝の命令がないままつくられた街路ネカーザルカ

たのですね。

建築家　皇帝カレル四世によってプラハの旧市街を取りまくように新市街がつくられましたが、その新市街は旧市街のおよそ三倍ほどもある広さで、後の時代の人口増にも対応し得る拡張整備事業であったのですね。

その新市街を含めたザデラーによるプラハの都市鳥瞰図を見ますと、プラハはたいへん起伏に富んだ都市であることがわかります。ロマネスクの都市が地下に埋もれている旧市街にしましても平坦ではなく、ヴルタヴァ河畔より東ないし東南方向に向かって緩やかな（とても緩やかなものですが）勾配があります。そしてカレル四世帝による都市拡張工事が実施される前には、旧市街は市壁と濠によって囲まれていたのですが、その市壁は取り壊され、濠は埋め立てられ広い街路となりました――。ウィーンの場合ですと、古代ローマ時代の一世紀に軍事拠点都市ウィンドボナとして創建され、都市の周囲を取り囲んでいましたウィーンの都市拡張整備のため濠が十二世紀になって埋め立てられ、その一部は今日にきましてグラーベン（濠）という名の細長い広場となっていますが、これと同じですね。

この市壁を取り壊し、濠を埋め立て、旧市街地を取りまくようにつくられました新市街地は、埋め立てられた旧濠部分から急勾配を示しております。これがプラハの都市全体を起伏に富んだ景観としております。ごく僅かな勾配を有する旧市街地にしましても、また新市街、川向こうのマラー・ストラナにおきましても、都市プラハでは教会や修道院、火薬庫、市壁の堡塁などの塔が天空目指して林立し、起伏に富んだ地形をよりいっそう際立てる景観を呈しております。

ルドルフ二世　そうだ。大地の下方にうごめく世界と天空を希求して林立する教会などの塔――このある種の拮抗が都市プラハの景観を稀なものにしている――。プラハにはゲニウス・ロキ、地霊が宿るのだ。

建築家　カレル四世帝によりますプラハの新市街拡張整備事業は占星術を取り入れたものかどうかわかりませんが、いずれにせよ、たいへん計画的なものでありました。市が開かれる三つの大きな広場――馬市場であった今日のヴァーツラフ広場、家畜市場であった今日のカレル広場、また飼料市場であった今日のセノヴァージュネ広場――がつくられ、これらの広場は、今日におきましてもプラハの市民の経済活動や市民生活に大きな役割を果たしております。

カレル四世帝が新市街拡張事業において自ら計画に、そして事業推進にかかわったことを示す逸話が伝えられております。

新しい街の建設工事が進むなか、所用でしばらくプラハを留守にしておりましたカレル四世帝が帰ってきてみますと、自分が命じたものでない街路がすでに完成し、その街路沿いに家々が建てられていることに気がついた、ということです。不審に思ったカレル四世帝は、早速、関係する建築家をよんで問い質してみますと、「陛下、誰も命じておりません。私たちが、そのほうがよいと考え、この街路をつくったのです。しかし、もし陛下がやめるようにお望みなら――」。皇帝は「今となっては、そのままでよい。だがその街路は「ネカーザルカ」という名前にせよ。何故なら、私はこの街路をつくるように命じていなかったからである」といった、ということです（イラーセク、浦井康男訳）。

新市街の全体構想だけではなく、街の個々の街路計画、その建設に皇帝がかかわったことがこの逸話からわかりますが、街路がもう完成しているのだから仕方ない。よいだろうとする皇帝の鷹揚さと思慮深さ、それと同時にその街路名前を「ネカーザルカ――私が命じなかった街路」とせよ、と命じるユーモアに微笑を禁じえません。

実際、この話のとおり街路はつくられたようでして、今日におきましてもヴァーツラフ広場と並行し

て東に二つ目の街路は「ネカーザンカ（Nekázanka）」の名で存在しております。静かな通りです

ルドルフ二世　そうしたプラハの都市にまつわる伝説・逸話が豊富なこと、つまり歴史的様相の積み重ねがプラハという都市を独自なものとしているのではあるまいか。

王の道としてのカレル橋

建築家　ところで皇帝カール四世によりますプラハの都市拡張整備事業の一環として、ヴルタヴァ川に架かる石橋が架け直されました。一三五七年、架設工事が始められ、カレル四世帝の崩御（一三四六）後、十五世紀初めに完成しましたが、その橋は強固で、たびたびのヴルタヴァ川の氾濫にも耐え、二一世紀の今日におきましても旧市街側の橋の塔とともに健在です。強固だけでなく、たいへん美しい橋ですね。

十九世紀になりまして、「石橋の建設」を命じられました皇帝カレル四世の御名をとりまして「カレル橋」と名づけられましたが、それ以前はどういう名だったのでしょうか。

ルドルフ二世　私たちも市民も、たんに「石橋」とよんでいた。人や物を向こう岸に運ぶ渡し舟はいくつかあったが、ヴルタヴァ川に架かるプラハ唯一の橋だから、特に名をつける必要がないのだ。

建築家　十九世紀半ばまで、この石橋はプラハで唯一の橋だったのですね。今日では上流、下流に架かる周辺の橋は全部で九あります。

もともと木造の橋が十世紀に、カレル橋とほぼ同じ場所ですが、やや下流に架けられたのですね。木造の橋ですから、ヴルタヴァ川の氾濫のたびに流されないまでも損傷し、補修工事を繰り返したようです。そのためヴラヂスラフ一世王の治世に木造に替わって石造の橋が架設され（一一七〇）、王妃の名を

とりましてユディト橋と名づけられました。

ユディト橋の位置もカレル橋とほぼ同じ場所ですが、これと並行してやや下流に架けられていたようです。ところがユディト石橋も洪水で大きく損傷し（一三四二）、皇帝カレル四世はこの石橋に替えて、新たな石橋の架設を命じたのです。


このカレル橋の架設工事を指揮したのはペーター・パルラー（ペトル・パルレーシュ　一三三三〜九九）ですね。パルラーはプラハ城内の聖ヴィート大聖堂建設のために、それまで建設に携わっていたフランス人建築家アラス出身のマティアスが死去（一三五二）したため、その後任として、皇帝によってプラハに招聘されました（一三五六）才能豊かな若き建築家です。

パルラーは聖ヴィート大聖堂建設工事と並行して、カレル石橋の架設工事を指揮したのですが、大聖堂の内部空間には眼を見張るものがありますが、このカレル橋も、そして旧市街側の石橋塔も見事ですね。

長さが五一六メートル、幅員が九・五メートルもあります石橋でして、一七の橋脚によって支えられており、橋脚間のアーチの幅は二三メートルです。この橋脚の形態とアーチのプロポーションが良く、美しいですね。川の流れの水の抵抗をより少なくするため、パルラーは橋脚の数をなるべく少なくしようと考えつつ、橋脚間のアーチのプロポーションのスケッチを重ねたのだと思われます——むろん橋の床面のレベルと川の平均水面を考慮に入れながらですが。パルラーによる技術が生み出した美といってよいと思います。

ルドルフ二世　この石橋において最も特徴的なことは、その幅員が大きいことだ（九・五メートル）。以前そなたは、私が供のものを従えた馬車の行列がプラハの都市に入市し、沿道を埋める大勢の市民が見守るなか、新市街を通って火薬庫塔（これは旧市街を守る都市壁門であった）をくぐり、旧市街広場を抜け、このヴルタヴァ川に架かるカレル橋を渡ってマラー・ストラナに達し、そして私のプラハ城へ向かう道を「王の道」といったが、カレル橋は王の道に相応しい橋だ。橋の上において両側に集まった大勢の市民が、私たちの馬車の行列を見、そして歓呼する。

若き建築家ペーター・パルラーは皇帝カレル四世の意向を汲み取り、カレル石橋を「王の道」として計画したのだ。

建築家　「王の道としてのカレル橋」ですか。陛下の今のお話で、旧市街の「王の道」の延長として、つまり街路の連続として、カレル橋が王の道に相応しく、幅員が大きく、美しく堂々とした石橋として計画されたことを知りました。

十九世紀ドイツ、新古典主義の建築家カール・フリードリヒ・シンケル（一七八一～一八四一）は、一八〇三年の春、ベルリンより初めてのイタリア旅行の途中、立ち寄ったプラハのカレル橋の印象を次のように記しています。「たくさんの彫像によって飾りたてられたこの巨大な堂々とした橋は、川によって二分（旧市街とマラー・ストラナ）されているこの都市を結んでいる。この橋の上では絶え間なく人々の雑踏にあふれ、また都市の二つの部分が見渡せ、樹々がこんもりと繋った小島があり、両岸が岩となった川を見渡せる素晴らしい眺めが愉しめる。」

シンケルが訪れました一八〇三年の時点では、プラハで唯一の橋ですし、また人と馬車が行き交っていました（近世になりまして、歩行者専用の橋となりました）から、「絶え間なく雑踏にあふれ」ていたのでしょう。ですが、シンケルは橋の欄干から、蛇行して流れるヴルタヴァ川を、蛇行する小舟を、樹々の繁る小島を、そして左岸のマラー・ストラナからストラホフの修道院がそびえる丘を、プラハ城を、右岸の旧市街や新市街を、林立する教会や門などの塔、などの素晴らしい眺めを、余裕をもって愉しんでおります。橋の上を逍遥しております。

シンケルが「たくさんの彫像によって飾られた巨大な堂々とした橋」と記しております彫像とは、十八世紀バロック時代以降、橋を飾り立てるように橋の両側に合計三〇か所に設置された彫像・彫像群です。それらは聖ヴァーツラフ、聖ヴィート、それに王妃が懺悔告解で語ったことを明かそうとしないことに腹を立てたヴァーツラフ四世の命で、その場所でヴルタヴァ川の水中に沈めて殺された聖ネポムツキー、あるいは布教のためにはるばる東洋の日本を訪れたイエズス会士フランシスコ・ザビエルなどの聖人像です。

ルドルフ二世　私たちの時代十七世紀初頭までは、石橋には木造キリストの磔刑（たっけい）の十字架があるだけだったが――。

建築家　そうですね。ザデラーによる例のプラハの都市を鳥瞰する図を見ますと、旧市街より橋塔をくぐり抜けカレル橋を歩き始めて、すぐ右手に木造の十字架があるのみですね。

カレル石橋を飾り立てるように橋の両脇には聖人像が設置されましたが、今日、カレル石橋は彫像ギャラリーのようで、橋の上を人々は逍遥しています。

しかし昔、カレル橋上では、馬上槍試合やさまざまな祭典、あるいは三〇年戦争の終結時、マラー・ストラナとプラハ城を占領したスウェーデン軍とプラハの学生・市民の戦いがここで繰り広げられるなど、さまざまな行事や事件の場となりました。

ところで橋を飾り立てるように橋の両側欄干上に柱が並び立ち、その頂に勝利の女神像が皇帝の棺を迎えることで知られますのは、ローマ皇帝ハドリアヌスによります、自分と後継者たちのための霊廟マウソレウム正面入口に通じるテヴェレ川に架けられましたアエリウス橋です（二世紀前半）。このハドリアヌス帝の霊廟がいったいどのようなものであったかは、今日でもいまだはっきりとは解明されておりません。それはすでに三世紀後半、ローマ帝国内に侵入してきたゲルマンのゴート族の襲来に備えて、ローマ市域全体を取り囲む城壁の建設を命じたアウレリアヌス帝によって、ハドリアヌス帝霊廟が川向こうの城塞として改変されて以来、霊廟と周辺地区が、ローマにおいて軍事上主要な要塞地区と見なされたことから、当初の姿を残さないほどの大きな改変を受けたからです。その後ハドリアヌス帝の霊廟は、有事におけるヴァティカン宮殿に住む教皇の最後の避難場所とされ、霊廟内に豪奢な教皇の住居や教会などが整備され、またヴァティカン宮殿からそこに逃げ込む避難通路として、八〇〇メートルにも及ぶ空中回廊パセット・ディ・ボルゴが十三世紀末に建設されました。

そして陛下のご祖父、皇帝カール五世の皇帝軍の兵士たちによる「ローマ略奪」（一五二七）の折には、時の教皇クレメンス七世が、実際にこの空中回廊を伝ってハドリアヌス帝霊廟に逃げ込み、一時期、避難生活を余儀なくされました。

六世紀の教皇グレゴリウスが、猛威を振るっていたペストの終息を告げ、剣を鞘に収めた聖天使ミカエルが霊廟の上に現れるのを見た、という伝説から、ハドリアヌス帝霊廟はサン・タンジェロ城（聖天使城）と、そしてアエリウス橋はサン・タンジェロ橋とよばれるようになりました。

さて、冥界を七巻きするという川、ステュクスをメタファーとするテヴェレ川に架かるアエリウス橋は、霊廟と一体として計画・建造されましたが、この橋もテヴェレ川の度重なる氾濫にさらされました。そして、これに対する周辺地区、川沿いの地盤の大規模な嵩上げ工事と川べり整備工事が十八世紀に行われ、その整備事業の一環としましてアエリウス橋――この時代にはすでにサン・タンジェロ橋と名が変わっていましたが――は、両岸の地盤が上がったことによって橋両端部の斜路はほぼ水平となりまして、ハドリアヌス帝による橋を飾る列柱とその頂の勝利の女神像に代わって、時の建築家であり彫刻家でもありましたジャンロレンツォ・ベルニーニ（一五九八～一六八〇）による聖人像や天使像が、橋を華やかに飾ることとなりました。

カレル橋を飾る聖人像群は十八世紀バロック期以降に設置されたものですから、きっとローマのサン・タンジェロ橋の影響を受けたのだと思われます。

ふたたびイタリアへの旅行の途中、プラハに立ち寄った建築家シンケルのプラハの印象に耳を傾けてみたいと思います。「……モルダウ（ヴルタヴァ）川の谷を挟むように立つプラハの都市の丘から眺める景観は素晴らしい。川の両岸には色とりどりの家並みが広がり、あちこちに教会のドームや塔が聳え立っている。川の左岸はまるで古代ギリシアの野外劇場のように斜面となっており、その頂にはプラハ城と素晴らしいゴティクの教会とが田園の景観に君臨している。」そして（以前にも引用しましたように）「たくさんの彫像によって飾り立てられた巨大な橋は、川によって二分されているこの都市を結んでいる……」と続けております。

この若き建築家シンケルのプラハの印象はなにも特別なものではなく、プラハを訪れた多くの人々が抱く印象と変わりはありません。シンケルの眼は川の両岸とその背後に広がる景観に向けられ、カレル橋によってヴルタヴァ川と一体となったプラハの都市の景観を素晴らしい、と賛嘆します。

二〇世紀の哲学者マルティン・ハイデガー（一八八九～一九七六）は、川に架かる橋の意味・あり様について思索しております。橋は川岸をただ単に結び付けているだけではない。橋が架けられることによって、川の岸辺を互いに向かい合わせる、川岸は岸として出現する。そして橋は川の両岸とともにその背景に広がる景観を川の流れに結び付ける、と述べます。――橋が架けられることによって、川と一体となった周囲の景観が形成される――と。

ルドルフ二世　橋が架けられていなければ、ただ大地とその川の流れをぼんやりと見るというだけで、川の流れの意識も、両岸の意識も両岸の背後に広がる景観の意識は強くないということは確かだ――。

建築家　ハイデガーは橋が架かることによって、結ばれた両岸一帯の地域に人々が生きる場所が成立する――悠々と流れるヴルタヴァ川と一体となったいきいきとしたプラハの都市景観が現前する、と述べるのですが、一見あたり前のような言説ですが、橋の意味、景観の形成について思考するとき、大きな刺激を与えてくれます。

今日、カレル橋周辺の上流、下流に合計九の橋が架けられておりますが、プラハの唯一の橋であった――むろん渡し舟はありましたが――十九世紀まで、カレル橋によって右岸の旧市街と左岸のマラー・ストラナ、プラハ城などがヴルタヴァ川と一体となったプラハ景観は、より印象的であったに相違ありません。

第二のネロになろう――暴君のボヘミア王ヴァーツラフ四世

神聖ローマ皇帝であり、ボヘミア王でありましたカレル四世帝は英明な君主でありましたが、その息子で皇帝位と王位を継ぎましたヴァーツラフ四世帝（一三六一～一四一九）は「怠け者のヴァーツラフ」、サディスト、残忍な暴君として知られておりましたね。

ひろく知られておりますことは、王妃ジョゼフィエ――ヴァーツラフ四世が先妻の死去後、再婚した王妃――の懺悔告解の聴罪司祭ヤン・ネポムツキーをカレル橋からヴルタヴァ川の水に浸けて殺したことです。

王妃に——弟のジクムントといわれますが、後にジクムントはこの王妃と共同統治したときもあるということから、真実と思われます——愛人がいるのではと疑っていたヴァーツラフ四世帝は、聴罪司祭ネポムツキーに王妃の懺悔告解の内容を打ち明けるよう迫ったのですが、ネポムツキーは、懺悔告解は秘蹟のひとつであるとし、王の要求に頑として応じず拒んだため、王は怒りのあまり、ネポムツキーを殺したとされております。

ネポムツキーは十八世紀に列聖され、チェコの守護聖人として国民の間で人気が高く、それがためヴァーツラフ四世帝の残忍行為が永く語り継がれる結果となりました。

また王の料理番が不味い料理をつくったといって、王はその料理番を串刺しにして、丸焼きにした。またあるとき、首切り役人を自分のもとに呼び、首がはねられる者の気分はどうか自分で確かめてみたいものだと王はいった。そして王は衣服を肩まで下ろし首筋をはだけ、眼を閉じ、ひざまずき、そして首切り役人に首をはねよと命じた。首切り役人は王の首を斧でなでただけだった。すると王はその男をひざまずかせ、目隠しをさせて、その首を一撃のもとにはねた。またある日のこと、狩猟に出かけた王はひとりの僧侶に森で出合わした。すると王は弓を絞り、僧侶を射殺した。そして、それを眺めて驚いている周りの者たちに王は、珍獣を射止めたものだと言い放った。

こうした王の残忍な行為に、誰かが壁に「ウェンツェスラウス、お前は第二のネロだ」とラテン語で落書きした。それを見たヴァーツラフ四世帝は「今までそうではなかったが、これからは第二のネロになろう」とその下にラテン語で書き足した。

これらの事柄は、一四一三年頃、プラハのヴァーツラフの宮廷において公使であったディンターが自国政府に報告したものである、と名著『近代文化史』（一九二七）においてエゴン・フリーデル（一八七八～一九三八）は述べております。

ルドルフ二世　ヴァーツラフ四世帝は治世の初めにおいては、善政をしき、英明な皇帝、王として評判が高かったのだが――。

父親のカレル四世帝は長子ヴァーツラフを自分の後継者と定め、二歳にしてチェコ王とし、将来皇帝位に就く者としての高い教育を早くからほどこした。

皇帝カレル四世の崩御に伴い、一三七八年、十七歳の若さで神聖ローマ皇帝となった。

建築家　チェコ王で皇帝のヴァーツラフ四世帝は公正を重んじ、たびたび労働者や学生に変装しては町中に出かけ、パン屋を回ってパンを買いました。パンが十分で正しい量目であれば、代金を払って立ち去りました。ですが、もしそれがひどいパンで量も少ない場合には、王は自分の名を明かし、店にあるパンをすべて取り上げ、それを貧しい人々に与えたり、学校の貧しい生徒に配るよう命じました。

王はこれと同じことを肉屋や他の店でも行いました。そしてまた居酒屋にも行って、人々がどんな考えをもっているのか自分の耳で確かめたということです（イラーセク）。

陛下がお話されましたように、カレル四世帝の生前の教育もあり、教養が高く、学問や芸術を擁護し、ヴァーツラフ四世帝の治世は初めにおいて善政をしいたのですね。

暴君皇帝ネロの場合も同じでした。クラウディウス帝の崩御により、ヴァーツラフ四世帝と同じく十七歳の若さで皇帝に就いたネロは、治世の初期ではアナエウス・セネカ（前四～後六五）の薫陶により、善政をしきました。皇帝となった折、「アウグストゥスの遺訓に沿って寛容と仁徳の心をもって統治する」と言明し、実践しましたね。貧しい人たちのために、高い間接税は廃止あるいは軽減したこと、また罪人の死刑執行にあたって皇帝としての署名を求められて、ネロは「字を知らなければいいのに」と嘆いたことが知られております（スエトニウス、国原吉之助訳）。母アグリスピーナの求めに応じて、ネロが十二歳のとき、学問を修めるべくセネカが家庭教師となったのですが、こうした治世初期の善政には、枢密顧問官の役割を果たしたセネカの影響が大きかったのでしょう。

ルドルフ二世　ところで教養高く、父の皇帝カレル四世と同じく英明な王といってよかったヴァーツラフ四世帝が、後に暴君ネロに比せられるようになったかは、アルコール中毒によるパラノイアによるものといわれる。

酒に溺れるようになったひとつのきっかけは、最愛の妻の死であった。王は九歳のとき、五歳年上の妻ヨハナ――ヴィッテルスバッハ家アルブレヒト公の息女――と結婚し（一三七〇）、一六年間連れ添ったが、妻ヨハナは一三八六年、逝去してしまった。王はそのとき二五歳であったが、たいそう嘆き悲しみ、この妻の死が大きな心の痛手となったという。酒によって悲しみを忘れようとしたのであろう。

もうひとつのきっかけは、王は数度にわたって毒殺されかけ、解毒剤によって生命は取り留めたものの、内蔵に痛みをかかえるようになった。そして大量の飲酒によってその痛みを和らげようとした。

二歳でチェコ王、十七歳で皇帝となったヴァーツラフ四世帝にとっては、チェコ王国を治めるだけでも大きな負担となったのであろう。この時代は大貴族の台頭が目覚しかった。王は若者らしく正義を重んじ、市民や地方貴族の側に立った政治を行ったので、大貴族たちの不満が高まった。こうした大貴族たちの不満の声に耳を貸さない王の暗殺を目論み、毒を盛ったのもその頃であろう。王は大貴族たちによって、一時、捕らわれの身となったこともあった（一三九四）。

次第に酒に溺れるようになり、以前の明るい性格が一変し、沈みがちで、怒りっぽい性格となり、前後の見境がつかなく、残虐な行動をとるようになったのではないか。

建築家　三人の教皇が存在するという教皇庁分裂の問題を解決すべく、フランスのランスにおきましてフランス王シャルル六世（一三六八～一四二二）――このフランス王も狂気の王として知られております――と会談しましたが、このフランス王主催の晩餐会に、酒に酔いつぶれた皇帝ヴァーツラフ四世が出席できないという大失態を演じた（一三九八）ことが知られておりますね。
　こうした失態を演じ、また酒に溺れて残虐な行為をするヴァーツラフ四世帝を皇帝位から引き摺り下ろそうと画策した選帝侯たちによって、ヴァーツラフ四世帝は廃位に追い込まれました（一四〇〇）。かわって皇帝位に就いたのは、画策した中心人物でありますプファルツ選帝侯ルプレヒト（在位一四〇〇～一〇）ですね。

ルドルフ二世　そうしたヴァーツラフ四世帝だが、皇帝を廃位された後もチェコ国王として、チェコのために尽力した。酒に泥酔していない、正気のときの王の行為だが――。
たとえば、中部ヨーロッパにおいて最初で唯一の大学である皇帝カレル四世が創設したプラハ大学（一三四八）の運営において、チェコの議決権を増やしたことが知られている。またプラハ市内のベツレヘム礼拝堂において、チェコ語によって説教を続けていたプラハ大学で教授でもあったヤン・フスはプラハの大司教から教職を剥奪され、そしてローマ教皇から破門され（一四一二）、断罪される危険があった。だが、ヴァーツラフ四世王がフスを支持し、それを免れることができ、フスはその後地方の城に引きこもって『教会論』の著作に専念することができた。

民衆の意思を体現するフスを裏切る――皇帝ジクムント

建築家　廃位されましたヴァーツラフ四世の後を継いだプファルツ選帝侯ルプレヒトが崩御しました後、皇帝位に就きましたのが、暴君ヴァーツラフの弟ジクムント（ジギスムント、一三六八～一四二七）です。

ヴァーツラフ四世が皇帝カレル四世の三番目に結婚した婦人ヨハンナから生まれましたが、ジクムントは次の再婚相手のエリザベータから生まれておりますから、二人は腹違いの兄弟ですね。

ジクムントは六歳のとき、ハンガリー王でポーランド王でもあるルドヴィヒ一世の娘マリアと婚約します。そして十二歳のとき、ハンガリー王宮に送られ、教育を受けます。

そしてこの婚約者の姉の逝去によって相続人となり、ルドヴィヒ王の崩御後、ハンガリー王となります（一四八七）。

兄のヴァーツラフ四世に劣らぬ高い教養の持ち主で、七か国語をマスターし、雄弁家で伊達男、社交家、美食家、そして多くの貴婦人を愛する色好みで赤ひげのジクムントは、新しきものに興味を示し、学問と芸術を愛し、ルネサンス初期の人文主義者のひとりと目されております。
ルドルフ二世　ジクムントはなかなか興味深い人物だ。だが皇帝としての評価は分かれるようだな。
建築家　ハンガリーを掌中に収めるべく虎視眈々と狙うオスマン・トルコとのドナウ河畔のニコポルでの戦いに敗れ（一三九六）、ジクムントは敗走して黒海に出、コンスタンチノープルを経て、翌年ハンガリーに逃げ帰ったことは、以前陛下よりお話をお伺いしました。これはジクムントが二八歳、ハンガリー王のときのことですね。
神聖ローマ帝国皇帝となってからのジクムントの最も大きな業績は、教皇庁分裂の問題を解決したこととされます。これによってキリスト教会に秩序が回復し、キリスト教国が一致団結して侵略を目論むオスマン・トルコにも対処し得るというのがジクムントの意図のひとつであったようです。

一四〇九年のピサの公会議以来、教皇はそれぞれローマ、ピサ、それにアヴィニヨンと三人存在し、内紛が続いていました。皇帝ジクムントはこうした問題を解決すべく、南ドイツ、ボーデン湖畔の都市コンスタンツにおいて公会議を招集しました（一四一四〜一七）。最も大きな議題は教皇庁分裂の終結で、公会議は教皇を超える最高権威であることを決議、表明したうえで、三人の教皇を退位させ、新たに教皇マルティヌス五世（在位一四一七〜三一）を選出させました。

雄弁家　ジクムント皇帝の巧みな外交手腕が発揮されたのですね。

ルドルフ二世　皇帝としての名声が高まった。もっともこれは王としてハンガリーにおける名声だろうが――。

ところがコンスタンツ公会議では、もうひとつの議題があったのだな。

建築家　そうなのです。チェコの神学者、宗教改革者ヤン・フスがこのコンスタンツ公会議に召喚され、審問に付されたのです。

フスはプラハ大学に学び、その大学教授、そして総長を務めたボヘミアの代表的な知識人ですが、永い間、プラハのベツレヘム礼拝堂で、チェコ語で民衆に説教していました。

ローマカトリック教会を批判し、キリスト信仰者にとって唯一の権威の源泉は聖書にあるとし、ローマ教皇の権威を否定したイギリスの神学者で宗教改革の先駆的存在とされますジョン・ウィクリフ（一三三〇〜八四）に、フスは共鳴したとされますが――フスはウィクリフの著作をチェコ語に翻訳しております――、フスは聖書をチェコ語に翻訳したり、聖職者の大規模な土地所有や免罪符販売などを批判し、民衆もフスを全面的に支持しました。

そうしたことからプラハ大司教よりプラハ大学での教職を剥奪され、ローマ教皇から破門されました（一四一二）。そしてフスは、コンスタンツの公会議に召喚されたのです。このとき皇帝ジクムントは、フスに通交の自由と安全を保証する護送状を与えました。
これは単なる通交許可証ではありません。フスの身の安全を保証するもので、フスは皇帝ジクムントを信じてコンスタンツの公会議に出席しようとしたのです。
ですがフスは捕らえられ、審問に付されます。ウィクリフの思想との関連についても問われ、そして自説の撤回を迫られましたが、フスはこれを断固として拒否し続けます。そしてウィクリフとともにフスは異端とされ、翌年、焚刑に処せられます（一四一五）。

ルドルフ二世　皇帝ジクムントはフスを裏切ったということだ。

建築家　フスへの裏切り行為によって皇帝ジクムントは、その名を永く後世にわたって、広く知らしめることになりました。

フスが焚刑に処せられるの報を聞いたボヘミアの民衆は悲嘆にくれ、そして怒りに震えます。そしてボヘミア、モラヴィアの貴族たちは連名で抗議書を皇帝ジクムントに送りつけます。貴族、民衆の反ローマ教皇、反ローマ教会運動は暴動にまで発展します。そして民衆が新市街市役所の窓から、カトリック系の市参事会員を放り出すという第一回「窓外放出事件」（一四一九年——第一回窓外放出事件。第二回は一六一八年）が起きます。
こうした民衆の運動を押さえ込もうと、皇帝ジクムントは教皇に働きかけ「十字軍」なるものを組織させますが、ボヘミア、モラヴィア貴族、民衆たちもこれに対抗するフス派軍を組織し始めます。いわゆる「フス派戦争」の始まりですね（一四二〇～三四）。

それにしましても皇帝ジクムントは視野が広く、外交手腕に長け、学問・芸術を愛するルネサンス的人間として十五世紀における最も重要な皇帝だとする人もいれば（ゲルハルト・ハルトマンほか）、他方エゴン・フリーデルのように、日和見で信念がなく、すべてうわべだけで非現実的な人間、磨いて輝くように見せかけた無だ、などと評する人もおります。

ルドルフ二世　皇帝ジクムントはたいへん興味深い人物であったことは間違いない。

ルドルフ二世皇帝、ユダヤの高徳のラビ、レーウ師に会う

建築家　プラハの旧市街の北西の一角を占める地区がユダヤ人居住区ですね。

すでに十一〜十二世紀には、プラハ市内、そして郊外各地に小規模なユダヤ人居住区が形成されました。

そしてボヘミア王ヴァーツラフ一世の治世（一二三〇〜五三）におきまして、プラハ旧市街を市壁で取り囲んだときに、それらを取りまとめて、その旧市街の一角をユダヤ人居住区と定められ、その居住区はさらに門によって隔離されました。夜には門が閉ざされていたのですね。もともとユダヤ人は商いを生業とする人が多かったのですが、居住地をはじめ、自由な商業活動、その他生活していくうえでの多くのことが制約され、いわれのない差別、迫害を受けておりました。

陛下はこのユダヤ人居住区に住むラビ（律法師）、レーウ師とたびたびお会いになられました。

イェフダ・レーウ・ベン・ベツァレル（一五二五〜一六〇九）という名のラビでして、中世最古のユダヤ人コミュニティとされますライン河畔の都市ウォルムスに生まれました。プラハとボズナニに学び、ユダヤ教・ユダヤ思想の奥義をきわめ、数学・天文学にも通じた博識な学者として、そして高徳なラビ

として名声を馳せ、ボヘミアのラビの長としてプラハに招聘されました。

陛下がこの高徳なラビ、レーウ師にお会いになられましたきっかけにつきましては、さまざまな逸話、伝説が後世に伝えられております。

ひとつはラビ、レーウ師がゴーレムを造り出したという噂を知って、ラビ、レーウ師にお会いし話を聞きたくなり、宮廷に召し出された、というものです。ゴーレムとはこれも伝説的なものでして、土からつくった人形の歯の裏に魔法の言葉を書いた紙片を押し込み、土人形に（思考力をもたない）生命の息吹を与えたものです。ラビ、レーウ師はそのゴーレムを自分の召使として家事労働をやらせましたが、このゴーレム、いわば人造人間の造出は、究極的には迫害を受けて暴動にまで発展した場合、ユダヤ人街を守るためではないかとされます。

もうひとつの逸話は、陛下が臣下を従えてヴァルタヴァ川に架かる石橋の上で、ラビ、レーウ師の魔術を眼にし、それで宮廷に召し出された、というものです。

陛下が乗られました馬車が石橋の真ん中ほどにさしかかりますと、人々は陛下に向けて石つぶてを投げます。これは陛下がユダヤ人にプラハ市壁外に移り住むよう命令したためだといわれます。ところが人々が投げた石はバラやいろいろな花となって、陛下の下に落ちるのです。そして、進む陛下の馬車の前にたって動かないラビ、レーウ師の前で、馬は制止の合図がないのに自ら止まったのです。ラビ、レーウ師は陛下のもとに向かい、頭の被りものをとってひざまずき、陛下にユダヤの同胞の追放令を解除するよう懇願するのです。陛下はそこで起きた奇跡のような出来事に驚き、ラビ、レーウ師に後日、日を定めて宮廷に参内するよう命ずるのです（イラーセク）。

ルドルフ二世　私は一度たりともユダヤ人追放令を出したことはないが――。

プラハ市民とのいざこざや騒動がもとで、私の祖父、皇帝フェルディナント一世の治世には、二度ほどユダヤ人追放令がだされたことはある（一五四一、一五五七）。

建築家　たとえそうして追放されましても、商業活動が活発で裕福なユダヤ人がおりませんとプラハの経済が立ち行かなくなるため、間もなくユダヤ人たちは赦されてプラハの市内に戻ってくるのですね。各都市でもその繰り返しだったと聞いております。

ルドルフ二世　祖父フェルディナント一世帝はそうした追放令を発動したが、私の父マクシミリアン帝はユダヤ人にたいへん寛容で、「ユダヤ人保護勅令」を出した（一五六七）。

建築家　陛下のお父上のマクシミリアン二世帝もそして陛下もプロテスタントにはたいへん寛容であられましたし、ユダヤ人にもたいへん寛容であられました。

ラビ、レーウ師は後日、陛下の命に従って宮廷に参内しました。

引見された陛下はラビ、レーウ師とお二人きりで長いこと話し合われたと聞いておりますが――。

ルドルフ二世　レーウは噂どおり学識の高い、高徳な律法師だった。私が興味を抱いていたユダヤ神秘思想、カバラなどについて聞くと、その奥義をきわめた律法師らしく、太古の昔に遡って神の存在と言葉について、実に詳細にわたって話してくれた。

ゴーレムについても、ある日説教のために会堂に赴いたところ、ゴーレムの口から押し込まれていた生命の秘密の言葉を書いた紙片を取り去ることを忘れたことを思い出し、急ぎ自宅に戻ったところ、ゴーレムは家中を目茶目茶にしており、あわててゴーレムの口から呪文の紙片を抜き取った。するとゴーレムはたちまち硬直し土塊に戻った、などと愉快な話をしてくれた。

私の宮廷にはヨーロッパ中から魔術師が集まったが、どれもこれもいかさまだった。私はユダヤ神秘思想の奥義をきわめたラビ、レーウ師なら、ゴーレムを造りだせると信じた。
建築家　ゴーレム伝説はとても人々の興味をひきつけたとみえ、二一世紀の今日に至るまで人々の間で伝承されてきました。そして多くの小説の題材になっております。
ところでラビ、レーウ師は、陛下が自身に謁見の機会をくださったことに感謝し、ユダヤ人居住区の自宅に陛下をお招きしました。
神聖ローマ帝国皇帝、そしてボヘミア王がユダヤ人居住区の家を訪れるということはたいへん稀だと思いますが――。
ルドルフ二世　長い間二人で話し合ううちに、互いに信頼関係が生まれつつあった。
臣下と護衛の者たちを従え、ユダヤ人居住区に入り、そしてラビ、レーウ師の家を訪れた。家に入ると、通された部屋は貴族の邸館の大広間のように広く、立派な設えであった。
建築家　それは陛下のご訪問に備えまして、ラビ、レーウ師が魔法によって自宅の室内をそのように広く、立派に設えた、といわれております――。
ルドルフ二世　そうか。あのラビ、レーウ師なら、そんなことは雑作もなかろう。
建築家　その後も何度か、お二人はお会いになられたのですか。
ルドルフ二世　ラビ、レーウ師によるユダヤ神秘思想についての話には興味が尽きることはなかった。そしてその誠実な人柄に、ますますラビ、レーウ師への私の信頼は増していった。
私の父マクシミリアン帝とラビ、レーウ師は同年代（マクシミリアン二世帝：一五二七年生まれ。ラビ、レーウ師：一五二五年生まれ）といってよいが、私はラビ、レーウ師に、ほとんど父親のような親近感を覚えるようになった。

そうしたこともあってか、ある日、宮廷にて私のたびたびの懇願に屈して、ラビ、レーウ師は、私の亡き父マクシミリアン帝の幻影を魔法で呼び出した。

対オスマン・トルコ戦争の戦費をユダヤ人豪商が一部負担

建築家　ところでユダヤ人が迫害され、都市から追放されても、間もなく都市に帰ることが赦される、その繰り返しがあったといったお話がありましたが、都市の経済において、ユダヤ人の商活動とその富が大きな役割を果たしているわけですね。門で隔離されたユダヤ人居住区で街路には、門が開かれる昼日中、他の居住区民、他の都市あるいは外国からお金を借りたり、返金したり、宝石の売買、古物の売買、また花を買ったりする人たちであふれ、活況を呈していました。

そして大きな富を得たユダヤ人豪商たちがプラハにおりました。

ルドルフ二世　私の祖父カール五世帝、フェルディナント一世帝、あるいはそのずっと以前から、対オスマン・トルコ戦争における膨大な戦費調達のために、そうした裕福なユダヤ人からも資金援助を受けている。

帝国議会において、オスマン・トルコ軍の進軍の情報を得るたびごとに、戦争税の承認を説得するのだが、オスマン・トルコから遠い距離の西に位置するプロテスタントの地方領主たちはなかなか応じてくれない。永遠に自分たちには火の粉が降りかからない、とでも思っているようだ。

建築家　主としてオスマン・トルコ戦争が原因で慢性的な財政逼迫に苦しみました陛下のお父上マクシミリアン二世帝が、プラハの「ユダヤ人保護勅令」を発布されましたのには、戦費調達のために裕福な商人たちの資金援助をあてにした——そうした背景があるのでしょうか。

ルドルフ二世　ちがう。

まったく否とは言い切れまいが、それは父マクシミリアン帝の信条によるものだ。父はカトリックでもプロテスタントでもない、一キリスト教徒であるとつねづね語っていたし、また、私たちの信仰と救済はユダヤ人からのものだとも言っていた。

建築家　ところでプラハのユダヤ人豪商のなかに、モルデカイ・マイスル（一五二八〜一六〇一）という人物がおります。

鉄の商いで身を立て、金融業はじめさまざまな商いによって、一代でプラハ有数の豪商となり、ユダヤ人居住区の長となりました。

このマイスルも対オスマン・トルコ戦争で膨大な戦費調達に悩む陛下に、多大な資金援助をしました。陛下もマイスルに対し、通商の自由、財産の保護など商活動が円滑に行えるようさまざまな特権を与えたことが知られております。

また子供に恵まれなかったマイスルは、後年、ユダヤ人居住区に病院建設をはじめ、ユダヤ人墓地の拡張、街路舗装等々するなど、自己の資産を同胞のユダヤ人のために投げうちました。

ところで陛下は、ラビ、レーウ師宅を訪れた際、ユダヤ人居住区のある街路にて美しい女を見かけ、心を奪われ、その女が誰なのか側近をとおして探られましたか。

ルドルフ二世　記憶にない。

建築家　その美しい女のことを陛下がラビ、レーウ師に話され、その女とどうしても会いたいといわれますと、レーウ師はその女が豪商マイスルの妻エステルであることに気づき、その女は人の妻であるからお止めなさいと諫言（かんげん）します。この諫言に耳を貸そうとなさらない陛下を見てラビ、レーウ師は困り果てます。そこで一計を案じて、陛下とユダヤ人豪商マイスルの妻エステルに魔術を使って、陛下を赤いバラの花、エステルを白いローズマリーの花に変身させ、ヴルタヴァ川に架かる石橋のたもとで毎夜二人が密会するようにするのです。むろん陛下は毎夜、夢のなかで訪れるエステルと逢瀬を重ねられるのです。

ルドルフ二世　ほう、あのマイスルの妻と夢のなかで密会とな——。

建築家　実はこの話は二〇世紀の小説家レオ・ペルッツ（一八八二〜一九七五）による小説『夜毎石橋の下で』（一九五三、垂野創一郎訳）で語られているものです。むろんフィクションですね。全部で十五話から構成され、陛下治世のプラハを描き、陛下がたびたび登場します。たいへん興味深く読みましたが、小説家ペルッツ——プラハに生まれ、ウィーンで育ち、一九三〇年代後半にイスラエルに両親とともに移住したユダヤ人作家です——は、陛下治世のプラハとユダヤ人居住地区とそして陛下の宮廷の内情を調べあげて、この小説を書いたらしく、史実に沿ったものとフィクションがないまぜになっております。

陛下の侍従フィリップ・ラング——陛下宛への私信を自分の懐に納め、陛下への謁見を求める外国大使たちを手玉に取り、政治、財政を牛耳りました。そして陛下の芸術品コレクションを盗み、それが発覚し、裁判にかけられ死罪となった悪党のフィリップ・ラングもたびたび登場しますが、小説家ペルッツが明らかに判断を誤ったと、私が気づきましたことがあります。

その小説中に第九話「画家ブラバンツィオ」。才能に恵まれているのですが、気難しい反抗的な気質で、ヨーロッパ各地を放浪し、安酒場に入り浸るプラハの画家の話です。

この放浪画家の評判を耳にされ、たまたま一枚の素描を眼にされました陛下は、その画家の才能を見抜き、作品を手に入れたいと思います。

画家がたまたまプラハの服繕い屋を営む兄のもとに身を寄せていることを聞き及びました陛下は、プラハ城を抜け出し、代書屋に変装して、街の繕い屋にいる画家のもとを訪ねます。

画家はヴルタヴァ川の筏乗りをモデルとして描いておりますが、陛下は室内に入られ、絵を見せてほしいと頼み込みます。そして陛下は壁にかけられた小さな水彩画に眼を留められ、これこそ巨匠の作品だと認めます。そしてその絵を「何にもまして愛好するルーカス・ヴァン・ヴァルケンボルヒの風景画の隣にかけたい（垂野創一郎訳）」、と小説家ペルッツは陛下に語らせるのです。


ヴァルケンボルヒの風景画とは、陛下と二人の弟君エルンスト大公とマティアス大公とが側近や従者たちを連れ立って、父帝マクシミリアン二世が建造されました夏の離宮ノイゲボイデを見下ろす丘の森のなかを散策されている絵画でしょうね。

ルドルフ二世　あるいは私たち兄弟三人が連れ立って、丘の森の飲泉湯治場を訪れている絵画かもしれぬ。

建築家　以前、陛下がご指摘されましたように、そこに描かれました、連れ立って散策する陛下たち三兄弟の姿かたちはまったく同じものなのですね。

弟君マティアス大公が総督となるべくネーデルラントに赴いたとき、知り合ったと思われますネーデルラント出身の画家ヴァルケンボルヒに、弟君エルンスト大公が、陛下たち三人の兄弟が仲良く連れ立って散策している絵画を描くよう依頼されたということですね。弟君マティアス大公を通じてその画家と弟君エルンスト大公は知己となりました。

陛下と弟君マティアス大公とは仲が悪く長らく不和が続いていましたが、心根が優しいエルンスト大公はお二人の仲が戻るよういろいろ心を砕いてきました。そしてようやく仲直りの兆しを見、そうした三人が仲良く散策する絵を注文したのですね。
むろん、ご兄弟三人が連れ立って散策することはありませんでした。ですから、依頼者のエルンスト大公の発想をもとに、画家ヴァルケンボルヒが自由に構成して描いたものですね。

陛下の弟君エルンスト大公は芸術好きで、後に総督としてネーデルラントを統治（一五九三〜一五九五）していたとき、精力的に絵画を収集されました。
画家ルーカス・ヴァン・ヴァルケンボルヒによるその二枚の絵はエルンスト大公の絵画コレクションのなかにあり、エルンスト大公の逝去（一五九五）後、その絵画コレクションは遺品として、長男であられ皇帝であられる陛下が相続し、陛下の手に渡ったのですね。
ルドルフ二世　そうだ。そなたのいうとおりだ。
建築家　陛下がそのネーデルラントの画家ルーカス・ヴァン・ヴァルケンボルヒをよくお知りにならないとなりますと、その画家の絵は高く評価していないということですね。
ルドルフ二世　私の眼からすると、二流の画家であり、二流以下の作品だ。
建築家　たとえ小説家ペルッツのいう風景画というのが、陛下がお二人の弟君と仲良く連れ立って森のなかを散策する二つの絵画ではなく、他の風景画であったとしても、でしょうか。
ルドルフ二世　そうだ。
建築家　そうしますと小説家ペルッツはヴァルケンボルヒの絵画に関しては、陛下がお好きではないのに、「たいへん愛好している」などと過ちを犯したということですね。

プラハ城――聖ヴィート大聖堂

陛下の宮廷がありますプラハ城についてお伺いしたく思います。
まず、城内に聳え立つ聖ヴィート大聖堂ですが、カレル四世と父親のヨハン王による共同統治時代に、マインツ大司教区下の一司教教区にすぎなかったプラハが、アヴィニヨンの教皇クレメンス六世の助力により大司教区に格上げされた機に、聖ヴィート大聖堂の建替え工事が始められました（一三四四）、と陛下がお話してくださいました。

ルドルフ二世　この聖ヴィート大聖堂の建替え工事は実は三番目で、最初のものはボヘミアの地にキリスト教を広めたヴァーツラフ王が自らの守護聖人ウィトウスを祀った四つのアプシスのあるロトンダ（円形）の教会だ（後九二六）。

建築家　そうしますと公妃リブシェがプラハの都市創建とその繁栄を予言しました伝説の崖上のヴィシェフラトに、今日におきましても建つ美しい聖マルティン教会もロトンダ形式ですから同じですね。なお、プラハ城内のロトンダ教会に祀られました聖ウィトゥス（ヴィート）は、ローマ皇帝ディオクレティアヌスの迫害によりまして、三〇三年頃、殉教したシチリア出身の少年で、後に十四救難聖人の一人となり、その聖遺物をドイツの王ハインリヒから贈られて、以来、ヴァーツラフ王一族の守護聖人となったと伝えられております（浦井康男）。

ルドルフ二世　そのロトンダ形式の教会が手狭となり、ヴラジスラフ二世が増改築を加え、バシリカ形式（長堂式）の教会とした（一〇六〇）のが二番目のものだ。したがって、その二つの教会はロマネスク様式だ。

建築家　今日建っております大聖堂は第三番目のもので、建築様式としましてはゴティクですね。

ルドルフ二世　最初のロトンダ形式と二番目のバシリカ形式の基礎を利用して建造された。
建築家　その基礎は今日におきましても一部見ることができます。
ルドルフ二世　カレル四世は勉学のため、伯父のフランス王シャルル四世の宮廷において少年時代を過ごしているから、パリのノートル・ダム大聖堂（一一六三～一二四五、大部分完成）やパリ、シテ島のサント・シャペル宮廷礼拝堂（一二四八）をはじめ、シャルトル（一一九四～一二二〇）やランス（一二一一～）、アミアン（一二二〇～）の大聖堂等の天空を希求して高く聳え立つ壮大・壮麗なゴティク様式の大聖堂を前にして、心を打たれたに違いない。
ケルン選帝侯のゴティクのケルン大聖堂の建造は、すでに一〇〇年近く前の一二四八年に始まっている。ウィーンのシュテファン大聖堂も、以前のロマネスク様式のものと共存させつつ、ゴティク様式で、すでに四〇年近く前の一三〇四年に建造が始まっている。
カレル四世とヨハン王は、プラハ城内の聖ヴィート教会を神聖ローマ帝国の信仰の中心となるゴティク様式の大聖堂を建造するべく、南フランス、アヴィニヨンで活躍しているフランス人建築家アラス（出身）のマティアスをプラハに招聘した。むろん、パリの宮廷で勉学したとき家庭教師であった旧知の教皇クレメンス六世の推薦によるものであろう。
建築家　ゴティク建築様式は十二世紀フランスで成立したといいますから、ボヘミア、プラハの地にこの建築様式が伝播しますのに、実に二〇〇年近くも要したということですね。
ルドルフ二世　ともかくも建築家アラスのマティアスの設計案をもとに、東側の内陣部分から工事が始められた。この周歩廊を伴った内陣の工事が進められていくなか、建築家アラスのマティアスが病を得て死去してしまった（一三五二）。
そして皇帝カレル四世によって一三五六年に南ドイツ、シュヴァーベンから招聘されたのが、ペーター・パルラー（一三三三〜九九）で、二三歳の若さであった。

パルラー一家は有名な石工・建築家・彫刻家一家で、父ハインリヒ・パルラーはケルン大聖堂の建造工事にかかわった後、南ドイツの都市シュヴェービシュ・グミュントのハイリゲン・クロイツ教会の建造工事を指揮していたが——主廊と身廊部分の高さが同じという教会建築では画期的なホール型の教会を創案した——、息子のペーターはこの父のもとで修業に励んだのであろう、父に劣らない才能豊かな石工・建築家となった。

ペーター・パルラーは前任の建築家アラスのマティアスの仕事、内陣工事を引き継ぎ、主要な南入口「ポルタ・アウレア（金色の門）」を完成させ（一三六八）、そして一三八五年にようやく内陣部分を完成させた。また、ヴルタヴァ川に架ける石橋の工事を同時に指揮した。

建築家　聖ヴィート大聖堂は全体として壮麗ですが、とりわけ内陣部分は神の存在を感じさせる敬虔な祈りの空間ですね。

ルドルフ二世　ペーター・パルラーは、この内陣の天井を支えるリブにおいて網状のリブ構造という新しい試みをしたが、この網状のリブ天井が実に美しい。

リブは柱に沿って床面から天井に伸び、ヴォールト天井を支える構造で、柱間のヴォールト天井において四分割あるいは六分割されるものが多い。天空を希求するゴティクの教会では、視線を床から柱、そして高い天井へ、天空を希求し上へ上へと導くリブの視覚的役割は大きなものだが、リブ本来の役割は天井を支える構造的なものだ。

ペーター・パルラーが工事を進めた聖ヴィート大聖堂の内陣における、従来と比較してリブとリブとの間隔が狭い網状のリブ構造においては、この網状のリブの間を石またはれんがで充填し、薄い膜状のヴォールト天井を構成するのだが、こういう方法を採れば、従来ヴォールト天井面全体にわたっての型枠が必要だったものが、リブを支える型枠だけで足り、時間的、経済的節約がはるかに大きい。しかも、前にも言ったようにその網状のリブ天井が実に美しいのだ。
建築家　パルラーの素晴らしい創意工夫ですね。
そしてそれが一〇〇年後の石工・建築家ベネディクト・リートによって受け継がれ、王宮のヴラジスラフ・ホールの素晴らしいリブヴォールト天井に結実するのですね。
ところで陛下、「金色の門」脇の聖ヴァーツラフ礼拝堂も息をのむような素晴らしい空間ですが、これもパルラーによるものですが、現在、東側内陣部分は完成しておりますものも、西側外陣部分はいまだ完成しておりませんが――。
ルドルフ二世　ペーター・パルラーは内陣が完成するや、それをいったん壁で塞いだ。そうした後、外陣の工事に取り掛かる、そうした方法を採ったのだ。
建築家　内陣を外部から遮断するように塞いだ壁は仮設の壁で、外陣が完成しました後に取り外すのですね。
ルドルフ二世　むろんそうだ。だが残念なことに塞いだ壁はいまだそのままだ――。
ペーター・パルラーは「金色の門」脇の南塔の完成と外陣工事に取り掛かったのだが（一三九二）、病を得て死去（一三九九）してしまった。
そしてペーターの二人の息子ヴァーツラフとヤンが父の仕事を引き継いで、内陣と南塔を結ぶ交差廊アーチが完成した時点で、フス派戦争が勃発し（一四一九）、国中が混乱に陥り、これまで工事の大きな資金源であったクトナー・ホラの銀山も閉鎖されるなどして、工事は中断された。
建築家　それで陛下とご一緒に今日見ます聖ヴィート大聖堂は、外陣がありませんし、いまだ完成していないのですね。

ルドルフ二世　資金が調達できず、外陣の工事に手がつけられていない。大聖堂は全体として未完成のままだ。

建築家　内陣と南塔の間の「金色の門」をくぐり抜けますと、噴水がある中庭となっておりまして、ペーター・パルラーが仮設として塞いだ壁に扉が設けられ、そこから内陣内に足を踏み入れるようになっております。

陛下の時代に描かれましたザデラーによる例のプラハの都市を鳥瞰する図（一六〇六）を見ますと、あるいはジョヴァンニ・カストルッチによるプラハ城を描いた興味深い貴石のモザイク画（一六〇六？）を見ましても、聖ヴィート大聖堂では、東側の内陣と巨大な南塔、それを結ぶアーチが見えるだけですね。陛下、実はこのような状態が十九世紀中頃まで続きました。そしてこれを憂いたチェコ国民、プラハ市民によってプラハ大聖堂建設同盟が結成され、一八六一年よりゴティクを踏襲しましたネオゴティク様式にて、内陣の修復工事と並行して、外陣の建造工事が始められました。まず、西側西塔が完成し（一八九二）、そして外陣を覆う屋根が完成し、それまで内陣部分とそれを何世紀もわたって塞いでいた壁をようやく取り去ることができました（一九二四）。そして一九二九年に聖ヴィート大聖堂は完成し、献堂式が執り行われました。

ルドルフ二世　そうか、二〇世紀になってようやく完成したのか――。

建築家　陛下のお父上マクシミリアン二世帝は、ご自分のご父母（皇帝フェルディナント一世とボヘミア王家出身のアンナ皇妃）のための大理石による霊廟を、ネーデルラント出身でインスブルックに工房をもつ彫刻家アレクサンダー・コーリンに制作するよう命じられました（一五六六）。崩ぜられましたご父母が並んで横臥するかたちの霊廟です。インスブルックの宮廷の礼拝堂内に設置されましたマクシミリアン一世帝の霊廟では、マクシミリアン一世帝はひざまずき祈りを捧げているかたちですが――。この白大理石の霊廟もアレクサンダー・コーリンが制作したものですね。そしてアンナ皇妃のご出身のボヘミア、プラハの聖ヴィート大聖堂に安置する手はずが整っておりました。

ところが陛下のお父上マクシミリアン二世帝が崩御され、陛下は聖ヴィート大聖堂にてお父上の葬儀を盛大に執り行われました。

ルドルフ二世　そこで私は考えた。私は内陣中央地下部分に王家の墓所造営を命じ、歴代の王をそこに祀ったが、亡きフェルディナント一世帝を中心に三人が横臥するかたちの霊廟をつくれば、亡き父がどんなに喜ばれることかと。

早速、そのような霊廟の制作をコーリンに命じた。ようやく一五八九年コーリンによる霊廟が完成し、聖ヴィート大聖堂内陣の王家の墓所上部に安置させた。

建築家　内陣の中央に安置されました天使たちに囲まれた白い大理石の霊廟によって、大聖堂の荘厳さはいっそう増しております。

ところで陛下は南塔上部に塔時計をつけさせました（一五九七）。ドイツ、マグデブルクの時計職人ハンス・ベヒラーをプラハに呼び寄せ、作らせたものですね。そして同時にその塔の開口部に金箔を施し、花模様をあしらい、繊細華麗な格子をつけさせ、陛下 Rudolph 帝のイニシャルであります「R」が付け加えられました。

南塔にあって王冠を冠したたいへん印象的な「R」でして、陛下をすぐ想起させますと同時に、字の位置、大きさ、字体、そして冠せられました王冠や縁取りの美しさ繊細華麗な金メッキされた花模様の格子等々を見ますと、僭越ながら、陛下の芸術的センスの良さと職人の卓越した技をうかがわせます。

プラハ城──ベネディクト・リートによるヴラジスラフ・ホール

建築家　プラハの景観に君臨しております。プラハ城は、もともとは十世紀初頭から続く、古い城塞で、歴代の統治者の城ですが、皇帝カレル四世が聖ヴィート大聖堂の建造とともにプラハ城の増改築計画もペーター・パルラーに命じました。ロマネスク様式の王の間の上階に立つ皇帝カレル四世の広間や、それにパリ、シテ島の王宮礼拝堂サント・シャペルに範をとったといわれます王室礼拝堂等々が建てられたといわれます。

その後、後継者、あの「暴君で怠け者」ともいわれましたヴァーツラフ王もこのプラハ城の増改築を更に進めました。今日、この王の寝室とも謁見室ともいわれております部屋群がその一部です。ところがこの増改築工事で、この城に住むことに不便を感じたヴァーツラフ王は旧市街に王宮殿を建てさせ（一三八〇頃）、そこに移り住みました。今日の火薬塔の隣、オベツニ・ドゥム（プラハ公会堂）が建つ場所ですね。そしてヴァーツラフ王が崩御し、またフス派戦争の勃発によってプラハ城の工事はすべて中断されてしまい、ヴァーツラフ王の後継者皇帝ジクムントをはじめとしてその後の統治者たちは、プラハ城ではなく、旧市街の王宮殿に住んだのですね。

ポーランド王家のヤギェウォ家からボヘミア王として迎えられましたヴラジスラフ二世王（在位一四七一〜一五一六）も、初めはこの旧市街地の王宮殿に居を構えておりましたが、政情不安となり、より安全なプラハ城に移り住むことに決心しました（一四八四）。

そしてプラハ城の堡塁などの防備施設の近代化と居住施設の整備計画・工事などに招聘されたのが、

石工・建築家ベネディクト・リート（一四五四〜一五三一）です。おそらくヴラジスラフ二世王の姉が嫁いでいる南ドイツ、ランツフートの領主ゲオルク侯の推薦によるものと思われますが、リートは、たぶん（諸説があります）ランツフートに生まれ、パッサウやブルクハウゼンの城塞の建築現場で石工として修業しているうちに、城塞建築の才能を認められるようなったと思われます。

リートはプラハ城の防備施設の強化工事に七年を費やしましたが、同時にヴラジスラフ二世王の居住施設の工事をも進めました。

そして旧王宮、カレル王広間の上階にリートによって建てられましたのが、リブヴォールト天井に覆われたヴラジスラフ・ホールです。

ヴォールト天井を支えるリブが花模様を描きながら動いているようです。リブヴォールトは三次元の曲線をそして曲面を構成しながら、この空間を優しく包み込んでいます。その三次元の曲線と曲面は外光を吸収しながら、そしてそれぞれの線と面に微妙な濃淡を映しながら、ゆっくりと動いています。

リブの曲線が衝突し合い、絡み合い、重なり合う、三次元の曲面を示すヴォールト天井が微妙な陰影の濃淡を示す葉々の間から差し込む柔らかい木漏れ日を受けながら、静かに吐息する森の空間を彷徨しているような、幻想をかき立てる素晴らしい建築空間ですね。

陛下、このヴラジスラフ・ホールはどのような目的で使われたのでしょうか。

ルドルフ二世　ボヘミア王あるいは神聖ローマ皇帝戴冠式祝典行事、あるいは晩餐会、また、毎年正月一日王・皇帝に忠誠を誓う儀式――これらは古代ローマ帝国の故事にならったものだが――、あるいは馬上槍試合などの宮廷行事――騎士が騎馬のままこの大広間に来られるよう斜路がある――、あるいは身分制議会の総会がここで開かれることもあるし、また私の時代になって絵画・銅版画など芸術品を売買する市場ともなった。

建築家　ザデラーによりますす絵画等の売買する売店が描かれております銅版画を見たことがあります。たいへん多目的な使われ方をしているのですね。

幅一六メートル、奥行六二メートル、天井高一三メートルの大きなホールでして、幅五メートル、高さ六メートルもの大きな開口が両側（南と北）に設けられておりますから、今日におきましても決して暗いといえない空間ですが、ヴォールト天井の微妙な陰影をかき消してしまう明るさではありませんね。夜間使用されるとき、灯されます天井から吊るされた錫製の五つの照明器具は、皇帝フェルディナント一世の治世にニュルンベルク市から寄贈されたものと伺っております。

ルドルフ二世　このホールのヴォールト天井を支える石を加工して作られたリブを見ると、リートは相当腕の建つ石工であったに間違いない。

石で加工されたリブは木の枝のように壁柱と一体となったようなかたちで床から伸びて上方に、そして四方に広がるように、螺旋状に花模様を描きながら展開していく。

ゴティク建築の成立は、以前見たように、対角線状をなすリブの工夫がそのひとつの要因といわれるが、三次元のなかで縦横無尽に曲線を描きながら展開するリブを見ると、そうした意味でのゴティク建築の究極を極めたものというべきだろう。

よく見ると、その曲線を描く石のリブとリブとが交差するところはおさまりが悪い。一方のリブが飛び出してしまっていて、粗い感じを受ける。実はここにリブ全体の動感を促すひとつの秘密がある。飛び出すことで、次の動きを示唆するのである。螺旋状という曲線が、この動感に大きな役割を果たしているのは言うまでもない。

建築家　陛下、ゴティク建築を語りますとき、つねに大きなテーマとなりますのは、ヴォールト天井のこのリブの問題です。つまりこのリブは構造材であるのか、あるいは単なる装飾なのか――。

ルドルフ二世　単なる装飾とは聞いたことがないが――。

建築家　十九世紀の歴史主義の時代にあって、ゴティクリヴァイバルを標榜する人たちは、むろん、ゴティク建築のすべての部材がそれぞれ（構造的）役割を担って、それらが有機的一体となって建築が成立している、といった構造的合理主義を見ておりました。つまり陛下と一緒で、当然リブもまた天井を支える構造材と見ておりました。

ですが、二〇世紀に入って第一次大戦中に爆撃を受けて破壊されたゴティク教会をよく見ますと、なかにはリブは崩れ落ちているにもかかわらず、ヴォールト天井はよくもちこたえて健在であるという観察が報告されたというのです。つまり構造的な機能は有せず、リブは単なる装飾なのだ、と。

その後、いろいろな学者がこの論争に参加しまして、あるアメリカの構造学者は「ヴォールト天井の建設中に仮枠となり、稜線の見苦しい接見をかくし、人々の視線を柱から天井へと導くリブの機能は、如何なる構造上の役割よりも重要である」といった主張もしておりますが、この論争の結論としましては、構造材としての機能を有する場合もあれば、そうではなく単なる装飾的機能の場合もある。つまり場合によって相違するといった結論に落ち着いたようです。

この場合、重要なことは、「単なる装飾」といいましても、アメリカの構造学者が示唆しますように、単なる装飾以上の、このゴティクの建築に本質的役割を果たすことは、当然、認識しなければならない点であると思います。

ルドルフ二世　そうか、そういう単なる装飾としてのリブもあるのか――。

そういう言い方をすれば、この「ベネディクト・リートによるヴラジスラフ・ホールの場合」は、リブは構造材だ。

このプラハ城内に工事を進めた聖ヴィート大聖堂の内陣において、従来と比較してリブとリブの間隔が狭い――そして美しい網状のリブ構造という新しい試みをペーター・パルラーがしたことは、すでに話した。

建築家　イギリスのゴティク教会にも扇状のものでやや形の相違はあるものの、同様な試みが見られますね。後期ゴティクに特有な現象といってもよいようです。

ルドルフ二世　ヴラジスラフ・ホールのリブはそのペーター・パルラーの方法を踏襲している。ただリートの場合は三次元中に湾曲したリブである。このリブは石材を加工してつくるのだから、相当の石工の技術を前提とする。このリブとヴォールト天井をどう施工したかを私は聞いたことがあるが、それによるとまず足場を設け、そしてリブの曲線に沿ってあらかじめつくられた軽い木造の枠を設置し、リブを支え、リブとリブとの間に石工がれんがを充填し、これが完成すると取り外した。リブは左右対称で、ベイ（柱間）ごとに同じなので、これをベイ内で左右に、そしてこれが完成すると次のベイに移るというように、同一の木造枠を使用しつつ、すべてを完成したという。

ひとつひとつ、ベイごとに工事が進むので、最初のベイでの仕事はまさに実物大の模型実験的役割を果たしたのだろう。時にはやり直し、再工夫が必要となる。ここでの経験を次のベイの工事に生かしたのである。事実、ヴラジスラフ・ホールの場合、東側のベイから始められ、架構後、崩壊したことから、それまで考えていなかった鉄筋による引張材で補強する工夫がされた。

そしてこのように完成されたヴラジスラフ・ホール（一五〇二）のリブとヴォールト天井は強固で、完成後四〇年ほどした一五四一年のマラー・ストラナに出火し、プラハ城まで及んだ大火災の際、残念にも焼け落ちた天井部分が——これもリートによる銀山の街クトナー・ホラの聖バルバラ教会の屋根と同じく五つのピラミッド形の屋根が連なる印象的屋根形だった——この天井に落下したが、それでもびくともしなかった。

建築家　カレル石橋からプラハ城を遠望しますと、その（南ファサードの）ほぼ中央に他の建築部分とは明らかに相違して、スケールが大きくプロポーションのよいルネサンス建築様式の棟部分があることが認められます。この部分は右から宮廷礼拝堂、ヴラジスラフ・ホール、ルドヴィク旧執務室棟のファサードであり、ベネディクト・リートによって行われました改築部分ですね。

そしてヴラジスラフ・ホールに足を踏み入れますと、向こう側正面に（東側）にルネサンス様式の格調高い開口と扉口があります。本来は外側に向かってつくるべきファサードを内部につくるルネサンス期の発想〝Facciata interna〟ですが、これがホールの空間を華やかに彩っています。この部分はリートによるものでなく、陛下の命でつくられたと伺っておりますが——。

ルドルフ二世　そうだ。

もともとはリートによる宮廷礼拝堂があったのだが、一五四一年の大火によって焼失してしまった。その後、宮廷礼拝堂は建て直されたが、ヴラジスラフ・ホール側の扉口が不十分であったので、私が命じてつくらせた。

建築家　その左手の奥（北側）の裁判所へと通じる扉の構成も興味深いですね。四五度の鋭角にねじられた四角い柱と、その内側にねじられた溝彫りが施された円柱が立っておりますが、コリント式の柱頭やその上のコーニスは紛れもない古典主義つまりルネサンス様式で荘重ですね。

ルドウィク翼のファサードもルネサンス様式ですが、そうしますと、ベネディクト・リートはドイツ、オーストリア、ボヘミアつまりアルプス北方の国々におけるゴティク様式からルネサンス様式へと移行する転換期の建築家であったのですね。従来、それらの国々におけるルネサンス様式の導入は十六世紀中頃とされてきましたが――。

ルドルフ二世　リートがルネサンス様式を導入したのだ。

ボヘミア王ヴラヂスラフ二世は一四九〇年にハンガリー王となった。そしてそれ以降は、ボヘミアを支配していた政治的・宗教的抗争を嫌い、ハンガリーに居を移し、プラハに住むことはごく稀だった。ヴラジスラフ二世王はハンガリー、ブダ（・ペスト）の王城を整備させたが、それらの城塞、城館の建設にあたったのがイタリア・ルネサンスの中心、フィレンツェから招かれた建築家たちであった。ボヘミア宮廷建築家としてのベネディクト・リートは、ヴラジスラフ二世王によってハンガリーに何回となく打ち合わせに呼ばれ、滞在した。

つまりボヘミアにおけるルネサンス様式の導入は、このリートによるハンガリーにおけるルネサンス建築との出会いと経験を中心として実現した。

それにしても、ヴラジスラフ・ホールのファサードや扉口において、すぐさま見事にそれを実現させたリートのルネサンス様式への傾倒は、ルネサンスがリートに与えた印象、その出会いの際の感銘の強さを物語る。

建築家　リートを中心として華やかに展開しましたこの時代のゴティク建築は、十四世紀のいわゆる「後期ゴティク」とも時代的にはるかに隔たっています。すでに十五世紀初めにルネサンスの建築空間思考がフィレンツェにおいて形成されたといいますから、イタリアではとうの昔にルネサンス時代ですね。

フィリッポ・ブルネレスキー（一三七七～一四四六）がフィレンツェのあの花の大聖堂サンタ・マリア・デル・フィオーレ教会のドームを完成させたのは一四三六年のことでありますし、アルベルティ（一四〇四～七二）がこれもフィレンツェにサンタ・マリア・ノヴェラの大理石の象嵌によるあの華麗なファサードを設計したのは一四五六年であります。リートのヴラジスラフ・ホールの完成は一五〇二年でありますが、奇しくもブラマンテ（一四四四～一五一四）のローマに建つテンピエット教会の完成年と符合します。

そんなことから、建築史家によりまして、リートを中心とするこの時代の建築には、ゴティク建築の歴史のなかで「特別な地位（ゾンダーゴティク）」が与えられています。それらがゴティクの精神を究極的の表象した見事な空間だからでもあります。


ルドルフ二世　ベネディクト・リートはその後ボヘミアの宮廷建築家としての地位にとどまり、プラハ城の一隅に与えられた住居に住みながらも、他のボヘミアのそして南ドイツの都市において、教会を完成させた。

ペーター・パルラーによって建設が始められながら（一三八八）中途で挫折したクトナー・ホラの聖バルバラ教会――この教会のリブヴォールト天井はヴラジスラフ・ホールにも劣らない見事なものだ――を、そのパルラーの精神と建築の伝統のうえに完成させた。

リートは南ドイツ、ラウンの聖ニコラウス教会の建設現場近くで一五三四年に倒れた。

建築家　ところで陛下がご存知ない後の時代の建築空間ですが、このリブヴォールト天井のリブと、そしてまた楕円形――陛下の宮廷数学官ヨハネス・ケプラーが、惑星の公転軌道は円ではなく楕円だという主張（一六〇九）をしましたその楕円形を手掛かりとしました見事な空間がプラハに実現しました。プラハ、マラー・ストラナの聖ニクラウス教会（一七〇二～一一）です。建築家はクリストフ・ディーンツェンホーファー（一六五五～一七二二）です。父子そして孫に至るまで才能豊かな建築家として南ドイツ、フランケン地方とボヘミアにおきまして活躍した有名な建築家一族の一人です。

ルネサンスにおいて好まれました円には一つの点を中心として静的な自己完結性があることに対しまして、楕円には二つの焦点がありますことから、軸が形成され、方向性を有します。

この方向性があることから、楕円空間は、キリスト教会の内部空間のあり方についての思考のなかで、従来の円形空間（ロトンダ）と教会本来の空間といってよいバシリカ（長堂式）の空間とコンプロミス、いわば妥協の空間として、十六世紀中頃、ローマにおいて成立しました。

つまりルネサンス時代におきまして古典精神への憧憬の反映として、円形教会が盛んにつくられましたが、こうした円形の空間は定まった方向性がないことから、教会の典礼が執り行われます主祭壇への集中性に乏しく、教会の空間としては最適な空間とはいえないことが認識され始めたからです。

あのローマのパンテオン（二世紀初め）は後にキリスト教会として機能させられる（八世紀）こととなりましたが、この空間を体験した人なら誰しも、なるほど、キリスト教的祈りの空間としてではなく、周壁のアプシスに神々を祀った本来の汎神的空間としてこそ相応しいと思うことでしょう。

そして大きな教会にはローマ十字型の長堂式が、小規模の教会には楕円の空間が、徐々に原型として定着していきました。

十六世紀末から十七世紀初めにかけて、ローマにおいてバロック建築が成立しましたが、建築たちはこの楕円を手掛かりとしました。そしてローマよりトリノ、そしてアルプス北方のオーストリア、南ドイツ、ボヘミアといった国々に長い年月をかけて伝播しましたが、興味深いことにその自然・精神風土と密接に連関しつつ、独自の展開を見せました。ルネサンスの「神の調和の世界」、均整、比例、明快な幾何学的秩序と結びつくそれ自体完全なフォルムとしての円と相違して、基本的に二つの円の組合せという幾何学的秩序のうえに成立するにもかかわらず、どちらかといいますと歪み（ドイツ語では楕円を歪んだ円ともいいます）、動き、不明快、あるいは感覚的といった概念により結びつくのが楕円の空間です。

アルプス北方の国々の建築家たちには楕円がよほど魅力的であったのでしょう。楕円を手掛かりにさまざまな空間を展開し、各地に華を咲かせました。

弟のヨハン・ディーンツェンホーファー（一六六三〜一七二六）の楕円空間もそうですが、兄のクリストフによるプラハの聖ニクラウス教会の複数の連続した楕円空間は、楕円の効果的、それもその効果を最大限にさせるあまり複雑に組み合わさったという意味で、いわば極限に達した例といえましょう。それは主祭壇に向かって楕円が幾重にも連続するだけではなく、それも平面形のみではなく、楕円のリブヴォールト天井が平面上の（床と壁柱とによって形成される）楕円と位相的にずれながら上下の空間が反響し合う、いわばシンコペーションするのです。

今日では、天井部分の楕円を形成するリブが取り払われてしまって——その痕跡は見られますもののーおりまして、たいへん残念ですが、弟のヨハンが兄のクリストフにならって南ドイツ、バンツの修道院付属教会（一七一〇〜一七一九）におきまして試みました天井と床の上下の楕円が位相的にずれ、シンコペーションして反響し合う力動的な見事な建築空間を今日でも見ることができます。

バルタザール・ノイマン（一六八七～一七五三）によるドイツ、ヴュルツブルクの宮廷教会やフィアツェーンハイリゲン（十四聖人）巡礼教会（一七四三～七二）、あるいはネーレスハイムの僧院教会のこれも床と天井の楕円がシンコペーションする空間を見ますと、ノイマンがディーツェンホーファー兄弟に学んだことは確実ですが、いずれにせよ、楕円空間への偏愛とともにペーター・パルラーとベネディクト・リートによるリブヴォールト天井の見事なゴティク空間がなければ、ディーンツェンホーファー、ノイマンらの建築空間はとうてい考えられません。

学芸の庇護者マエケナスとしてのルドルフ二世

建築家　陛下、学問・芸術を庇護する人を「マエケナス（ドイツ語：Mäzen メーツェン、英語：Maecenas ミシーナス、フランス語：mecène メセン、また学問・芸術の庇護を一般に mecènat メセナという）」という場合がありますが、どういうことでしょうか。

ルドルフ二世　それは古代ローマの政治家ガイウス・マエケナス（前七四～八）に因む。マエケナスはエトルリア王家の末裔ともいわれ、オクタウィアヌスが皇帝となった頃知り合い、信頼を得、最も親しい側近として、内政・外交において活躍した人物だ。そしてウェルギリウス（前七〇～一九）、ホラティウス（前六五～八）、それとプロペルティウス（前五〇～一五）、ウァレリウス・フラックスなどの詩人、文人を物心両面から援助し、こうした文人たちはマエケナスの下に集まり、文人サークルを形成した。

建築家　古代ローマでは元老院階級や騎士階級の権力や財力を有したパトロヌス（庇護者）に、多くの市民クリエンス（被護者）が、毎朝、伺候する、表敬訪問する習慣があったと聞いております。文人たちを援助・庇護する財力豊かなマエケナスのようなパトロヌスがおりましたのも、階級制度がはっきりしたそうしたローマの社会が背景としてあったといえますでしょうか。

ルドルフ二世　そういえるであろう。ただ権力と財力があるだけでなく、マエケナスやメッサラ（前六四〜後八）のように自ら詩作したり、歴史、哲学などを学んだ教養豊かでなくては、文人たちの庇護者にはならないだろう。

建築家　マエケナスという人はオッピウスの丘に大きな庭園と宏壮な邸宅を構え、たいへん富裕であったようですね。アウグストゥス帝は病を得たときは、この大庭園のなかにある静かなマエケナスの邸宅にて静養しましたし、また皇帝ネロもローマ大火の折（後六四）、マエケナスの庭園の塔からローマの街が燃えるのを眺め、詠ったといわれます。

ルドルフ二世　マエケナスは文人たちを援助したといったが、たとえば、詩人ホラティウスにティブル近くのサビーニ山中に二四部屋もある大きな別荘を与えたことが知られている。

また、詩人たちが詩や物語を書き終えたら、発表のための朗読の場所——古代ローマでは朗読によって発表した——を提供したのであろう。ホールなどの発表の場を借りて、椅子などを整えるには、たいへんな費用がかかったからだ。

庇護する人によって相違するであろうが、アウグストゥス帝の側近アグリッパが自分の討征を讃える詩をつくるようホラティウスに依頼したというが、文人の庇護にはそうした背景もあった。

そなたも知っているであろうが、一世紀後半のローマの諷刺詩人マルティアリス（後四〇〜一〇四）は「マエケナスのような人がいれば、ホラティウスのような詩人にことかくまい。君の田舎からでもウェルギリウスが輩出するだろう」（高橋・藤井訳『エピグラム集八‐五六』）と詠っている。

古代ローマで代表的な詩人ウェルギリスとホラティウスが登場するこのマルティアリスの言もひとつ

の契機となったのであろう、ルネサンスの人文主義者たちは芸術と学問の庇護のモデルをマエケナスに見いだした――むろん古代ローマでは文芸庇護に限られてはいたが。

建築家　それで学芸の庇護者を「マエケナス」とよぶようになったのですね。ルネサンス以降、特に学芸を庇護するパトロンを「マエケナス」と讃えましたが、それがほめことばとして決まり文句となったのですね。

ところで陛下、皇帝カール五世の肖像をヴェネツィアの画家ティツィアーノが描いていましたとき、ティツィアーノはどうしたことか絵筆を床に落としてしまいました。それを見た皇帝は床に落ちた絵筆をティツィアーノに拾い上げてやりました――こうした話が知られておりますが、真実の話なのでしょうか。

ルドルフ二世　私にはわからない。たぶん、作り話ではなかろうか。

建築家　マントヴァにてティツィアーノが描きましたゴンザーガ侯フェデリコの肖像画を見た皇帝カール五世はひと目で気に入り、ゴンザーガ侯の紹介でパルマにおいてティツィアーノを引見し（一五二九）、肖像画を描かせました。

その最初の肖像画の行方はいまだわかっておりませんが、一五三三年にボローニアで描かれたとされます、大きな犬を連れました堂々たる皇帝の立像が今日でも見ることができます（プラド美術館蔵）。

その後も、旅嫌いでヴェネツィアを出ることを渋るティツィアーノを説き伏せて、南ドイツの、帝国議会が開催されておりますアウグスブルクに二度呼び寄せ（一五四八、一五五〇）、騎馬像や座像など肖像画を描かせるなどしました。皇帝カール五世にはティツィアーノによる肖像画が多くあります。

皇帝カール五世は画家ティツィアーノをおおいに気に召され、古代アレクサンドロス大王がお気に入りの画家アペレスにしか自分の肖像を描かせなかったという故事に因みまして、自分の肖像画はティツィアーノにしか描かせなかった、といわれます。皇帝はティツィアーノを「現代のアペレス」だと高く称賛し、宮中伯に叙任しました。

ヴェネツィアの画家で宮中伯に叙されましたのは、皇帝マクシミリアン一世の父、フリードリヒ三世皇帝によるジェンティレ・ベリーニ（一四二〇〜一五〇二）以来、二人目ですね。

この画家ジェンティレ・ベリーニはオスマン帝国皇帝メフメット二世に請われて、ヴェネツィア共和国のガレー船に乗ってイスタンブルに赴き、皇帝の肖像画（今日、ロンドン、ナショナルギャラリー蔵）を描きました――イスラム教で偶像崇拝が禁じられておりますのに、なんとも不思議なことですが――ヴェネツィア派画家による後のシュレイマン大帝の肖像画も知られております――。皇帝メフメット二世はたいへんよろこび、ジェンティレ・ベリーニが帰国する際、豪華な首飾りと騎士の称号を与えた（ジョルジョ・ヴァザーリ）という逸話が知られております。

ルドルフ二世　（……沈黙……）

建築家　そして神聖ローマ皇帝、スペイン王を辞されてユステの修道院に引き籠られました折、修道院に持っていかれました絵画の多くは、ティツィアーノが描いた絵画です。

マエケナスとしての皇帝カール五世は、自分の肖像を描かせること、宮廷伯に叙すること、芸術家に作品を注文すること、芸術作品を収集することだといえましょうか――ティツィアーノが床に落としてしまいました絵筆を皇帝は拾い上げてやりましたが。

ルドルフ二世　マエケナスとしてそれで十分ではあるまいか。

建築家　そのとおりです。

ですが、古代ローマのマエケナスがホラティウスに別荘を与え、面倒を見ましたように、陛下はもっと気遣いがこもった庇護のされ方をされました。

天文学者ティコ・ブラーエが宮廷数学官として陛下のプラハの宮廷に招かれました（一五九九）折には、天体観測のためにプラハ郊外の三つの城をティコ・ブラーエに示し、そのいずれか一つの城を選択するよう命じました。そしてブラーエはベナテク城を天体観測の地としました。

また画家のスプランゲルには裕福な妻を見つけてやりました。そしてスプランゲルの家には、芸術家仲間が集いまして美術論議がたたかわされたことが知られております。

そしてプラハにペストが蔓延し始めたときには、ペストを避け、デンマークの貴族の出で、黄金の鼻をもつ天文学者ティコ・ブラーエとともにエルベ河畔の陛下の別荘でありますブランダイス城に向かい、そこで過ごされたことが知られております。

ルドルフ二世　ティコ・ブラーエとは、日中、庭園を散策し、夜になると二人で夜空に輝く無数の星を眺めた。ティコ・ブラーエはそれまでデンマークのヴェン島において、大掛かりな観測機器を用いて行った天体観測によって、八八八個の恒星の位置を精確に決めた方法などを私に説明したり、また占星術について語り合った。また、私の気分がすぐれないときなどにはエリキサー（霊薬）を調剤してくれた。それは私の生涯において最も愉しい時でもあった。だが残念なことに、ティコ・ブラーエはそれから間もなくして、急に病を得て死去してしまった。この稀有な天才を失った私の悲しみはなかなか消えなかった。

建築家　ところで南ドイツのテューービンゲン大学を卒業してオーストリア、グラーツ大学へ数学教授として招かれましたヨハネス・ケプラー（一五七一～一六三〇）ですが、プロテスタントの弾圧色が強いグラーツを逃れるように、ティコ・ブラーエの招きに応じて、プラハ郊外のベナテク城のブラーエの天体観測所に赴きました（一六〇〇）。

ティコ・ブラーエの助手として働くこととなりましたケプラーは、ティコ・ブラーエの指示に従って火星の軌道研究に取り組みます。死去したブラーエ（一六〇一）の後を継いで宮廷数学官に任ぜられ、ブラーエが遺した正確無比な天文観測データを駆使して、ケプラーは研究に没頭します。

そしてその八年後、「惑星は太陽の周りを円ではなく、楕円軌道を描き運行し、その楕円の一方の焦点に太陽が位置している」など惑星に関する二つの法則を発見し、それを著書『新天文学』において発表し（一六〇九）、陛下に献上します。

その著書の目次の前文には「ティコ・ブラーエ氏の観測結果から、火星の運動の考究により得られた因果律もしくは天界の物理学にもとづく天文学（小尾・木村訳）」と、ティコ・ブラーエの観測データなしには、ケプラーの発見はなかったと明記しております。

陛下の宮廷数学官、天文学者としてのケプラーの発見は、歴史的にも画期的なものでありまして、陛下と陛下の宮廷の名声をいっそう高めるものでした。

ルドルフ二世　ネーデルラントの眼鏡屋によって発明され（一六〇八）、イタリアでガリレオ・ガリレイなどによって改良された望遠鏡により、天体観測に長足の進歩がもたらされた。

私も占星術や天文学に子供の頃から興味を抱いていたから、それを聞いた私は、早速、望遠鏡をヴェネツィアから取り寄せさせた。

ガリレオが望遠鏡による天体観測で得た知見をもとに著した『星界からの報告』（一六一〇）をガリレオは私に献上したが、私は望遠鏡とともにその著書をケプラーに貸し与えた。ケプラーが是非とも望遠鏡を覗いて木星を観察したい、そしてガリレオの著書を読みたいというのを、私は側近から聞いていたからである。

建築家　ケプラーはその望遠鏡をもとに「天体望遠鏡」とよべるものに改良しております。ケプラーは陛下の治世が終わります一六一二年まで、ずっと陛下の宮廷数学官として仕えておりますが、ケプラーの大きな業績のひとつでありますす『ルドルフ表』を後に完成させ、出版しました（一五二七）。

マエケナスとしての陛下を讃え、感謝の意を表しまして陛下のお名前をとりました『ルドルフ表』は、恒星や惑星の位置を算出できる図表や計算式、それにティコ・ブラーエが位置を決定した八八八個に加えて、ケプラーが追加した合計一、〇〇五個の恒星、等々が総覧できるもので、十七世紀には天文学者や船乗りたちにとっては必要欠くべからずのものでした。

また、画家ジュゼッペ・アルチンボルドが六〇歳の高齢となり、故郷ミラノへの帰国の赦しを陛下に請いますと、陛下はこころよくこれを赦し、アルチンボルドの長年の――フェルディナント一世帝、マクシミリアン二世帝、それに陛下と三代の皇帝に仕え宮中伯と叙しておりました（一五八〇）――功労に報いるため一五五〇グルデンの報奨金をお与えになりました（一五八七）。こうした気遣いは「真のマエケナス」であると思います。

アルチンボルドは陛下のそうしたお心に応えて、プラハを去った後、ミラノから『花』と陛下の肖像画『ウェルトゥムヌス』を献上しております。

芸術家とその芸術を理解し、いろいろな面で支援、庇護するマエケナスに、これ以上求めることができない関係かと思います。

ルドルフ二世　アルチンボルドは私の父マクシミリアン帝と同年（一五二七年生まれ）であり、私にとっては父親のような存在でもあった。私が最も信頼した人物の一人だ。

建築家　学芸のマエケナスとしての陛下の特徴的なことは、これまでお話をお伺いしましたことと同時に、芸術家たちが陛下のまわりに——宮廷あるいはプラハ城外に仕事場をもち、陛下が作品を制作させる——陛下は毎日のようにアトリエにお顔をお出しになり、時には陛下ご自身がスケッチをしてご指示されることもある。そしてある種の芸術家サークルが形成されて、そこで制作された作品が陛下の芸術コレクションの大部分を占める、ということですね。

たとえば、クロアチア、シセクの城塞をめぐるオスマン・トルコとの戦いを題材にハンス・フォン・アーヘンが興味深い寓意画を描きました。その油彩画のための下絵としての素描が今日残されて見ることができますが、その素描の一部に新しい紙片が貼り付けられております。城塞らしい走り書きのスケッチのようですが、それは——以前、陛下がお話されたように——陛下のスケッチでして、ハンス・フォン・アーヘンに「シセクの城塞を克明に描け」として「シセクを取り囲む山々の輪郭をもっとはっきり描け」と指示されたものです。

このように画家や彫刻家をはじめ金細工師たちの素案・素描を陛下は芸術家とともに検討し、時にはご自身がスケッチをして指示されていたわけですね。

アーヘンはシセクをはじめエスラルゴム、ラープなど城塞をめぐるオスマン・トルコ戦争の題材にいくつかの寓意画を描きましたが、これら寓意画——アレゴリカルに描かれておりますから、何を象徴するか絵解きのようでたいへん興味ある画です——は、他の宮廷画家たちに大きな刺激を与え、それらをモチーフに素描や絵画、レリーフに描きました。題材や表現の仕方を議論し、刺激し合う芸術家サークルです。

そして陛下はこうした芸術家サークル（の仕事）を、伝統的な他の同業者組合ギルドの制約から解放し、保護する勅許状を発布されました。

単に芸術作品を購入・収集するマエケナスとは大きく異なる点であると思います。

皇帝マクシミリアン一世、ルドルフ二世そしてデューラー

「自分の生きている間に自分のメモリアル（記憶、名声）をつくらねば、死後にはメモリアルは残ることなく、葬儀とともに忘れ去られてしまう。」

これは皇帝マクシミリアン一世が自伝において語った言葉ですが、自分のメモリアルを後世に残すという視点から統治し、またその治績を後世に残すために学問、芸術を、そして芸術家・学者を援助・援用したのでしょう。

ルドルフ二世　マエケナスとしての皇帝マクシミリアン一世はたいへん目的意識があったといえよう。

建築家　皇帝マクシミリアン一世は学識が高く、芸術を愛好し、造詣が深い皇帝でした。そして戦術の腕はむろんのこと、釣り、料理、考古学、それに美術批評、音楽、詩、また兵器、印刷術、採鉱それに流行服のデザイン等々と広い分野に興味を示し、それも専門家はだしの見識と技量をもったディレッタントであった（パノフスキー）ようですね。

そして皇帝マクシミリアン一世は、ご自身の先祖はエジプトの神オシリスとそしてヘラクレスに遡ると言われ、宮廷歴史編纂学者にハプスブルク家の系図をそのように整えるよう命じられております。

ルドルフ二世　マクシミリアン一世帝は自分の皇帝としての業績を後世に残し、またハプスブルク家が古代以前に遡り、古代ローマ皇帝を継承する正統性を示そうとしたのであろう。

建築家　皇帝マクシミリアン一世はそうしたことを表わす芸術を企図しました。ご自分の葬儀の葬列、それに木版画『皇帝の凱旋―凱旋門と凱旋車』などがそうですが、一五一二年冬、ニュルンベルクを訪

れました皇帝は、この市に住む画家アルブレヒト・デューラーを引見され、これらの仕事への参加を要請されました。

皇帝マクシミリアン一世とデューラー、この二人が会ったのはこれが初めてのようですね。

ルドルフ二世　そのようだな。

建築家　陛下はデューラーの絵がたいへんお好きで、だいぶ収集されました。

陛下がデューラーの絵を多く収集することができましたのには、陛下の宮廷画家ハンス・ホフマン（一五三〇～一五九一）の助言もあったからだと聞いておりますが。

ホフマンは『森の中の兎』の絵（一五八五）で知られております。森の樹々や植物、昆虫などと一緒に可愛らしい兎を克明に描いておりして、自然観察し克明に、しかし生き生きと描く態度という点では、ホフナーゲルなどの他の宮廷画家と共通しております。陛下の趣向も大きく反映されているのではないでしょうか。

ルドルフ二世　ハンス・ホフマンはニュルンベルク出身の画家で、デューラーの絵に心酔したのであろう、若い頃はデューラーの絵、素描、水彩画、油彩画をことごとく模写した。

そしてデューラーの長年の友人であり助言者であった人文主義者、ニュルンベルク市参事会顧問官ヴィリバルト・ピルクハイマーによるデューラーのコレクションを相続したイムホフとその後継者が、そのコレクションを売却したいことをホフマンは知り、宮廷を通じて私に知らせた。

それでピルクハイマーによるデューラーのコレクションの大部分を購入することができたのだ（一五八五）。デューラーの絵の模写で腕を上げたのだろう、その後、独立した画家となり、私の宮廷の仕事をするようになった。

建築家　ところでデューラーの絵の収集にたいへん熱心でありました陛下が、デューラーがヴェネツィアのドイツ人商人たちの注文で描きました『ばら冠の祝祭』（一五〇六、聖バルトロメオ教会の祭壇画）を購入し得るという知らせを聞かれ、絵画が取り除かれる空白部分に描く画家を手配し、早速『ばら冠の祝祭』画をプラハ城へ厳重な監視のもとに、送付するよう命じました。

　このデューラーによる傑作のひとつ『ばら冠の祝祭』画を途中なんの損傷なく運搬させるため用心に用心を重ね、(A)木綿綿で何重にも包み、次にそれを（B)じゅうたんでくるみ、またそれを（C)防水のための蝋引き布で何重にも包み込む、このように厳重に包装したうえで、棒に括り付けられました。この大きな絵画（一六二×一九五センチメートル）を屈強な兵士たちが担いで、ヴェネツィアからアルプスを越えてプラハまで運ばせた——という逸話が残されております。


　城内で荷作りを解き、このデューラーの傑作を陛下がご覧になりましたときの陛下のお喜びの様子が想像されますが、ひとつ陛下にお聞きしたいことがあります。

『ばら冠の祝祭』画では中央に聖母子、左に聖職者たちを従えた金襴の法衣をまとった教皇、右に民衆を率いた豪奢なビロードのマントに身を包んだ皇帝マクシミリアン一世が描かれ、ひざまずき、両手を合わせる皇帝に、聖母マリアがばらの花冠を授けております。皇帝マクシミリアン一世の横顔が描かれておりますが、デューラーはこの絵を一五〇六年に描き、皇帝マクシミリアン一世に初めて引見されたのは一五一二年の二月ですから、デューラーは皇帝の御姿をまだ見ておりません。ではデューラーは皇帝の横顔をどのように描いたのでしょうか。

ルドルフ二世　マクシミリアン一世帝はイタリア、ミラノのスフォルツァ家の娘ビアンカと一四九四年に再婚している。その婚儀の模様をイタリアの画家が描いたが、デューラーはその画家による絵を参考にしてマクシミリアン一世帝を描いたと思われる。

そなたも知っていると思うが、マクシミリアン一世帝は一四七七年にブルゴーニュ公国のカール豪胆公の息女マリーと結婚したが、その五年後にマリーは狩猟中、落馬事故で逝去してしまった。

建築家　ところでインスブルックの宮廷教会内中央に安置されております皇帝マクシミリアン一世の墓所上に、両手を合わせて、ひざまずかれておられる皇帝のお姿は、デューラーが描きました『ばら冠の祝祭』画中の、これもひざまずかれて聖母マリアからばら冠を授けられるマクシミリアン一世帝とよく似ております。これは彫刻家アレクサンダー・コーリンの作ですが、コーリンはデューラーの『ばら冠の祝祭』画を参考にして、ひざまずくマクシミリアン一世帝像をつくったのではないかと私は思います。

さて一五一二年冬、ニュルンベルクにてデューラーを引見した皇帝マクシミリアン一世は、構想を練っているご自分の葬儀の葬列者である等身大の青銅立像の一部の素描を描くようデューラーに依頼しました。

ルドルフ二世　マクシミリアン一世帝はご自分の父母、二人の妻、妹、娘をはじめとするハプスブルク家親族とエルサレムを占領した第一回十字軍の指揮者ゴットフリート・フォン・ブイヨン（一〇六〇～一一〇〇）やイギリスの伝説のアーサー王をはじめ、自分が範とする英雄たち、合わせて八体の青銅立像を自ら構想したが、デューラーに依頼したのは六世紀のイギリスのアーサー王とゴート族テオドリヒ王、それに十三世紀のハプスブルクのルドルフ一世の父、ドイツ国王アルブレヒト伯の三体だ。

建築家　ミュンヘンの画家ギルク・ゼッセルシュライバーを宮廷画家として招いた皇帝マクシミリアン一世は、このゼッセルシュライバーの素描に従って、一五〇二年より次々と青銅立像を制作させております。

デューラーの素描に従って、アーサー王とテオドリヒ王の立像はニュルンベルクの鋳造師ペーター・フィッシャーによって鋳造された（一五一三）ことが知られております。

皇帝マクシミリアン一世はこれらの青銅立像群をいったい何処にどのように設置するか決めないまま、ウィーンへの旅の途上、ウェルスにて崩御されてしまいました（一五一九）。

そのため皇帝マクシミリアン一世の御孫でありますフェルディナント一世が宮廷教会の建立（一五五三～六三）を命じ、その後、中央に白い大理石による墓所が設置され――皇帝マクシミリアン一世のご遺骸は、実際は生まれ故郷のウィーナーノイシュタットの城の宮廷教会に安置されております――、二八体の青銅立像は葬送の行列のごとく、その墓所の左右に立ち並んでおります。

墓所の上にひざまずく皇帝マクシミリアン一世の青銅像は、陛下の命によってアレクサンダー・コーリンの素描に従って、一五八四年に鋳造されました。

一五一二年冬、皇帝マクシミリアン一世がデューラーを引見し、ご自分が企図している芸術作品としてもうひとつの仕事を依頼します。それは『皇帝の凱旋―凱旋門と凱旋車』ですね。どれも木版画です。皇帝マクシミリアン一世は、ほんとうは建造物としての凱旋門を実現したかったのではないでしょうか。ご自分の名声とハプスブルク家の栄光を後世に残すために――。

ルドルフ二世　できればそうしたかったかも知れぬ。だがフランス国境やイタリアにおいて戦いに戦いを続けた皇帝であるから、財政は逼迫していて、そうしたものを建造する金銭的余裕はなかった。

ただ皇帝が、ご自分の業績とハプスブルク家の古代からの統治の正統性を広く知らしめるという意図は、木版画でも十分満たされるのではないか。

建築家　陛下の皇帝軍が、ドナウ河畔のラープ城塞をオスマン・トルコ軍から奪還したときには、ドイツ語をはじめフランス語、イタリア語、チェコ語など各国語でその模様が書かれましたパンフレットが大量に流布されました。これを見て国を越えた民衆全体が歓喜したことが知られております。

皇帝マクシミリアン一世の意図することが木版画によって広く知られるということですね。

木版画『皇帝の凱旋』のうち凱旋門——古代ローマ帝国におきまして、外国で勝利を収めた将軍がローマに凱旋し、凱旋門を建造するのは元老院の決議がある場合に限るのでして、ですから元老院の決議なく、単に勝利の凱旋する場合の門は凱旋門でなく、「記念門」です。ですから皇帝マクシミリアン一世の凱旋門は厳密にいいますと勝利の記念門というべきかと思われます——は皇帝マクシミリアン一世が自ら構想し素案をつくり、皇帝の歴史編纂官ヨハネス・スタビウスがそれに手を加え、皇帝はデューラーに版木制作のための素描を依頼しました。デューラーは、人文主義者であり学識の高い友人のピルクハイマーに助言を受けながら、工房の弟子たちの手を借りて下絵図を完成したのですね（一五一五）。

一九二個の別々の版木に描き、それらを合わせ、解説文を加えて印刷するものでして、全体で三〇五×二八五センチメートルもの大きな木版画です。

凱旋門は三通路式でして、中央の通路上部を焦点としてパースペクティブに描かれ、それは壮大華麗な空想上の凱旋門ですね。

そこには皇帝マクシミリアン一世の構想に従って、皇帝の家族像、結婚式、政治的事件、数々の戦いでの勝利等々、皇帝の業績・治績を物語る実に多くの場面が描き尽くされております。また中央通路上部には皇帝の家系図が、そして勝利の女神たちによって礼拝され玉座につく皇帝マクシミリアン一世が描かれております。

寓意と象徴に満ちたこの図像学的凱旋門図は絵画のように鑑賞するものではありません。書物のように読み、暗号文のように解読して愉しむべきもの（パノフスキー）のようです。

そして皇帝自ら語られましたように、死後にも忘れ去られないように、デューラーという芸術家の手を借りて、この凱旋門図という特異な芸術作品を皇帝のメモリアル（名声）としてつくり、そしてハプスブルク家の栄光を讃えたのです。

皇帝の凱旋門——凱旋門と凱旋行列（部分）は、一五一七年までには版木彫りも完成しましたが、その刊行を待たずに皇帝マクシミリアン一世は崩御されてしまいました（一五一九）。

ところで皇帝マクシミリアン一世の崩御の翌年（一五二〇年七月）、五〇歳のデューラーが妻と侍女を伴って翌年七月まで一年間にわたりネーデルラントに旅をしたことが知られております。

ルドルフ二世　皇帝の凱旋図その他の制作に三年ほど費やしたデューラーは、年金一〇〇グルデンの報酬を皇帝マクシミリアン一世に請願した。ところがそれを支払う金銭的余裕がない（皇帝私庫にも国庫にも）皇帝は、デューラーが住まうニュルンベルク市の市長ならびに市参事会宛に特権状を発布し（一五一五年九月六日）、ニュルンベルク市が国庫に納めるべき税金から差し引いて年金一〇〇グルデンをデューラーに支払うべし、と命じた。

二年ほどその年金をデューラーは受領したのだが、皇帝マクシミリアン一世は崩御され、年金支給が途絶えてしまった。これに頭を痛めたデューラーは新皇帝カール五世に年金継続を請願すべくネーデルラントに旅立った——これがネーデルラントへの旅行の目的であった。

建築家　デューラーが遺しました日記、書簡、メモなどを含む著作集から、このネーデルラントへの旅に関する日記をまとめた『ネーデルラント旅日記』と題する本が二〇世紀になりまして刊行されました。

その日その日の出来事、支払いを丹念に書き付けた旅のメモ・日記ですが、大画家と知られるようになりましたデューラーが各地で歓待され、また持参しました版画などを贈ったり、あるいは請われて素描を描くなどして喜ばれる様子が伺われ、たいへん興味深いものです。

アーヘンにてカール五世の戴冠式をすなわち「私はこの世に生きる何人もこれよりさらに壮麗なものを見たことがない盛儀の一切を目にした（一五二〇年十月二三日　前川誠郎訳）」ものの、むろん、新皇帝に謁見して、前帝マクシミリアン一世が約束されました年金支給継続の請願をすべくもなかったのです。新皇帝カール五世を幼少より育てました叔母で前帝マクシミリアン一世の娘、ネーデルラント総督マルガレーテをデューラーはメーヘルンの宮廷に訪れました。マルガレーテは以前に、その件に関してデューラーの後押しをすることをデューラーに告げていたのです（一五二〇年八月二七日）。

多くの貴重な美術品のコレクターとして知られ、イタリア人宮廷画家やドイツ出身の宮廷彫刻家を抱え、文人・芸術家が集まるサークルの主宰者であり、マエケナスと知られます総督マルガレーテから、デューラーへの年金支払継続の約束を取り付けることができました――後日、皇帝の確認書（一五二〇年十一月十四日）を得ました。

デューラー一行は一年間にわたるネーデルラント旅行を終え、旅の主たる目的でありました年金支払の継続の確認を手にしましたが、そのとおり一〇〇グルテンの年金は、翌一五二一年からデューラーの死去（一五二八）に至るまで支払われ続けられました。


「ルドルフのルネサンス」――ヨーロッパ文化の一大中心地プラハ

建築家　皇帝ボヘミア王カレル四世はプラハに定住し、プラハを首都と定め、都市の拡張・整備を進めるとともに、大司教区とし、父ヨハン王とともにプラハ城の聖ヴィート大聖堂の建造を始めました。大学を創設し、学問とそして芸術を奨励し庇護するマエケナスでもありました。

　このカレル四世帝の治世以降十五世紀初頭まで、経済的・文化的に繁栄しましたプラハはヨーロッパにおけるひとつの文化の中心地であったのですね。

　ところがフス派戦争（一四二〇～三四）の勃発により、ボヘミア王国と首都プラハは経済的・文化的に停滞し、ヨーロッパにおいて後進国として取り残されることになってしまいました。

　皇帝ジクムントのヤン・フスへの裏切り行為――神学者、宗教改革者フスがコンスタンツの公会議に召喚される際、皇帝ジクムントは、通交の自由と安全を保障する護送状を与えたのです。フスは皇帝ジクムントを信じて公会議に出席しようとしましたが、フスは捕らえられ、公会議にて審問に付され、自説の撤回を迫られたにも拘らず、断固として拒否し続けるフスは異端とされ、翌年、焚刑に処せられます（一四一五）。そしてこれに対するチェコの民衆の怒りは暴動にまで発展します。――この皇帝ジクムントのフスへの裏切り行為は、後世に影響を及ぼす大きな意味を有することであったのですね。

ルドルフ二世　フスのローマカトリックへの反抗は、チェコの民衆の心を体現するものであったのだな。

建築家　そして陛下が宮廷をウィーンからプラハに移されて（一五八三）以来、学者や芸術家たちがプラハに集まり、プラハはふたたびヨーロッパにおける文化の一大中心地となりました。

　陛下のお父上マクシミリアン二世帝はルネサンス人文主義の再興に尽くされましたが、陛下はプラハにおきまして、お父上の意思を継がれるように人文主義の再興に意を注いだのですね。チェコにおける人文主義は最盛し、後世の人々はこれを陛下の業績と讃えまして「ルドルフのルネサンス」とも表現しております。

陛下のプラハの宮廷はヨーロッパ各地から学者や芸術家、それに魔術師たちが集まってきました。それもカトリック信者、プロテスタント信奉者を問わず——。

ルドルフ二世　人がカトリックだ、プロテスタントだといい、また宗派間の争いをするのは無意味なことだ。父マクシミリアン帝は「私はカトリックでも、プロテスタントでもない、一キリスト教徒だ」と言われていたが、私も同じだ。私の父マクシミリアン帝も私も、少年時代、勉学のためスペイン宮廷に送られたが、そのひとつの理由は私たちが厚いカトリック信奉者となることであった。だがトレドやマドリードにおける異端審問の場に立ち会わされ、同じキリスト教徒である者が、異宗派のものを残忍極まりない拷問にかけ、改宗を迫るのを目前にして、愕然とした。

父も私もカトリック信仰にかたまるどころか、二つの宗派間の争いを冷ややかに見るようになった。キリスト教世界を束ねる神聖ローマ皇帝として、政治的立場上、表面的にはカトリックに肩をもつことはあるが——。

建築家　陛下のプラハの宮廷にヨーロッパ各地から多くのカトリックの、そしてプロテスタントの学者、芸術家それに魔術師たちが集まって来まして、コスモポリタン的国際的都市の様相を呈しましたのは、陛下がカトリック、プロテスタントを問わない宗派に寛容であったからですね。そして陛下はユダヤ人にもたいへん寛容であられました——陛下がお話くださいましたユダヤ律法師であるラビ、レーウ師との出会いの逸話によりまして、その一端を知ることができます。

陛下の宮廷で働く芸術家たちの主たる人（ほんの一部ですが）たちの出身地をあげますと、

イタリア：
ジュゼッペ・アルチンボルド（画家、ミラノ）
オッタヴィオ・ストラーダ（エンブレムに秀でた古美術専門家、マントヴァ）
カストルッチ一族（モザイク画、ヴェネツィア）
ミゼローニ一族（宝石細工、ミラノ）
アントニオ・アボンディオ（メダル制作、リヴァ）
ネーデルラント：
バルトロメウス・スプランゲル（画家、アントウェルペン）
ハンス・デ・モント（彫刻家、ゲント）
アドリアン・デ・フリース（彫刻家、ハーグ）
ヨリス・ヘフナーゲル（画家、アントウェルペン）
ピーター・ステーフェンス（画家、メーヘルン）
ルーラント・サフェリ（画家、コルトリク）
ヤン・フェルメイエン（金細工師、ブリュッセル）
パウルス・フィアーネン（金工師、ユトレヒト）
ディルク・クワード・ファン・ラーフェステイン（画家、？）
ヨドクス・ア・ヴィンゲ（画家、ブリュッセル）
エギディウス・サデラー（銅板画家、？）
ドイツ：
ハンス・フォン・アーヘン（画家、ケルン）

アントン・シュヴァインベルガー（金細工師、アウグスブルク）
カスパー・レーマン（ガラス細工師、？）
マテウス・グンデラハ（画家、カッセル）
ニコラウス・プファフ（彫刻家、ニュルンベルク）
クリストフ・マルグラフ（時計職人、アウグスブルク）
クリストフ・ヤムニッツァー（金細工師、ニュルンベルク）
ハンス・ホフマン（画家、ニュルンベルク）

スイス：
ヨゼフ・ハインツ（画家、バーゼル）
ヨスト・ビュルギ（時計職人、リヒテンシュタイク）

その他：
マルティノ・ロタ（画家、ハンガリー）
ゲオルク・ボチカイ（画家、クロアチア）　等々

これを見ますと、ほんとうにヨーロッパ各地から集まってきたことがわかりますね。そして目立ちますのはネーデルラント出身の芸術家が多いことです。ネーデルラントから直接プラハの宮廷に赴いた者、ドイツのミュンヘン、アウグスブルク経由の者もいるのですが、イタリアで修業しプラハの宮廷に来た者が多いようです。たとえば、これもネーデルラント出身ですが、イタリア、フィレンツェにて名を成した彫刻家ジャンボローニア――陛下はこの彫刻家の作品を気に入られ、いくつか購入され、本人をプラハに招聘しようとされたのですが、フィレンツェの宮廷が彼を手放すことを嫌がり、結局フィレンツェにとどまり、仕事をしたことが知られております――のもとで修業し、ウィーンを経てプラハの宮廷に来た画家スプラ

ンゲルや彫刻家ハンス・デ・モントのように――。また工芸品を制作する芸術家、職人――金細工師、宝石細工師、ガラス細工師、モザイク画家、メダル職人等々――の名が多いことがわかります。

陛下が金細工師フェルメイエンに作らせました王冠と関連してお話をお伺いしましたように、工芸品の、その洗練されたデザイン、精巧なものを作り上げる高い技術、質の高さには目を見張りますね。陛下が収集されました古代ローマ時代、初代皇帝アウグストゥスが刻まれておりますカメオの名品などの存在が、プラハの宮廷における工芸品の質の高さと関連するのではないでしょうか。

ルドルフ二世　それは当然だ。私たちは皆集まって、たとえばそなたが、いま言った戦いに勝利して帰還したティベリウスを初代皇帝が迎える場面が彫られた貴石のカメオを一人一人手にとって観察する。材質、研磨の道具、そしてその方法、精巧な刻印の仕方を各人述べ、そして皆で検討する。そうした逸品の存在が宮廷工芸芸術家たちの励みになるのは確かだ――。

建築家　チェコで産出されました貴石・貴金属を利用して陛下の王冠をはじめ工芸品を制作されましたが、陛下のもとにはそうした貴石・貴金属を含む鉱脈を探りあてるアンセルム・ボエティウスなどの鉱物学者がいたのですね。この鉱物学者は宮廷侍医でもありました。

また、宝石・貴石を利用するだけでなく、金細工師シュヴァイベルガー制作のセーシェル諸島産の椰子の実を利用した水差しや、フェルメイエン制作の牛黄（ごおう）を利用したボール等々の名品があります。本来、ヴンダカンマー（不思議な、驚異の部屋）の棚に陳列すべき、博物学的興味をそそる自然の驚異あるいは珍品を日常の用のための器とするそのアイデア、それを芸術品にまで高めた技術とセンスには驚かされます。

いかさま魔術師、錬金術師たちがプラハに押し寄せる――多くは奴隷としてヴェネツィアに送られ、ガレー船の漕ぎ手となる

建築家　プラハの陛下の宮廷には、ヨーロッパ中から学者や芸術家だけでなく、魔術師や錬金術師たちが集まってきました。

魔術を使う者につきましては、以前に陛下が、金羊毛皮を得るべくイアソンが英雄たちを募ってアルゴ船に乗り、黒海のキルギスに着き、その地の魔術に精通した王女メディアの魔術によって助けられ、イアソンは首尾よく金羊毛皮を手に入れることができたことなどをお話くださいました。

太古の昔から、さまざまに魔術はこのように伝えられてきましたが、陛下が直接ご自身で魔術師が魔術を施すのをご覧になられて衝撃を受けられましたのは、お父上のマクシミリアン二世帝がレーゲンスブルクの帝国会議の開催中、倒れられ、重体に陥ったときのことをお伺いしましたが――。

ルドルフ二世　そうだ。ボヘミア国王としてプラハにいた私は、父、倒れるの報を聞き、急ぎレーゲンスブルクの父の許へいった。父の容体は深刻で、侍医がどんな処置を施しても快方に向かう気配がなかった。

そしてウルムより女魔術師マグダレーナ・シュトライヒャーが呼ばれた。その女魔術師が何やら謎めいた呪文を唱えながら、秘密のエリキサー（霊薬）を処方した。父帝はそしてたとえ一時にせよ快方に向かう兆しをみせた。

以来、その光景が私の脳裏から離れることはない。そしてまた多くの侍医のなかから天文学者が父帝の病床に呼ばれたことも、忘れることができない――。

建築家　医者には天文学者であったり、植物学者であったり、あるいは鉱物学者であったり、歴史学

者であったりした人が多いのですね。大学で医学を学ぶにあたって占星術は必修科目でしたから、むろん医者は占星術師でありますが――。

ルネサンス時代、とりわけ後期ルネサンス時代では、人間とは何か、世界とは何か、宇宙とは何かを探求すべく、森羅万象の知の統合を意図するパンソフィアを標榜する医者をはじめ知識人が多いのですね。

ところで、陛下が魔術に関心を抱いていることがいつの間にか広まり、ヨーロッパ中から魔術師たち――呪術師、祈祷師、予言者、占星術師、ありとあらゆる魔術師たちがプラハの宮廷に集まってきました。そのなかでも有名な魔術師のひとりはイギリス人のジョン・ディー（一五二七～一六〇八）ですね。数学家、天文学者でもあり、エリザベス一世の宮廷占星術師でもありました。霊界の実在を信じ、自らが（時には弟子のエドワード・ケリーが）霊媒となり、霊を呼び出す会を催し、たいへん評判を呼びました。

これに興味を示すポーランドの領主のもとへ赴き、その後、プラハの陛下の宮廷に現れ（一五八四）、陛下への謁見を請願しました。

ルドルフ二世　ジョン・ディーには一度だけ会った。ディーは一度、私の目の前で、霊を呼び出す儀式を行いたいと言っていたが、私の側近たちがそんなことがローマ教皇庁に知れたら、まずいことになるとか、ディーの魔術によってプラハ市民の間でもすでに動揺が広まっているとか、私を諫めるようなことをいうので止めた。

建築家　ジョン・ディーは陛下の引見を受けることなく、二年ほど滞在した（一五八四～八六）もののプラハを去り、イギリスに帰国してしまいますが、弟子のエドワード・ケリーはプラハに戻ってきましたね。

ディーと同様、ケリーもまた錬金術師として有名でした。

ルドルフ二世　私の侍医の一人でタデウス・ハイェクは、錬金術にも長じた者で、そのハイェクが錬金術師としてケリーが有望だとし、ケリーをプラハに呼び戻すよう私に上奏したのだ。
建築家　陛下のお父上マクシミリアン二世帝の容体が深刻となり、女魔術師が病床に呼ばれ、また天文学者が呼ばれましたが、その天文学者がマクシミリアン二世帝の侍医タデウス・ハイェクであったのですね。
ルドルフ二世　そうだ。
ハイェクは私の祖父フェルディナント一世帝と父マクシミリアン二世帝、それに私と、三代の皇帝に侍医として仕えた。
建築家　ハイェクは医者であり、天文学者でもあり、錬金術にも長じていたのですか。
それで錬金術師としてケリーが有望であると陛下に上奏した旨はどういうわけでしょうか。
ルドルフ二世　ジョン・ディーとエドワード・ケリーは二年ほど一緒にプラハに滞在したが、そのとき二人が住んでいたのは旧市街にあったハイェクの邸宅であった、と聞いている。
ハイェクの邸宅内には錬金術の実験室があった。二人がハイェク邸に滞在している折、ハイェクはきっとこの二人と錬金術についておおいに意見を交わしたのであろう。そしてハイェクはケリーが「賢者の石」を探す可能性がある人物だと判断したのであろう。
建築家　ケリーが金をつくりだす可能性がある、とハイェクが判断した、といいますと——。
ルドルフ二世　プラハの私の宮廷には、ヨーロッパ各地から群がるごとく多くの錬金術師が集まってきた。そして私への謁見と、錬金実験を私たちの目の前で行いたいと請願した。
その多くはいかさま錬金術師であると私にはわかっていた——。
建築家　そうですか、わかりました。

陛下の宮廷を訪れる錬金術師たちすべてを陛下が引見され、錬金実験を行わせてはたいへんなことですからね。それで各錬金術師にあらかじめ実験をさせて、それがいかさまか、ペテンかどうか見抜く、いわば予備審査の役割を果たしたのが、陛下の侍医であり、錬金術に詳しいハイェクであったのですね。旧市街のハイェクの邸宅にある実験室で、そうした錬金術の予備審査が行われた、ということですね。

ルドルフ二世　そうだ。

プラハの私の宮廷に集まってきた錬金術師たちのほとんどは、いかさま・ペテン師であった。ハイェクによっていかさまを見破られた偽錬金術師は、捕らえられ、ヴェネツィアへガレー船を漕ぐ奴隷として売られた。その数は毎年二〇～三〇人だと聞いている。

建築家　そんな多くのいかさま錬金術師がガレー船の漕ぎ手奴隷として、ヴェネツィアに送られたのですか。

陛下のお好きな画家パルミジャニーノは次第に錬金術に夢中になり、絵筆を放り出し、財産を使い果たし、若死にしてしまいました（ヴァザーリ）。パルミジャニーノがいかさま錬金術師として、陛下の宮廷を訪れなかったのは幸いでした。もっとも、時代的に無理なことですが。

そしてハイェクによる予備審査に合格したごく僅かの錬金術師が陛下への謁見を赦され、陛下たちが見守るなか、宮廷地下実験室にて錬金術を行ったのですね。

それでイギリス人錬金術師エドワード・ケリーはどうなりましたか。

ルドルフ二世　ハイェクが「賢者の石」を探すにあたって有望と判断したケリーもまたいかさま錬金術師であった。

宮廷実験室にてケリーによって金が精成されると、私たちの期待が膨らむなかで、隠れた人物が何やら金らしきものを実験器具に挿入するのを、私の側近のひとりが見た。
旧市街の「ファウストの家」に住んでいたケリーは捕らえられ、投獄された。数年後、獄死した、と聞いている。

コレッジォ、パルミジャニーノなどの絵画収集——神話的題材

建築家　陛下はコッレジォ（アントニオ・アレグリ　一四八九頃～一五三四）やパルミジャニーノ（フランチェスコ・マッツォラ　一五〇三～四〇）などパルマ出身の画家の絵画がお好きで、収集に熱心ですが——。

ルドルフ二世　そなたも知っているように、私は十二歳から十九歳までの七年間、スペイン王フェリペ二世の宮廷にて勉学のときを過ごした。

宮廷の広間や謁見室、あるいはフェリペ二世王の執務室などは多くの絵画で飾られていた。なかでもヴェネツィアの画家ティツィアーノが描いた皇帝カール五世のいくつかの肖像画、フェリペ二世王の肖像画、あるいはネーデルラントのヒエロニムス・ボッシュが描いた絵——フェリペ二世王はボッシュの絵画収集に力を注いだ——などが私と弟エルンストの興味をひいた。

むろん、それらの肖像画は私たちの祖父とそして伯父の肖像画であること、そして二人が有名な画家ティツィアーノの絵画を好み、この画家とどのような会話を愉しみ、如何に仲がよかったかといった個人的交流を、時折フェリペ二世王自身が私たちに語ってくれたからである。

弟エルンストは細密に描かれた奇妙なボッシュの絵にも興味を抱いたらしく、時には笑い転げながら、それらの絵を見て飽きることはなかった。後になって、弟エルンストがネーデルラントの総督としてその国を統治した（一五九三～九五）とき、ネーデルラントの画家ピーテル・ブリューゲルが描いた絵

画を熱心に——そしてボッシュも収集したが、ボッシュの絵をとおして民衆のさまざまな姿を描く画家に共感を抱いたに違いない。

スペイン宮廷において芸術に、絵画に眼を開かされた私たちだが、勉学の年を重ね、成長する私にとって、ティツィアーノの華麗、色彩には圧倒されるものの、大広間の片隅に飾られているコレッジォによる『ユピテルの愛（一五三〇）——四部作　レダ、ダナエ、イオ、ガニュメデスの誘惑』の絵や、パルミジャニーノによる『弓を作るキュピド（一五三一）』などの優雅さ、甘美さに惹かれていった。——もっとも若い二人にとってはコレッジォの絵はその神話的題材からかやや官能的すぎたが。

建築家　コレッジォ（パルマ近郊コレッジォ生まれ）にしましても、パルミジャニーノ（パルマ生まれ）にしましてもパルマ出身ですね。

カール五世の娘（庶子）、つまり陛下の母君マリアの姉マルゲリータ公妃はパルマ・ピアチェンツァ公妃ですね。以前、陛下からお話をお伺いしましたように、公妃は初めフィレンツェのアレッサンドロ・デ・メディチ公に嫁ぎましたが（一五三三）、公が暗殺され（一五三七）、十五歳にて寡婦になられました。そしてそのとき、夫から用益権を得ましたのが、ラファエロの設計によってローマ、モンテ・マリオの丘に建つ別荘「ヴィラ・マダマ」ですね。ですから「マダマ（令夫人）」とはマルゲリータ公妃のことですね。

マルゲリータ公妃は、その後パルマ、ピアチェンツァ公国のオッタヴィオ・ファルネーゼと再婚されました（一五三八）。そしてご子息アレッサンドロ公が誕生され、養育のためスペイン宮廷に送られます。

そのとき陛下がスペイン宮廷にて勉学のためご一緒に過ごされたのが、フェリペ二世王の王子ドン・カルロスとオーストリア公ドン・ファンと、そしてこのアレッサンドロ公でありました。

そしてアレッサンドロの母上、パルマのマルゲリータ公妃は異母兄弟であるフェリペ二世王によってネーデルラント総督に任ぜられました（一五五九）。
ルドルフ二世　マルゲリータ公妃は大伯母オーストリアのマルガレーテと伯母ハンガリーのマリア――二人ともネーデルラント総督であった――によってブリュッセルの宮廷において育てられ、芸術を愛する教養豊かな女性で、大伯母、伯母と同様、芸術家サークルを主宰するマエケナスであったが、時折、スペイン宮廷で過ごす、息子のアレッサンドロ公宛に滋味あふれる手紙を送ってきた。
アレッサンドロ公は私たち二人に母からの手紙を読んで聞かせてくれることもたびたびあったが、なかには夫が住むパルマ、そしてピエンツァの都のこと、優雅な宮廷生活のこと、そしてコレッジョやパルミジャニーノなどパルマの画家が如何に優れているかなどと語っていた。
建築家　陛下がとりわけパルマ出身のコレッジョやパルミジャニーノなどの絵画がお好きになったことはマルゲリータ、パルマ公爵夫人の存在もあったわけですか。

ところで陛下、コレッジョが描きました絵画『ユピテルの愛。四部作　レダ、ダナエ、イオ、ガニュメデスの誘惑』は、何故スペイン宮廷にわたり、王宮の広間などに飾られていたのでしょうか。

ルドルフ二世　皇帝カール五世に献上すべく、マントヴァのゴンザーガ公フェデリコ二世がその絵をコレッジョに注文したのだ。

もらった皇帝はスペイン宮廷に持ち帰ったのだ。

おそらくパルミジャニーノが描いた『弓を作るキュピド』も同様であろう。

建築家　陛下はそれらの絵を一六〇三年に購入されましたが、どういういきさつでプラハの陛下の宮廷の絵画収集室に収められたのでしょうか。

ルドルフ二世　駐スペイン大使ヨハン・ケフェンヒュラーが、それらの絵を購入する可能性がある、と私に伝えてきた。

スペイン王フェリペ二世が崩御し（一五九八）、そのため交渉によっては購入することが可能ではないか、と。

私はそれらの絵の購入の交渉を早急にせよ、と命じた。

建築家　ケフェンヒュラーは長い間、駐スペイン大使を務め（一五七三〜一六〇六）、陛下が最も信頼する側近のひとりですね。

そしてねばり強い交渉の末、ついにスペイン宮廷は絵を手放すことを決め、プラハの陛下の手にわたりました。スペインに遊学時代にご覧になられましたコレッジォとパルミジャニーノの絵が手に入ったときの陛下のお喜びのお顔が眼に浮かぶようです。

こうした例にも伺われますように、駐ヴェネツィア共和国大使、駐ローマ教皇庁大使、駐フランス大使など各国駐在大使、それに神聖ローマ帝国各領主宮廷などが、陛下の美術品購入に協力しました。

陛下の美術品収集にはそうしたいわば国際的ネットワークが形成されていたのですが、それに加えまして陛下は宮廷画家ハンス・フォン・アーヘン、バルトロメウス・スプランゲル、それにヨーゼフ・ハインツなどをたびたび各地に派遣し、美術品売買についての情報を探らせました。

そして、陛下の絵画をはじめ美術品収集の仕方には特徴的なことがあげられます。そのひとつは手に入らない絵画をコピーさせる、ということです。ハンス・フォン・アーヘンがマントヴァにおいて目にしたコレッジォの作品について、陛下にその旨報告し、その模写をさせよと命じられました。ハンス・フォン・アーヘンはマントヴァ宮殿に滞在していたネーデルラントの画家ピーテル・パウル・ルーベンスに模写を依頼したことが知られております。

絵画の模写は盛んにやられていました。パルミジャニーノが描きました『弓を作るキュピド』はいろいろな画家によって模写され、模写作品が出回りました。ティツィアーノの例がありますように、ひとつの絵（たとえば『ダナエ』（一五四五））を完成しますと、それとまったく同じ絵——一部構成を変えて、——を工房の助手たちにいくつも描かせました。

陛下がマントヴァにてコレッジォの絵をルーベンスに模写させましたのは、その後、その絵の購入の機会をうかがうことと同時に、陛下の美術品収集室を充実することであると拝察します。古代絵画の模写も命じられましたが、これも同じことですね。

もうひとつは陛下が購入された絵画を模写させて、陛下のコレクションをいっそう充実させておられることです。

あのパルミジャニーノの『弓を作るキュピド』を陛下はスペインの宮廷より手に入れ、念願の夢を実現させましたが（一六〇五）、陛下は宮廷画家ヨーゼフ・ハインツにその購入した絵の模写を命じられました。ハインツにパルミジャニーノの絵の模写を命じられましたのは、模写をとおして「パルミジャニーノ風」あるいは「コレッジォ風」を修得させ、陛下の宮廷画家に陛下好みの、陛下の意図に沿った作品を描かせようとの思いがおありであったように思います。

ヨーゼフ・ハインツがプラハのアウグスティン修道院聖トマス教会に描きました祭壇画は、構成と光の扱いの点でコレッジォのパルマの「サンタ・コンヴェル・ザツィオネ」を思い起こさせ、コレッジォの影響が色濃いことが認められます。

陛下が所蔵されておりますパルミジャニーノの『凸面鏡の自画像』（一五二四）も、たいへん興味深い絵ですね。

パルミジャニーノがいまだ二〇歳か二一歳の若い頃、床屋が使う凸面の鏡にわが身を映して自画像を描いたものです。そしてヴァザーリによりますと、その際、ろくろを使ってこの球を作らせ、それを二つに割って床屋の凸面鏡と同じ大きさ（直径二四・四センチメートル）の半球にし、その上に鏡のなかに写って見えるものすべてを描写した（『ルネサンス画人伝（平川祐弘ほか訳）』）ものです。

凸面鏡に映る自分ですから、差し出した右手は異常に大きく、肩幅も顔も遠近感を含めまして微妙に歪んで見えますが、そうした自画像描写法の機知と、それを見事に描写したパルミジャニーノの画家としての才能には感嘆するばかりです。ヤン・ファン・エイクが描きました『アルノルフィーニ夫妻像』（一四三四　ロンドン、ナショナル・ギャラリー蔵）のような例が知られているとしても――

パルミジャニーノはこの『凸面鏡の自画像』とその他の小品を持って、伯父に付き添われローマへ向かいました。ローマに活躍の場を求めたのです。

教皇クレメンス七世に謁見を赦され、絵を見せ、法王はじめ教皇庁の者たち、皆感嘆しました。そして献呈された『凸面鏡の自画像』を教皇は、仕えていた詩人のピエトロ・アレティーノ（一四九二～一五五六）に贈りました。ヴァザーリはその絵をアレッツォのアレティーノ宅で見たことがあると述べておりますが、その後、ヴェネツィアのある彫刻家の所有になったことが知られております。

ルドルフ二世　駐ヴェネツィア大使が、パルミジャニーノのその絵の購入の可能性がある、と私に伝えてきた。私は早速、購入すべくあらゆる尽力を惜しむなと命じた。

建築家　ピエトロ・アレティーノといいますと、王たちにでさえ歯に衣を着せぬ諷刺詩を詠う自由闊達な詩人と評判ですが、一方では、ローマにおいて『淫らなるソネット集』（一五二四）や『遊女』（一五二五）などわいせつな詩を発表し、ローマ教皇庁から敵視されるのですが、他方『人間キリスト』（一五三五）、『聖母マリア伝』（一五三九）など宗教をテーマにした著作をするなど、たいへん不可解な人物として知られております。

ところでティツィアーノが描きましたアレティーノの肖像画（一五四五、今日フィレンツェ、ピッティ美術館蔵）が知られております。肩幅が広く、胸にまで垂れ下がるひげをたくわえ、厳しい目つきをして、人を糾弾するかのような容貌、巨体を赤い絹のマントが被うアレティーノの肖像は生命力、活力に溢れている偉丈夫です。

巨体の人物の肖像画としては、ティツィアーノがアウグスブルクへ皇帝カール五世に招かれ、皇帝の肖像画とともに、ミュールベルクの戦いに敗れ、捕らわれの身であったザクセン候ヨハン・フリードリヒの肖像画を思い起こしますが、こちらは虜囚の身を無念として——当然のことながら——いかにも不機嫌な表情をしていますが、これと対照的なのはアレティーノの溢れる生命力、活力ですね。

皇帝カール五世の皇帝軍によるローマ略奪後、ピエトロ・アレティーノはヴェネツィアに移り（一五二七）、そこで画家ティツィアーノと知り合い、以来、二人は親しい友人となるのです。アレティーノはティツィアーノに枢機卿イポリト・デ・メディチやマントヴァ公フェデリコ・ゴンザーガらの有力者を紹介しましたが、それが契機となってティツィアーノがいろいろな仕事、たとえば皇帝カール五世に謁見を赦され、その肖像画を描くこととなり、皇帝の宮廷画家ともなったのですね。

ティツィアーノもまた神話に題材をとった絵画を多く描きました。ルネサンスの画家をはじめとする芸術家が好んだ題材ですね。

コレッジオがマントヴァ公フェデリコ・ゴンザーガの注文によって描きました『ユピテルの愛。四部作レダ、ダナエ、イオ、ガニュメデスの誘惑』と同じ題材であります、たとえばダナエ——アルゴス王の娘、ダナエは、その娘の子によって殺されるだろうと予言された王によって監禁される——黄金の雨に変身したユピテル神がそのダナエを犯し、子を宿させようとする話——をティツィアーノは枢機卿アレッサンドロ・ファルネーゼのために描き（一五四四）、そしてまったく同じ題材ですこし異なったヴァリエーションで、つまりレプリカをスペイン王フェリペ二世のために描いております。

こうした神話的題材は、主としてギリシアの盲目の詩人ホメロス（『オデュッセイア』）やローマの詩人ウェルギリウス（『アエネイス』）あるいはローマの詩人オウィディウス（『メタモルフォーゼ（変身物語）』）などからとられたといわれます。それらの書は、当時はラテン語訳およびラテン語と思われますが、陛下、画家たちは、たとえばティツィアーノはラテン語でそうした書を読んだのでしょうか。古代ローマ建築の調査、保修に努めました画家のラファエロはラテン語がわからなくて、いつも悔しい思いをしていたことが知られております。

ルドルフ二世　ティツィアーノは自分の絵に「TITIANUS」とラテン語で署名しているのは確かだが、実際にラテン語ができたかどうかは、私は知らない——私の知る限り、それらの書はイタリア語など俗語への翻訳はまだされていないと思うが——。だが、後世に名を残すような画家なら、多くの場合、小さなときから絵を描く才能をもてはやされ、デッサンの練習などに時間を費やし、多く書物を読む暇もないのではあるまいか。

だから多くの画家の神話についての知識は、人に教えられたり、自分で他の画家による絵を見て勉強したのであろう。

たしかヴェネツィアの文人ロドリコ・ドルチェだと思うが、「画家は文学者である必要はない。だが少なくとも古代の歴史や詩を知っていなければいけない――詩人や知識人たちから教えてもらいながら、そうした知識を得るのだ」と語っている。そうあるべきだと私も思う。

建築家　ティツィアーノの場合も、親しい友人となった詩人ピエトロ・アレティーノから多くを学んだのでしょうね。

ティツィアーノはムラノ島を臨むヴェネツィアの北端海岸線に居を構えていました。アレティーノが死去するまでは（一五五六）、ティツィアーノとアレティーノを訪ねて画家をはじめいろいろな人文主義者、俳優、芸術家たちが――折々、王侯貴族、各国大使も顔を出し――集まってきては、食事をとりながらの歓談の日々が多かったことが知られております。

バルトロメウス、スプランゲル、ハンス・フォン・アーヘン、そしてヨゼフ・ハインツをはじめ陛下の宮廷画家たちは、神話や古代叙事詩、あるいは逸話などを題材とする多くの絵画を描いております。

ヘルム・アプロディトゥスと妖精サルマキス

たとえば、スプランゲルが描きました『ヘルム・アプロディトゥスと妖精（ニンフ）サルマキス』（一五八二）はたいへん興味深いですね。オウィディウスの『変身物語』においても語られておりますが、ヘルメスとアプロディテの息子であるヘルム・アプロディトゥスを水の精サルマキスがひと目見て恋をします。しかし、恋を知らない少年ヘルム・アプロディトゥスは、それを避け泉に身体を浸して遊び、恋に応えてくれません。それでサルマキスは泉のなかに少年を追いかけて、そして神々に二人の体が一つに溶け合うよう祈ります。

神々はこれを聞き入れ、二人はしっかり抱き合って合体し、一つの体になりました。

泉水が自分を「男女(おとこおんな)」に変えたことを知ったヘルム・アプロディトゥスは両親に、この泉で水浴びをした者はすべて「男女」(ヘルマプロディトゥス、両性具有者)となるよう願いました。両親ヘルメスとアプロディテは息子の願いを聞き入れて、その泉に魔力を与えました。

スプランゲルが描きました絵画では、大木がうっそうと繁る森のなか、裸になったヘルム・アプロディトゥスが岩に腰掛けて片足を泉に浸し、もう一方の片足を洗っています。そして欲情にかられた水の精サルマキスはその少年を見つつ、裸になってサンダルを脱ごうとしています。

ルドルフ二世　神話に伝えられる「男女(おとこおんな)――ヘルマプロディトゥス」は古代ギリシアそれもヘレニズム時代の彫刻家たちの関心をよび、たとえば、『眠れるヘルマプロディトゥス』などの作品がつくられた。

豊かな肉体の女性らしき大理石彫刻がうずくまるように横たわっている。だが股間には男性器があることがわかる。両性具有の人物の彫像だ。ポリスに捧げられた古典古代のギリシア彫刻ではなく、王侯貴族の趣向に対応したヘレニズムらしい彫刻だ。

建築家　その『眠れるヘルマプロディトゥス』は、摸像がいくつかつくられ、今日、ローマのボルゲーゼ美術館などに所蔵され、見ることができます。

ルドルフ二世　私は私の宮廷画家・彫刻家たちにこの神話を語り聞かせ――むろん多くの者はすでに知っていたようだが、そしてその神話の意味を語り合った。画家はしばしば男と女の愛を描くが、何故、男と女は互いに惹かれあうのか。もともと男と女の別などなく、一体化したものであったのだ。そして高慢の故に罰せられ、引き離された。そして男性的とは、女性的とは、そして一体として完全であるのだから、男と女の補完性とは——等々について語り合った。

宮廷画家のなかでもスプランゲルが前からこの神話に興味を示し、これを題材として絵を描きたい、と私にいった。

私たちは絵の構図について論じ合った。オウィディウスの『メタモルフォーゼ（変身物語）』に沿った描き方が良かろう、ということとなり、スプランゲルは素描をいくとおりか描いた。私は、この神話のテーマは男と女の合一、そしてヘルマプロディトゥス、両性具有であるから、少年ヘルム・アプロディトゥスに欲情を抱き、着衣を脱ぎつつ見つめる妖精（ニンフ）サルマキスのできるだけ豊満な肉体をもつ女として描くよう、指示した。

ヘルム・アプロディトゥスが合一し、ヘルマプロディトゥスとなる相手として、より女らしい女が、神話の意を汲んでより相応しいと思ったからである。

アレクサンドロス大王の肖像画家アペレス、パンカスペを描く

建築家　それから『パンカスペを描くアペレス』（一六〇〇）などの絵もたいへん興味深いですね。紀元一世紀に、多くの資料を渉猟して著しました大プリニウス（後二三～七九）の大著『博物誌』において語られております逸話を題材として描かれたものでして、ブリュッセル生まれの陛下の画家ヨドクス・ア・ヴィンゲ（一五四四～一六〇三）が描きました。
以前、陛下からお話をお伺いしましたように、アペレスとは紀元前四世紀前半に活躍しましたエーゲ海に浮かぶコス島出身の大画家ですね。アレクサンドロス大王の肖像画を描いたところ、アペレスは大王にたいへん気に入られ、その後、大王はこのアペレス以外の画家——たとえば、ロドスのプロトゲネス、

テーベのアリスティデスなど評判の高い画家がいましたが――に自分の肖像画を描かせませんでした。大プリニウスによりますと、アペレスは絵を描くだけでなく、『絵画の原理』などの著作もし、また仕上げた絵の表面に黒いワニスを塗って、絵の具が過度にぎらぎら光らない工夫をするなど、古代ギリシア絵画の世界に大きな貢献をした人物のようですね。

さて、その画家アペレスにまつわる逸話ですが、アレクサンドロス大王にはパンカスペという名の美しい愛人がおりました。

大王はその美しさを褒め称え、画家アペレスに美しい愛人パンカスペの裸像を描かせます。そのパンカスペを描くうちに画家アペレスは、ヴィーナスのようなパンカスペの美に恍惚として、モデルのパンカスペに次第に恋心を抱くようになりました。それを知ったアレクサンドロス大王は、自分の愛人パンカスペを画家アペレスに与えてしまいます。

ルドルフ二世　美を至上主義とする芸術家――あるいは美は芸術家のインスピレーションの源泉であること、こともあろうかアレクサンドロス大王の愛人の美に打たれ、恋心が掻き立てられたということは――をこの逸話は物語っている。

そして画家アペレスがパンカスペに恋心を抱くようになったことを知ったアレクサンドロス大王は、自分の愛人であるこのうえもなく美しいパンカスペを画家に与えたことは、大王の「高貴な勇気」といえようが、大王に相応しい克己心「VIRTUS（徳）」ともつながるといえよう。

建築家　ペルシア軍に勝利し、スサを占領したアレクサンドロス大王ですが、その勝利の後、大王の側近の部将たちはすっかり贅沢になり、安楽な生活に浸るようになりました。そこでアレクサンドロス大王は、安楽な生活をするのは奴隷の生活で、厳しい生活をするのが王者の生活であることがわからないのかと、その者たちをたしなめました。

そしてアレクサンドロス大王は、ますます危険な狩猟に身を投じて自己を鍛錬し、同時に人の勇気を鼓舞したことが伝えられています。

狩猟はギリシア、ローマの社会では、男らしさVIRTUSを培い、発揮するものと見なされましたが、たいへんな危険に身を冒し――主として巨大な熊や猪やライオン狩りなのですから。アレクサンドロス大王の部将の一人が、熊狩りにおいて大熊にかみつかれ、大傷を負ったことが知られています――、心身を鍛錬し、安楽な生活でなく、自己を節制し厳しい生活をする手段であったわけです。そしてVIRTUSという言葉には「男らしさ」の意のほかに、「勇気」「不動の信念」「優れた倫理性」「高徳」などの意があります。

陛下がお話してくだされましたように、アレクサンドロス大王が愛するパンカスペを画家アペレスに与えましたが、大王に相応しい克己心、「VIRTUS（高徳）」とつながるところがありますね。

ルドルフ二世　この大プリニウスが『博物誌』において語った、画家アペレスとアレクサンドロス大王の愛人パンカスペの逸話におおいに興味を示し、これを題材として絵を描きたいと申し出たのは、私の宮廷画家ヨドクス・ア・ヴィンゲだ。

私はヨドクスと構図について話し合い、ヨドクスは素描をいくとおりか描いた。

パンカスペを描いているうちに、その美に恍惚として恋心を抱いていく画家アペレスを如何に表現するか、なかなか難しい問題であった。

建築家　画家アペレスのなかにパンカスペに対し恋心が芽生えていくということは、愛のキュピドが画家に矢を射ていることでわかりますが、そうした画家アペレスの顔の表情やしぐさの表現が難しいのですね。

陛下はヨドクスに、いくつかの異なった構図で描かせております。

オデュセウスと魔女キルケ

ホメロスの『オデュッセイア』における、魔女の島キルケを訪れたオデュセウスの物語を題材としました、陛下の宮廷画家バルトロメウス・スプランゲルによる『オデュセウスと魔女キルケ』（一五八七）もたいへん興味深い絵画ですね。魔女キルケはオデュセウスを誘惑しようとするのですが、従者たちが魔女によって犬や馬など動物に変身させられていることに気づいたオデュセウスは、まず従者たちをもとどおりの姿に戻せといい、魔女キルケの誘惑に応じようとしません。スプランゲルは他にも多くの神話を題材とした絵画を描いております。

むろん、スプランゲルだけでなくハンス・フォン・アーヘン、ヨーゼフ・ハインツほか多くの陛下の宮廷画家たちも、神話などを題材に絵画を描きました。

そして画家だけでなく、彫刻家、金細工師たちもそうでした。むろん陛下の指示もあり、構図に陛下の趣向が濃密に反映しているものが多いことは、当然なことと思われます。

アルチンボルドと「合成された顔」——アルチンボルドの創案ではない

建築家　陛下の宮廷画家ジュゼッペ・アルチンボルドにつきましては、これまで陛下からいろいろとお話をお伺いしました。

イタリア、ミラノに生まれ、父親と同じ画家を志し、ミラノの大聖堂のステンドグラスなどを父親と一緒に制作していました。そして陛下のご祖父フェルディナント一世帝のハプスブルク宮廷に招かれ、ウィーンに移ってきました（一五六二）。

そして陛下のお父上マクシミリアン二世帝、そして陛下と三代にわたりまして宮廷画家として仕えたわけですが、マクシミリアン二世帝ご一家の肖像画（一五六三）——あどけなく可愛らしい姉君のアンナ大公女と陛下が幼児であられ、お生まれになったばかりの弟君エルンスト大公はゆりかごに眠っておられる姿が描かれておりますが、一〇年ほど前、ある画家によって描かれたもののアルチンボルドによるコピーであることが知られておりますーーを描きましたように、初めは主として肖像画を描いておりましたが、多彩な才能を発揮し、戴冠式や馬上槍試合等などの宮廷行事の演出、コスチュームデザインなども手がけるようになりました。陛下をはじめ歴代の皇帝の信頼がたいへん厚い宮廷画家アルチンボルドですね。

そして画家アルチンボルドの名声を高めたのは、なんといいましても「合成された顔」ですね。たとえば、『図書館員・司書の顔』は、頭部は開かれた書物、そして顔、首、胸部ともいろいろな閉じた書物、眼は虫眼鏡、あごひげは本の埃を取り除く貂（テン）のはたきといいますように、私たちが見慣れた物・動植物などを組み合わせ、合成して顔をつくりだす手法で、人々はその不思議な絵を見てあっと驚き、面白がり、そしてその生き生きとした顔の表情に見入る——。そのアルチンボルドの画風を模倣する画家が多く、「アルチンボルド風」絵画はヨーロッパ中の宮廷の流行となりました。

アルチンボルド風の画家そしてアルチンボルドの弟子たちを含めまして「アルチンボルド派」を形成した画家のアルチンボルド風の絵画（弟子たちによるコピーを含めまして）には、アルチンボルドの絵が有する顔を構成する部分、部分が精妙な写実に根ざした独自の生命感と、そして顔全体としてエネルギーと権威と尊大さ（マルセル・ブリヨン）が欠如しているといわざるを得ません。そして、その点がアルチンボルドの絵画が人の心を打つところであると思います。

ところで、二〇世紀のフランスの評論家・作家マルセル・ブリヨン（一八九五〜一九八四）による『幻想芸術』（一九六一）という名著が知られております。幻想とは人間の思想の根源と深く関連し、その意味では永続し、同時に間断なく変容する存在であり、人間精神の生成と変貌とをもっともよく反映する鏡である。そして不安と心配から恐怖に駆られた人間が、それから逃れるため、もしくはそれを払いのけるために、古くから描き出してきた不安のイメージ――それらのフォルムをまとめて述べることを意図し（坂崎乙郎訳）、1：妖怪の森、2：異常なものの無限の王国の中で、3：骸骨と幽霊たち、4：不安な空間、5：悪魔の子ら、6：メタモルフォーゼ、7：可能な世界の幻想、8：幻視者と見者、9：神話の創造、10：幻想的現実　のように章立てされたこの書は、古くはアルブレヒト・アルトドルファー、ヒエロニムス・ボッシュ、ピーター・ブリューゲル、バルドゥング・グリーンなどを扱い、たいへん興味深いものです。むろんアルチンボルドも「メタモルフォーゼ」の項において扱われております。

ところがマルセル・ブリヨンは「合成された顔」がアルチンボルドの制作に登場するのは、その晩年、アルチンボルドがプラハに移り住んだ一五六二年以降のことである、と述べています。これはブリヨンの明らかな誤解でして――ブリヨンはアルチンボルドの研究者ベンノ・ガイガーによる著書などを参考にしたようですが――、アルチンボルドは一五六二年、皇帝フェルディナント一世に招かれまして、ウィーン宮廷へとミラノから移り住んできたのです。

そしてアルチンボルドはその翌年の一五六三年に、陛下のお父上マクシミリアン二世大公のために、初めての「合成された顔」であります『夏』『秋』『冬』『春』という四季のアレゴリー・シリーズを描きました。

『夏』は四季シリーズのなかで唯一制作者と制作年（一五六三）が明記されていますが、それは麦藁で編んだ衣服の襟と肩部分に読み取ることができます（衣服の胸部にアーティチョークが屹立しています）。

頬と首は桃、にんにく、玉ねぎ、かぶ、なすなどから形成され、口、唇はさくらんぼ、歯並びはさやえんどう豆、鼻はきゅうり、あごは梨、眼は小さな梨の間に輝くさくらんぼ、それに眉は麦穂、額は玉ねぎ、耳はとうもろこしから形成されております。そして頭部はさくらんぼ、ぶどう、なす、メロンなどさまざまな果物と野菜作物から成り立っています。

このように顔を合成するものは、日頃見慣れた夏の豊かさを表わす果物や野菜作物で、それらはひとつひとつ実に精妙に描かれ、生命力さえ感じられます。そして顔全体としては生き生きとし、また尊大さ、威厳すら漂います。

アルチンボルド、そしてその弟子たちは同じテーマでいくつもの絵画を制作したようです。一五七三年には陛下のお父上マクシミリアン二世帝の命で、ドイツ、ザクセンのアウグスト選帝侯への贈物として、四季シリーズをアルチンボルドが制作しております。

そしてこの「四季」シリーズに対応するように、夏――火、秋――大地、冬――水、春――大気といった「四季元素」のアレゴリー・シリーズが制作されております。

一五六二年、アルチンボルドがイタリア、ミラノよりウィーンではなくプラハに移り住んだと誤解したマルセル・ブリヨンは、アルチンボルドはプラハの地で才能を開花させ、「合成された顔」を創案したと述べているのです。ヨーロッパ各地から、学者、医者、芸術家たちそれに錬金術師、占星術師やいかさま魔術師たちが集まってきて、昔から正統と異端が渦巻くるつぼのようなコスモポリタンの都市プラハのような環境が、驚異と幻想に傾くアルチンボルドの才能開花を促したと述べるブリヨンの話の筋立ては整っていて、つまり話がうまくできているようにみえますが、事実と相違しております。

一五六三年、陛下のご祖父皇帝フェルディナント一世の治世、アルチンボルドは陛下のお父上マクシミリアン二世大公のために、初めての「合成されて顔」であります『夏、秋、冬、春――四季』の図を描いたからです。

ところで十六世紀初期にイタリアで制作された興味深いマジョリカ焼の絵皿が知られております。制作者はフランチェスコ・ウルビニだと推測され、正確にはいまだわからないのですが、絵皿に描かれたものは『男性器から「合成された顔」』（一五三六）なのです。

ルドルフ二世　それについてはヤコポ・ストラーダから一度聞いたことがある。そしてピエトロ・アレティーノのブロンズメダルについても――。

建築家　錫釉陶器でありますマジョリカ焼の絵皿（直径二三センチメートル）には、青地にカーキ色で、首も顔も頭部もすべて男性器、男根から合成された男性の肖像が描かれております。人を罵倒する言葉にテスタ・ディ・カッツォ（男根からできた頭）というものがあります。頭の弱い男、つまり頭ではなく下半身で考える男を揶揄するものですが、これが絵画として描かれたと考えられます。

また、陛下が言及されました詩人ピエトロ・アレティーノの興味深いブロンズメダル（直径四・七六センチメートル）が知られております。おそらくは十六世紀三〇年代にヴェネツィアで制作されたものと思われ、メダルの表面には横側から見たアレティーノの肖像が彫られています。ティツィアーノが描きましたアレティーノの肖像画（一五四五）を彷彿とさせる豊かなあごひげをたくわえた偉丈夫の肖像です。

ところがメダルの裏面を見ますと、頭と首部分が多数の男性器、男根で合成されたサチュロスが描かれております。サチュロスとはバッカスの従者で、馬の尾と山羊の脚をそなえた野卑で好色な山野の精ですね。横顔部分は神話を題材とした絵画でよく見かけます顔形をしておりますが、頭、首部分は男根が組み合わされたものです。
では何故、アレティーノのブロンズメダルの裏面に男根で合成されたサチュロスが描かれたかと考えますと、王侯さえ果敢に諷刺したアレティーノの諷刺（Satire）とサチュロス（Satyr）という言葉遊びに帰されるかと思われます。アレティーノは『淫らなるソネット集』や『遊女』等など猥褻な詩作によってローマ教皇庁の叱責をかったほど、好色な詩人で知られておりますから、好色なサチュロスに通ずるわけです。

それにしましても男性器、男根で合成されたアレティーノを象徴しますサチュロスの肖像が描かれたブロンズメダル（一五三〇代）、そしてマジョリカ焼の絵皿に描かれました男根によって「合成された顔」（一五三六）を見ますと、アルチンボルドが一五六三年に描きました「合成された顔」は、アルチンボルドの独創、アルチンボルドが最初に考えたアイデアとはいえません。

ルドルフ二世　だが、誰が初めて「合成された顔」考え出したのか――それを探りだし、特定し得たとしてもあまり重要ではない。アイデアそのものより、それを如何に完成するかが問題だ。人々の心を打つ絵画を如何に描くかだ――。

建築家　マジョリカ焼絵皿に描かれております『男性器から「合成された顔」』は、ただ驚きの念を起こすだけでつまらない絵ですね。部分としての男性器も、全体としての頭の弱い男の顔としても、絵画として生彩を欠いておりますね。
アルチンボルドが描きました「合成された顔」であります四大元素のうち『水のアレゴリー』では、魚と水棲動物によって顔が組み立てられております。顔の部分としてひとつひとつ実に精妙に描かれた魚や水棲動物は、独自の生命感を発揮しています。そして頭部は全体として生彩を放ち、ある権威と尊大ささえ具えております。

陛下のお赦しを得て故郷のイタリア、ミラノに帰り、その三年後、故郷のアトリエにて完成させ、陛下に献上しました陛下の肖像画でもあります『ウェルトゥムヌス』にも同じことが言えます。ウェルトゥムヌスとは古代ローマにおいて、変化、四季の変化を司る神で、これを正面から描きました肖像画でして、四季に花を咲かせ、四季に実る精妙に描かれました果物や野菜、花などから合成されております。

頭の髪はもろこしの穂、ぶどうの房、額はメロン、頬と鼻はりんごと桃、目はさくらんぼと桑の実、ひげは榛（はしばみ）の実と栗の実――といったように。

興味深いのは、この絵に見られます多くは、陛下のご祖父フェルディナント一世帝、お父上マクシミリアン二世帝の駐オスマン・トルコ大使ギスラン・ド・ブスベクがオスマン・トルコから持ち帰ったものだということです。

もろこし――メキシコ原産で、コロンブスによってヨーロッパに伝えられ、最初にオスマン・トルコにおいて大規模に栽培され、「トルコ小麦」ともよばれていました――、榛（はしばみ）の実、ゆりそしてチューリップと種々ありますが、教養が深いアルチンボルドはその事実を知っていて、ブスベクの功績を想起しつつ、意識的にそうした穀物、花類をこの絵に採り入れたものと思われます。

このアルチンボルドによる皇帝ルドルフ二世の肖像画としての『ウェルトゥムヌス』には、アルチンボルドの友人であり詩人のグレゴリオ・コマニーニの詩が添えられております。

そなたは奇妙に変形された私の肖像に凝っと見入る。そして笑いこける。私の肖像の眼は顔全体を輝かせている。この化け物のようなものを昔日の人々が誇ってアポロの子ウェルトゥムヌスと呼んだ。
そなたは気づかないだろうが、醜いことによって、化け物のような私の肖像は美しくなる――醜さとはどんな美しさにも勝ることをそなたは知るまい。

……（後略。ベンノ・ガイガーによる独語訳をもとに）

というような興味深い長い詩ですが、醜は美に勝るというように、アルチンボルドによる陛下のこの一見醜く見えます肖像画に勝る美しい肖像画はない、と讃えているものです。

アルチンボルドがプラハを去る際、陛下の肖像画を描くことを陛下に約束され、陛下はそれを心待ちにしておりました。三年後、約束どおりに陛下のもとにその肖像画が送られ、ご覧になられました陛下のお喜びの様子が目に浮かびます。陛下をウェルトゥムヌス：四季の神として讃え、一年をとおして支配する皇帝と讃えますこの肖像画には、神聖ローマ皇帝としての威厳さえ感ぜられます。

それにしましても、誰でもこのような自分の肖像画を見れば腹立たしくなるのが当然でしょうが、陛下のように満面に笑みを浮かべるような芸術に眼識を有する王侯貴族が他に存在するでしょうか。

皇帝ルドルフ二世のコレクションの略奪と散逸

建築家　陛下が熱意をもって——「異常ともいえる熱意」と後世の人が語っております——収集されました絵画や彫刻をはじめ金銀細工、宝飾品等の美術工芸品、それに書物や古代遺物等々のコレクションの総目録が、一六一九年に作成されました。それによりますと、約三、〇〇〇点の絵画、約二、五〇〇の彫刻、それに数千点もの美術工芸品が目録に記されております（ドクソワール）。

ところで、それらの貴重なコレクションは陛下の治世時から、侍従や側近などによって盗まれ始めました。そして陛下が崩御されました六年後に始まりました、いわゆる「三〇年戦争（一六一八～四八）」におきまして、戦争賠償（支援代償）や戦利品として大量に略奪されました。またその後、十八世紀のプラハ城の改築の際に、残ったコレクションの一部が捨てられたり、安価で売却されたりしました。

陛下のコレクションは膨大な数ですから、このように略奪され、売却された結果、各地に散逸してしまったにも拘らず、残されたコレクションは今日、ウィーンの美術史美術館やアルベルティナ（版画美術館）、そしてプラハ城の展示ギャラリーの中核をなしていると申せましょう。

まず陛下の治世時におきましては、陛下の側近たちが陛下のコレクションの一部を盗んだこと、なかでも陛下の侍従フィリプ・ラング・フォン・ランゲンフェルスが陛下の宝石や古代コインそれに壷などを盗み、それが発覚し、捕らえられ、白塔（牢獄）に閉じ込められた（一六〇八）ことが知られております。

フィリプ・ラングは、翌年、首を吊って自殺しましたが、生存中は陛下宛の私信を横領し、陛下に謁見を求める諸侯、諸大使までも自分の采配で処理しました。それによって侍従フィリプ・ラングは大きな権力を振るっていたことも知られております。

ルドルフ二世　……（苦虫を噛み潰したような表情。無言）……

ところで「三〇年戦争」とは何か。

建築家　マティアス帝の治世に、カトリックとプロテスタントの宗派間の争いがふたたび強まりました。内戦の勃発の予兆に危惧を抱き、調停の方途を模索しつつありましたマティアス帝が崩御されました（一六一九）。

そして反宗教改革の断行を志す陛下の叔父カール大公の長男フェルディナントが後継の皇帝に選出されるや、カトリックとプロテスタントの抗争は、ヨーロッパ諸国の国王、領主、市民、農民たちを巻き込んだ大きな戦争へと発展していきました。後世の人々がいうところの「三〇年戦争（一六一八～四八）」ですが、この三〇年近くの続いた宗教戦争によって、主たる戦乱の地となりましたドイツの国土の多くは荒廃してしまいました。

ルドルフ二世　その戦乱のなか、プラハはどうなったのか。

建築家　それでは陛下がとりわけ関心がお高いプラハに限って申し上げます。

マティアス帝崩御に先立つ二年前の一六一七年にフェルディナント大公がボヘミア王に選出されました。マクシミリアン二世帝の弟君すなわち陛下の叔父、カトリックの強硬派で知られるシュタイアマルクのカール大公の長男フェルディナントもまた強硬なるカトリック信奉者、反宗教改革者です。

数年来、ボヘミア国内で宗教間の緊張が高まるなか、このフェルディナント大公がボヘミア王に選出されたことにより、その緊張は一気に高まりました。そしてプロテスタントの教会建設の中止が決定されるなどの事態に、ボヘミア国内のプロテスタント急進勢力は、軍隊を組織しつつ実力行使にでました。

一六一八年春、ボヘミアのプロテスタントの代表たちが、プラハ城に談判のため集まりましたが、その談判が不首尾に終わり、対応した皇帝の二人の政務高官と一人の書記官を執務室の窓からおよそ二〇メートル下の城の濠に放り落としてしまいました。私はこの三人が窓から放り落とされたとされます執務室を見学したことがありますが、その窓から下を見ますと相当な落差でして、放り落とされた三人が落命しなかったといいますのが、不思議に思いました。

これが世に言われますプラハの二回目の「窓外放出事件」でして、一四一九年のフス派の行動――ヤン・フスがコンスタンツ公会議において異端とされ、火炙りの刑に処せられた（一四一四）後、国王ヴァーツラフが新市街の市参事会員をカトリック系に替えたのに抗議して、フス派の人々は新市街の市庁舎に押しかけ、参事会委員たちを窓から放り落としたといわれます。これが、陛下がよくご存知のプラハの一回目の「窓外放出事件」です――の顰（ひそみ）に倣って、そうした行動にでたといわれます。そしてこれが、ヨーロッパ中を巻き込んだ「三〇年戦争」の始まりであるとされております。

軍備を整えたボヘミア人たち（ボヘミア連邦議会を結成しました）は攻勢に転じ、反宗教改革の急先鋒であるイエズス会士たちをプラハより追放し、フェルディナント王を廃し、プロテスタントのプファルツ選帝侯フリードリヒを国王に選出しました（一六一九）。この間、和平を画策しようとしたマティアス帝が崩御し（一六一九）、和平より強硬にボヘミアのプロテスタントを力によって封じ込めようとするフェルディナントが後継の皇帝として選出されるや、このフェルディナント二世帝のもと皇帝軍はプラハに向かって進軍しました。

そしてプラハ市外の西方およそ七キロメートルのビーラ・ホラの丘におきまして、期待していた援軍が得られないボヘミア軍は皇帝軍にあえなく敗れてしまいます（一六二〇）。これが世に知られます「ビーラ・ホラ（白山）の戦い」です。

この戦いでフェルディナント二世帝率いる皇帝軍を支援しましたバイエルンのマクシミリアン一世公は、援軍の代償として、一、五〇〇台の荷車分という大量の陛下のコレクションをミュンヘンに持ち去りました。

前年、ボヘミア王に選出されたプロテスタントのプファルツ選帝侯フリードリヒはネーデルラントに逃亡してしまいました。このため選帝侯は「冬の王」（すなわち一六一九〜一六二〇年の冬の間だけの王であった）と人々にたいへん嘲笑されたといわれます。

「ビーラ・ホラの戦い」で敗れたボヘミア軍（ボヘミア連邦議会）の主導者たち二七名は、旧市街広場で処刑されます（一六二一）。そしてフェルディナント二世帝はふたたびボヘミア王となり、多くのプロテスタントのボヘミア人たちは国外に逃れました。

皇帝ルドルフ二世のコレクションがスウェーデン軍によって略奪され、戦利品としてスウェーデンに送られる

建築家　「三〇年戦争」中には、ザクセン選帝侯ヨハン・ゲオルクのザクセン軍によって、五〇台の荷車分の陛下のコレクションがドレスデンに持ち去られました（一六三一）が、なんと申しましても大量に略奪し、戦利品としてストックホルムに持ち去ったのは女王クリスティナが君臨するスウェーデン軍です。

三〇年近く続けられた宗教戦争は、一六四八年に締結されました「ヴェストファリア条約」によって、一応の終結をみました。ですが、プラハにとって不運でありましたのは、その北ドイツ、ヴェストファーレン地方、ミュンスターとオスナブリュックでの和平条約締結の直前、ケーニヒスマルク将軍率

いるスウェーデン軍がプラハに攻め入ったことです。

プロテスタントの国スウェーデンの国王は強大な軍を戦場に送り、レーゲンスブルクやミュンヘンを、あるいはオーストリア、フォアアールベルクのブレゲンツを陥落させるなど、三〇年にわたる宗教戦争において大きな役割を果たしました。国王グスタフ・アドルフ（一五九四〜一六三二）は大軍を率いてのこの宗教戦争のさなか、ライプツィヒ近郊のヴァレンシュタイン率いる軍に敗れ、薨去（こうきょ）してしまいましたが、そのスウェーデン軍が戦争終結の年にプラハを襲撃したのです。

ヴルタヴァ川右岸の旧市街と新市街は、学生たちを含む市民層での応戦もあって何とか事なきを得たものの、左岸のプラハ城と城下は占領され、略奪されました。

ルドルフ二世　私の絵画、彫刻をはじめとするコレクションを略奪したのか。

建築家　十か月ちかく占領し、駐屯したスウェーデン軍によって多くが――城濠に飼育されておりましたライオンさえも――略奪され、エルベ川を下る船によってスウェーデンに持ち去られました。

この「三〇年戦争」では、スウェーデン軍は戦いに勝利し占領した各都市において、とりわけ美術品などの略奪に意をおいたようでして、国王グスタフ・アドルフ率いるスウェーデン軍のミュンヘン占領の際、選帝侯マクシミリアン一世が収集したデューラー、ホルバインやクラナッハなどの絵画をはじめ多くの美術品を略奪し、戦利品として自国のスウェーデンに送ったことが知られております。

この一六四八年のプラハ占領の際にも、ヴェストファリア条約が調印される前に陛下の美術品などを略奪せよと、新女王クリスティナ（一六二六〜八九）の命を受けた将軍ケーニヒスマルク伯指揮のもとスウェーデン軍によって略奪が行われた、と推測されております。

女王クリスティナは知的好奇心にあふれ、デカルトをはじめ多くの学者たちをストックホルムの宮廷に招き、（略奪した戦利品としての）大量の美術・工芸品で大広間を飾り、そして蔵書を誇り、北方の文化の中心地としたい意図があったようです。しかし、一六五四年、二八歳のとき、信仰上の悩みからスウェーデン王位を退き、オーストリア、インスブルックの宮廷教会にてカトリックに改宗し、そこからブレンナー峠を越えてローマに赴き、そこで晩年を過ごした女王として知られております。

スウェーデン王位を退位したクリスティナはローマに向かいますが、その際、略奪した陛下の多くの美術品などをストックホルムの王宮から運び出し、多くの家具、衣装箱などとともに大量の荷を荷台に載せ、馬やロバに引かせ、そしてローマへの巨額の旅費を捻出するため、旅の途中で、携えてきた美術品の一部を売却してしまいます。またその後、ローマにて死去する際、美術品を昵懇（じっこん）の枢機卿に遺贈します。

このようにして陛下の貴重な美術・工芸の収集品、蔵書などは、その後、世界各地に散逸することになってしまいました。

むろん略奪した大量の美術品など、すべてをクリスティナは持ち出すことはできず、王宮や戦利品の分け前に与ったケーニヒマルク伯などの貴族の城館を飾った美術品はスウェーデンに残り、二一世紀の今日におきましても、多くの名品をスウェーデンが所有しています。まずアルチンボルドがミラノにて描いた陛下お気に入りの陛下の肖像画『ウェルトゥムヌス』（スウェーデン、スコクロスター城所蔵）があげられます。

またジャンボローニア作の『皇帝ルドルフ二世騎馬像』（ストックホルム国立美術館蔵）、ハンス・モント画『マルスとウェヌス』（王宮蔵）、『ウェヌスとアドニ』（ストックホルム国立美術館蔵）、その他多くの貴重な美術・工芸品、書物がそれです。

その後、神聖ローマ帝国に夫とともに君臨しましたマリア・テレジアがプラハ城の居住部分を改築しましたが、その際、バイエルン、ミュンヘンのピナコテーク（絵画館）にいくつかの絵を売却した（一七四九）ことが知られております。

またその子息の皇帝ヨゼフ二世は、プラハ城を兵舎に改修しましたが、その際、陛下のコレクションのうちたくさんの彫像や古代コインを城壁濠ヒルシュグラーベンのごみ溜め場に投げ捨てたこと、そして多くの絵画を競売にかけ、驚くべき安価で売却しました。なかんずく陛下がヴェネツィアで購入し、屈強な人夫たちによってアルプスを越えて運ばせましたデューラーが描きました『ばら冠の祝祭』画も、二束三文で売却したことが知られております。

1

2

3

5

4

7

6

8

1 ヨハン・ヴィレンベルガー：『プラハの都市鳥瞰図』1601 年（プラハ博物館蔵）

2 3 ペーター・パルラー：「王の道としてのカレル橋」背後にプラハ城とマラー・ストラナが見える。橋の両側に立つ聖人像の多くは 18 世紀のもの。

4「ヤン・フスの焚刑」1415 年。コンスタンツの公会議で異端とされた。

5 コンスタンツの公会議で異端審問されるヤン・フス

6 ヤン・フスの肖像

7 石橋上にて，馬車に乗った皇帝ルドルフ２世にラビ・レーウ師がユダヤ人への寛容を訴える。民衆が投げる石は花に変わる。

8「ラビ、レーウ師の墓石」プラハのユダヤ人墓地。

9

10

9 アラスのマティアスとペーター・パルラー：「聖ヴィート大聖堂」1344年～。南側外観。東内陣部分は完成。南塔との間にアーチが懸かっている。ベルヴェデール宮も東に見える。

10 「聖ヴィート大聖堂」内部空間。ペーター・パルラーによるリブヴォールト天井。

11

12

11ベネディクト・リート：「ヴラジスラフ・ホール」1486～1502年。東方向を見る。

12「ヴラジスラフ・ホール」西側部分, 天井ヴォールト図。

⑬a

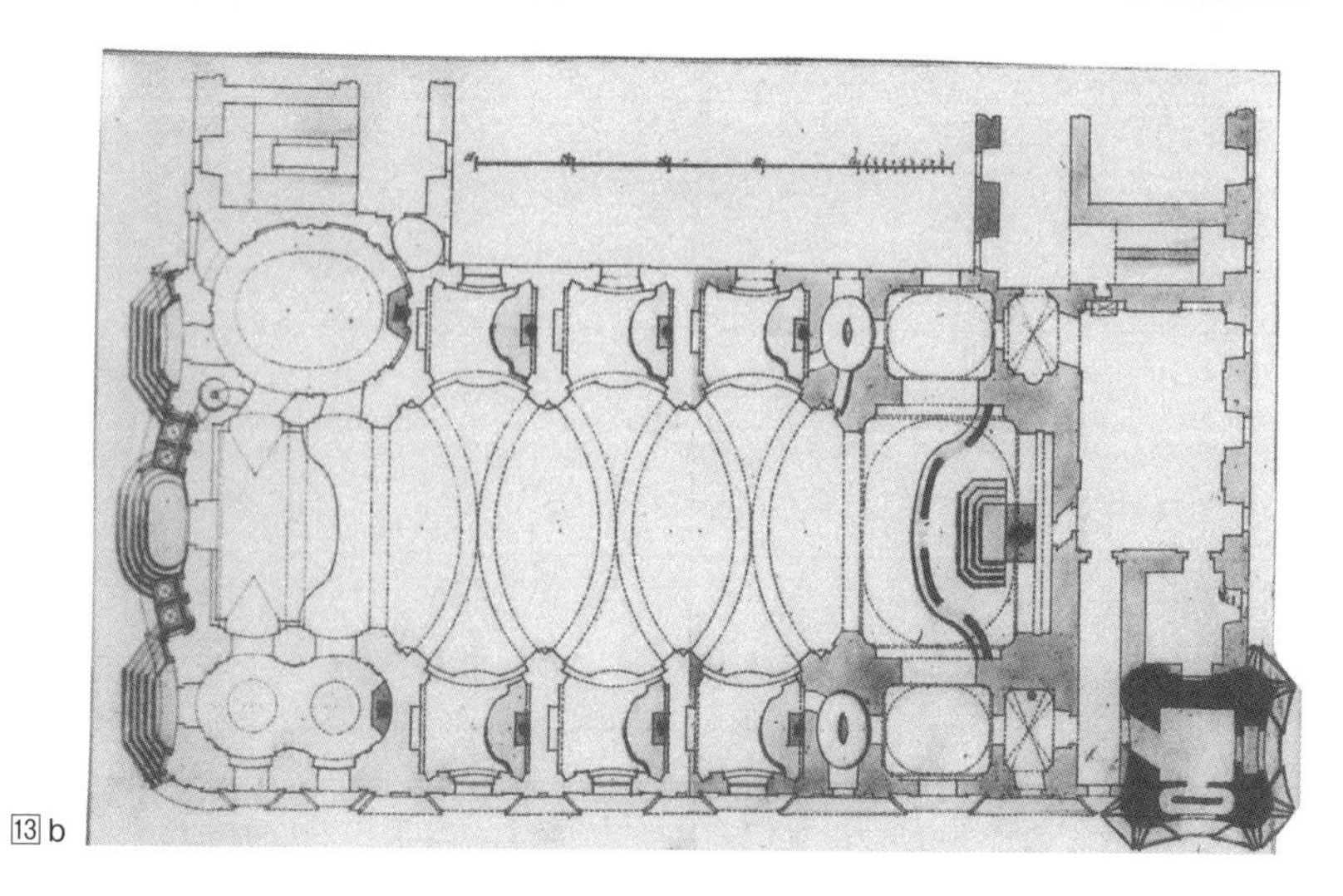
⑬b

⑬a クリストフ・ディーンツェンホーファー「聖ニクラウス教会」1702年～。その痕跡は見られるものの，天井部分に本来，楕円を形成するリブがあったが，取り払われてしまってない。

b「聖ニクラウス教会」平面図とリブがある天井伏図

⑭a

⑭b

⑭a ヨハン・ディーンツェンホーファー「南ドイツ，バンツの修道院付属教会」1713年〜。天井と床の上下の楕円が位相的にずれ，シンコペーションして反響し合う。

b「南ドイツ，バンツの修道院付属教会」平面図とリブがある天井伏図

16

15

17

19

18

15デンマーク派の画家：『ティコ・ブラーエ』16世紀。鼻先を決闘で失い，金で被っていた。

16ヤコプ・フォン・デア・ハイデン：『ヨハネス・ケプラー』

17プラハの市街地に立つティコ・ブラーエ（向かって左）とケプラーの立像

18ケプラー『ルドルフ表』1627年。ケプラーが『ルドルフ表』のために描いた天文学の神殿の略図。自身は台座の中央に机に向かって座っている。

19ケプラーが天体観測に使用した『六分儀』1600年頃

20

21

20 アルブレヒト・デューラー：『皇帝マクシミリアン1世凱旋門』1517年
21 アルブレヒト・デューラー：『バラ冠の祝祭』1506年（プラハ美術館蔵）

24

23

22

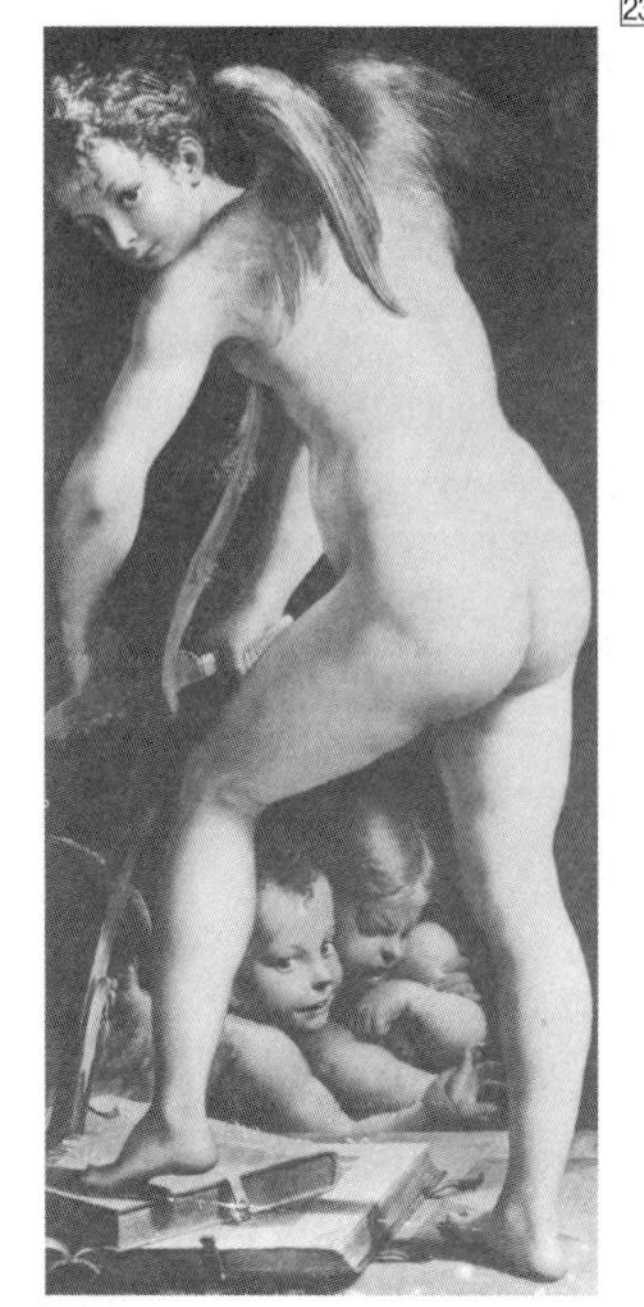
26

25

22コレッジォ：『ユピテルとイオ』1530年
23コレッジォ：『ガニュメデスの誘惑』1530年
24コレッジォ自画像
25パルミジャニーノ：『凸面鏡の自画像』1524年
26パルミジャニーノ：『弓を作るキュピド』1531年

29

27

28

27ティツィアーノ：『ピエトロ・アレティーノの肖像』1545年（フィレンツェ，パラッツォ・ピッティ，ガレリア・パラティナ蔵）

28ティツィアーノ：『皇帝カール5世の騎馬像』ミュールベルクの戦いにおいて，痛風の激痛をこらえて，馬に乗って戦う皇帝。

29ティツィアーノ：『ザクセン選帝侯ヨハン・フリードリヒの肖像』1550年。ミュールベルクの戦いにおいて捕虜となり，アウグスブルクで虜囚の身のとき，ティツィアーノが描いた。

31

30バルトロメロス・スプランゲル：『ヘルム・アプロディトゥスと妖精サルマキス』1582年

31『眠れるヘルマプロディトス』古代ギリシア，ヘレニズム期の彫刻。豊かな乳房をもつ女体だが，股間に男性器をもつ（ローマ，ボルゲーゼ美術館蔵）。ルーブル美術館などに模作がある。

32ヨドクス・ア・ヴィンゲ：『アレクサンドロス大王の肖像画家アペレス，パンスカペを描く』1600年。（ウィーン美術史美術館蔵）

33バルトロメロス・スプランゲル：『オデュセウスと魔女キルケ』1585年。（ウィーン美術史美術館蔵）

33

32

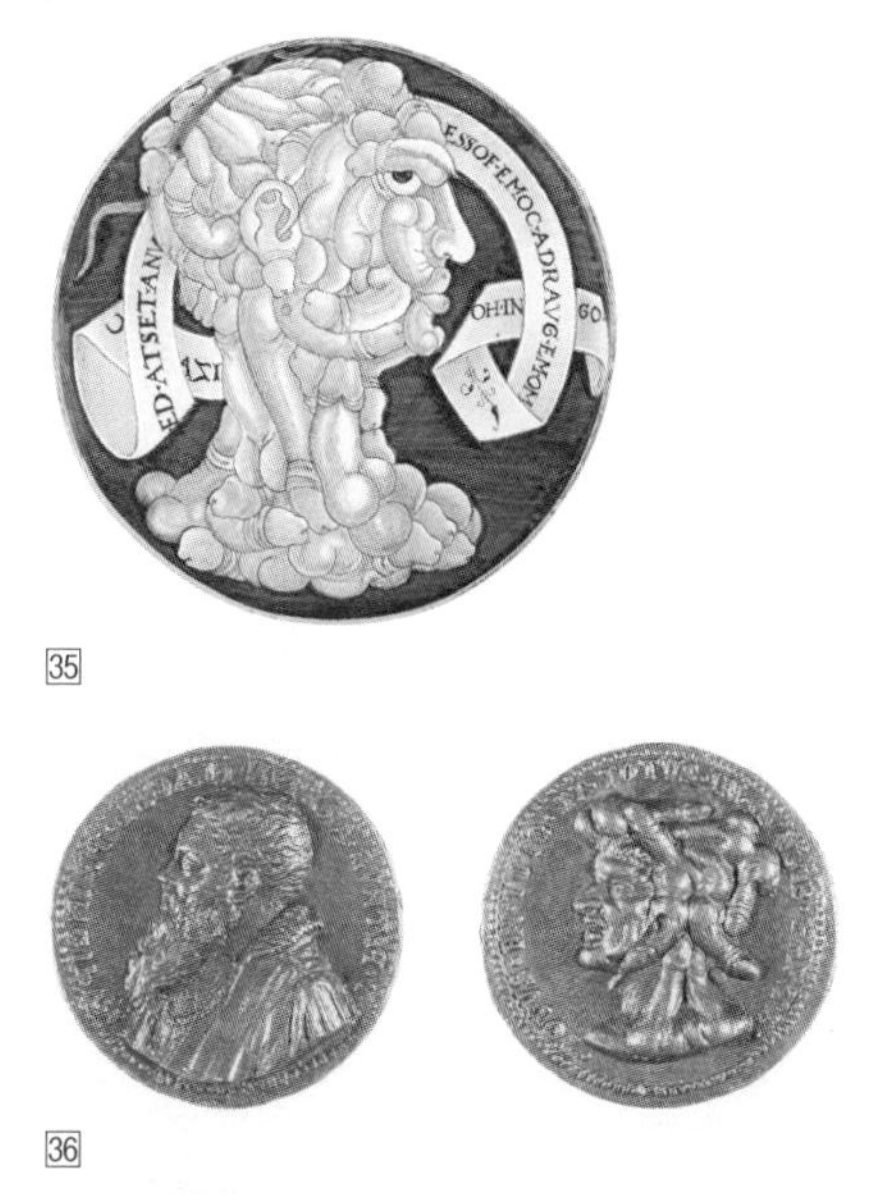

35

36

34

37

34ジュゼッペ・アルチンボルド：『四季のアレゴリー：夏』1563年（ウィーン美術史美術館蔵）

35フランチェスコ・ウルビニ？：『男性器から合成された顔』1536年

36？：『ピエトロ・アレティーノの肖像メダル』1530年代

37ジュゼッペ・アルチンボルド：『ルドルフ２世の肖像画ウェルトゥムヌス』（スウェーデン，スコクロスター城蔵）

6 晩年——失意の皇帝ルドルフ二世

生涯独身の皇帝

建築家　陛下は正式な結婚はされず、独身をとおされました。結婚して子供をもうけ、自分の後継者と目論見ますのが、これまでの神聖ローマ皇帝でしたが、陛下はそうではなく、その意味で稀有な皇帝といってもよろしいかと思われます。

スペイン王フェリペ二世の娘イサベルとの婚約

ところで以前、陛下からお話をお伺いしましたが、陛下はスペイン王フェリペ二世の娘、王女イサベル・クララ・エウヘニアと長い間ご婚約されておりました。

ルドルフ二世　そうだ、私は弟のエルンストとスペイン宮廷で七年にわたる勉学の時（一五六四〜七一）を過ごし、ウィーン宮廷に戻ったが、それに先立ってフェリペ二世王は、三番目の妻、王妃エリザベトとの間に生まれた王女イサベル・クララ・エウヘニアを私と婚約させた。イサベルはいまだ五歳の幼子であり、私も十九歳。私としては、結婚は遠い将来のことと思われ、私はその婚約に気が進まなかった。

建築家　陛下はこの王女と婚約させられましたものの、結婚にあたっては一向に気が進まず、長い年月延ばしに延ばしたわけですね。

その間、アダム・フォン・ディートリヒシュタインの後任の駐スペイン大使であるヨハン・ケフェンヒューラーを通じて、フェリペ二世王は陛下と王女との結婚を進めようとしました。

他方、この結婚話がうまく進まないことに業を煮やしたフェリペ二世王は、王女イサベルの母親がフランス王アンリ二世の娘である、つまりイサベルがアンリ二世の孫であることをたてに、フランス王アンリ三世が暗殺されたのを機に、王女イサベルをフランス女王にさせるべく画策した（一五八九）ことも知られております。

婚約中の陛下と王女イサベルの結婚問題解決に、フェリペ二世王からたびたび指摘を受けていた駐スペイン大使ケフェンヒューラーは、陛下に最終的意向を確かめ、この問題に決着をつけるべくプラハに一時帰国します（一五九二）。

ですが陛下は大使ケフェンヒューラーにはっきりとしたご返事をなされませんでした。

これで陛下と王女イサベルの婚約は解消され、その後、王女イサベルは、結局、陛下の弟君アルブレヒト大公（一五五九～一六二一）と結婚されました（一五九八）。アルブレヒト大公は、姉君アンナ大公女がフェリペ二世王と結婚する際、姉君に付き添ってスペインに来、そしてスペイン宮廷にて勉学の時を過ごした方ですね。後に妻となった王女イサベルとともにネーデルラント総督に任ぜられました。

陛下と王女イサベルとの二〇年以上にも及ぶ——フェリペ二世王に決められた——婚約が、陛下の心の重荷となり、ついには陛下が生涯独身の皇帝となられました大きな要因であったわけですね——むろん、婚約を破棄すればよかったのですが、スペイン王フェリペ二世の娘となりますとそう簡単にはいきません——フェリペ二世王の妹君であられる陛下のお母上の眼が光っておりますことですし。

皇帝ルドルフ二世の花嫁候補たち

建築家　陛下とスペイン王女イサベルとの婚約が解消され、この王女が陛下の弟君アルブレヒト大公と結婚されたことが広く知れわたりますと、各国の君主たちが、自分の娘と陛下との結婚を目論むようになりました。むろん、婚姻によって皇帝家との姻戚関係を結びたいという外交上の理由です。プラハ城の宮廷のもとには、そうした各国の姫君たちの肖像画が送られてくるようになりました。
陛下の宮廷におきましても、陛下の結婚話が活発になりました。陛下には正式な結婚によるお世継ぎがおられませんので、陛下の後継者問題として重要であったわけです。
陛下も重い腰を上げられ、信頼する宮廷画家ハンス・フォン・アーヘンをイタリアへ派遣され、各宮廷の美しい姫君たちの肖像画を描かせ、プラハの宮廷に送らせました（一六〇三）。フォン・アーヘンはヴェネツィア、トリノ、モデナそれにマントヴァを訪れ、姫君たちの肖像画を描きましたが、今日知られておりますのはエステ家の姫君ジュリアの肖像画のみです。帰途、インスブルックに立ち寄り、陛下の叔父上フェルディナント大公の娘アンナ大公女の肖像画をも描きました。
かくして、陛下の花嫁候補として数え切れないほど多くの若き姫君たちの名があがりました。主な姫君の名をあげますと、ハンス・フォン・アーヘンがインスブルックにてその肖像画を描きましたフェルディナント大公の娘アンナ大公女（一五八五～一六一八）、エステ家のジュリア・デステ王女、サヴァワ家のマルグリッド王女、それにメディチ家のマリア王女などです。
ルドルフ二世　……（無言）……
建築家　ですが、どの姫君も陛下のお気に召すことなく、結婚にはいたりませんでした。
ルドルフ二世　……（無言）……
建築家　その姫君のうち、フェルディナント大公の娘アンナ大公女は、後に陛下の弟君マティアスと結婚されました（一六一二）。この二人の婚約のお祝いとして、陛下はダイアモンドとルビーの首飾りをアンナ大公女に贈られました。

　アンナ妃は信心深く、後にカプチン修道会僧をウィーンに招き、ウィーン市内にノイアーマルクト広場脇に修道院を建立しました。そして、修道院教会地下に自分と夫の皇帝マティアスの墓所をつくらせました――これがその後ハプスブルク家歴代の皇帝墓所となりました。

　またメディチ家のマリア王女は、陛下のお父上マクシミリアン二世帝の妹君ヨハンナ大公女と夫君のトスカナ大公との間に生まれました娘ですね。後にフランス王アンリ四世と結婚され、フランス王妃となりました。

皇帝ルドルフ二世の愛人と庶子ドン・ジュリオ

建築家　陛下、たいへん失礼ながら、お聞きにくいことを単刀直入にお伺いしたく思います。陛下は多くの花嫁候補がおられるにもかかわらず、結婚されず、独身をつらぬき通しておられますが、陛下には愛人がおられるとの噂がもっぱらです。そしてその愛人とは宮廷古美術専門家、宮廷建築家であったヤコポ・ストラーダの娘である、と。――今日でもそう主張する研究者が多くおります。
ルドルフ二世　いや、ちがう。ヤコポの次男オッタヴィオ・ストラーダの娘だ。私が宮廷をプラハに移した年にオッタヴィオの娘アンナ・マリアをみそめた。実に気立てのよい、美しい娘だ。
建築家　ネーデルラント出身の宮廷画家ディルク・デ・クワーデ・ファン・ラヴェスタインが描きました、宝石鎖だけをまとった美女がベッドの上に仰向けとなって横たわるたいへん官能的な絵画『眠れる美女』（一六〇八頃、今日、ウィーン美術史美術館蔵）のモデルは、陛下の愛人ではないかと推測する人もおりますが――。

ルドルフ二世　……（沈黙）……
建築家　陛下はその愛人との間にお子様をもうけられたとの噂もあります――。
ルドルフ二世　六人の子供をもうけた。
その娘をみそめた二年後（一五八五）に長男ドン・ジュリオが生まれたが、ドン・ジュリオは私に似て時計いじりが好きで、時計の収集に熱中した。宮廷の廷臣たちは、高価な時計をたくさん買い求めるドン・ジュリオの浪費癖に頭を悩まし、私に時折、苦言を呈した。

だが、ドン・ジュリオは不幸な子であった。

ボヘミア南西部の大領主ローゼンベルクが逝去（一五九二）した後、私はそのチェスキー・クルムロフの城を買い取ったが、その城をドン・ジュリオに与えた。

建築家　ローゼンベルク（ヴィレム・ロジュムベルク）伯は、政治を行ううえで陛下の片腕でもあった人ですね。陛下と同じく錬金術に熱をいれ、ヴルタヴァ川上流畔の小都市チェスキー・クルムロフには錬金術師たちが集まり、プラハに次ぐ錬金術の中心地であったといわれております。

また陛下の宮廷数学官、天文学者のティコ・ブラーエの死に至る病の要因は、天文学者ヨハネス・ケプラーが伝えるには、ローゼンベルク伯のプラハにおける邸館において催された宴会への出席とされております。宴会中、耐え難い尿意を覚えたにも拘らず、貴族出身の誇り高いティコ・ブラーエは途中退席をよしとせず、我慢し続けました。そして帰宅後、発熱しました。尿道閉塞で、数日後逝去（一六〇一）してしまいました（パドヴァ、『ケプラーとガリレイ』）。

ルドルフ二世　その岩山の頂に建つチェスキー・クルムロフ城下で息子のドン・ジュリオはある医師の娘と出会い、恋仲となった。

プラハでは乱暴をはたらき、私たちは手を焼いたが――それで城を与え領主の自覚をもって責任ある行動をとるよう願ったのだが――そのチェスキー・クルムロフでもドン・ジュリオは変わらなかった。その娘と仲違いし、残忍な仕方で殺害したという。

私の家臣たちは、ドン・ジュリオを岩山の頂に建つ城のなかの一室に幽閉した。報告を聞いた私は止むなしとし、同意した。

ドン・ジュリオはその後、幽閉された部屋から飛び降り、自殺した（一六〇九）。……（長い沈黙）……

短い不幸な生涯であった……。

建築家　……おいたわしいことです。

皇帝の後継者問題――相続の件で、弟たちが不満を抱く

陛下は弟君エルンスト大公とともに七年間に及ぶスペイン宮廷での勉学を終え、十九歳の一五七一年にウィーンに帰国されました。そして翌年の一五七二年、ハンガリー王に選出され、そして、その三年後一五七五年、陛下が二三歳のときにボヘミア王に選出されました。

その翌一五七六年、陛下のお父上マクシミリアン二世帝はレーゲンスブルクで開催された帝国議会出席のための旅の途中で急病にかかられました。なんとか回復され、レーゲンスブルクに到着されたものの、帝国議会開催中、突然気を失なわれ、倒れられ、侍医らの懸命な処置や、呼ばれた女魔術師による秘密のエリキサー（霊薬）の処方、また天文学者であり侍医のひとりであったハイェクらがあらゆる手立てを尽くしたにも拘らず、皇帝マクシミリアン二世は崩御されました（一五七六年六月二五日）。まだ四九歳のときでした。

陛下はその年の十月に、レーゲンスブルクにて神聖ローマ皇帝に選出され、その大聖堂にて皇帝戴冠式が執り行われました（一五七六年十一月一日）。

そしてお父上マクシミリアン二世帝の崩御により、相続の問題が持ち上がったのですね。

ルドルフ二世　以前そなたに話したと思うが、父帝マクシミリアン二世は、長男である私が皇帝位、ハンガリー王位それにボヘミア王位を継ぐことをすでに在位中に決めていたが、家領の領土支配に関してはなんら遺言書を残さず、崩御されてしまった。そして私が領土支配権を相続したのに対し、弟たちは冷遇されていると思い、大きな不満を抱いていることを私は感じた。

建築家　陛下のお父上マクシミリアン二世帝とお母上（カール五世帝の息女）マリア妃との間には、一五人のお子様が誕生されました。そのうち成人されましたのは陛下を含めまして一〇人で、陛下の弟君はエルンスト大公（一五五三～九五）、マティアス大公（一五五七～一六一九）、マクシミリアン大公（一五五八～一六一八）とアルブレヒト大公（一五五九～一六二一）それにヴェンツェル大公（一五六一～七八）の五人ですね。

弟君たちが大きな不満を抱いていると陛下が感じ取られましたのは、いったい自分たちの家領の領土支配権はどうなっているのか、ということですね。

これには、ご子息三人がそれぞれ領土を分割統治するという、陛下のご祖父皇帝フェルディナント一世によります相続に関する措置があった、という背景があります。

長男であります陛下の父上マクシミリアン二世大公にはオーストリア、ドナウの諸領土とザルツカンマーグートの全域が与えられ、ハンガリー王位とボヘミア王位を継承する宗主権も与えられました。次男のフェルディナント大公にはティロルと西部所領が与えられ、三男のカール大公にはシュタイアーマルク、ケルンテン、それにクロアチア、スロベニアなどのオーストリア南部諸領土とアドリア海沿岸のオーストリア領が与えられました。

中世以来、男子均一相続制がとられてきましたが、ハプスブルク家例（一五三〇）によって長子単一相続制が定められました。にも拘らず、皇帝フェルディナント一世がハプスブルク家例に反して、男子均一相続制をとりましたのは、やはり兄弟間の争いが生ずることを危惧されたものと思われます。

ルドルフ二世　私は早速、弟たちと相続契約を交わし（一五七八）、金銭（各兄弟に毎年四万五、〇〇〇フロリン銀貨を支払う）と家財の遺産分与を終えた。そして弟マティアスがネーデルラントに赴くなど愚挙に出たのは、相続に関する不満の表われとみた私は、ハプスブルク家領の私の兄弟たちによる分割統治について構想を始めた。

スキピオに扮した姿でのマティアス大公の肖像画

建築家　ネーデルラント総督として市民や兵に歓迎されつつブリュッセルに入市するマティアス大公の肖像画が知られております。以前、陛下が「そんなものは、私は知らない」といわれました肖像画です。

その絵は、カルタゴを陥落させ、第三次ポニエ戦争を終結させた（前一四六）、あの古代ローマの英雄、将軍スキピオ・アエミリアヌス・アフリカヌス（前一八五～一二九）になぞらえ、頭には月桂冠を戴き、煌びやかな甲冑を身に着け、マントをまとった古代ローマの将軍のような姿の全身像が描かれたものです（一五八〇、今日、ウィーン美術史美術館蔵）

カルタゴの脅威からローマを開放したスキピオのように、スペイン王フェリペ二世による圧政と宗教的弾圧からの解放者としての弟君マティアスを表わそうとするものと思われます。ネーデルラントにて知り合った画家ルーカス・ヴァン・ヴァルケンボルヒ描いたものでして、この画家は、弟君エルンスト大公の依頼によって、陛下とエルンスト大公それにマティアス大公の三人の兄弟が、仲良くウィーン郊外の離宮ノイゲボイデを見下ろす丘の森の中を散歩する姿を描いた同じ画家です。

以前、陛下がお話くださいましたように、一五七六年、レーゲンスブルクにて開催された帝国議会——陛下のお父上マクシミリアン二世帝が開催中に崩御されました——の折、ネーデルラント使節団にネーデルラントの総督になる用意があると、十九歳の弟君のマティアス大公は陛下になんら相談せずに告げました。

翌一五七七年、マティアス大公は極秘のうちにウィーン王宮を出て、ネーデルラントへ赴き、総督の座におさまろうとした。スペイン王フェリペ二世にも、そしてヴィレム・オラニエン側にも不信感を抱き、どちらにも組しようとしない、いわば第三勢力のグループが、(妥協の産物として)マティアス大公に総督として迎えたい旨、密書をマティアス大公に送ってきたからです。

当時、レパントの海戦にてオスマン・トルコ軍を破った神聖同盟連合艦隊の総司令官であったドン・ファン・デ・アウストリア——陛下がスペイン宮廷での勉学時代、時折、ドン・カルロス王子とともにお見かけし、ご挨拶を交わされました——が、スペイン王フェリペ二世の命により、ネーデルラント南部一〇州に総督として派遣されておりました。しかし二年後にペストによって逝去してしまいました。後任には、陛下がスペイン宮廷での勉学時代にお知り合いのアレサンドロ・ファルネーゼ公が総督に任ぜられました。

マティアス大公が第三勢力の誘いに応じてネーデルラントの地に現われる、の報はスペイン王フェリペ二世の耳を疑わせるものでした。にわかには信じがたいことでしたが、それが事実だと知ると、怒りに狂い、甥の陛下にもこれはいったいなんなのだと、怒りの書簡を送りつけてきました。

陛下はマティアス大公のこの軽挙妄動の報を聞き、驚愕され、気が動転するばかりでした。

そして怒りはおさまらず、これが原因で胃の潰瘍を患い、その後もたびたび陛下はこの胃病に苦しむようになりました。

ルドルフ二世　ネーデルラントでは、思慮が浅い、野心家のマティアス――若いといってもネーデルラントに極秘に赴いたのはもう二〇歳だ――の思いどおりに事が運ぶわけはなく、結局、総督職をあきらめ、オーストリアへ帰国した（一五八一）。

私はマティアスにリンツの城に蟄居するよう命じた。

相続の問題への不満が、そうしたネーデルラントへ赴くという軽挙妄動の要因の一つとはいえ、マティアスへの怒りはなかなかおさまらなかった。

心根優しい弟エルンストは折り合いの悪い二人の仲をとりなそうとしたが、二人の不和は消え去ることはなかった。

建築家　そういわれますものの、兄弟争いに発展しかねない家領の統治問題におきまして、陛下は兄弟たちの（分割）統治を構想され、エルンスト大公が逝去された（一五九五）後、どこか領地を支配したいと陛下に幾度となく請願していました弟君マティアス大公をニーダーエステルライヒの総督に任ぜられました。

皇帝ルドルフ二世、大病を機にたびたび後継者の指名と退位を迫られる

陛下はたびたび大病に見舞われましたが、その多くは胃病でしょうか。陛下に相談せず、ネーデルラントに赴き、総督になろうとした弟君のマティアス大公の愚挙に陛下は驚愕し、怒り、その怒りはなか

なかおさまらず、それが原因で胃の潰瘍を患われましたが、この胃病がなかなか完治せず、後々、さまざまな病も重なって大病を患い、床に伏せられたのですね。

陛下はこのように大病を患われたたびに、陛下の弟君たちや時には側近から、後継者の指名を迫られ、退位を迫られました。一五八〇年頃と一六〇〇年頃のことです。

それは陛下がご結婚なさらず、したがいまして、嫡子がおられないわけでして、大病を患われて床に伏せております陛下にもしものことがあった場合、王位、皇帝位を継承する者はいったい誰なのか、という問題が当然生じます。野心を抱くマティアス大公をはじめ、マクシミリアン、アルブレヒト諸大公の弟君たちは、こうした機会に乗じて、兄であります陛下に後継者の指名を迫ります。

胃の持病に加えまして、周囲からの圧力、それに世紀末に向かって不吉な予言の数々、日食、月食、地震——一五九〇年、ウィーンのシュテファン大聖堂の一部が傾き、ショッテン教会、ミヒャエル教会は一部崩壊しました——、洪水などの異常現象、自然災害の発生に、世の中は動揺し、陛下も暗い顔をして塞ぎこむ日が増していきました。

また陛下のプラハの宮廷には、ヨーロッパ中から魔術師、占星術師やいかさま錬金術師たちが集まってきました。が、こうした情況を「ルドルフ二世皇帝は異端審問から逃れた者たちをプラハ城にかくまい、魔術師、占星術師たちを住まわせている——」とプラハ駐在の教皇特使がローマ教皇に書簡を送るなどして、陛下とローマ教皇との関係が悪化しつつありました。教皇庁からは、ルドルフ二世皇帝の体から悪魔を追い払い、悪魔の影響をそがねばならない、との声が強くあったことが知られております。

陛下を取り巻くさまざまな情況の悪化にありまして、一六〇〇年に陛下がふたたび大病を患われましたときは、後継者問題が再燃しました。

このときは陛下のご容体は深刻のようでして、後継者問題は真実味を帯びていたことが知られております。プラハ宮廷のルンプフ首相はマティアス大公を、そしてスペイン宮廷はアルブレヒト大公——前年にこの大公はフェリペ二世王の王女、長い間、陛下の婚約者でもありましたイサベル・クララ・エウゲニアと結婚されました——を陛下の後継者にと推挙し、陛下に退位を迫りました。

ですが幸運にも、このときも陛下のご病気は重体に陥りましたにも拘らず回復され、後継者問題は口にされなくなりました。

弟マティアスたちとの争い——王位を譲る

建築家　陛下が結婚する気配が見られず、後継者を指名する意向が一向に見られませんことから、弟君たちは、陛下は弟たちのなかから後継者を指名しないのではないかと疑心を抱き、不満を募らせます。

陛下とは一歳違いで、弟君のなかでは最年長のエルンスト大公が、後継者として最有力候補として目されてきましたが、エルンスト大公はネーデルラント総督を務めた後、一五九五年に逝去されております。

それで後継者として強い意欲を示しましたのは、陛下と五歳違いの弟君で野心家マティアス大公です。十九歳の若いマティアス大公がネーデルラントに赴き、総督になろうとしましたが、挫折し、帰国した折、陛下からおおいに叱責され、蟄居を命ぜられましたが、そのとき抱いた陛下への反感も募ってきたに違いありません。

後継者として意欲を示すマティアス大公を後押ししましたのは、策略家として政治手腕を発揮するメルヒオール・クレースルです。ウィーンのパン屋の息子に生まれましたクレースルは、持ち前の才知でウィーン司教、枢機卿にまでのしあがった人物です。

オスマン・トルコとの戦争（一五九二〜）が止む気配がないなか、ハンガリーとトランシルヴァニアではプロテスタントのカルヴァン派貴族ボチカイの主導で暴動が広がりつつあります。オスマン・トルコはボチカイに王冠を与え、トランシルヴァニアを独立国と認める懐柔策にでます。

大きな脅威であるオスマン・トルコに加え、ハンガリー、トランシルヴァニアをも敵に回しかねない情勢にありまして、打開策が講じ始められました。陛下は長年、外交使節団の相互派遣などで緊密な関係を築いてきたし、オスマン・トルコと敵対関係にあるペルシアの支援を期待できるから、もう少し様子を見るべきだと主張されました。思慮に思慮を重ねられたうえで、早急に手を打つにはためらいがおありでありました。

ところが即刻、ボチカイとそしてオスマン・トルコとの講和を結ぶのが得策だとするのが、オスマン・トルコとの戦いを指揮しているマティアス大公、マクシミリアン大公はじめ大勢でありました。

ハンガリーとトランシルヴァニアを率いるボチカイとそしてオスマン・トルコとの講和にためらわれます陛下の態度に危惧の念を表わした決議文を、マティアス大公、マクシミリアン大公たちは陛下に送りつけます。結局、陛下はマティアス大公にボチカイとオスマン・トルコとの交渉に全権を与えられました（一六〇五）。陰にクレースルの策謀が働いたことは明らかです。

かくしてハンガリー、トランシルヴァニアとの和約（ウィーンの和約、一六〇六）とオスマン・トルコとの講和条約（一六〇六）が結ばれました。

陛下のご意向が通らなかったこのあたりから、陛下と弟君マティアス大公、マクシミリアン大公との間のご兄弟の争いは顕著となり、その力関係は微妙になってきます。翌一六〇七年、シュタイアーマルクのフェルディナント大公を交えて弟君たちの間でマティアス大公をハプスブルク家の事実上の宗主とする密約がクレースルの策略で結ばれますが、これを機にマティアス大公は持ち前の野心をむき出しにします。オーストリア、ハンガリー、モラヴィアの諸身分を自分の側に引き入れるべく——むろん、クレースルの策謀のもと——画策します。

その後、マティアス大公が軍をボヘミアに進めるなか、プラハ郊外にて陛下はマティアス大公と会談の場をもたれ、やむなくハンガリーとティロルと西部所領を除いたオーストリアとモラヴィアの統治権をマティアス大公に譲られました。

そして陛下は、ボヘミアをご自分の側に堅持する意図もあって、ボヘミアの諸身分が要求するプロテスタントへの寛容な施策——礼拝の自由、教会の建設など——を容認する「勅書」を発布されました(一六〇九)。

陛下の叔父、シュタイアーマルクのカール大公には兄フェルディナント大公（一五七八〜一六三七）と弟レオポルト大公（一五五八〜一六三二）の二人の息子がおりました。その弟のレオポルト大公はパッサウの司教でもありましたが、叔父のマティアス、マクシミリアン、そして兄のフェルディナントに組せず、傭兵を募りパッサウ軍を率いて、プラハに進軍します。それは同じくプラハに進軍しつつあるマティアス軍によって苦境に陥りつつあります陛下の形勢を変えるためです。

陛下の許可を得て、レオポルト大公率いるパッサウ軍はプラハ市内、それとプラハ城へと侵入しようとするも、反撃され後退を余儀なくされます。そしてマティアス軍がプラハに侵入します。

この事態を見たボヘミア諸身分はマティアス大公支持にまわります（一六一一）。

マティアス大公はボヘミア国内、プラハへと来、ボヘミア国王に選出され、プラハ城内聖ヴィート大聖堂にて戴冠式が挙行されます。

陛下はプラハ城内の居室にて、戴冠式の挙行を知らせる聖ヴィート大聖堂の鐘の音をどのようなお気持ちで聞かれたことでしょう……。

グリルパルツァーの戯曲『ハプスブルク家の兄弟争い』

建築家　十九世紀半ば、オーストリアの劇作家であるフランツ・グリルパルツァー（一七九一～一八七二）は、陛下とマティアス大公をはじめとする兄弟たちとの争いを題材とする戯曲『ハプスブルク家の兄弟争い』を書きました（一八四八）。そこでは陛下のご子息ドン・ジュリオや三〇年戦争の将軍ヴァレンシュタインをこの史劇に登場させ、そして陛下とマティアス大公の内面の心理を探るなど、興味深いものがあります。

戯曲は全五幕でして、そのおおよその内容をごくかいつまんでお話したく思います。

第一幕（二場）

舞台はプラハのマラー・ストラナ。将軍ルスヴォルムが市民プロコプの娘の愛人を殺害した科（とが）で告発され、ルドルフ皇帝の庶子ドン・カエサルは将軍に非はないと弁護します。が、将軍ルスヴォルムには有罪判決が下されます。

舞台はかわりプラハ城の広間にて、皇帝ルドルフに弟のマティアス大公がシュタイアーの統治委託を請願、その代わりにすべての相続権を放棄するといいます。皇帝ルドルフはこれに答えません。甥のフェルディナント、レオポルトも登場。ドン・カエサルも将軍ルスヴォルムの判決へのとりなしを父の皇帝ルドルフに嘆願します。

第二幕（三場）

舞台は対オスマン・トルコ戦争、戦場の幕舎。皇帝の弟マティアス、マクシミリアン、甥のフェルディナント、政略家メルヒオール・クレースルは、皇帝ルドルフの同意なしにオスマン・トルコと和平を結ぶ話合いをします。

第三幕（二場）

舞台はプラハ城スペインの間。ボヘミア諸身分が、スペインの間に集まり、プロテスタントへの寛容「勅書」発布を皇帝ルドルフに迫ります。マティアス、軍を率いてプラハに迫ってきます。

甥のレオポルトがプラハに来ます。皇帝はそのレオポルトに「私の息子」との呼びかけ、もう時は遅しというも、「戦え」と促します。マラー・ストラナでレオポルトは皇帝の許可状をもっているから、プラハ城に兵を率いて入りたいといいますが、皇帝の側近ブラウンシュヴァイク侯ユリウスは、そうすると皇帝の敵の思うつぼだと諭します。背後に「マティアス万歳」と叫ぶ民衆の歓呼の声が響きます。

第四幕（四場）

舞台はプラハのマラー・ストラナ。レオポルトがパッサウ軍を率いて、プラハ市街地に攻め込もうとするも、退却を余儀なくされます。

ドン・カエサルが兵士に連行され戻ってきます。プロコプの娘ルクレツィアへ好意を寄せるある男がその家に同居するのを見て、ドン・カエサルの友、将軍ルスヴォルムが自分に代わってその男を殺したのだ、とドン・カエサルは事の顚末を語ります。

その後、ドン・カエサルは、野盗と組んで騒ぎを起こしたとし、逮捕され、塔に幽閉されます。ドン・カエサルは怒り狂い、怪我をした腕から大量に出血し、容体は悪化し、医者が呼ばれます。ドン・カエサルは包帯を自分で取り去り、父皇帝に裁かれた、と眼に涙しながらいい、死にたいと叫びます。

舞台はかわってプラハ城。皇帝ルドルフの居城の出入口はマティアスの兵たちによって閉ざされ、誰も入ることはできません。皇帝ルドルフはこの城の主人なのにと怒ります。私は弟マティアスを一度たりとも愛したことはない。彼は虚栄心の固まりだ、などとなじります。そしてプラハを芸術によって美しい都市としたのは私だ、プラハは私の作品だ、などと懐かしみます。周囲の世界が戦争をしているなか、プラハは花咲きほこるオアシスに等しい……ともいいます。

弟のマクシミリアンと甥のフェルディナント登場。

皇帝ルドルフは、私は世の中を道理あるものと思っていたが、そうではなかった。……思慮を重ね、それがためらいであっても、賢くためらうことにこそ、唯一の救いが見えてくる。……といい、また、あえてここでは名前をあげないが、この男こそ私は非難する。はじめは軽蔑していたに過ぎなかったが、後になって、憎むようになった。彼は自分の虚栄心に溺れた。そして皇帝ルドルフは王の座を放棄しよう、といいます。マティアスはハンガリー、オーストリアを統治しているが、すでにボヘミアも統治している。マティアスは他人を批難するのは簡単であり、自分の統治がより良いとうぬぼれるのは見せかけだけに過ぎないことを思い知るだろう、といいます。そしてもう私は皇帝ではない、一人の人間だ、といいながら床に倒れ込んでしまいます。

第五幕（一場）

舞台はウィーン王宮広間。フェルディナントがマティアスに会いに来ます。陰の実力者クレースルもいます。混乱が収まりつつも、政権内の分裂やザクセン、ブランデンブルク、プファルツなどの諸国間の結束が破れ、派閥争いを懸念します。ルドルフ皇帝のプロテスタントへの寛容「勅書」発布後、プロテスタント教会の建設も始まり、それへの懸念も尽きないといいます。

プラハの皇帝ルドルフの具合について、皇帝は発作にたびたびおそわれ、命が危ないという噂があると、クレースルはいいます。そこにプラハから来たヴァレンシュタインに、マティアス王はプラハ情勢を問います。皇帝ルドルフは崩御されたとの噂があり、六頭立ての葬送車を見たという人もいると答えます。

そこにブラウンシュヴァイク侯ユリウスをはじめ宮廷人が喪服姿で広間に入ってくるのを見て、マティアスは、その姿を見ればわかる、兄は死んだのだ。私も間もなく死ぬ。私を一人にしてくれと、人払いをし、一人物思いに耽ります。

フェルディナントが、皇帝ルドルフは信心深い君主であったといいます。ユリウスはそのとおりです、そして賢明な君主でしたとつけ加えます。

フェルディナントはプロテスタント勢力が、われわれに立ち向かってくるだろう、というと、ヴァレンシュタインは、戦いは望むところ、戦いは三〇年続くであろう、といいます。

街のあちこちから、「マティアス万歳」の歓呼、そして音楽と人々の騒ぎ声。マティアスは宮廷の側近たちに促され、バルコニーに出て、街の人々の祝福を受けます。そしてユリウスやヴァレンシュタインたちが三〇年は続くであろう戦いについて語るのを聞き、バルコニーから戻ったマティアスは戦いとはなんの戦いのことか、そして三〇年も続く戦いとは何かと問います。自分は幸せなことに、それまで生きてはいない、といいます。周囲は大騒ぎだが、自分には静寂が必要だ、といって一人になります。

目標を達した今、自分には何もないことがわかった。ただ目標への道のりにだけに意味があったのだ。いまや、将来何をしたいのか、その夢は消え去った。兄のお前のように自分も権力も失って墓穴の底に落ちていく。兄のお前の自分に対する憎悪は死んで墓に入ってもおさまらず、自分を罰しようとするのか。

マティアスはひざまずき、胸をたたきながらメア・クルパ（私の罪だ）、メア・クルパ、メア・マクシマ・クルパとつぶやく。

外では街中から「マティアス万歳」の歓呼の響き。

（終幕）

グリルパルツァーによりますこの戯曲『ハプスブルク家の兄弟争い』は、むろん、史実をもとに書かれておりますが、興味深いフィクションも取り入れております。

そのひとつは、宮廷古美術専門家オッタヴィオ・ストラーダの娘アンナ・マリアと陛下との間にもうけられましたご子息ドン・ジュリオを第一幕から登場させていることです。

陛下は、ハプスブルク家が古代ローマ皇帝を継承する正統性を意識なされ、ご子息にドン・ジュリオと名づけられました。劇作家グリルパルツァーはドン・ジュリオではなく「ドン・カエサル」の名で登場させております。

そして将軍ルスヴォルム——陛下が信頼していた将軍といわれます。この将軍は他の将軍の弟と決闘になって、殺害し、その結果、裁判で有罪となり、斬首刑となりました——が市民プロコプの娘の愛人を殺害した科で有罪判決が下されますが、その判決へのとりなしをドン・カエサルは父の陛下に嘆願するのです。その後、プロコプの娘に恋したのは自分で、自分に代わって友である将軍ルスヴォルムが娘の愛人を殺したのだ、とドン・カエサルは告白します（第四幕）。

そして、ドン・カエサルは野盗と組んで騒ぎを起こしたとして逮捕され、塔に幽閉されます。父である皇帝が自分を解放しないことから、父皇帝に裁かれたと、大量に出血しながらも、医者が呼ばれ処置した包帯を自分から取り去り、自死してしまいます。

史実は、以前に陛下がお話くださいましたようにローゼンベルク伯の居城でもありましたチェスキー・クルムロフの城主としてのドン・ジュリオは、城下の医者の娘と恋仲になりましたが、仲違いをしたその娘を殺害し、幽閉された城の部屋から飛び降り、自死されたのです。

グリルパルツァーは、陛下と愛人の間に庶子ドン・ジュリオが存在した、そして幽閉され、自死したという今日でも解明されていないという「隠された事実」を知り、このことも陛下がなかなかご結婚する気になれず、大きな後継者問題と発展した——兄弟争いへと発展した一因ではないかと考えた。そして劇中にドン・カエサルとして——なんとか登場させた、のではないでしょうか。

また蓄えました富をもとに多数の傭兵を募り、傭兵隊長として戦功を上げ、三〇年戦争で皇帝軍の総司令官にまで登りつめましたヴァレンシュタインを劇中に登場させていることも興味深いことです。

アルブレヒト・フォン・ヴァレンシュタイン（ヴァルトシュタイン、一五八三〜一六三四）はボヘミア、プロテスタントの小貴族の生まれで、裕福な未亡人と結婚——このあたりは、ペルッツ作の小説『夜毎に橋の下で』中、「ヴァレンシュタインの星」の物語のなかで、幻想的かつ愉快に語られております――、そしてその未亡人の死後、遺産を元手に金融業などで資産を増やし、傭兵を募ります。

皇帝フェルディナント二世のカトリック皇帝軍が窮地に陥るや、多数の傭兵を率いて参戦し、大きな戦功をあげ、帝国軍司令官に任ぜられ、フリートラント公爵とサガン公爵として領地を与えられます。――陛下の宮廷数学官でありました天文学者ヨハネス・ケプラーが、陛下崩御の後にプラハを去り、占星学に興味を抱いていたこのヴァレンシュタインの宮廷数学官としてサガンの地の赴いた（一六二八）ことが知られております。

ですが、異常に早い立身出世と前線における独自の戦後処理法――占領した土地では、兵士たちには略奪を厳禁し、代わりに領主や民から税を取り立てる――などを、嫉妬心に駆られた他の同僚である帝国軍指揮官たちから批難され、将軍ヴァレンシュタインは免職の憂き目を見ます。

しかし、カトリックの帝国軍にとって戦況は芳しくなく、ヴァレンシュタインは請われて復職し、兵を率いて戦います――このとき、プロテスタントのスウェーデン王グスタフ二世アドルフはライプツィヒ近郊の戦いで戦死を遂げます――。スウェーデン軍やザクセン軍と勝手に和平交渉を進めたり、また選帝侯の地位を狙う野望を抱いているといった噂が流れたため、皇帝フェルディナント二世はヴァレンシュタインの裏切りと反逆を恐れ、暗殺を命じます。一六三四年エガー（ヘブ）において、ヴァレンシュタインは暗殺され、五〇歳で波乱に富んだ生涯を閉じます。

そのヴァレンシュタインが第五幕、ウィーンの王宮広間に登場します。マティアス王の側近クレースルは、プラハの皇帝ルドルフ（陛下）の具合について、皇帝は発作にたびたびおそわれ、命が危ないという噂があるではないかといいます。マティアス王はプラハから来たヴァレンシュタインに、プラハの状況を問うと、皇帝は崩御されたとの噂があり、六頭立ての葬送車を見たという人もいる、とヴァレンシュタインは答えます。

そして陛下の甥、シュタイアーマルクのフェルディナントが、プロテスタント勢力がわれわれに立ち向かってくるだろうといいますと、ヴァレンシュタインは、戦いは望むところ、戦いは三〇年続くだろうといいます。

この場面にヴァレンシュタインが登場するのは、史実ではなくフィクションです。「マティアス王万歳」と民衆が歓呼する頃は、ウィーンの王宮に自由に出入する身分ではヴァレンシュタインはまだなかったからです。三〇年戦争で多数の傭兵を率いて大きな戦功をあげ、功成り名を遂げたからのことです。

そしてカトリックとプロテスタントの戦いは三〇年続くであろう、と劇作家グリルパルツァーはヴァレンシュタインに言わせております。それは三〇年戦争が起こった背景と、そして三〇年戦争とヴァレンシュタインは切り離せませんから、ヴァレンシュタインにそう言わせたのでしょうし、劇作家グリルパルツァーは――戯曲『ドン・カルロス、スペインの王子』を書きましたあのドイツの劇作家シラーが戯曲『ヴァレンシュタイン』（一七九九）を書いたことを想起しまして――この数奇な運命を辿った将軍ヴァレンシュタインを劇中に登場させたのではないでしょうか。


第四幕、プラハ城の場におきまして、陛下の独白があります。「プラハを芸術によって美しい都市としたのは私だ、プラハは私の作品だ」と劇中、陛下に言わせておりますが、本当にそうですね。「周囲の世界が戦争をしているなか、プラハは花咲きほこるオアシスに等しい」とも陛下は独白しますが、間断ないオスマン・トルコとの戦争と脅威、それにカトリックとプロテスタントの宗派間の争いが止むことがない十六世紀の激動の時代にあって、プラハはオアシスのような存在で芸術と科学と魔術と後期人文主義の花が開きましたのは、陛下の存在こそであり、グリルパルツァーに同感します。

そして「私は世の中を道理あるものと思っていたが、そうではなかった。……思慮を重ね、それがためらいであっても、賢くためらうことにこそ、唯一の救いが見えてくる……」と独白しますが、——『ルドルフ二世とその世界』（一九七三）（日本語訳：中野春夫訳『魔術の帝国—ルドルフ二世とその世界』）を著しましたエヴァンズも引用しています——心理分析が得意なグリルパルツァーらしく、陛下の心理を読み、見事に表わしていると思います。

果敢な決断は、この激動の時代にあって、皇帝として凛々しく思われがちですが、多くの民衆を不幸な出来事に巻き込みかねないことが多く、思慮を重ねて、果敢な決断を避け、ためらう、躊躇する時間をもつ、これが賢い、救いの道となる——これも英明な皇帝のとるべき考え方といえましょう。

そしてウィーンの王宮のバルコニーにて、街の人々の「マティアス万歳」の歓呼と祝福を受け、一人になったマティアスは独白します。「目標を達した今、自分には何もないことがわかった。ただ目標への道のりだけに意味があったのだ。それは赦されることではなかった。そんなことに身を捧げたのだ。兄のように自分も権力も失って墓穴の底に落ちていく。兄の自分に対する憎悪は、死んで墓に入ってもおさまらず、自分を罰しようとするのか」

そしてひざまずき、胸をたたきながらメア・クルパとつぶやきます。外では街中「マティアス万歳」の歓呼の響きのなか、舞台の幕が降りるのです。

政争において兄の皇帝ルドルフを倒すこと、この目標への道のりだけが意味があったのだ。それは赦されることではなかった——とグリルパルツァーはマティアス王に独白させ、ひざまずき、胸をたたきながらメア・クルパ（私の罪だ）とつぶやかせますが、マティアスが崩御した兄の皇帝に赦しを乞う、和解を請うような態度——これには私は疑念を抱かざるを得ません。

シュタイアーマルクではプロテスタントが弾圧され——このためグラーツで州数学官であったヨハネス・ケプラーがプラハの天文学者ティコ・ブラーエのもとに来たことが知られております——、プロテスタントに対し強硬な姿勢をとり続ける、そのシュタイアーマルクのフェルディナントを抑え、カトリックとプロテスタントとの対立をやわらげ、平和を維持しようとクレースルとともに画策したマティアス王に、グリルパルツァーは一筋の光明を見いだし、マティアス王のそのような独白で劇の幕を降ろそうとしたのでしょう。

ですが、二〇歳と若いときではありましたが、スペイン王フェリペ二世が任じ派遣したドン・ファン・デ・アウストリアという総督がいるにも拘らず、第三の勢力としてのネーデルラントの総督になるべく、兄の皇帝ルドルフ二世になんの相談もせずに、秘密裡にネーデルラントに赴いたという愚挙に出ました軽々で野心家のマティアスの性格が、大きく変わるとは思えません。

劇作家グリルパルツァーはウィーンに生まれ、ウィーン大学で法律を学び、大蔵省に停年になるまで勤めました。二五歳のとき、戯曲『先祖の女亡霊』がウィーンのブルク劇場において上演され、好評を博し、以来、劇作家として、主に史劇を書きました。

そのグリルパルツァーが戯曲『ハプスブルク家の兄弟争い』に取り掛かりましたのは一八二五年(三四歳)頃だとされ、そして一応の完成したのが、一八四八年(五七歳)とされます。

一応の完成といいますのは、グリルパルツァーはその後にも、この作に推敲を重ね、死去するまで推敲したといわれます。ですから、この戯曲『ハプスブルク家の兄弟争い』はグリルパルツァーの遺作だとする人も多くおります。グリルパルツァーはこの作に半生を捧げた、といってもよいでしょう。そしてこの戯曲はグリルパルツァーの死後八か月後、「ヴィーナー・シュタットテアター（ウィーン市立劇場）」にて初演されました。

グリルパルツァーが推敲に推敲を重ねたのは、皇帝ルドルフ陛下とマティアス王の独白部分ではないでしょうか。この劇の幕を如何に降ろすか、マティアス王の独白に心を砕いたグリルパルツァーですが、私はやや納得がいかない部分があります。ですが、皇帝ルドルフ陛下の独白部分は心に響くところがあります。プラハは私の作品だ――周囲が戦いをしているなかにあって、プラハはオアシスのようだ――思慮を重ねて、賢くためらう――。この戯曲はグリルパルツァーの秀作だと思います。

＊　＊　＊

臨終の床にあって皇帝ルドルフ二世は、塗油の秘蹟を拒んだ――父帝マクシミリアン二世と同じように。

黄金の鼻をもつ天文学者ティコ・ブラーエの予言どおり、可愛がっていた同じ運命の星の巡り会わせをもつライオンの死の数日後、一六一二年一月二〇日、皇帝は静かに息をひきとった――霊薬を塗ったアミュレット（魔除け）を首に巻きつけて。

オスマン・トルコとの戦争、カトリックとプロテスタントの宗派間の抗争、そしてたびたびのペストをはじめとする疫病の流行という多難な時代にあって、三六年間という長い治世に帝国の平和を維持した皇帝ルドルフ二世の六〇年の生涯であった。

皇帝の魂は神々の神ゼウスの聖鳥である鷲と皇帝が可愛がったライオンに導かれて、神々が棲み、ハプスブルク家の守護神ともいうべきヘラクレスが待つ、遠いギリシアのオリュンポスの山々へ向かった。

崩御後、皇帝のご遺体は侍医団によって解剖に付された。
解剖所見によると、
　脳は良好
　心臓は大きく、良好
　肺はやや病菌におかされ
　肝臓は硬変している
　胃は縮み、片方は焼けただれている
脳の一部は皇帝が日頃使用していた金杯に入れて、心臓の一部とともに、スペインのエスコリアル修道院に送られた。

まず皇帝のご遺体はバルサムで処理され、──ハプスブルク家の葬儀礼に則って──内臓と心臓は別々に埋葬されました。

皇帝のご遺体はプラハ城の謁見の間において安置され、一般の弔礼を受けました。

芳香を放つ香油を塗られた皇帝のご遺体は、スペイン宮廷の礼服をまとい、大きな枕の上に仰向けによこたわり、左脇かたわらには剣、そして右かたわらには金羊毛皮勲章がおかれております。皇帝のご遺体の周りには一〇の蜀台に灯明が灯され、従僕と侍女たちがひざまずき夜通し祈りを捧げ、皇帝をお守りするのです。

そして、その後皇帝位を継いだマティアス皇帝が、兄である亡き皇帝ルドルフ二世の葬儀を執り行いました。

2

1

3

1マルティン・ロータ：『エルンスト大公』1576年。ネーデルラント総督を務めた後に1595年に逝去。ルドルフ２世の後継者として最有力候補と目されていた。

2ルーカス・ヴァン・ヴァルケンボルヒ：『スキピオに扮した姿でのマティアス大公』1580年

3エギディウス・ザデラー：「プラハ城謁見の間において安置される皇帝のご遺体」1612年

5

4 エギディウス・ザデラー：「皇帝の魂は神々が棲むギリシアのオリュンポスの山々へ向かう」1612年。ゼウスの聖鳥である鷲と皇帝が可愛がったライオンに導かれて，ヘラクレスが待つオリュンポスの山々へ向かう。

5 「皇帝ルドルフ2世の棺」聖ヴィート大聖堂地下の墓室に安置された錫棺。

参考文献・図版出典リスト

（図・写真等の出典は各文献にゴシック数字で明記した。なお、特記なき写真は著者が撮影。）

Ackerl, Isabella：*Die Chronik Wiens. Die Weltstadt von ihren Anfaengen bis heute—Miterlebt in Wort und Bild*, Chronik Verlag Harenberg, 1988

Alciati, Andreae：*Emblematum*, 1531
（伊藤博明訳『アルチャーティ：エンブレム集』、ありな書房、二〇〇〇）

Apollodoros：*Bibliotheke*（B.C. 1—2C）
（高津春繁訳『アポロドロス：ビブリオテーケ（ギリシア神話）』、岩波文庫、一九九五）

Apollonios Rhodios：*Argonautika*（B.C. 3C）
（岡道男訳『アポロニウス：アルゴナウティカ』、講談社文芸文庫、一九九七）

Auer, Alfred etc：*Die Habsburger Portraetgalerie. Sammlungen Schloss Ambras*, Kunsthistorisches Museum. Vernissage-Verlag
——3. 9 28 6. 2

Bankl, Hans：*Die kranken Habsburger. Befunde und Befindlichkeiten einer Herrscherdynastie*, Goldmann Verlag, 1998, 2005

Bittar, Therese：*Soliman. L'empire magnifique*
（鈴木董他訳『オスマン帝国の栄光』、創元社、一九九五）

Brion, Marcel：*Art Fantastique*, Edition Albin Michel, 1961
（坂崎乙郎訳『幻想芸術』、紀伊国屋書店、一九六八）

Burckhardt, Jacob：*Die Kultur der Renaissance in Italien*, 1860
（柴田治三郎訳『ブルクハルト：イタリア・ルネサンスの文化』、中央公論社、世界の名著45、一九六六）

Chytil,Karl etc：*Rudolf 2. Die Kunst an seinem Hof*, Ausstellungskatalog in Prag, 1912

Clot, Andre：*Soliman Le Magnifique*, 1983
（浜田正美訳『スレイマン大帝とその時代』、法政大学出版局、一九九二）

Cunnally, John：*Images of the Illustrious—The Numismatic Presence in the Renaissance*, Princeton University Press, 1999
（桑木野幸司訳『古代ローマの肖像…ルネサンスの古銭収集と芸術文化』、白水社、二〇一二）

Curtius, Ludwig：*Interpretationen von sechs griechischen*, Bildwerken, 1947

（小竹澄栄他訳『ギリシア彫刻の見方』、みすず書房、二〇〇七）
Dauxois, Jacqueline：*Der Alchimist von Prag. Rodolf 2. von Habsburg*, Artemis & Winkler Verlag, 1997（die deutsche Übersetzung）
Dürer, Albrecht：*Schriftlicher Nachlass Bd.1 , 1520—1521*
（前川誠郎訳『デューラー：ネーデルラント旅日記』、岩波文庫、二〇〇七、前川誠郎訳『デューラー：自伝と書簡』、岩波文庫、二〇〇九）
Euripides：*Media*（B.C. 5C）
（丹下和彦訳『エウリピデス：メデイア』、エウリピデス悲劇全集1所収、京都大学術出版会、二〇一二）
Evans, R. J. W.：*Rudolf 2 and his world. A Study in Intellectual History 1576-1612*. Oxford University Press, 1973
（中野春夫訳『エヴァンズ：魔術の帝国—ルドルフ二世とその世界』、平凡社、一九八八）
Fehr, Götz：*Benedikt Ried.Ein deutscher Baumeister zwischen Gotik und Renaissance in Boemen*, Verlag G. Callwey, 1961 ——5. [11][12]
Ferino-Pagden, Sylvia etc：*Arcimboldo, 1526—1593*, Ausstellungskatalog des Kunsthistorischen Museums Wien ——5. [34][35][36][37]
Frenzel, Monika：*The Cenotaph of Emperor Maximilian in the Innsbruck Court Church*, Tiroler Volkskunstmuseum, 2003
Friedell, Egon：*Kulturgeschichte der Neuzeit*, C. H. Beckverlag, 1927
（宮下啓三訳『エゴン・フリーデル：近代文化史』、みすず書房、一九八八）
Fucikova, Eliska etc：*Die Kunst am Hof Rudolfs 2*, Aventinum Verlag, 1988 ——1. [3] 3. [11][19] 4. [6][7][9] 5. [8][21][22][23][24][25][26] 6. [1]
Fucikova, Eliska：*Rudolf II. und Prag*, Thames and Hudson Skira Editore, 1977
Gentilucci, Arcangelo：*Il Gran Palazzo Farnese di Caprarola*, Stato stanpato presso la tipografia SPADA, 2003 ——3. [16][17]
Grillparzer, Franz：*Ein Bruderzwist in Habsburg. Trauerspiel in 5 Aufzüge1848*, Reclams Universal-Bibliothek, 1982
Hartmann, Gerhard：*Die Kaiser des Heiligen Römischen Reiches*. Marixverlag, 2010
Haupt, Herbert etc：*Prag um 1600. Kunst und Kultur am Hof Rudolfs 2*, Kunsthistorisches Museum Wien, Luca Verlag, 1988 —1. [4] 3. [24][25][26] 4. [1][2][3][4][5][8][12][13][15] 5. [1][18][19][28][29][30][32][33]
Herre, Franz：*Die Fugger in ihrer Zeit*, Verlag der Augusburger Allgemeinen im Wissner Verlag, 1999 ——3. [23]
Hocke, Gustav Rene：*Die Welt als Labyrinth*, Rowohlt Taschenbuch Verlag, 1957

Hunzinga, Johan : *Herfsttij der Middeleeuwen*, 1919
（種村・矢川訳『迷宮としての世界　マニエリスム美術』、美術出版社、一九六六）
（堀米・堀越訳『ホイジンガ：中世の秋』）、世界の名著55、中央公論社、一九六七）
Janacek, Josef : *Rudolf 2. A Jeho Doba*, Nakladatelstvi Svoboda, 1987　――1. [1]　3. [3][12][13]　5. [9]
Jirasek, Alois : *Stare povesti ceske*, 1894
（浦井康男訳『イラーセク：チェコの伝説と歴史』、北海道大学出版会、二〇一一）――5. [4][7]
Kaminski, Marion : *Tizian. Meister der italienischen Kunst*, Tandem Verlag, 2007
Kaufmann, Thomas Da : *The Mastery of Nature. Aspects of Art, Science and Humanism in the Renaissance*, Princeton University Press, 1993
（斉藤栄一訳『奇想の帝国―ルドルフ二世をめぐる美術と科学』、工作舎、一九九五）
Kepler, Johannes : *Somnium*, 1634
（渡辺正雄他訳『ケプラーの夢』、講談社、一九八五）
Kluge, Gerhard : *Friedrich Schiller Don Carlos, Text und Kommentar*, Deutscher Klassiker Verlag, 2009
Koestler, Arthur : *The Watershed—A Biogrphy of Johannes Kepler*, 1960
（小尾信弥他訳『ヨハネス・ケプラー』、河出書房新社、一九七一）
Lietzmann, Hilda : *Das Neugebäude in Wien. Sultan Süleymans Zelt—Kaiser Maximilians 2. Lustschloss*, Deutscher Kunstverlag, 1987　――3. [7][27]
Martialis, Marcus Valerius : *Epigramme*（A.D. 1C)
（藤井昇訳『マルティアリス：エピグランマタ』、慶応大学言語文化研究所、一九七八）
Marinelli, Elvira : *Die Habsburger. Eine europäische Dynastie*, Parthas Verlag, 2008 (die deutsche Übersetzung)　――1. [2]
Menardi, Herlinda : *Die Hofkirche in Innsbruck. Grabmal Kaiser Maximilians*, Tiroler Landesmuseen-Betriebsgesellschaft
Mozzetti, Francesco : *Tiziano, Ritratto di Pietro Aretino*, 1996
（越川・松下訳『ティツィアーノ、ピエトロ・アレティーノの肖像』、三元社、二〇〇一）――5. [27]
Norberg-Schlz, Christian : *Genius Loci*, Electa, Milano, 1979
（加藤他訳『ノルベルク＝シュルツ：ゲニウス・ロキ』、住まいの図書館出版局、一九九四）
Ovidius Naso, Publius : *Metamorphoses*（A.D. 1C)
（中村善也訳『オウィディウス：変身物語』、岩波文庫、一九九一）

Padova, Thomas de：*Das Weltgeheimnis. Kepler, Galilei und die Vermessung des Himmels*
（藤川芳郎訳『ケプラーとガリレイ』、白水社、二〇一四）　――5. [15]
Panofsky, Erwin：*The Life and Art of Albrecht Dürer*, Princeton University Press, 1955
（中森他訳『パノフスキー：アルブレヒト・デューラー―生涯と芸術』、日貿出版社、一九八四）　――5. [20]
Perutz, Leo：*Nachts unter der steinernen Bbrücke*, 1953
（垂野創一郎訳『夜毎に石の橋の下で』、国書刊行会、二〇一二）
Petrarca, Francesco：*Familiarium rerum libri. Senilium rerum, Epistolae varie*（A.D. 14C）
（近藤恒一編訳『ペトラルカ：ルネサンス書簡集』、岩波文庫、一九八九）
Pevsner, Honour, Fleming：*Lexikon der Weltarchitektur*, Prstel-Verlag, 1987　――3. [18]
Pindaros：*carmina cum fragmentis*（B.C. 5C）
（内田次信訳『ピンダロス：祝勝歌・断片集』、京都大学学術出版会、二〇〇一）
Pius II：*Memorabilium*, 1462
（ピウス二世　高久允訳『覚書（第8巻）』。池上俊一編『原典：イタリア・ルネサンス人文主義』所収。
名古屋大学出版会、二〇一〇所収）
Plicka Karel：*Prazsky Hrad*, E. Poche, 1962　――5. [2][3]
Plinius, Secundus：*Naturalis Historia*（A.D. 1C）
（中野貞雄訳『プリニウスの博物誌』）、雄山閣、一九八六）
Praz, Mario：*Panopticon romano*, 1967
（伊藤他訳『プラーツ：ローマ百景1・2　建築と美術と文学と』、ありな書房、二〇〇九）
Prohaska, Wolfgang：*Das Kunsthistorische Museum Wien*, Scala Books, 1997　――1. [5]
（『世界の美術館―ウィーン美術史美術館』、スカラ・ブックス、一九九八）
Raffaello, Sanzio：*A Papa Leone X*, 1516？
（小佐野重利訳編『ラファエッロと古代ローマ建築』中央公論美術出版、一九九三）
Ranke, Leopold von：*Don Carlos*, 1829
（祇園寺信彦訳『ランケ：ドン・カルロス』、創文社、一九七五）
Roth, Joseph：*Radetzkymarsch*, 1932

（平田達治訳『ヨゼフ、ロート：ラデツキー行進曲』、鳥影社、二〇〇七）
Schiller, Friedrich：*Don Carlos, Infant von Spanien*
（北通分訳『シラー：ドン・カルロス　スペインの王子』「世界文学大系18シラー」、筑摩書房、一九五九）
Schlink, Wilhelm：*Tizian*, C.H.Beck Verlag, 2008
Schreiber, Hermann：*Ritter, Tod und Teufel. Kaiser Maximilian1 und seine Zeit*, Casimir Katz Verlag, 2008
Stadtmüller, Georg：*Geschichte der habsburgischen Macht*, 1966
（丹後杏一訳『ハプスブルク帝国史』、刀水書房、一九八九）
Strabonis：*Geogracarum*（B.C. 1C）
（飯尾都人訳『ストラボン：ギリシア、ローマ世界地誌』）、龍溪書舎、一九九四）
Süleyman Mollaibrahimoglu：*Süleymaniye Moschee. Seine Erbauung und Eigenschaften*, Istanbul, 1995
Tomenendal, Kerstin：*Das türkische Gesicht Wiens*, Boehlau Verlag, 2000　――3. 5 8 18
Teretius, Pulius Afer：*Comoediae*（B.C. 2C）
（木村健治他訳、テレンティウス『ローマ喜劇集』西洋古典叢書、ローマ喜劇集5、京都大学学術出版会、二〇〇二）
Trevor-Roper, Huge：*The Plunder of the Arts in the 17th century*, Thames and Hudson, 1970
（樺山紘一訳『絵画の略奪』、白水社、一九八五）
Trevor-Roper, Hugh：*Princes and Artists. Patronage and Ideology at Four Habsburg Courts 1517—1633*, Thames & Hudson, 1976
（横山徳爾訳『ハプスブルク家と芸術家たち』、朝日選書、朝日出版社、一九九五）
Vasari, Giorgio：*Le vite de piu eccellenti pittori scultori ed architettori*, 1550
（平川祐弘・森田義之他訳『ヴァザーリ：ルネサンス画人伝、彫刻家建築家列伝』、白水社、一九八二、一九八九）
Vignola, Giacomo Barozzio da：*La Regola delli Ci que Ordini d'Architettura*, 1562
（長尾重武訳『ヴィニョーラ：建築の五つのオーダー』、中央公論美術出版社、一九八四）
Vilimkova, M+Bruckner, J：*Dientzenhofer. Eine bayerische Baumeisterfamilie in der Barockzeit*, Rosenheimer Verlagshaus, 1989
――5. 13 ab 14 ab
Vocelka, Karl：*Rudolf 2 und seine Zeit*, Boehlau Verlag, 1985　――3. 1 2 4 22　4. 14　5. 16　6. 3 4

Warburg, Aby：*Flandrische Kunst und florentinische Frührenaissance, 1902, In The Collected Works of Aby Warburg 3*（伊藤博明他訳『ヴァールブルク著作集3：フィレンツェ文化とフランドル文化の交流他』、ありな書房、二〇〇五）

Wittkower, Rudolf：*Allegory and the Migration of Symbols*, Thames and Hudson, 1977（大野芳材他訳『ウィトカウアー：アレゴリーとシンボル―図像の東西交渉史』、平凡社、一九九一）

Wittkower, Rudolf+Margot：*Born under Saturn*, 1963（中森・清水訳『ウィトカウアー：数奇な芸術家たち―土星のもとに生まれて―』、岩崎美術社、一九九一）

Zapperi, Roberto：*Paul 3 und seine Enkel*, 1990（吉川登訳『ティツィアーノ、パウルス三世とその孫たち』、三元社、一九九六）

Zöllner, Erich：*Geschichte Oesterreichs Verlag für Geschichte und Politik Wien*, 1990（リンツビヒラー裕美訳『オーストリア史』，彩流社、二〇〇〇）

伊藤哲夫　『森と楕円　アルプス北方の空間』、井上書院、一九九二

『哲学者の語る建築―ハイデガー、オルテガ、ペゲラー、アドルノ』、伊藤・水田編訳、中央公論美術出版、二〇〇七

『ローマ皇帝ハドリアヌスとの建築的対話』、井上書院、二〇一一

『ウィーン　多民族文化の文化』、饗庭他共著、大修館書店、二〇一〇

石川達夫　『黄金のプラハ―幻想と現実の錬金術』、平凡社、二〇〇五

大沢武雄　『ユダヤ人とドイツ』、講談社、一九九一

河原温　『ブリュージュ―フランドルの輝ける宝石』、中公新書、二〇〇六

菊池良生　『ハプスブルク家の光芒』ちくま文庫、筑摩書房、二〇〇九

小宮正安　『愉悦の蒐集　ヴンダーカンマーの謎』、集英社新書、二〇〇七

薩摩秀登　『物語チェコノ歴史』、中公新書、二〇〇六

薩摩雅登他　『憂愁の皇帝　ルドルフ二世　驚異の美術コレクション』、芸術新潮、二〇〇二年十月号特集

永田雄三他　『オスマン朝の栄光―トルコ・トプカプ宮殿秘宝展』、中近東文化センター、一九八八

二宮素子　『宮廷文化と民衆文化』、山川出版社、二〇〇一

平田達治・平野嘉彦編　『プラハ・ヤヌスの相貌』（ドイツの世紀末　第2巻）、国書刊行会、一九八六

三橋冨治男　『トルコの歴史』紀伊国屋新書、一九七〇

宮崎和夫他　『世界歴史体系：スペイン史1』、山川出版社、二〇〇八
ユネスコ　『世界遺産10　グラナダのアルハンブラ宮殿』、講談社、二〇〇〇　—3. 14 15

あとがき

神聖ローマ皇帝ルドルフ二世についての著作はそう多くはない。しかもそのほとんどは、錬金術や占星術、魔術や芸術に夢中になり、政務を放り出した無能な皇帝であると描かれていると、言ってよかろう。

だが果たしてそのようなことで、二四歳の若さで皇帝位に就き、六〇歳の生涯を終えるまで、三六年間もの長きにわたる治世に帝国の平和を維持し得たであろうか。本書の執筆の動機のひとつは、この疑問にある。

十四世紀、皇帝カレル四世によってプラハは経済的にも学問・文化においても繁栄し、中部ヨーロッパ随一の都市となった。

しかし皇帝ジクムントの裏切りによって、宗教改革者ヤン・フスはコンスタンツの公会議における異端審問において異端とされ、焚刑に処せられた。ボヘミア国民はこれにたいへん怒り、いわゆるフス派戦争にまで発展したが、これによって国土は疲弊し、プラハは衰退し次第に力を失っていった。

十六世紀末、ルドルフ二世の治世になると、ヨーロッパ各地から学者、芸術家、錬金術師、魔術師たちがマエケナスとしてのルドルフ二世の宮廷に集まってきて、コスモポリタン的都市としてプラハは経済的・文化的繁栄を取り戻した。

自身の肖像画を描かせるにあたって、ティツィアーノが床に落とした絵筆を取ってやった皇帝カール五世以上に、積極的に題材を提供し、画家、金細工師などと一緒に構想したマエケナスとしてのルドルフ二世のありようも、本書執筆の動機のひとつだ。

皇帝ルドルフ二世の側近で、高名な法学者メルヒオール・ゴールドアストは皇帝の崩御後、日記に「皇帝ルドルフはとても理知的で、賢い君主であった。その手腕によって長きにわたって帝国の平和を維持した」と記している。

皇帝ルドルフ二世が理知的で、たいへんな読書家であることは、スペイン遊学以前、十二歳にしてすでにラテン語で、古代ローマの作家テレンティウスの喜劇を読破していたことからもわかろうが、父マクシミリアン二世帝と同じく教養が豊かだ。そしてこの父と子の二人の皇帝には多くの共通点がある。

オスマン帝国のシュレイマン大帝が率いる大軍が「黄金のリンゴの都市ウィーン」を包囲した際、本陣があったとされる地に、皇帝マクシミリアン二世は大規模なルネサンス離宮ノイゲボイデの建設を始めたが、工事中途で崩御したため、ルドルフ二世がその工事を続行させた。今日は荒廃し廃墟となっているが、著名な建築史家がルネサンス建築を扱った著書において、この離宮になんらふれることがなかったことからもわかるように、今日ではまったく人々に忘れ去られてしまった。この離宮建設工事を二人が進めたという共通点もあろう。

この父と子の二人の皇帝は人文主義の再興、それにプロテスタント、そしてまたユダヤ人に寛容であった――なかんずく皇帝マクシミリアン二世はプロテスタントではないかと疑う人も多かった。それに対して皇帝は「私はカトリックでもプロテスタントでもない。一キリスト教徒である」と応じた。

ルドルフ二世の宮廷をめざしてプラハに集まってきた学者たち――たとえばルドルフの宮廷に後の世界にも名声をもたらしたデンマークの貴族出身のティコ・ブラーエ、ドイツ出身のヨハネス・ケプラーの二人の天文学者、それに芸術家をはじめ錬金術師や魔術師たちの多くは、主にネーデルラント、ドイツ、スイス出身のプロテスタントである。プロテスタントに寛容でなければ、ルドルフ二世の宮廷はあれほど栄えなかった。

ルドルフ二世の宮廷に文化の栄華をもたらしたのも、なによりも宮廷をウィーンからプラハに移したからに相違ない。

皇帝位に就いた後、七年間はウィーンにて帝国を統治したが、前皇帝の側近たちの政務への口出しに閉口した。また新皇帝は口数が少なく、気難しい性格で、尊大だなどとの口さがない噂も耳に入った。

そして胃炎が悪化して大病を患った後、侍医の勧めで、転地療養のため、画家アルチンボルド等を伴ってプラハへ向かい、そこでしばらく滞在した（一五七八）。このプラハの都市で皇帝ルドルフ二世は自身が生き生きと自由になることを感じ、プラハのゲニウス・ロキが自分の気質に合うことを認識した。同行のアルチンボルドも同じことを言った――制作意欲がますますかきたてられるようだ、と。

新皇帝ルドルフ二世は内密裡に宮廷移転の構想を進め、五年後の一五八三年にプラハに宮廷を移転させた。

ハプスブルク家最初の英断であり――むろん公には二〇〇～三〇〇キロメートルに迫っているオスマン・トルコ軍のウィーン再包囲の危険を避けることを宮廷移転の最大理由としたが――、これがルドルフ二世とコスモポリタン的都市プラハの文化的栄華を決定づけた。

ルドルフ二世がウィーンに宮廷を維持し続けたとしたら、果たしてどうか。プラハでのような文化的栄華はとうてい考えられない。

今回も井上書院の方々、とりわけ編集部の鈴木泰彦さんにはややこしい用語の統一、図・写真等々のレイアウトをはじめ、いろいろとご面倒をおかけした。記して感謝の意を表したいと思います。

二〇一六年九月　ローマにて

伊藤　哲夫

神聖ローマ皇帝ルドルフ二世との対話

二〇一六年十月一日　第一版第一刷発行

著　者　伊藤哲夫 ©

発行者　石川泰章

発行所　株式会社 井上書院
東京都文京区湯島二-十七-十五　斉藤ビル
電話　〇三-五六八九-五四八一
FAX　〇三-五六八九-五四八三
振替東京　一-一〇〇五三五
http://www.inoueshoin.co.jp/

装　幀　藤本　宿

印刷所　秋元印刷所

ISBN 978-4-7530-2291-5　C3052　Printed in Japan